U0537551

2020

One City, Seven People, and the Year Everything Changed

ERIC KLINENBERG

疫情
教會我們什麼？

紐約大學社會學家重返2020，
從全球大疫下教育現場、弱勢社區、基層民代、實體小商家……
探索人類社群的凝聚契機，以及社會發展的新方向

艾瑞克・克林南柏格——著
孟令函——譯

Copyright © 2024 by Eric Klinenberg
Published by arrangement with The Cheney Agency, through The Grayhawk Agency
Complex Chinese Copyright © 2024 by Faces Publications, a division of Cité Publishing Ltd.
All rights reserved.

臉譜書房 FS0183

疫情教會我們什麼？

紐約大學社會學家重返2020，從全球大疫下教育現場、弱勢社區、基層民代、實體小商家……探索人類社群的凝聚契機，以及社會發展的新方向

2020: One City, Seven People, and the Year Everything Changed

作　　者　艾瑞克・克林南柏格（Eric Klinenberg）
譯　　者　孟令函
責任編輯　許舒涵
行　　銷　陳彩玉、林詩玟
業　　務　李再星、李振東、林佩瑜
封面設計　井十二設計研究室

副總編輯　陳雨柔
編輯總監　劉麗真
事業群總經理　謝至平
發 行 人　何飛鵬
出　　版　臉譜出版
台北市南港區昆陽街16號4樓
電話：886-2-2500-0888　傳真：886-2-2500-1951
發　　行　英屬蓋曼群島商家庭傳媒股份有限公司城邦分公司
台北市南港區昆陽街16號8樓
客服專線：02-25007718；02-25007719
24小時傳真專線：02-25001990；02-25001991
服務時間：週一至週五上午09:30-12:00；下午13:30-17:00
劃撥帳號：19863813　戶名：書虫股份有限公司
讀者服務信箱：service@readingclub.com.tw
城邦網址：http://www.cite.com.tw
香港發行所　城邦（香港）出版集團有限公司
香港九龍土瓜灣土瓜灣道86號順聯工業大廈6樓A室
電話：852-25086231　傳真：852-25789337
電子信箱：hkcite@biznetvigator.com
新馬發行所　城邦（馬新）出版集團
Cite（M）Sdn. Bhd.（458372U）
41, Jalan Radin Anum, Bandar Baru Seri Petaling,
57000 Kuala Lumpur, Malaysia.
電話：+6(03)-90563833　傳真：+6(03)-90576622
電子信箱：services@cite.my

一版一刷　2024年8月

城邦讀書花園
www.cite.com.tw

ISBN　978-626-315-516-9（紙本書）
EISBN　978-626-315-513-8（EPUB）

版權所有・翻印必究
定價：NT650
（本書如有缺頁、破損、倒裝，請寄回更換）

圖書館出版品預行編目資料

疫情教會我們什麼?：紐約大學社會學家重返2020，從全球大疫下教育現場、弱勢社區、基層民代、實體小商家……探索人類社群的凝聚契機，以及社會發展的新方向／艾瑞克・克林南柏格(Eric Klinenberg)著；孟令函譯. -- 一版. -- 臺北市：臉譜出版，城邦文化事業股份有限公司出版：英屬蓋曼群島商家庭傳媒股份有限公司城邦分公司發行, 2024.08
面；　公分. --（臉譜書房；FS0183）
譯自：2020: One City, Seven People, and the Year Everything Changed
ISBN 978-626-315-516-9（平裝）
1. CST：社會學 2.CST：傳染性疾病 3.CST：報導文學
540　　113008221

獻給

莉拉（Lila）、賽勒斯（Cyrus）、凱特（Kate），

我最親密的家人。

目次

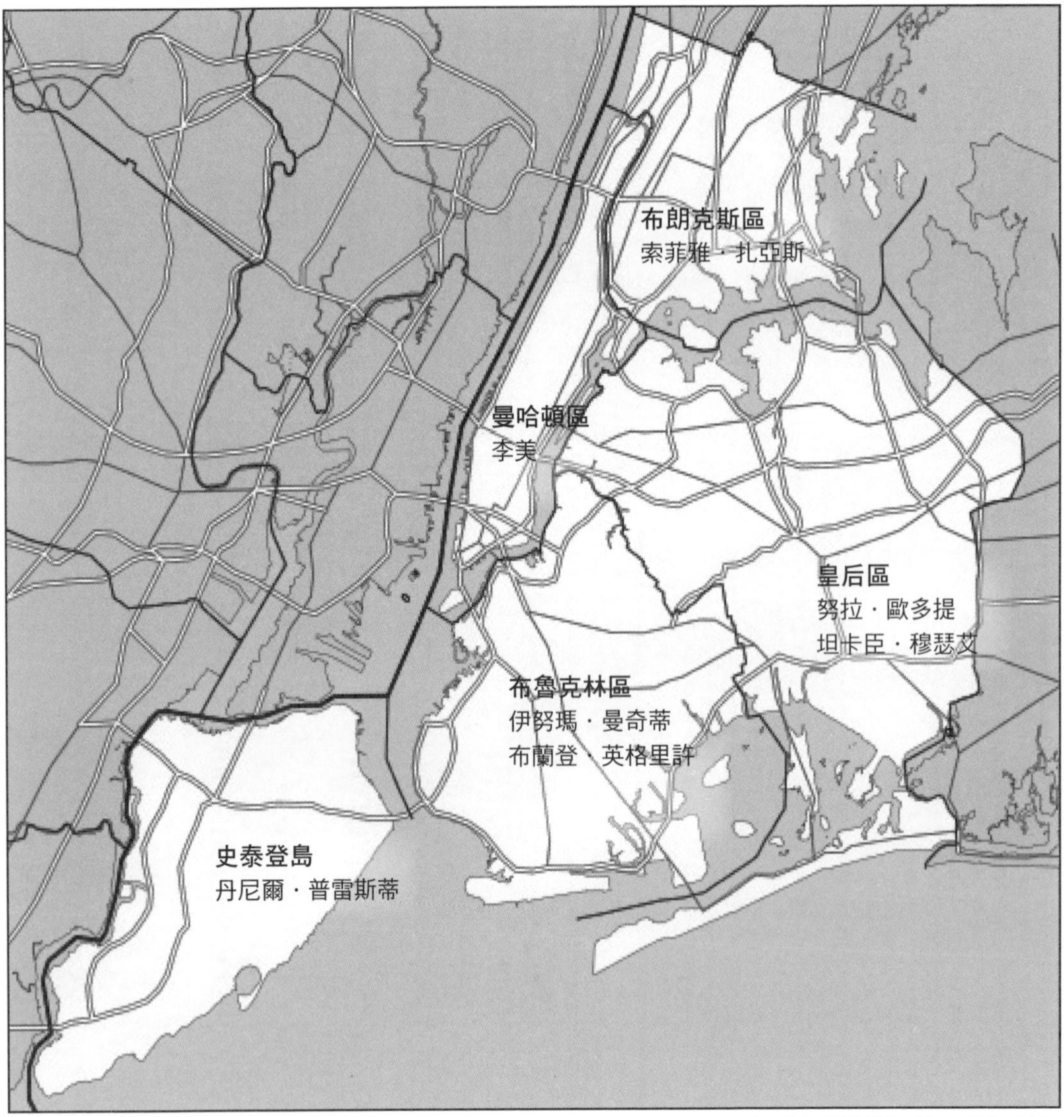

©Alexrk2, WIKIMEDIA COMMONS

前言

吸與呼

「呼吸不僅僅是為了活命，它更與生活息息相關；它關乎你生活的所在，關乎你居住、工作、一飲一啄的地方。吸氣，你吸納了來自這個世界的空氣；吐氣，又將這口氣還給了世界。呼吸是人體最基本的化學反應，是人與人之間一切連結的開始；然而對我來說，這正是COVID如此棘手、如此嚇人最關鍵的一點，就在突然之間，這世界變成我只要一離開家就害怕得不敢呼吸。」

班傑明．畢爾（Benjamin Bier）是紐約市的心臟科暨重症加護科醫師，他三十一歲，自二〇二〇年之始便在西奈山醫院（Mount Sinai Hospital）展開專科醫師培訓，而就在當時，人類賴以生存的每一口呼吸卻成了可能致命的事。二〇二〇年一月至二月間，醫學界所有人都在談論初於中國出現、逐漸在全球透過各種社會互動散播開來的新型冠狀病毒。「和我一起培訓的醫生中有位就來自義大利，他的朋友在米蘭的醫療體系工作，對方傳訊息來描述他們在醫院裡親眼所見的恐怖情況；那裡的醫師說：『完全是前所未見的情形。』我永遠也忘不了當下那種心裡一沈的感覺。」

在這種狀況下，COVID-19侵襲紐約市似乎是遲早的事。[1]於是第一例確診病例便於三月一日出現了；「當時我正在心臟加護病房工作，那也是我主要的臨床工作焦點。三月初，我和護理師團隊討論了這件事，他們說：『到時候我們將成為面對病人的第一線，加護病房也會是COVID病房，屆時你我所受的衝擊會很大。』」對於西奈山醫院主事者預測到病人將大量湧入後的應對決策，畢爾大為讚賞；他們改善了病房的空氣濾淨系統、大量採購能夠保護醫護人員的防護裝備，也在加護病房裡增加病床數。「當時我們心想，『好吧，這樣應該就準備好了。』我們都知道情況一定會很糟，只是不知道事情會糟到如此地步。」

事實上，根本也沒人想像得到後來的事態發展。一般而言，患者都會希望透過醫學得到正確答案，關於治療疾病的方式對錯總是黑白分明。我們希望醫生能夠根據獲得的資訊判別症狀，我們想知道事實。然而面對COVID-19卻不是如此，這種疾病充滿了各種未知：病毒到底是透過飛沫還是氣溶膠❷（aerosol）傳染？小孩特別容易受感染嗎？為患者插管究竟是否有效，還是反而使情況更糟？在充滿不確定性的情況下，日常生活的一切成了令人憂心忡忡、不知是否會有不良後果的困難抉擇。畢爾的朋友則問起他的意見，想知道是不是該趕緊離開紐約，好避開這場災疫。畢爾的太太才剛做完一連串針對罕見淋巴癌的艱難療程，正是免疫力極弱的時候，於是夫妻兩人開始討論她是否也該趕緊離開城市。他們擔心事態發展到後來，待在醫院反而危險。身為醫生的畢爾（年輕、健康、專精領域正是讓人類心臟持續跳動的學問）即將身處風暴中心，直接承受這一切。

上司知道畢爾的家庭狀況，因此也努力施以援手；他們三月讓畢爾在家隔離一週，接著他太太便搬去了畢爾爸媽位於麻薩諸塞州（Massachusetts）的住所，在那裡她能享有更多新鮮空氣、空間以及支持。安頓好妻子以後，畢爾又驅車回紐約重返工作崗位。「我當時真的很怕，」他告訴我，「很久以前，院方曾經讓大家試戴N95口罩；我們走進演練的房間裡戴上口罩，然後他們會噴某種東西來確定我們真的聞不到。一般來說，大家都不把這種演練當一回事，因為平常根本用不到這種配備；但COVID出現以後，我們終於驚覺：這次是來真的，不只是演練而已了。」一位護理師在加護病房裡給了畢爾一個新口罩，「我記得自己那時在戴上口罩前屏住呼吸，然後按他們教的方法確認口罩四周是不是都確實密合，我得盡量確保自己不直接吸入加護病房裡的空氣。接著我突然意識到，接下來一整天我都得戴著這個口罩，之後我就得這樣工作、這樣呼吸了。」

然而事態延續卻不僅僅以幾天、幾月計；突發的疾病變成了全球大流行病，而後又慢慢轉變為人人得長久面對的現實。在醫院工作的畢爾便親身體驗了這一切，而口罩對他來說是「能夠保護我免於暴露在危險中，讓我感覺不那麼糟的保護罩。」當然，他也會適時脫下口罩；他回憶當時情景：「疫情剛開始頭幾個月我常開車，那段時間，車裡那一方空間成了對我來說最安全的地方。老實說，那段時光真的很不可思議；平時的繁忙交通瞬間消失，路上根本看不到人，所以我開車到醫院上班的路程中反而感覺很自由。」不過他太太在第一波疫情緩和下來後就搬回家住了，因此他得繼續保持謹慎。在大多數的場合——不管是工作場所還是商店裡，只要是身邊有其他人類的空間——畢爾都會戴緊口罩自保。他說：「感覺真的很怪，但口罩底下的那一塊小空間，竟成了我唯一能感到安全自在的棲身之所。」

二〇二一年秋天我在布魯克林區舉辦的贖罪日（**Yom Kippur**）聚會上認識了畢爾。那是疫情後第一場室內大型集會。對猶太人來說，贖罪日是一年裡最神聖的一天，也是贖罪的日子，猶太人會在這天祈求神的原諒並懺悔自己的罪行；這是個用來回憶、哀悼逝者的日子，也是在這天，神會在生命冊（**Book of Life**）上寫下行為舉止得當而可以在人世間多活一年的人名，同時也於這天封存生命冊。我對猶太人會在這天詠誦

---

❶ COVID-19是嚴重特殊傳染性肺炎（Coronavirus Disease 2019）的正式簡稱，在口語上大家也習慣直接稱其為COVID，我在本書中會交替使用這兩個詞彙。

❷ 譯注：又被稱為氣膠、煙霧質，指固體或液體微粒穩定懸浮於氣體中形成的分散體系，同時也是一種懸浮微粒。氣溶膠傳播乃是空氣傳播的其中一種方式，而空氣傳播則不一定就是氣溶膠傳播；氣溶膠傳播病毒的距離比飛沫傳染傳得更遠，在密閉環境中尤其如此。

的祈禱文了解並不多，但從小背誦的〈新年聖詠詩篇〉（Unetaneh Tokef）卻一直留在我心底：「於新年日銘刻，在贖罪日封印——多少人將死，多少人將生，誰生誰死，誰安享天年，誰突然面對死亡，誰死於水，誰死於火，誰死於刀劍，誰死於野獸，誰死於饑荒，誰死於乾渴，誰死於地震，誰死於瘟疫……」儀式上詠誦的祈禱文當然不僅止於此，但我聽到這裡便分心了。我忍不住想起從二〇二〇年開始，死於COVID的那幾百萬人，以及在這神聖的一天，名字未寫在生命冊上的那幾百萬條人命。

我想起的這數百萬人，其實就是疫情相關的統計數據。然而事實是，多數人對於這種規模龐大的死亡人數反而沒有太大的感覺；反之，我發現自己還比較擔心生活周遭與我關係緊密的親友。我擔心年邁雙親與親戚的安危，也想到我太太那位前幾個月死於COVID-19的叔叔還有我獨居的岳母，雖然她只住在幾條街外，卻因為疫情而愈來愈孤立。我還想起了身邊的同事，其中有些人在疫情剛開始沒多久就失去了生命；我想到我的孩子，他們的人生就此受到限縮、被驟然打斷，本該築夢的腳步不得不停下來，未來也被扭轉成人類如今還未能完全領略的面貌。但我也明白我們真的很幸運——不僅有良好的醫療保健系統，餐桌還能擺上足夠的食物，擁有穩定收入的同時還能有存款，身邊更有親朋好友的愛與支持。然而到底誰該生，誰又該死呢？我真的不知道。但我知道的是，生與死取決於個人是受到保護又或者暴露於風險中的差異，而造成這種差異的原因，正是關鍵所在。[1]

儘管工作可能帶來巨大風險，畢爾還是找到了保障自己與太太安然挺過疫情的方式。「只要臉上有這個與外界隔絕的小空間，我就覺得受到保護，」他這麼對我說，「我知道很多人痛恨口罩，但我後來卻喜歡上了它的存在，正是因為有口罩保護，我才能再次活得像個人。」然而口罩卻抵擋不了他對病毒的焦慮，以及疫情為醫院、城市、世界各地帶來的各種惡劣情況。除此之外，病毒不斷變異、局面持續變化，緊急事態一次又一次上演，不僅帶來了創傷，也用各式各樣的方式考驗著每一個人。

二〇二〇年這一年為畢爾帶來的創傷不只有工作場所瀰漫的死亡氣息，還有那種世界愈來愈小、愈來愈窄的感受。畢爾一家只能躲在小小的房子裡屏息以待，才能熬過疫情。當初畢爾搬到紐約市就是為了吸納此地的一切——這裡的人、這裡的街頭生活、這裡的食物、音樂、劇場、工作；然而疫情卻改變了他與這所有事物的關係。他的日子與過去再也不同，為生活帶來美好的化學反應突然全消失了。

不過這一切也並不只跟呼吸有關而已。二〇二〇年及其後幾年疫情持續延燒的歲月裡所發生的事，其實還有比傳統觀點所認知更深刻的意義、影響更廣泛的後續效應。時至今日，全球人口生活的方式都已和疫情爆發前大不相同；但到底什麼變了、改變又是在哪裡出現、如何發生，這些我們都尚未全盤了解。大多數人在這段時間就像畢爾一樣，一直忙於努力度過疫情帶來的重大危機，也因此沒什麼餘裕思考自己到底經歷了些什麼，並未對事情的走向提出疑問。對許多人來說，回想這段災變時光太過沈重。不管是在私底下還是公開場合，我們都因為社會學家所謂「不認知的意志」（the will not to know）而選擇閉口不談許多事。

要重拾過往那種人際關係，我們就得打破緘默，去面對你我所迴避談論的疫情下棘手的社會問題。為何口罩在某些地方會變成引發文化、政治、肢體衝突的載體，而在其他地區卻未受到太多反對及爭議，反而廣為民眾所接受？又是什麼因素導致某些區域受COVID-19影響遠比其他地區來得嚴重，而我們本以為會受到重創的那些地方卻相對安全？為何某些國家能夠在二〇二〇年建立起政府、科學界、人民之間的信任，然而卻有某些國家走上了截然不同的道路？種族與階級是如何在疫情中成了關鍵的影響因素？身處在同一社群中的人民，又該如何幫助彼此安然生存下去？

你我終究得面對這個算總帳的時刻。首先，我們得重返二〇二〇年，仔細審視自己都經歷了些什麼。

二〇二〇年一月，我在紐約大學（New York University）教授社會學課程，課程其中一個重要主題便是人們面對嚴峻但遙遠的威脅時認知上會受到的障礙。人類的神經系統天生善於在危險迫近時迅速行動，然而要是某個威脅感覺起來還很遙遠，大腦就會調整其關注的對象，按事重緩急調整待辦事項次序。於是前述危機便不再是大腦打算先處理的問題，而變成一件可以改天再面對的事。

上述情形正是許多社會議題長久以來都面臨的問題；例如全球暖化，就算我們都明白氣溫升高造成海平面上升，以及強烈暴風雨所帶來的威脅，但其他問題——犯罪、居住、教育、失業、移民、通貨膨漲——卻常常被視為更急迫的議題。氣候變遷固然可怕，但卻不是政府制定、實施某些政策的此時此刻，你我當下就須應對的眼前危機。

我和這堂社會學課程的學生第一次見面時便提到了這個問題——「認知偏誤造成的悲劇」（tragedy of cognition）。當時我請曾聽說中國剛出現的新型冠狀病毒的學生舉手——沒幾個人舉手，其中一位還是當月剛來到紐約的中國學生。那時候，我問學生新型冠狀病毒會不會是他們最擔心的事情，如果是的話請舉手——完全沒人舉手，有些人甚至還笑了出來。

我完全可以理解他們為何有這樣的反應。我整個職業生涯都在研究危機與災難，但連我都沒想到事情會變成這樣，甚至連危險都找上門了還渾然未覺。

二〇二〇年三月九日，我預計搭飛機到克里夫蘭（Cleveland），要在一場盛大的市民活動上演講。這場活動我已經期待了好幾個月，我很興奮能有機會在市中心的劇院裡為幾百位到場參與的民眾演講、簽書；然而此時我卻因為突然出現的病毒滿心憂慮。活動前一週，紐約市確定開始受到COVID-19侵襲，每天都有新增病例。於是我寄了封電子郵件詢問克里夫蘭的活動主辦方，我在信中問道：「請問當地情況如何？」對方表示可以將活動延後，但最終我還是決定如期舉辦。

拉瓜地亞機場（LaGuardia Airport）一片空蕩蕩，我乘坐的班機也沒幾位乘客，雖然空服員為乘客提供了消毒濕巾，但當時還沒人戴上口罩。然而一落地，舉目所及的一切都變了。股市暴跌，當天市值跌幅將近百分之八。俄亥俄州（Ohio）出現了頭三例COVID確診案例，各種基於公共衛生的限制規定想必會隨之而來，街上則是都看不到人車了。飯店的櫃檯接待人員告訴我：「今日入住貴賓不多，我們將為您升等房間。」

當天晚上，已購票的觀眾中有將近一半選擇待在家裡而未到場參加，不過現場依然人聲鼎沸。我說：「各位可能不知道，不過今天還真的不太適合搭飛機。」現場響起一陣帶有一絲緊張的笑聲，「我一方面覺得：『今天真的不該搭飛機！』但另一方面，我又覺得：『錯過這場活動，你一定會後悔一輩子。』」這就是我二〇二〇年最後一個出席公開場合的夜晚。

隔天是三月十日，我一早便回到了紐約市。我太太那天正好也在外頭，她母親則和孩子一起待在我們的公寓裡。從機場回家的路上我接到太太的電話：我們十三歲大的兒子發燒了。我在萊辛頓大道（Lexington Avenue）上看見一位行人戴著防毒面具，第五大道（Fifth Avenue）上則有位女子戴了防護面罩和手套。一到家，我就發現兒子慌亂且疲憊地躺在沙發上，我那七十多歲並深知新型病毒有多恐怖的岳母也看起來滿心焦慮。

兒子問我：「我是不是得了COVID？」

眼下還沒有篩檢方式，因此我們無從得知他是否確診，只能和其他人一樣靠自己揣測。我們應該將孩子單獨隔離在房間裡，還是該好好擁抱他、給他力量？在那個當下，人與人之間是該拉開距離還是加深彼此的連結？我們該怎麼照顧彼此？互相保持緊密連結的本能是否反而使情況惡化？

隔天早上，紐約大學關閉了校園並全面改為線上授課，接下來輪到我們家孩子的學校轉換授課形式；再到後來，連足球隊、體操隊、鋼琴課、籃球賽和生日派對也通通取消了。這座城市曾以其勃勃生機及永不止息的脈動而聞名於世，如今一切卻戛然而止。我們把東西全部打包上車，載著孩子和狗狗一路駛向位於曼哈頓以外約八十公里處的另一間房子。

那一晚，我兒子燒得更嚴重了，他頭痛、胃痛，全身疲倦到無法離開沙發，岳母也開始感覺不太舒服。沒多久，我太太也咳了起來，然而她卻堅稱：「只是過敏而已，我只是鼻涕倒流。」再後來，等等，我喉嚨裡那是什麼感覺？

我們不可能直接上醫院，那裡可是充斥著大量COVID確診病患、穿著全套防護服的醫護人員，還有數不清等著篩檢的病人和在病房裡獨自死去的患者。我們也不打算去看小兒科，因為他們不僅沒辦法做篩檢，更不知道該如何醫治這種疾病。在這種情況下，我選擇坐下來寫作。這是我最常用來控制焦慮、深入了解態勢的方法。

刊載在《紐約時報》（*The New York Times*）上的文章向大眾傳達了我的恐懼，我擔心美國人之間深深的分歧會導致疫情的破壞力超乎預期。我知道保持社交距離可以有效減緩冠狀病毒傳染擴散，然而這顯然是一種粗糙且須付出極大代價的公共衛生策略。倘若我們當初不是選擇保持社交距離的疾病防治手段，而是在疾病威脅下認知到人與人之間其實是相互依存的命運共同體，並藉此建立起社會團結意識，繼而盡己所能保護彼此，如今景況又會如何？

我也知道這樣的要求實在強人所難。二〇二〇年初，美國人在政治傾向上處於意見分歧、壁壘分明的態勢，人們不僅在政治觀點上相互爭執，對於某些基本事實也無法達成共識。這個國家最初或許是建立在自由、正義、繁榮的理想上，然而美國人這幾十年來卻不斷失去共同的理念。整個國家變得兩極化、族群相互隔離、種族不平等，對於政府、媒體、科學家、其他公民的不信任感也節節攀升，因此任何基於公共衛生及大眾利益的呼籲都得面臨這些深刻社會分歧的挑戰。然而有時候危機正是能夠扭轉國家與社會狀態的轉機，美國是否能趁這個機會找到全新方向？若非如此，我們又該如何存活？

慘烈的一週終於過去，我們一家相對來說算毫髮無傷度過了這段時間。然而事實上，這一切動盪——已然震撼了幾乎每個家庭及每個國家政府——不過才剛開始而已。不久後，我們會承受一連串心理健康問題、帶著孩子適應新學校、取消許多寶貴的家庭活動，還得閃躲惡劣的鄰居。對所有人來說，這慘烈的第一週延展成一個月，一個月又變成一整年。二〇二〇年就此成了轟轟烈烈的一年，這段時光——就像一四九二年、一七七六年、一九一八年、一九三九年、一九六八年——在歷史上銘印了深刻的痕跡。

二〇二〇年間的諸多事件還將帶來更多傷害、引發更勢不可當的轉變，其程度超出了所有人預期。而我們現在都明白，新型冠狀病毒只是一個主要原因，更深層的威脅其實來自你我。

社會通常會在危機中展露其真實面貌——讓你知道自己是誰、重視什麼、我們對彼此以及對政府的信任又到哪裡。而在這種情況下，我們是能夠團結合作還是會陷於對立？誰的命比較重要？我們又甘於將誰置於險境？

回想二〇二〇年初，兩艘屬於英美聯合企業嘉年華集團暨公眾有限公司（Carnival Corporation & PLC）、由公主郵輪（Princess Cruises）營運的郵輪首當其衝，陷入了病毒傳染的緊急情況。當時，日、美兩國的應對方式形成了鮮明對比。其中一艘郵輪是鑽石公主號（Diamond Princess），香港當局在其於東海（East China Sea）上航行時發現船上三千七百位乘客及船員中至少有一位感染了COVID。另一艘郵輪則是載有約三千六百位乘客的至尊公主號（Grand Princess），其於墨西哥附近海域航行時，醫療官員發現船上已爆發疫情。於是，鑽石公主號返回了原先啟航的日本橫濱港（Yokohama Port），並且由日本政府擔負起處理責任；至尊公主號亦返回了啟航點舊金山灣（San Francisco Bay），然而美國政府的作為卻與日本截然不同。

鑽石公主號於東京近海靠岸後，日本官員旋即上船評估狀況，他們希望病毒並未在船上持續擴散傳染。

後來發現有十位乘客的篩檢結果為陽性，因此日本政府宣布強制進行為期兩週的隔離措施，讓流行病學家及醫學專家有足夠時間深入調查。要做這樣的決策並不容易，長時間待在狹小空間裡不僅辛苦也有相當的危險性，然而日本政府領導人更擔心的是，倘若讓鑽石公主號的乘客與船員下船，可能會導致病毒在國內大範圍擴散傳染，而外國旅客在回國後若是近一步散布病毒，也會讓日本須擔負導致病毒在全球傳播的責任。因為沒有更好的辦法，日本決定寧可盡量謹慎，選擇了當下對公共衛生而言應該最有利的決策。

日本應對危機的方式確實稱不上完美。第一階段的隔離場面混亂，本該與其他人隔離開來的乘客卻在船上各個區域到處走動。限制乘客或放乘客下船的決策出現變化時則未搭配充分解釋，導致乘客與其家人內心充滿焦慮與困惑。船員雖然有某些可用於自我保護的裝備，卻依然暴露在衛生條件不佳的環境中，待在船上的政府官員與醫療從業人員也陷於同樣處境。在這樣的情況下，當局放行了超過一位經篩檢為陰性的日本乘客下船搭電車返家，然而這些乘客後來卻又篩檢出陽性。最終，有十四位在鑽石公主號上遭到感染的乘客不幸身亡。[2]

然而總的來說，日本當局的應對措施不僅夠人性化，且對於日本公民、外國旅客及全球科學界都有所助益。他們為七百一十二位在鑽石公主號上感染 COVID-19 的乘客與船員提供醫療照護，同時也為在船上飽受壓力、焦慮、失眠之苦的人安排適當的心理健康支援。除此之外，日方也提供約兩千台 iPhone 供隔離中的乘客與船員使用，並架設好無線網路路由器，藉此提供他們對外溝通的更多選項。他們也特別關照患有慢性疾病的乘客的身體狀況。透過種種舉措，日本政府大幅降低了船上的感染擴散程度，也在疫情爆發的狀況惡化以前控制住局面。[3]

更甚者，日本科學家與官員根據情況的發展，還進一步了解到如何有效控制這種全新病毒造成的疾病傳播，並藉此幫助其他國家的官員制定更合乎需求的對策。[4] 比方說，根據鑽石公主號疫情爆發事件的處理經驗，他們推斷無症狀感染者可能是感染源，因此大範圍篩檢、追蹤陽性案例的足跡便是相當重要的防疫手段。[5]他們發現，處於同一室內空間的互相傳染風險極高，因此代表空氣中的氣溶膠正是導致這種疾病傳染的關鍵，而促進室內空氣流通應該可以有效遏止傳染。另外，他們發現老年人與病患更容易成為重症確診者，也察覺到受感染者經醫院收治後症狀的進展極快，因此行政單位便得以提前為加護病房做好可能人滿為患的準備。最重要的是，日本當局透過這些經驗明白了超級病毒傳播者可能帶來的危險——少數受感染者（其中也包括負責照護患者的人）可能會把疾病傳染給其人際互動網絡裡的其他人，這種現象對療養機構的居民來說是極大的威脅，倘若未積極防堵此類型的傳染途徑，就可能導致一個國家死亡人數急速攀升。以上種種經驗便形塑了日本後續應對疫情危機的公共衛生策略，這也是為什麼日本在疫情的第一階段（尤其在二〇二〇年）會是世界上數一數二安全的國家，日本當年的死亡率僅僅高出往年些許。

反觀美國在處理至尊公主號的疫情危機時則顯然不夠深思熟慮，也缺乏慷慨的胸襟與關懷。官員發現船上疫情爆發後，時任副總統的麥克・彭斯（Mike Pence）便召開記者會，宣布船上共有二十一位乘客及船員篩檢出陽性，並表示該船正航行於國際海域，即將返回美國。然而至尊公主號的乘客並未接收到相關情況的訊息更新，因此這個消息出乎他們意料之外。彭斯承諾至尊公主號可以盡快在非商業性港口停泊，且船上所有人員都須接受篩檢及隔離才可下船。[6]

但就在同一天，美國總統唐諾・川普（Donald Trump）於美國疾病管制與預防中心（Centers for Disease Control and Prevention，CDC）總部召開的記者會上駁回了任何讓至尊公主號上的COVID感染者（包括美國公民）踏上美國國土的醫療應對措施。川普總統做出此決定的關鍵，似乎是因為擔心這樣會導致全國確診案例數量上升。「我覺得讓那些人待在那（船上）就好……因為我希望確診數字維持現狀，」川普總統如此說道，「何必要一艘根本不是我們責任的船來讓確診數字加倍。」[7]

於是接下來兩天時間，至尊公主號依然停在海面上，不管是乘客還是船員都不知道自己會被載往何方，而要是真的靠岸，又會受到怎樣的對待。川普總統在推特❸上表示：「白宮已經制定出完美調度與完善協調好的計畫，準備要打擊新型冠狀病毒。」[8]其內閣成員的說法卻截然不同，美國衛生局長便在國家電視台上坦言政府尚未制定應對計畫。

此前川普政府已因為讓感染COVID-19的美國乘客與篩檢結果為陰性的乘客搭乘同一班機返美而大受詬病，且政府根本沒有向該航班乘客揭露此消息，導致同航班的許多乘客自行發現真相後大為光火。明尼蘇達大學（University of Minnesota）傳染病研究與政策中心（Center for Infectious Disease Research and Policy）主任麥可・歐斯特荷姆（Michael Osterholm）表示，這項決策可說是「我在職業生涯中所見過數一數二殘忍的人體實驗。」[9]

至尊公主號上的乘客被關在房間裡隔離，又無法得知任何可靠的下一步消息，他們確實也覺得自己很像殘忍人體實驗的受試者。後來美國政府終於准許至尊公主號在加州靠岸——未如原先計畫好要在加州富裕城市舊金山下錨，而改為航向黑人、棕色人種及勞工階級聚集的奧克蘭（Oakland）停泊。「當地有色人種族群對此感受尤為強烈，就好像許多事情一直落到我們頭上，卻沒有什麼好事會為我們而生，」社會運動人士凱特・布魯克斯（Cat Brooks）向《衛報》（*The Guardian*）表示，「而每當出現這樣的事件，歇斯底里的情緒與不信任便油然而生。」[10]

於是至尊公主號上感染了COVID-19的乘客便在幾乎一無所知的情況下，被分別送往位於加州、德州、喬治亞州（Georgia）的旅館或軍事基地隔離。[11]被分配到特拉維斯空軍基地（Travis Air Force Base）的感染者中，有超過八百位拒絕接受病毒篩檢，其中一部分人甚至痛斥政府介入他們的私人生活，並譴責當局大動作控制情勢的舉措，另外也有些人堅稱他們有返家的權利。特拉維斯空軍基地張貼的通知上也述明：「病毒篩檢**並非**強制性，民眾可自行選擇是否接受篩檢。」[12]即使願意接受檢測的乘客初步的篩檢結果顯示有許多新增確診病例，但美國政府的政策卻導致官方無法準確評估有多少人染疫，也無法知曉多少人身上存在散播疾病的風險。[13]後來這整件事以一片混亂及一連串的訴訟告終。

有多少人在身上病毒仍具感染力時就返家？他們又對自己身處的社群造成了什麼影響？我們永遠也不得而知。就像我們也不會知道，當初美國政府要是像日本一樣妥善應對鑽石公主號的疫情，好好處理至尊公主號的危機，那麼是否就能使美國倖免於難，不讓它在二〇二〇年成為地球上死亡率最慘重的國家。不同國家面對病毒的初步應變措施——尤其就阻止病毒傳播、理解事態、建立緊急衛生政策所投入的心力——有所差異，而後來也被証實為影響後續疫情發展的關鍵。也正是這些差異導致了不同國家的人走向不同的道路，也影響了人民接下來幾年在疫情下的生命經驗。

我們得探究病毒學，才能了解導致致命COVID-19疫情的新型冠狀病毒——嚴重急性呼吸道症候群冠狀病毒2型（SARS-CoV-2）；我們得仰賴經濟學，才能解釋為何某些經濟紓困政策比其他舉措有效。至於社會因素（有些在人行道與街頭上演，有些則在國會與企業辦公室裡發揮作用），則在決定誰生、誰死、誰享豐饒、誰得挨餓、誰會身心俱疲、誰能找到新的力量等各個層面上扮演了關鍵角色。我們需要如解剖驗屍那樣細細剖析整個社會——檢視在社會中如同人體器官那般重要，卻在二〇二〇年陷入衰竭的社會、政治、體制等各項條件——藉以找出在這一年令我們陷入困境的根本痼疾與衝擊為何。此外，我們也必須努力發掘市井小民在疫情中的生命經驗，這一個又一個多樣紛呈的故事，正是本書想要帶給各位讀者的內容。

❸ 譯注：現已更名為「X」。

除此之外更重要的是，「二〇二〇年」不僅是人類迎來巨大轉變的一年，亦是讓我們能夠看得更清楚、更敏銳的一年。過去二十年來，推動我職業生涯的，正是「危機可能帶來非凡機會」這個概念——我們都知道，政治人物及企業集團都樂於反過來運用災難實現其企圖，如今對整個社會來說則更是如此。極端事件能讓過去長久存在、大家卻難以察覺的各種現象浮現。想正視這些社會問題所造成的創傷，就必須對自我生命經驗的本質提出尖銳的問題，並且花一段時間深入審視內心，以記錄下你我所經歷的一切。無論有多少店家、場所在疫情初期就關門大吉，二〇二〇年依然是這世界開了一個破口的一年。而我最大的任務便是點亮燈火，讓大家好好看清我們曾否認、閃躲、無視的一切。

不管是在整個國家或某個鄰里，COVID疫情的散播並非不可避免。然而既有的社會力量實在強大，也因此影響了這場災難的每個層面——從重要物資與可靠資訊的流通，到醫療照護與支援的供給皆然。在某些區域受到良好保護的同時，另一些地區卻暴露於各種危險中；有些社區能在危機當前時團結合作、彼此照應，卻也有些人抄起武器準備戰鬥。紐約市總共約有八百五十萬人口，分別居住於五個行政區，這些人散落於大約兩百五十個社區鄰里，所有居民同時感受到美國社會所帶來的震撼與不平等。三月時，放眼全球紐約已是高危險的疫情熱區，以二〇二〇年度而言，它創下COVID-19病例與死亡人數超越全球所有城市的紀錄。

COVID-19終將入侵每個城鎮、每個社區，各地也都會以獨一無二的方式歷經這場瘟疫。這場疫情的規模之大、持續之久，讓人很難找到能全面記錄COVID疫情中每一個面向的地點。但我也想不到哪裡會是比紐約市更好的觀察地點；這裡的文化多樣性顯而易見，族群間的不平等令人難以忽視，也因此能提供豐富的觀點。從大多方面來說，COVID-19疫情爆發期間誰被困在紐約都可謂一大不幸，但對我的研究而言，那卻值得慶幸。

疫情之初，紐約市正式進入了「暫停」狀態，但醫院與診所裡卻兵荒馬亂——我便是在這段時間裡深入觀察布魯克林區、布朗克斯區、曼哈頓區、皇后區、史泰登島區這五個行政區之間顯著的情況差異。也因為整個社會充斥各種荒誕不經的現象，我決定在每個行政區找一位能夠代表該區社會現象的居民進行深入訪談（請見附錄：研究紀要）。訪談對象包含一位小學校長，其身處的社區是頭幾個真正意識到疫情威脅的區域；一位布朗克斯區的政府職員，她的工作是協助當地醫院取得所需資源並保護該區選民的生命安全；一位史泰登島區的酒吧老闆，他因疫情而生計出了問題，難以讓家庭獲得溫飽；一位在疫情期間建立起互助網絡的皇后區退休檢查官；還有一對居住在布魯克林區的伴侶，他們從事疫情期間不可或缺的重點工作，也因此需要找人幫忙照顧年幼的孩子。

後來我又增添了兩位受訪者：一位是紐約大眾交通系統中「重點工作者」[4]（essential worker）的孩子，這位重點工作者在疫情頭幾週便感染COVID-19去世了；還有一位是在黑人的命也是命（Black Lives Matter）抗議活動中變得活躍的藝術家。這兩位受訪者的生命經驗都與二〇二〇年的核心議題有關：我們該如何哀悼、紀念那些提供服務並努力維持社會開放，卻因而失去性命的重點工作者？我們該如何應對導致當代生活變得如此殘酷的種族暴力？這種殘酷本來可能不致如此。結合來自紐約市不同行政區七位受訪者的故事，就能拼湊出光靠統計數字或大數據無法呈現的疫情生命經驗。除此之外，這些受訪者也帶來格外適合以生命故事闡述的事物——透過這次機會，我們可以觀察人在自身及所愛之人的性命面臨危機時，是如何找到生命的意義與目標。

另外，我也進行了更大規模的研究，嘗試解答疫情經驗所拋給我們的各種難題，而這些問題都非常需要

[4] 譯注：提供必要服務的公共或私營部門員工。

較深入的社會學研究。例如我們常耳聞，是社交距離與隔離造成的孤立導致美國人在疫情期間面臨大量對立，並引起暴力與反社會行為（如駕車非預謀殺人〔vehicular manslaughter〕及飛機上的衝突事件）激增，人民因而難以安穩度日。社會學家恰好有個理論能解釋為何在面對危機的時候，人類的破壞行為會激增。該理論以艾彌爾・涂爾幹（Émile Durkheim）的研究為基礎，關注的是社會解體、人類共同道德秩序崩壞，以及涂爾幹稱為「失序」（anomie）的現象。涂爾幹認為，社會對於個人發展與集體生活都有相當深遠的影響，它形成我們對身而為人所指為何的核心理念；社會也建立規範、價值、信念、習慣，而這些事形塑了我們每一個人；社會會讓我們組成不同的文化及道德群體；社會中的人與人會建立關係，並發展出公民義務；社會激起我們對某些事物的熱情與興趣，同時也調節這些情緒，使人們從自我中心的傾向轉為追求共同的目標。然而有時在人類面臨劇烈變化的時候——例如經濟轉型、宗教信仰轉變、大規模的都市化、瘟疫——社會也隨之改變。過去讓我們安身立命的社會結構似乎突然變得脆弱不堪，政府當局顯露出不可靠的一面，周遭的鄰居也不再值得信任。於是大家減少了相聚的頻率，轉而躲在家裡避免與他人互動，人與人之間相互的義務關係也趨於薄弱。我們的行動開始受到個人需求與欲望的驅使。如果社會出現失序現象，個人的自戀情緒就會凌駕於團結意識之上，凝聚社會的力量也隨之消失。[14]

當然了，我們有充分的理由相信，二〇二〇年美國的反社會行為案例激增正是疫情所致社會失序的結果。然而令人摸不著頭緒的是，涂爾幹所提出社會動盪導致失序的理論，卻無法解釋美國以外幾乎所有國家的現象。疫情開始後，這些國家的社會和美國一樣集體焦慮感暴增，同樣實施了大規模封鎖措施、社交聚會受限制、國境被政府關閉、辦公室不再開放；然而卻沒有其他國家經歷像美國這樣凶殺案增加幅度創新高的社會現象，其他國家的死亡車禍並未暴增，當然也沒發生槍枝銷量飛漲的問題。二〇二〇年，全球各國都經歷了歷史性巨變，也出現各式各樣的社會問題，但卻沒有一個國家發生美國這樣的轉變。這是為什麼？

是什麼原因導致美國的社會問題在面臨疫情危機時變得一觸即發？又是什麼因素使得其他國家（如日本）能團結一心？解開這些問題的重要性超越了疫情本身，其中與我們的相關性也不會僅限於二〇二〇這一年。疫情之後，便是近代歷史上頭一次——一切都待你我努力爭取改變。這也是為什麼我們得要更透徹地看清自己、了解自己。未來幾年，世界各國都將面對關於國家的原則與抱負的根本議題。我們會選擇民主還是專制？又該如何在個人自由與追求共好之間維持平衡？人類將如何面對日漸加劇的氣候變遷危機？如何才能達到種族平等？我們是否有能力面對下一次重大危機，抑或將無可避免被捲入比全人類剛經歷過的磨難更加嚴峻的災變？

若要說疫情教會了我們什麼，那就是人類應盡早阻止下一次因認知偏誤釀成的悲劇，並下定決心處理你我正面臨的那些看似遙遠卻可怕的威脅，趁還來得及的時候。

注釋

1 On the relationship between inequality and exposure to the coronavirus and COVID, see Steven Thrasher, *The Viral Underclass* (New York: Celadon, 2022).
2 Lauren Smiley, "27 Days in Tokyo Bay: What Happened on the *Diamond Princess*," *Wired*, April 30, 2020.
3 Chris Baraniuk, "What the *Diamond Princess* Taught the World About COVID-19," *BMJ* 369 (2020), https://doi.org/10.1136/bmj.m1632.
4 Hitoshi Oshitani, "What Japan Got Right About COVID-19," *New York Times*, January 24, 2022.
5 Kenji Mizumoto et al., "Transmission Potential of the Novel Coronavirus (COVID-19) Onboard the *Diamond Princess* Cruise Ship, 2020," *Infectious Disease Modelling* 5 (2020): 264–70.

6 Thomas Fuller et al., "21 Coronavirus Cases on Cruise Ship Near California," *New York Times,* March 6, 2020.

7 Catherine Kim, "The Trump Administration Doesn't Yet Have a Plan to Handle *Grand Princess* Coronavirus Cases, Officials Say," *Vox,* March 8, 2020.

8 Donald Trump (@realDonaldTrump), "We have a perfectly coordinated and fine tuned plan at the White House for our attack on CoronaVirus," Twitter, March 8, 2020. 8:45 a.m.

9 Kim, "The Trump Administration Doesn't Yet Have a Plan to Handle *Grand Princess* Coronavirus Cases, Officials Say."

10 Mario Koran, "From Paradise to Coronavirus: The *Grand Princess* and the Cruise from Hell," *The Guardian,* March 14, 2020.

11 Abigail Weinberg, "Total Isolation. No Testing. Communication Breakdown. Inside the Coronavirus Cruise Ship Evacuation," *Mother Jones,* March 13, 2020.

12 Mark Berman and Faiz Siddiqui, "*Grand Princess* Passengers Were Quar- antined on Bases. How Many Actually Have Coronavirus Will Remain a Mystery," *Washington Post,* March 23, 2020.

13 Ibid.

14 Émile Durkheim, *Suicide* (New York: Free Press, 1951). See especially Chapter 5, "Anomic Suicide."

第一章

那是場戰鬥

李美（MAY LEE，音譯）

二〇二〇年的開年就不大好。在比較幸運的年度，一月一日會剛好落在接近週末的週四或週五，所以學校的假期就會延長到週末結束，大家也就能多賺到幾天假。然而今年的一月一日卻是週三，因此紐約市教育局（New York City Department of Education）便很小氣地決議寒假只從十二月二十四日放到一月二日。對任職於美國最大的公立教育系統下的十五萬名職員及一百一十萬名入學孩童而言（其中有超過十萬名是無家者），這一年開始得匆促，但總有幾個新年之始會是這樣。

李美是曼哈頓華埠（Chinatown）四十二號公立小學（P.S. 42）的校長，雖然不樂見假期這麼快就結束，但她也知道早點回到工作崗位是有好處的。李美五十九歲，在四十二號公立小學已服務超過二十五年，最初擔任教師，後來成為校長助理，如今已經是負責管理整個學校的校長了。她以前也是這所學校的學生，她的兄弟、丈夫，還有他們夫妻倆從衣索比亞收養的小女兒（因為他們一家人有許多愛想獻給這個世界），通通都是四十二號公立小學出來的校友。李美來自中國移民家庭，她說自己有「爭強好辯又反骨」的「鬥士」性格，會「全心全意為所有家人（這裡的家人指的是四十二號公立小學的學生及其家人）和她這些孩子付出」。她有一頭黑色捲髮，不時會將部分髮絲挑染為金色，耳朵上打了好幾個耳洞，脖子上還有「恩典」（Grace）字樣的刺青。「我母親個性開明又強悍，」李用道地紐約腔對我說道，「是她教會我不要忍受別人對你做的任何爛事，是她教會我怎麼強大起來。」

身為下東城（Lower East Side）長大的孩子，李就住在四十二號公立小學幾個街區外的地方，這所小學位於美國人口數一數二稠密的市區，校舍是厚重的磚造建築體，每個上學日都有大約五百五十位學童踏上混凝土造的五階台階，穿過三扇超大對開門後各自走進六十幾間教室上課。時至今日，她依然住在她和丈夫、她的兄弟全家以及雙親一九九九年共同買下的科西街（Forsyth Street）上的大房子，幾代人組成了共居的大家庭。「這個家裡的所有人不管是食物、空間、親職、感受，通通都互相分享，真的，他們共享一切。華埠有上千個像這樣與朋友、同事、親戚一起擠在小公寓裡共居的移民家庭，好幾位成年人會按他們在餐廳或工廠的排班時間，輪流使用共用的房間。「一間公寓裡可以住三個家庭，」李說道，「我的很多家人都是這樣，三個家庭住在同一間公寓裡。他們共用一間廚房、一套衛浴，而孩子們的雙層床上下鋪就是他們的小世界。」

身為一位小學校長，同時又是長年住在華埠的居民，李對於學校放假的時候會是什麼狀況一清二楚。剛開始都還很美好：吃大餐、看電影、與在中國的親友通視訊電話、去圖書館或公園走走。接著，就是假期的第二天，大人這時得回到工作崗位，祖父母也得稍事休息。於是孩子便開始要求看電視、玩手機或是打電動，但遊樂設備卻不夠讓每個孩子都玩得到，然後大家開始吵架拌嘴，整個公寓變得嘈雜不堪。除此之外，還有無數待洗的碗盤，而這還只是假期的開端而已。每到十二月，大家都滿心期待放假，然而到了一月二日的時候，所有大人又希望孩子趕快離開家裡。幸好，紐約市的公立教育系統能救民於水火之中。

四十二號公立小學對家有學童的家庭及同住的其他人來說都是救星。學校存在最根本的目的就是教育孩童，而四十二號公立小學在這一點表現得十分突出。即便校內有百分之六十的學生來自貧困家庭，百分之七十的學生雙親不太會或甚至不會英文，這所學校的教育成果依然近乎傲視全紐約。李告訴我：「除此以外，我們學校也照顧孩子生活的其他層面。」四十二號公立小學多數學童的日常飲食都仰賴學校供應的早餐、午餐和課後點心，他們在學校不用花錢就能上音樂課、足球課，還可以看書、做美勞、使用網路。多年來，李也靠基督教青年會（YMCA）的援助，為學生安排了游泳課，畢竟除了他們還有誰願意提供這種服務？「為了讓學生都能擁有和我的孩子一樣的童年體驗，我什麼都願意做，」李這樣告訴我，「我告訴學校裡的所有老師，我們是人民的公僕。對學童的家庭來說，老師的角色堪比日月、可比神明，而我們的工作就是好好照顧學校裡的孩子。」

新年之初還算平靜，而且天氣很好，但到了一月第二個週末，天氣好到對大家造成了一些困擾。氣溫高達十五、十六度？在一月這種時間？肯定是個凶兆。在這種氣溫下，街頭上的大小事都開始蠢蠢欲動，遊樂場裡也擠滿孩子，餐廳人潮更是絡繹不絕，整個紐約都生氣勃勃。然而過沒多久，李聽說一件更直接會帶來焦慮的消息，而這件事也令她家人心煩意亂（李的家庭成員有百分之八十是亞裔族群，而且主要都是中國人）。住在中國的親戚紛紛傳訊息鄭重警告他們湖北省武漢有一種散播開來的新型致命病毒。武漢是坐擁一千一百萬人口的大都市，同時也是中國重要的交通樞紐。武漢的交通樞紐位置是一大關鍵，因為從一月十日開始便是中國農曆新年，中國人會在這段期間到處走春拜訪親友，或到全國各地旅遊。根據中國政府預估，春運這四十天內大約將累積達三十億趟行程，因此也是每年全球最大型的人口遷徙活動。李回想當初的情況，一開始實在很難判斷這些訊息中孰真孰假。來自中國政府的官方消息很少，而且說的話也不一定可信。她還記得二〇〇三年中國衛生部掩蓋嚴重急性呼吸道症候群（SARS）疫情爆發的事情，當年這種新型冠狀病毒導致的呼吸道疾病死亡率將近十分之一，其中有超過半數是六十歲以上的長者。當時中國領導人有長達好幾個月的時間都堅稱中國境內幾乎沒有確診病例，情況也都「在掌控之中」。後來他們才承認，原來光是中國境內就有超過五千例確診病例，而中國政府也無力阻擋這種疾病散播至其他國家。[2]事實遭到披露後，中國官方為了挽救顏面便撤換了衛生部長及北京市長，但中國在國際間的信譽仍舊一落千丈，身處如紐約這樣的外國城市的華裔美國人也難以相信中國政府。對他們來說，這次事件帶來的教訓再簡單明了也不過：假如聽說有致命病毒的存在，要把政府的話聽進去，但在看待其嚴重性時，得想得更嚴重。大家只管保護好自己和家人，而且只能信任家人和親友。

二〇一九年十二月三十一日，中國政府首次正式向世界衛生組織（World Health Organi，WHO）提出關於不明原因肺炎（pneumonia of unknown etiology）的報告，確認了武漢有數十例確診病例。如今，科學家認為當初這種新型冠狀病毒應該在二〇一九年十月或十一月就已經在中國傳染開來，之後在整個十二月造成武漢地區醫院收治了大量有「類似流感症狀」的患者。[3]我們現在已經知道，時至十二月十五日，中國的社交軟體微信上就已益發密集出現「非典」（中國對SARS的稱呼）及「肺炎」等字眼。[4]直到一月，開始有其他國家提出最早的確診病例報告，於是這幾個字眼開始被COVID-19這個新名稱取代。

武漢與紐約之間相隔約一萬兩千公里，然而微信訊息只要幾秒鐘就能在兩地之間傳遞。據李美回憶，十二月的時候她的家人還沒開始談論SARS再次爆發或新型冠狀病毒產生的可能性，而到了一月下旬，家人憂慮的心情變得顯而易見。二月時，學校的日常作息終於被打亂。李美細細道來：「我的家人都在關注微信上的消息。在中國疫情裡水深火熱的親戚天天來訊更新情況，他們也因此得知許多令人咋舌的消息。大家都說中國的情況很糟，之後會輪到美國遭殃。他們先掌握了較多的情況，便大量購入來舒❶（Lysol）、衛生紙、口罩、手套。這是在為疫情囤貨做準備了！比方說，他們還在家放一大堆泡麵之類的。除此之外，大家也要求我趕緊召開會議，他們想知道下一步該怎麼做。」

李從市政府、州政府、白宮、新聞媒體等各方面尋求下一步行動指引，結果一無所獲。李告訴我：「我還記得許多人對我說：『這些事或許會發生，但一切都會在我們掌控之中。』」她的家人才不信這些說法，也完全不打算指望當地政府官員搞清楚狀況。「他們開始不讓孩子去學校，」李解釋道，「一開始是亞裔學生的家長來把孩子帶走，後來那些非亞裔學生的家長也不安心了。我們有位老師剛從亞洲回來，也有些學生和家人被困在那裡回不來。結果非亞裔學生的家庭根本無法掌握足夠的資訊，他們都嚇壞了！」

二月下旬，許多家長開始敦促李完全關閉學校。「因為他們知道中國的真實情況，所以表現出『妳怎麼還繼續開放學校？』的態度。我得向他們說明，這並不是我可以下的決策，而是得按教育部的指示行事。」隨著愈來愈多家長不讓小孩到校上課，李也擔心起學校的出席率。當時紐約市正在進行公立小學的年度評鑑，而評鑑人員預定在三月中到四十二號公立小學實地審查。如果以往年的情況而言，李完全不必擔心學校的出席率，但如今不僅是學校，到處都危機四伏，情況不同了。「以紐約市而言，出席率對於中學的入學錄取資格來說很重要。」李解釋道。要是她學校裡四年級的學生太頻繁缺席，紐約最好的幾間市立學校就會直接拒絕錄取他們。為了避免這種事情發生，她得確保那些要小孩待在家不上學的家長會幫孩子請病假，而不是直接讓他們曠課。但這樣她又得向教育部解釋，為何這段時間有這麼多學生未到校上課。

時間來到三月，李說：「我當時就知道：麻煩大了。」她得一邊想辦法照顧那些擔心孩子染上COVID而不讓他們到校上課的家庭，還得一邊確保學校評鑑結果沒問題，因此可以說是分身乏術。她回想那時的情形：「有些孩子真的病得很重，可能是得了COVID，但那時還沒有篩檢工具，因此也無法確定是否真的

❶ 譯注：美國的抗菌清潔用品品牌。

確診。」此外社區也開始有傳言說某個孩子的家長病了，或是誰的阿姨或叔叔也生病了之類的。「我那時才意識到，也許我們最終免不了要關閉整間學校。」也剛好在那時候，李看到紐約市長比爾・白思豪（Bill de Blasio）在電視上的發言，「他說：『別擔心！只管上劇院、去餐館、進電影院。』」然而李對此心存懷疑。餐館？劇院？她家人可是已經戴上醫用口罩，還在大量囤積食物了。

而且他們在公共場所面臨了不少敵意，甚至是暴力行為，這一切都是種族敵意（racial animus）所致。美國人對於危險的新型病毒日益焦慮，因此有愈來愈多人開始把病毒的傳播怪到中國人（包含華裔美國人）頭上。保守派知名人士——如保守派新聞頻道的頭號主持人及川普政府的高階官員——通通都在為這套說法推波助瀾。三月七日，國務卿麥克・龐培歐（Mike Pompeo）就在《福斯新聞》（Fox News）上針對「中國病毒」（China virus）相關的外交危機提出他的擔憂。隔天，亞利桑那州擁護極右立場的共和黨眾議員保羅・戈薩爾（Paul Gosar）則是發出聲明：他因為接觸到了「武漢病毒」（Wuhan virus）而必須自我隔離。[5]時至五月中旬，美國總統川普本人也繼續使用這樣的語言，毫不理會世界衛生組織為了避免將新型病毒與任何人種或地區直接連結而發出的呼籲。在二〇二〇年疫情爆發當時，還有歷史上更早的其他疫情中，這種行為絕對進一步導致了許多污名、歧視以及針對種族的攻擊行為。在推特、各種集會活動、記者會上，川普都習慣把COVID-19稱為「中國人的病毒」或「中國病毒」，同時也鼓勵周遭所有人都使用這種措辭。

李向我坦言：「住在華埠這裡，我們很常碰上種族歧視。有些年輕人會在晚上跑來我們這裡的酒吧，然後對住在這裡的長輩尖聲辱罵各種難聽字眼。遊民當中還有些男性會成群結隊，喃喃叫喊著咒罵亞洲人的語句，就只因為他們覺得好玩。」有時候，這種仇恨甚至會上升到肢體攻擊的地步。多年來，住在下東城的亞洲人常常被刀捅、成為攻擊目標，而孩子也經常碰上偏見與惡意。聯邦調查局（ＦＢＩ）的數據顯示，針對亞洲人的仇恨犯罪數量在二十一世紀最初二十年曾經陡降。[6]，然而不管在紐約還是美國其他地區，二〇二〇年三月顯然都是個轉捩點。自從美國人開始把COVID-19與中國人聯想在一起，仇恨亞洲人的暴力行為便暴增了。

不過李早在二月就已首次遇到與病毒有關的惡意了。前往學校上班途中，她打算順道去一趟茂比利街上的雜誌店，她說：「我每天早上都會去那裡。那天有位在工地工作的黑人女性突然走近說：『幹，怎麼到處都是他們。』剛開始我還不知道她在說什麼，後來才驚覺：她在說我！」不過這傢伙真是挑錯人欺負了。「於是我開始在雜誌店追著她跑，拿我的手機拍她，她根本擺脫不了我！後來我知道對方所屬的工程公司名稱後，便聯絡他們：『我拍下你們公司員工言語攻擊我的影片，要是她不希望身邊有亞洲人，那就不該來華埠！你們要是不把她調離這個工地，我就直接把這段影片放上網路。』」

後來她離開了雜誌店，李抵達學校時才意識到這件事背後代表的不僅僅是單一人士的行為或她感受到的憤怒而已，她還得好好思考這件事對整個學校的群體而言，具有什麼樣的意義。「我跟家人還有其他校長分享了自己剛在報章雜誌堆裡遭到言語攻擊的事！然而令我兩難的是：我要怎麼保護那些身為亞洲人的孩子？又該怎麼保護那些恰巧與一群亞裔孩子玩在一起的非亞裔孩子？假如他們剛好在外面玩，我要怎麼保護他們？我該怎麼維護鄰里的安全？」於是她做出自己職業生涯史無前例的決定：暫停了所有戶外教學行程，只要是必須搭乘交通運輸工具或學生必須離校太遠的活動，通通都暫停了。李向我解釋，這個決定非同小可，因為校外教學是學生在四十二號公立小學的校園生活中很重要的一環。然而即便是在紐約市下東城，環境也已經變得危險又不穩定。李也向我表示，假如大家一起出去到校外，「我實在無法確保每一位學生的人身安全。」

三月的第二週，美國其他地區的學區也做出了同樣的決定——不過並不是因為種族暴力，而是大家終於了解病毒的傳播速度有多快了，校方擔心學校會成為超級傳播者散布致命病毒的溫床。華盛頓州

（Washington State）於一月二十一日出現了美國首例COVID-19確診病例，當地的北岸（Northshore）學區便在三月五日將兩萬四千位學生的課程轉為線上授課。而到了三月十二日，美國最大的學區——西雅圖也指示所有公立學校關閉校園。要做出這個選擇並不容易，當地政府官員都知道地方上一些家庭的生活有多仰賴公立學校提供的服務，因此關閉校園會對每一個家庭產生連帶影響，同時也會使整個城市的經濟受到牽動。雪上加霜的是，關閉公立學校還會在這座貧富差距顯著的城市裡進一步加深族群間的不平等。公共事務處寫道：「我們知道關閉校園的決定會影響弱勢家庭，我們也理解雙薪家庭十分仰賴公立學校長期穩定提供的支持與服務。」但他們認為關閉學校是「阻止病毒感染擴散的有效方式」，因此是「必要行動。」[7]

儘管紐約市確診案例激增，當地官員仍拒絕關閉學校。白思豪身為紐約市長最出色的政績，就是讓當地所有家庭的孩子都可以上學前班（pre-K）接受學前教育，他積極支持這個不僅在教育上有益處的政策，學前班更是大大有助於低收入且家長都要工作的家庭。三月十二日，也就是西雅圖學區關閉校園的那一天，白思豪宣布紐約市不會跟進，甚至要反其道而行。他表示：「我們將盡最大努力持續開放校園。這是孩子們白天的安身之所，很多家長並沒有其他選擇。除此之外，學校也是我們的孩子、很多學童能好好吃飯的地方。要讓眾所需要的許多工作者有辦法上班，安置他們的小孩就非常重要。只有學校持續開放，家長工作時小孩才有地方可去。很多家長除了把孩子放在學校並沒有其他選擇。」[8]

沒過幾天，大家就意識到開放校園這個選擇不切實際。三月十五日星期日，白思豪坦言繼續開放學校並不安全也站不住腳，他宣布將在隔天開始關閉校園，而且會持續關閉到四月二十日，甚至可能延長。白思豪在記者會上表示：「我真的想都沒想過自己得做這種決定。」根據在場的其中一位記者描述，白思豪「顯然十分不安」。[9]學校餐廳會多開放幾天，這樣仰賴免費餐點或享有餐費津貼的七十萬名學童才能繼續吃到東西。至於之後，紐約市長表示市政府會找「替代地點」來維持供餐服務，但實際上根本沒人知道替代地點在哪裡，又要如何執行。

除此之外，還有另一件事大家也不知道該如何實行，甚至有沒有辦法做到都不曉得：教育。三月二十三日開始，所有學生都要在家裡上遠距課程。學生家裡很可能環境擁擠又一片混亂，而在家中授課的老師多數與自己的孩子和家人處在同一屋簷下，因此也要面對侷促又充滿壓力的狀態。

還有大家預料中會發生的問題，例如：家裡是否有網路連線。二〇二〇年春季，紐約市的住家有超過五十萬戶未裝設寬頻網路，而全靠行動網路上網。[10]沒有裝無線網路的家庭自然是集中在紐約市最窮困的幾個區域，而這些地區的學校即便是在最理想的狀況下，都很難好好照顧學生的需求。李以及所有在四十二號公立小學服務的工作同仁全都願意排除萬難為學生上課，然而下東城住家中有將近百分之四十沒有寬頻網路，家裡有筆記型電腦的學生更是少之又少，長久以來也沒人要出來填補這種數位落差❷（digital divide）。[11]李說：「我們麻煩大了，狀況實在令人頭大。」

美國疾病管制與預防中心在二月開始向各學區示警，未來可能必須轉為遠距教學，兩大教師工會領導者皆呼籲川普政府針對如何因應校園全面關閉的情況發布具體指示。美國疾病管制與預防中心主任南希・梅索尼耶（Nancy Messonnier）表示：「你們應該向孩子的學校詢問停課或關閉校園的計畫，並且詢問他們關於遠距教學的規畫。」[12]但聯邦政府在總統的指示下，堅持與COVID-19有關的問題該由每個州自行規畫應對辦法。美國教育部長貝琪・戴佛斯（Betsy DeVos）對此事可以說是無所作為。三月十日有超過二十位美國參議員以公開信形式提出十四點疑問，他們想知道戴佛斯及教育部要怎麼幫助受疫情影響的學生及家庭，[13]而她始終沒有回覆。

❷ 譯注：指社會上不同種族、性別、經濟、居住環境、階級的人取得使用如電腦或網路等數位產品的機會與能力上的落差。

紐約市當地政府的溝通意願與美國教育部相比確實比較高，但在為學校領導人、教師、學生與家長做好準備面對校園關閉這件事上，卻同樣幾乎沒有作為。理查・卡蘭薩（Richard Carranza）致力推行種族融合，白思豪聘請他擔任教育總監以推動社會正義，但卡蘭薩在疫情爆發影響教育系統這段時間以來，一直受到教師、學生及家長的猛烈批評。約莫在三月七日，由於擔心疫情衝擊教師與社區的健康安全，教師聯合會（United Federation of Teachers）主席麥可・莫格魯（Michael Mulgrew）開始施壓，要求紐約市關閉所有公立學校。以莫格魯的角度來看，每延遲關閉學校一天，就可能增加難以計數的確診病例，而每新增一個確診病例都會放大病毒傳播指數成長的風險。不過風險到底多高卻沒人可以確知，一部分是因為紐約市教育局下達指示，要求學校不得向紐約市健康與心理衛生局（NYC Department of Health and Mental Hygiene）提報學校職員的確診病例，甚至也不能讓教師與學生、家長知道。《城訊》（*The City*）針對紐約市教育局內部信件進行調查後發現，「校園關閉的前幾天，以及教師被要求參加培訓的那週，甚至是在開始遠距教學之後，教育局官員都以一種同樣的模式試圖淡化COVID-19帶來的威脅。」[14]

李在校園關閉前幾週並不知道教育局有淡化疫情威脅的意圖，可是她確定學校早晚會關閉；在這樣的情況下，她勢必得肩負重擔，為四十二號公立小學的老師、學生、家長做好面對當前危機的準備。不過在承擔起這份重大責任之前，她有更急迫的問題得處理。李的丈夫是位物流司機，某天他回到家就開始有發燒和喘不過氣的症狀。「真的很可怕、很恐怖。他本來是從不生病的人，」李說道，「結果突然就無法呼吸，嚐不出也聞不到味道了。」家人讓他待在一個房間裡單獨隔離三週，這段時間裡，他只有要篩檢才離開房間，而且一做完便由家人攙扶回房間隔離。李回憶那時的情景：「他就像牢裡的犯人一樣，我們把食物從門打開的小縫推進去給他。」那時候還沒有妥善治療COVID病人的方式。不管是在曼哈頓還是紐約市其他區域，醫院彷彿全都成了停屍間。就算病得再重大家也不願意上醫院，就怕最後會一個人孤零零死在加護病房。對任何人來說，那大概都是最嚇人的下場，你根本不願意去思考這些可能性，但那種時候又怎麼可能不想呢？李的丈夫後來奇蹟似痊癒了，而且其餘家人沒有任何人染疫。他的痊癒彷彿一場勝利，好像在電玩遊戲裡破了一關那樣。那是令人重拾樂觀、讓人鬆一口氣的時刻。然而緊接著，又要迎來下一場戰鬥。

她在學校必須面對的戰鬥，是要為孩子做好學校即將關閉的準備。據說遠端教學的進行得要有新的科技與設備：筆記型電腦、平板、一種裡聽都沒聽過的 app —— Zoom，以及 Google Classroom（這名稱對她來說簡直像某種殘酷的嘲諷）。對李來說，最急迫的問題就是得幫助學生家庭取得基本的學習用品，例如鉛筆、蠟筆、橡皮擦、書本等——較富裕社區的學生理所當然都會有的東西。除此之外，她也希望學生可以人手一本實體課本與作業本，因此她請老師們趕緊去影印室印教材，同時祈禱機器不要在這時罷工。「我們用你想像不到的超快速度瘋狂影印教材，」李回憶當時情形說道，「我們為每位學生準備了在家上課的教材包，也讓孩子從圖書館拿到先預留好的所需書籍。」紐約市教育局允許學校職員在校園關閉後第一週繼續待在校園處理公事，當時四十二號公立小學幾乎所有員工都回來幫忙了。大家通力合作影印趕製，終於為所有學生準備好大約六週的教材。李說：「我們擬定了一套方式，讓學生或其家人可以來校園跟我們碰面領取教材。許多學生確實來了，但也有些人太害怕疫情而不敢來。」這時有一大家子小孩和其他家庭成員的大家庭的好處就顯現出來了，李解釋道：「我告訴他們，既然有這麼好的條件，那起碼貢獻點回饋吧，他們可以幫忙發送教材。」校園關閉的時間延長了（然後延了又延），這一切竟變成一項比她所預期還要龐大的任務。

製作教材包並非長久之計。到了三月底，紐約市確診病例數量與死亡人數都不斷飆升，實在很難相信學校有可能在四月底重新開放，甚至於五月或六月大概都不大可能重啟校園了。這時李已經明白，公立學校在這一學年剩下的時間不太有機會讓孩子重返校園，這也表示四十二號公立小學的每位學生在接下來四個月，都得上網接受遠距課程教學。紐約市斥資二．六九億美元購買了三十萬台iPad供有需要的學生「租借」，裡面已裝有遠端教學需要的app，搭配行動網路吃到飽的方案，之後會將裝置送到家。不過，若是要租iPad，學生家長得先填寫文件證明自己符合資格，同時還要附上郵寄地址。李說這件事在她的社區裡引發一陣小風波。「文件只有英文、西班牙文版，許多學生家長根本看不懂，因此不知道該怎麼辦才好。我的天啊！這根本不是什麼微歧視❸（micro-aggression），而是超歧視（macro-aggression）了。我氣炸了，到底在搞什麼啊。」

李集結人馬來幫忙需要租借設備的學生填寫表格，但即便是這樣，過程依然困難重重，因為造成阻礙的不只是語言而已。首先，李發現有許多家庭不敢就這麼提供地址給派發設備的單位。有些人沒有合法的身分證明文件，有些人則是住在不合法的分租房屋，甚至有人擔心要是被發現不符合申請資格會遭懲罰。後來李的團隊又發現了另一個問題：大部分的學生都住在沒有管理員的公寓，許多人就算在家聽見門鈴響也不願隨便為陌生人開門。物流人員上門配送貨件時，通常會直接把東西放在公寓走廊上就離開，有時甚至丟在大門外的地上就走了。這也加深了大家對於向紐約當局租借昂貴設備的憂慮，要是東西被偷怎麼辦？他們要負責賠償嗎？

雖然花了數週時間，但李和她的工作團隊仍然想出了解決辦法。要是學生家長對於把自家住址填到文件上有所顧慮，那就改成填寫李的地址，並附上校長助理的電話號碼。倘若學區的管理方或物流單位有疑問，就可以直接打電話詢問。設備的配發速度不夠快，因此春季學期開始時並不是所有學生都已人手一台iPad。有些學生不見蹤影。有些學生則是偶爾才上線，他們用的還是家長的手機。一直到那年春末，李突然收到一大堆iPad。她說：「真的有好幾百台之多。」於是李再次徵召孩子來幫忙遞送設備。「我們那年夏天就是這麼過的，」她對我說，「預先規畫好配送路線，然後跟學生家裡講好送iPad的時間，請他們在預定時間前十分鐘提早下樓，要是學生家有電鈴，就請他們探出頭看看是不是我們到了。我們整天都在送一盒又一盒的設備，整個夏天一直送到九月為止。」

設法讓所有學生家裡都有iPad可用是李遇到第一項與科技有關的挑戰，下一個關卡則是要教會他們如何使用。四十二號公立小學的孩子年齡從四歲至十一歲都有，其中只有少數學生有兄姊或家長能搞懂怎麼使用遠距教學平台（Remote Learning Portal）上由Google和微軟等公司提供的軟體。因此，李請學校老師安排時間與每個學生的家人進行視訊教學，為他們說明該如何操作系統。「我們得先搞清楚每個家庭使用的語言，然後確認負責教學的老師能與他們溝通無礙，」李向我說明，「有時候我們送設備上門時，會碰到家裡的祖母戴著手套下樓收件，那我們就會對她示範操作方法。」接下來就是上課會遇到的常見問題了：網路速度緩慢、學生無法登入、學生無人監督、學生不專心、學生不開鏡頭，也有些學生根本沒出現。

但也不是只有孩子們因為遠距教學而頭痛，老師和學校職員同樣都在這段過渡期苦苦掙扎——有時是搞不定技術問題，但更多時候是苦於家裡的環境不適合他們上課教學，更別說連老師自己的孩子都得待在家的時候了。許多人在疫情中開始有焦慮的問題，或者感染了COVID。五月初，紐約市有數百位教育工作者感染COVID-19，其中至少七十四位不幸身亡。[15] 四十二號公立小學雖然並未失去任何一位教師，但許多人卻因染疫而無法工作或需要就醫，因此老師不時也會缺課。李感受得到社區裡那股人心惶惶的動盪氛圍，為了安定大家的心情，她決定每天與孩子進行共讀活動，也向所有學生和家長保證，她必定會一直都在，大家每天早上一定會在螢幕上看到她的身影。「從三月到六月，這就是我每天的例行公事。」她對我說道。很快地，這個活動彷彿成了一種儀式，是她和所有學生家庭之間的神聖約定。李說自己有一陣子覺得這段時光很

❸ 譯注：微歧視意指人們在日常生活中對於LGBTQ、貧困、殘疾等族群所產生無心或不經意的歧視言語或行為，但無論是有意或無意，都會使這些族群感覺受到敵視與貶低。此處內文受訪談者以macro與micro做對比，因此譯為超歧視。

美好。但她也坦言，這個習慣維持到後來，大量時間要待在螢幕前其實已經造成負擔。她精疲力竭、壓力爆表、時不時失眠。她也是人。她想起當時的荒謬狀況自嘲道：「這樣講可能太直接了，但事情到後來真的變得很可怕。我說真的，我絕對不會再做這種事！」

此外，還有一件更加迫在眉睫的事。自從學校關閉以後，李就開始擔心學童與家長可能面臨無法溫飽的狀況。平時的上課日，學校每天都會供應兩餐和一份點心，但要是學校餐廳關閉了，學童與家長該怎麼辦？經濟萎縮之後，有多少家長的薪水會因此減少，甚至是失去收入？

當地的官員也有同樣的擔憂。三月二十三日，紐約市開始實施遠距教學，全市開放四百三十九個供餐地點，家裡有學生的家庭可以到現場領取外帶餐點——共有早、午、晚三餐——且每週供應五天。[16] 李告訴我，一開始四十二號公立小學並沒有被囊括在供餐地點之列。她回憶當時的情況：「我直接跑到教育局質問他們：『你們怎麼敢這樣？』對方表示附近還有另一所學校設置了供餐地點，我便告訴他們：『你們沒搞清楚。我們學生家庭的活動範圍不會超過艾倫街（Allen Street），而且許多孩子都是給祖父母照顧，他們根本不可能走那麼遠去領餐。你們這樣安排是要他們怎麼辦？』」

「那真的是場戰鬥。」李向我說道，這一點毫無疑問，但我實在很難忽略在說這些故事、甚至於提到這些奮鬥時，她語氣中的那種怡然。在這個提供她本人與家人教育的公共教育體系裡，李打滾了三十年。她靠著長久以來的經驗明白了，這個體系可以給你很多東西，卻也需要你為自己奮鬥、爭取權益。而這正是李所擅長的，一直以來都是。將近五十年前，她也曾是四十二號公立小學的學生，後來不僅順利畢業，還錄取了紐約市公立學校排名數一數二的亨特學院附屬高中（Hunter College High School）。時至今日，她說自己既然在「職業生涯的尾聲」成了四十二號公立小學的校長，那就絕不會讓她的學生和家人沒有學校供應的餐點可吃。李流露出一絲成就感並展現了身為管理者的韌性，李說：「我堅定不移、一步不讓，於是我們也有自己的供餐地點了。」

儘管紐約市在實行遠距教學的第一週就送出了將近五十六萬份餐點，但沒過多久大家就發現，供餐地點的數量遠遠不足以應付整體需求。供餐數量雖然龐大，卻僅占過去學校為貧困學童提供餐點的規模中小小一部分。不僅如此，還有個問題：家境貧寒的學生家中其他成員也面臨三餐不繼的危機。怎麼能只給學生餐點吃，卻讓他們的家長、祖父母和其他家庭成員挨餓？隨著疫情的進展，紐約市也開始運用聯邦政府與紐約州的緊急經費擴大執行食物發放。四十二號公立小學在毗鄰學校的地方，就設立了一個無條件讓所有人領取餐點的領餐處。李說：「我們原本設定早上為學生家庭供餐，下午則輪到大人。不過我後來要他們別多問，直接供應餐點就對了。才沒有人想排隊領學校的午餐——難吃得要命，對吧？但當你餓肚子的時候，那就是另一回事了。我們看到的情況是——天天都有人來排隊。」

後來隨著天氣回暖，紐約市的COVID新增病例大幅減少，李發現自己又得開始處理別的問題了。八月時，紐約州州長和市長雙雙宣布公立學校在秋季會重新開放。在紐約所做的調查中，約有四分之三的人希望不要繼續遠距教學，他們想要回歸實體上課。白思豪自豪地表示：「我們是全美唯一計畫在秋天重啟實體上課的大學區、大城市。」[17]然而卻也有包括家長和教育工作者在內的人提出批評，他們認為公立學校的通風設備老舊、廁所狹小、學生餐廳擁擠，學生要回歸這種校園環境並不安全。曾任教職並身兼紐約市教育委員會主席的市議員馬克・特雷格（Mark Treyger）表示：「我認為公立學校還沒準備好迎接學生回歸校園，關於這一點我一直說得很清楚。這些學校沒有足夠的資金、時間、空間做出妥善且安全的安排。」

李已經下定決心，要讓四十二號公立小學準備好迎接學校職員與學生歸來，然而問題在於，不管是紐約市還是紐約州，當局給的協助實在太少。她抱怨：「他們就只想著重啟校園，卻沒給我們時間好好準備，也沒提供任何指引。他們就只公告一些關於校園運作的籠統事項，但我們到底該怎麼執行？誰也不知道。」

李與華埠其他三所學校的校長關係緊密，他們就像個互助團體般彼此照應。她告訴我：「我們都說自己是喜福會（Joy Luck Club），大家隨時都保持聯繫，但真的沒有人接獲任何指示。」紐約市承諾會為每間教室配置一台新的空氣濾淨器，同時要求學生桌椅之間必須間隔六呎（約一．八公尺）。他們說老師可以混合實體與線上的教學形式。李批評道：「根本就是空口說白話。我們學校是一百年以上的老舊建築，也沒有空氣濾淨系統，環境滿布灰塵。所以我自己添購了空氣清淨機，用的是學校本身的預算，另外再幫每位老師製作壓克力隔板，這樣在實體教學時他們可以安心一點。只能盡全力把一切給搞定，每一位校長都是這樣，全都只能靠自己。」

到了八月，李的私人生活又有另一件更加危急的事必須處理。幾年前，醫生發現她的左乳房出現可能癌變的組織增生狀況，因此請她後續都要定期回醫院檢查。但在二〇二〇年，看醫生是大家避之唯恐不及的事（疫情期間，美國就醫接受定期檢查以及與疫情無關的緊急醫療數量驟降[18]），但李還是去做了檢查。就在夏季結束之前，醫生診斷出她罹患第二期乳癌並趕緊安排了一輪化療。李感嘆道：「謝天謝地，好險不是第三期或第四期。我有個好友就是第四期大腸癌過世的。天啊，他真的好快就走了。」

得了乳癌以及後續的治療讓李在那年秋天有了待在家的正當理由。因為她的身體狀況如此，所以感染Covid可能有的危險症狀對她來說威脅更大了。除此之外，她還得忍受許多痛苦與不適。而李倒不這樣看待自己的處境，她解釋：「我的意思是，我確實有幾次因為時間安排的關係無法去學校，但待在學校對我來說從來不是問題。我在四十二號公立小學的那棟建築裡反而覺得安全。」這份工作對李來說就是使命，她總是告訴學校的教職員，當老師就是一種公共服務；對她個人來說，在學校得到的那份安適感已經沁入了骨髓深處。

二〇二〇年秋季，李打點好所有事情，四十二號公立小學已準備就緒，可以迎接孩子回歸校園了。大約有三分之一的學生家長同意在開學第一天：九月十一日讓孩子回學校上課。然而與此同時，教師工會還未表示同意，一些教師擔心自身職場安全而威脅要發起罷工，白思豪因此將開學日推遲了十天。[19]接下來一整個學年也進行得很不順，十一月入秋時又開始了新一波疫情，因此紐約市再次關閉校園，直到冬季與春季依舊波折不斷。

隨著紐約市又準備要再次開放校園，我問起李，四十二號公立小學會何去何從？她說：「我非常樂觀，到了秋季我們五天都要待在學校，但我不擔心，因為事到如今，已經沒什麼事可以打敗我們了。」她頓了頓，吸了口氣，露出一抹無懼挑戰的笑容說道：「放馬過來吧。」

注釋

1 Sarah Kramer, "Three Generations Under One Roof," *New York Times*, September 23, 2011.
2 Yanzhong Huang, "The SARS Epidemic and Its Aftermath in China: A Political Perspective," in *Learning from SARS: Preparing for the Next Disease Outbreak: Workshop Summary* (Washington, DC: National Academies Press, 2004).
3 David L. Roberts, Jeremy S. Rossman, and Ivan Jari , "Dating First Cases of COVID-19," *PLOS Pathogens* 17, no. 6 (2021).
4 Wenjun Wang et al., "Using WeChat, a Chinese Social Media App, for Early Detection of the COVID-19 Outbreak in December 2019: Retrospective Study," *JMIR mHealth and uHealth* 8, no. 10 (2020).
5 Kimmy Yam, "Anti-Asian Hate Crimes Increased by Nearly 150% in 2020, Mostly in N.Y. and L.A., New Report Says," NBC News, March 9, 2021.
6 Ayal Feinberg, "Hate Crimes Against Asian Americans Have Been Declining for Years. Will the Coronavirus Change That?," *Washington Post*, April 13, 2020.

7 Ann Dornfeld, "All Seattle Public Schools Closed for at Least Two Weeks Starting Thursday Due to Coronavirus Outbreak," KUOW Public Radio, March 11, 2020.

8 Greg B. Smith, "How NYC Schools Officials Played Down the COVID-19 Threat," *The City,* May 11, 2020.

9 Eliza Shapiro, "New York City Public Schools to Close to Slow Spread of Coronavirus," *New York Times,* March 15, 2020.

10 *New York City's Digital Divide: 500,000 NYC Households Have No Internet Access When It Is More Important Than Ever Before,* New York: Citizens' Committee for Children of New York, 2021.

11 Ibid.

12 Mark Lieberman, "Schools Should Prepare for Coronavirus Outbreaks, CDC Officials Warn," *Education Week,* February 25, 2020.

13 Valerie Strauss, "Senators Press Betsy DeVos on Education Department's Coronavirus Response," *Washington Post,* March 10, 2020.

14 Smith, "How NYC Schools Officials Played Down the COVID-19 Threat."

15 Ibid.

16 Annalise Knudson, "Schools Closed: Here's Where NYC Students Can Get Free Meals," *SI Live,* March 22, 2020.

17 "De Blasio Sounds Confident Note on Opening Schools, as Majority Plan In-Person Learning," NBC News New York, August 10, 2020.

18 United States Centers for Disease Control and Prevention, *Delay or Avoidance of Medical Care Because of COVID-19–Related Concerns—United States, June 2020;* Mark É. Czeisler et al., *Morbidity and Mortality Weekly Report* 69: 1250–57, Washington, DC: CDC, September 2020.

19 Eliza Shapiro, Dana Rubinstein, and Emma G. Fitzsimmons, "New York City Delays Start of School to Ready for In-Person Classes," *New York Times,* September 1, 2020.

第二章

初步應變

我們永遠也無法知曉新型冠狀病毒（嚴重急性呼吸道症候群冠狀病毒2型）究竟如何蔓延至人群中，也不可能確切知道當初是誰首當其衝，感染了我們如今稱為COVID-19的疾病。有些科學家認為，應是二〇一九年的十一月在中國湖北省出現了首例病例。[1] 武漢的官員則認為出現首例確診病例的日期為二〇一九年十二月八日。[2]《科學》（*Science*）期刊上有一篇具影響力的文章指出，這些患者其實直到十二月過了幾天才罹患COVID-19，因此第一例確診病例是華南海鮮批發市場（Huanan Seafood Wholesale Market）的一位女性攤商，那座市場會販賣包括哺乳類、爬蟲類、禽類與魚類在內的各種活體動物。這位女性攤商直到十二月十日才發病。[3]

不過我們都知道，到了十二月底，武漢及周邊地區已出現數十位罹患不明原因肺炎的患者。武漢市衛生健康委員會（Wuhan Municipal Health Commission）於十二月三十日向當地醫院發布了兩則內部通知，他們對與華南市場有顯著關聯的呼吸道疾病患者激增的現象提出預警。[4] 然而中國政府揭露訊息的同時也在隱瞞真實狀況，因為他們在給當地醫院的通知中下達了指示：禁止醫療衛生體系裡的任何人未獲允許便向外界洩漏資訊。[5] 隔天是十二月三十一日，中國政府通知世界衛生組織其境內出現大量肺炎病例；到了二〇二〇年一月一日，武漢當地官員因為擔心病毒會由動物傳染給人類而關閉了華南市場。雖然聽來令人憂慮，但總比另一種可能性：病毒會人傳人來得好一些。倘若情況是後者，那表示病毒的散播可能很快會失控。

二〇二〇年一月五日，世界衛生組織首次發布有關新型病毒的疫情爆發新聞（Disease Outbreak News），文中提及「四十四例肺炎病例在特定時間與空間集中發生，」且「經報導指出，此病毒與批發海鮮及活體動物市場有關，因此表示該病毒可能與接觸動物有所關聯。」除此之外，世界衛生組織也進一步聲明：「世界衛生組織相當關切此情況，並同時與中國政府當局保持密切聯繫。」他們也根據當下得到的資訊提出：「世界衛生組織建議，不需針對中國實施任何旅遊或貿易方面的限制。」[6]

一月七日，中國科學家發現這種肺炎與一種新型冠狀病毒有關，而此冠狀病毒雖與分別在二〇〇三年造成嚴重急性呼吸道症候群（SARS）爆發以及在二〇一二年造成中東呼吸症候群（MERS）的病毒類似，但並非同一種。一月十一日，中國研究團隊公開了COVID-19病毒的基因序列。《科學》期刊中的一篇文章提到：「許多科學家都擔心中國會掩蓋武漢市前一個月爆發的肺炎疫情相關消息，現在大家可以鬆口氣了。」文中也引述倫敦惠康基金會（Wellcome Trust）董事傑瑞米．法勒（Jeremy Farrar）發布的推特：「公開分享資訊有益於公共衛生。」[7]

同日，武漢當局確認了第一例因感染該病毒死亡的案例，死者是一位經常光顧華南市場的六十一歲男性。一月十三日，泰國宣布當地醫院收治了一名來自武漢且有COVID-19症狀的旅客，這是中國境外出現的首例確診病例。日本則在一月十六日出現了首例確診病例：一位剛自武漢返日的神奈川縣居民。[8] 過了不到一週，一月二十日在美國華盛頓州的史諾霍米須郡（Snohomish County）有位三十五歲男性確診COVID-19，這是美國首例確診病例。這段時間出現首例確診病例的地方還有南韓（一月二十日）及台灣（一月二十一日）。[9] COVID-19疫情在接下來一週便擴散至澳洲與加拿大（一月二十五日），而到了一月底，英國也有確診病例了。[10]

一旦出了中國國境，嚴重急性呼吸道症候群冠狀病毒2型及其造成的COVID-19疫情約莫是在同一時間於各國現蹤，然而世界各民族國家❶（nation-state）的初步應變——也就是從二〇二〇年一月至四月——卻在應對的時機與本質上都截然不同。[11]我們目前尚未完全了解不同應對方式是如何發揮作用，然而那對於公共衛生措施是會保護抑或危及整個社會，以及如何為國家未來幾年奠定基礎，卻有相當的影響。各國在疫情之初立即或甚至反射性的反應都相當值得關注，因為這些舉動不僅影響了整場公衛危機的進程，也彰顯了該國家或社會的重要特質。仔細觀察各國面對全人類共同重大威脅表現出的不同反應，就可以了解國家是如何運作、領導人重視的價值為何、身處其中的公民又會面臨哪些挑戰。無論是政府的架構（例如總統的職權範圍）或是時局的影響（例如危機發生當下是誰或哪個黨派執政），這些都會形塑政府處理公共衛生緊急事件的方式。（倘若二〇二〇年是希拉蕊・柯林頓〔Hillary Clinton〕擔任總統，白宮的做法想必會有所不同，不過要真是如此，共和黨背景的州長也很可能會拒絕接受聯邦政府指示，轉而推行自己的政策。）但民族國家在關鍵時刻（包含疫情剛開始的時候）拿出的行動會透露出他們為保護人民性命所願意付出的代價。

迪迪耶・法尚（Didier Fassin）是普林斯頓（Princeton）高等研究院（Institute for Advanced Study）知名的醫療人類學家（medical anthropologist），他認為全球各國面對COVID疫情做出的應對之中最顯著的一點，就是「將拯救人命視為最優先考量。」這是史上頭一遭，世界各國要求國民為身旁的他人性命做出個人額外的犧牲。「一開始是部分的公民自由與個人權益暫時受限：移動、集會、抗議，有時甚至於表達的自由

❶譯注：指由國族（Nation）形成的國家（State），也就是指國家內絕大多數人群保有同一種認同並共同擁有相同文化。

都受到限制;連同受教育、工作、享受私人生活、尋求庇護、臨終時與深愛之人緊緊相依、在葬禮上紀念逝者的權利都受到限縮。」法尚說明,再者,「多數經濟活動驟然停止,造成大家都可預見的負面影響。」[12]小企業紛紛倒閉。工作機會流失。公共債務飆升。股市跌到谷底。政府憑什麼要求年輕人放棄稍縱即逝的美好青春?是什麼讓政府官員能夠合法行使這些權力?公共衛生——特別是社會上那些老年、虛弱族群的健康安全。

公共衛生長久以來就是混合了各項議題且飽受爭議的領域,負責研擬政策的成員包含科學家與醫療工作者,立論基礎則為流行病學研究;除此之外會有政府官員負責考量其他如經濟、國際關係、具影響力的行業與專業組織的遊說,以及(自然也會有)官員對於自身知名度與地位的考量。每個國家公共衛生領域裡的各方平衡會隨著時間不斷變動,不過關鍵通常會取決於執政黨秉持的意識形態、領導人在意的事物優先順序與利益、企業集團的相對實力(如製藥公司)、工會,以及政治體系中的科學機構。危機發生時,國家的公共衛生應對措施通常會由「知識的權威」(epistemic authority)形塑,此為哈佛科學研究學者席拉・賈瑟諾夫(Sheila Jasanoff)與其研究團隊提出的概念——即「用於制定公共決策的知識與證據,以及其立論基礎。」[13]

另外一項對於公共衛生系統極具影響力的關鍵:制定政策者是否認同並尊重他們所該保護的社會大眾。賈瑟諾夫與研究同仁稱這項影響公共衛生的因素為「社會契約」(social compact)。每個國家都有自己的社會契約,其中某些國家——從各個國家貧窮問題、無家可歸的人口比例,以及醫療照護水準來看——為國內公民提供的保護就比其他國家多上許多。而在現實層面,國家面對分屬不同群體的國民都會有各不相同的社會契約。其中的差異可能包括對老年人是慷慨或吝嗇;對被定罪的罪犯是嚴厲或寬容;對移民是包容還是排斥;對少數民族/種族群體是平等對待又或者加以歧視。因此,從一個國家的公共衛生體系通常能看出幾個重要問題的答案:這個國家是否視接受醫療照護為人權,還是讓市場機制決定誰能擁有醫療資源?該國是否願意向科學家、醫生、醫院行政方揭露重要資訊？國家會在多大程度上向公民坦承眼前面臨的風險、威脅與危險？這個國家是否廣納人民依據事實基礎所提出的報告，並願意公開討論，抑或選擇限制言論自由？這個國家是否會向人民坦承當下對資訊的掌握度、未知的部分，以及有哪些事尚待研究釐清？又是否在乎能不能贏得人民的信任？

「信任」對於公共衛生單位來說是格外棘手的難題。其中部分原因在於，到了二十一世紀，某些醫療科學領域已成了意識形態之間爭鬥的目標。另一部分原因則是由於在理想情況下，醫生與公共衛生官員需要足夠的時間、資料（或是經長時間累積而來的資料）才能做出決策，而有些時候（當然也包含出現全新傳染病的時候）他們沒有這種餘裕，卻仍得做出牽一髮動全身的決定。例如在疫情的第一年，公衛專家根據當下可得的知識發布了幾項公共衛生建議指引，但到後來才發現其中有些是片面或錯誤的資訊，他們也因此更改建議的內容。起初，部分流行病學家認為冠狀病毒並不會透過空氣傳播；世界衛生組織在二〇二〇年三月二十八日發布了一則後來為人所詬病的推特貼文：「科學事實：#COVID19並非空氣傳染疾病。#冠狀病毒主要由感染者咳嗽、打噴嚏、說話時所噴出的飛沫傳播。」[14]沒過多久，他們發現這種新型冠狀病毒確實會經由氣溶膠傳播，所謂的「科學事實」也根本不是事實。疫情初期，全球及各國的衛生單位都聲稱一般民眾不需佩戴口罩，後來又表示為防止疾病傳播務必佩戴口罩。在新的病原體出現的時刻，這種翻盤的現象確實不可避免，畢竟科學是一門充滿競爭、卻也需要集結眾人之力找出事實、建立理論的學問，而科學發現——我們有時稱之為「真相」——會隨著時間有所轉變。透過不斷發現錯誤，科學才能日益進步，而每一次改正都會帶我們更接近真相一步。就如同科學哲學家加斯東・巴舍拉（Gaston Bachelard）所言，追求知識的道路永無止盡。[15]

疫情期間，我們常聽到記者或官員將政府或社會的作為貼上「相信科學」或「反科學」的標籤，然而這種區別並未正確描述整體情況。例如會搭乘飛機、用微波爐、吃退燒藥、動膝關節手術的人，卻也可能對新疫苗長期的安全性及抗病毒藥物的效用有所懷疑。有些人還可能會提及過去的案例，比如疫苗產生非預期的副作用、處方藥的負面影響大於療效、本應客觀公正的醫學研究者接受了製藥公司的資助且未揭露相關訊息。

美國與歐洲有愈來愈多保守派不相信「政府內的科學家」，在政府推動公共衛生措施時，這種不信任尤為明顯。然而同時也有愈來愈多改革派人士無法信任受聘於企業的科學家，特別是科學家要推廣有利可圖的新產品時，更令他們難以相信這些研究人員。[16]更何況，科學並非口徑一致的單一行為者或機構；整個科學界囊括了分別負責研究不同問題的各種領域，而這些領域的科學發現可能催生出相互衝突的建議。例如關於兒童健康與福祉的議題，預防疾病的科學研究領域向政策制定相關單位表示，傳染病爆發期間關閉校園是保護學生、家庭、教師的最佳手段；而研究教育與經濟流動的學者卻表示，關閉學校是很危險的做法，貧困家庭的孩子可能會因這段時間無法到校而學習落後，並因此導致學力退步（learning loss）及不平等加劇。制定政策需要的就是權衡取捨；在疫情期間，種種決定背後都存在極巨大的風險。

自疫情開始之後，政策分析人員便開始聚焦於研究各國的公共衛生系統是如何影響他們面臨疫情的反應。以包括中國在內的某些國家而言，公共衛生是由當局從上至下集中管理，以此向地方層級單位下達政策與計畫。某些像美國一樣實行聯邦制的國家，地方政府有權針對一系列政策議題做出獨立的決定。美國的公共衛生系統在疫情頭一年表現出缺乏組織、不一致、成效不彰的問題，部分專家因而開始頌揚中國那種管理體制的優點，甚至質疑在災難發生時，權力下放或甚至是民主治理反而可能成為社會的負擔。[17]然而正如哈佛政治科學專家丹妮爾・艾倫（Danielle Allen）所表示，澳洲及德國也採取下放權力給地方的聯邦制度，事實證明，這兩個國家在COVID-19疫情控制上表現得都相當不錯。[18]更重要的是，強力實施中央集權的政府架構也有相當大的缺點——其中最顯而易見的，就是只要政府決策出錯，整個國家就得付出巨大代價。例如中國政府一開始很有信心能靠封鎖與隔離來控制疫情，也因此忽略了發展其他解決方案（特別是研發有效疫苗）的重要性，後來因為病毒產生變異，以及疫情持續延燒的時間比當局預期的長了太多，中國的防疫措施事實上帶來了糟糕的後果。

世界各國面對具高度傳染力且可能致死的疾病威脅時所展現出的第一步反應，其實無法以二〇二〇年盛行的「疫病預防能力」（pandemic preparedness）這個標準來衡量。例如全球衛生安全指數（Global Health Security Index，GHSI）是「針對一百九十五個《國際衛生條例》（International Health Regulations）締約國首個就衛生安全與相關能力的全面評估與基準化分析。」全球衛生安全指數為核子威脅倡議組織（Nuclear Threat Initiative）以及約翰．霍普金斯衛生安全中心（Johns Hopkins Center for Health Security）的合作計畫，由蓋茲基金會（Gates Foundation）出資，並由各國專家組成的優秀團隊進行研討、提供建議。全球衛生安全指數的設計目的明確，就是為了衡量國家應對「會導致國際間疫情流行及全球大流行的傳染性疾病爆發」的能力。[19]二〇一九年，全球衛生安全指數得分最高的國家是美國與英國，分別位居第一及第二名。瑞士排名第七；南韓排名第九；德國為第十四名；紐西蘭是第三十五名；中國則是第五十一名。

但若是以世界各國面對COVID-19疫情的實際表現來看，排名就不會是這樣了。COVID-19死亡率最低的國家包含台灣、南韓、紐西蘭、澳洲等國，這些國家都採取了醫療人類學家安德魯．萊考夫所謂謹慎的「預防性」措施，而這些措施植基於仔細監控、密集追蹤、隨著疫情發展不斷重新評估狀況。萊考夫表示：「若在面對難以估量的威脅時（例如出現全新病原體）秉持的原則是預防，那就不能恣意冒險，而是要確保危險狀況不會發生。」[20]

那些公衛措施成效不甚理想的國家採用的方法可能風險較高，或是前後不一，有些手段甚至可以說是不顧後果。美國與英國分別位居全球衛生安全指數的前兩名，然而在疫情中，二〇二〇、二〇二一年的美國與英國卻都在全球疫情最慘重的國家之列。美國總統唐諾・川普以及英國首相鮑里斯・強森（Boris Johnson）都忽略了有聲望的流行病學家及公共衛生專家的意見，反而選擇採信行為經濟學家與政治顧問以維持經濟「開放」為優先的建議。也因此英、美兩國政府在疫情管理上都採取了風險極高的政策，其中包括讓病毒在（至少是）較年輕、身體較健康的族群間自然傳播，以期社會達到「群體免疫」（herd immunity）的策略。這個方法理論上可行，但最終卻導致災難性的後果。中國用的方法則截然不同；病毒起初在武漢出現時，可以說整個世界的命運都掌握在中國政府手中，然而他們的第一直覺反應卻是把實際情況死死捏在手心，盡可能加以控制、藏住消息，直到這個以許多人命為代價的計畫終於崩潰為止。

法尚說得沒錯，全球各國回應COVID疫情的作為都源自「人命無可取代」的信念。在某些國家，人命的價值比起在其他國家更受珍視，然而在大多數國家，部分人民的生命卻根本不值一提。公共衛生的政治議題鮮少像在疫情的第一階段那樣受人矚目，而我們要是比較兩組不同的國家、社會——第一組為「兩個中國」：中華人民共和國及中華民國（台灣）；第二組則是英語圈（Anglosphere）最大的三個國家：澳洲、英國、美國——就可以明顯看出在危機四伏的時候，生命的重量與國家領導者所重視的價值如何發生碰撞。[21]

中國

華裔美籍的楊國斌是賓州大學（University of Pennsylvania）的社會學家，同時也是寫下新型冠狀病毒爆發第一個月歷程的學術著作《武漢封城》❷（*The Wuhan Lockdown*）的作者，他寫道：「揭開二〇二〇年序幕的，是一則關於八個人因為散播『不實信息』而受懲罰的新聞。」[22]其中一位遭到拘留的人就是眼科醫師李文亮，他在網路上警告醫界同儕，武漢出現了類似SARS的不明原因肺炎。在這之後幾週，李醫師便因為感染COVID-19不幸身亡。不久之後，他成了試圖向全世界警告危險新型疾病的國家英雄、吹哨者。然而在二〇二〇年初，他曾被視為與網路上散播謠言與假新聞的部落客、民眾比肩的不法之徒，且因此受到蔑視。根據中華人民共和國的國家通訊社新華社報導，李醫師所提出那些令他擔憂的不明原因肺炎病例，通通可以追溯回武漢的華南市場；但並沒有人傳人的實際案例，也沒有任何醫療人員受到感染。[23]李醫師當時如果要返回工作崗位便只有一個選擇：寫悔過書坦承自己做出了錯誤陳述、干擾社會秩序。[24]

新型冠狀病毒出現的最初六週，中國的反應包括瘋狂控管資訊傳遞、維持秩序，而他們的手段就是壓下相關的醫療報告，同時嚴懲像李醫師這樣希望提早知會其他醫療從業者實際情況的醫護人員。北京當局對於二〇一九年十二月至二〇二〇年一月浮現的醫療健康危機了解程度究竟到哪，各方獨立分析人士皆持分歧意見。美國情報機構所做的評估認為，武漢的官員向各國領導者隱匿真實資訊長達好幾週，就是因為擔心這些資訊會產生負面影響。[25]

凱薩琳・梅森（Katherine Mason）是布朗大學（Brown University）的人類學家，她從SARS大流行之後開始研究中國的公共衛生改革。她認為，外界眼光時常高估了中國政府獲得或傳播重要醫療資訊的能力。中國的「分裂式威權主義」（fragmented authoritarianism）之所以有辦法運作，正是因為在這個系統底下的所有官員都承受著取悅上級的壓力，所以站在醫療衛生工作者的角度，假如一個問題雖然看起來危急，卻無法百分之百肯定是真實的危機，他們就有無數理由會選擇噤聲。「政府要保持透明很難，而且透明的背後要付出代價，」梅森寫道，「如實上報……對地方層級的官員來說沒什麼好處，卻可能對他們的個人生活與工作產生立即的負面影響，畢竟沒有哪個基層官員希望他們所在的單位或城市被視為疫情大爆發的源

❷ 譯注：書名暫譯。

頭。」[26]

透過梅森的研究我們可以發現，地方官員看似瀆職的行為其實正表現了中國政治體系中無所不在的問題。歐洲的洛伊國際政策研究所（Lowy Institute）提出的報告總結道：「中國在疫情危機初期及後來展開的海外宣傳手法的失敗，都與那套（中國共產黨）政治體系密不可分——各個層級都充斥著恐懼、不確定、掩蓋、欺騙、優柔寡斷，也因此無法正常運作，要到最後最上層的人才會終於意識到情況的嚴重性。結果，新型冠狀病毒散播的範圍跨越了武漢，直抵中國全境的其他地區，再進一步侵襲全世界——擴散的態勢比我們原先所預想的更遠、更快。」[27]

中國領導人所做的各項決定對全球人口來說都有巨大的影響，時至今日依然有許多科學家忍不住思考，要是當初中國採取不一樣的方式面對疫情，後來的發展可能如何？為什麼維持武漢，或說整個中國的社會秩序如此重要？這種全新傳染病就跟過去的所有傳染病一樣危險，而且每多拖延一天，就多一分難度去控制傳染蔓延，那又是為了什麼要對那些有充分理由提出擔憂的醫生、科學家、人民進行審查？

問題的答案有許多層次。就國際關係而言，長久以來，某些國家與其人民在被視為某種傳染病的源頭後便遭到污名化、懲罰，同時也被全球經濟活動排除在外。一則新聞報導召喚回關於一九九四年秋天一個案例的記憶，足以說明此情形。當時「印度港口城市蘇拉特（Surat）爆發疫病，全球彷彿陷入歇斯底里般的情緒，各國迅速禁止人民至印度旅遊。觀光客放棄了他們的印度假期；航空公司取消航班；阿拉伯聯合大公國（The United Arab Emirates）甚至禁止印度貨物進口；俄羅斯要求來自印度的貨物在進口前得先行隔離。」[28]耶魯大學歷史學家法蘭克・史諾登（Frank Snowden）在其著作《流行病與社會》❸（*Epidemics and Society*）中解釋，即便造成的死亡人數有限（七百例確診案例及五十六人死亡），關於這場疫病的新聞報導卻「造成類似《聖經》故事中那種大逃亡，數十萬人倉皇逃離了這座工業城市，」而且「讓印度的貿易與觀光收入損失了約十八億美元。」像這樣因為與傳染病扯上關係而付出慘痛代價的國家也不只有印度而已。例如薩伊（Zaire；今天的剛果民主共和國〔Democratic Republic of the Congo〕）在一九九五年爆發伊波拉出血熱（Ebola hemorrhagic fever）疫情後，國際間對這種疾病的擔憂便破壞了當地經濟發展，也加劇了薩伊不安全的局勢。史諾登也直指澳洲雪梨報社《每日電訊報》（*The Daily Telegraph*）所下的一則報導標題：〈來自叢林的怪物〉（Out of the Jungle a Monster Comes），坦言正是因為類似此報導的措辭導致命病原體的發源地常常受到打壓，不僅煽動種族仇恨，更會抹黑一整個國家或地區。[29]

有時候，針對種族的歧視與偏見會導致對疾病的歸因徹底出錯。醫療人類學家保羅・法莫爾（Paul Farmer）寫道：「一九八〇年代早期，衛生官員向大眾宣布愛滋病很可能源於海地（Haiti）；結果，貧窮問題加劇、不平等的落差加大、包括愛滋病在內的疾病感染風險上升。『愛滋病媒介』的標籤同時也傷害了居住在美洲各地上百萬名海地人的生活。」[30]

二〇二〇年初，國際性衛生與發展機構及許多民族國家都擔心，要是提出關於「中國病毒」的警告，便可能促成代價極高的旅遊與貿易禁令，同時也可能導致全球性的民族與種族歧視。此前哪怕冒著導致像SARS這樣的全新病原體傳染人類的風險，中國卻持續保有販售活體哺乳類、爬蟲類、禽類、魚類的「傳統市場」形式，這件事已經大受詬病。[31]中國政府領導者也不免擔心，中國會被推上要為這場疫情危機負責的風口浪尖，隨之而來的經濟代價可能也很巨大。

另外，一些在武漢及中國民族文化經濟體中特定的要素有其重要性，中國政治體系中既有的特質也是如

❸ 譯注：書名暫譯。

此：地方官員員必須時時提心吊膽，擔憂犯錯可能會觸怒北京當局，從此斷送自己的職業生涯。一月對武漢乃至周邊區域來說都是特別的時節。武漢有一千一百萬人口，同時也是中國主要的交通樞紐城市，在節慶假期那陣子總是特別繁忙。每年一月，武漢都會在迎接農曆新年（中國最重要的國定假期）前幾週舉辦一系列大型慶典及大眾集會活動。整個地區的公司企業、大專院校、政府單位、當地社區通通會舉辦大型慶祝活動。楊國斌寫道：「要是在這時公開宣布疫情爆發，便得中止所有慶祝活動，很可能導致混亂、造成大眾恐慌。」[32]除此之外，二〇二〇年武漢有兩場重要的政治代表大會要舉辦，一次是在一月六日至一月十日，另一次則是在一月十一日至一月十七日。楊國斌表示在兩會期間，當地媒體通常禁止報導任何負面消息；他們收到的指令直接由北京下達，再透過當地政府傳遞給新聞編輯室，而指令就是必須維持媒體「正能量」的基調，推廣中國的成功形象。他認為，當地媒體在這段關鍵時期選擇「對疫情隻字不提」，相反的，整個武漢地區彷彿沒有任何異常一般正常運作著——直到一月二十三日，當天政府突然封鎖了整個武漢市。[33]

美國總統川普實施了「美國優先」（America First）政策，所以美國疾病管制與預防中心傳染病監測計畫的駐北京人員有三分之二遭到裁撤，同時美國也關閉了長期以來協助監測及應對疾病爆發可能性的國家科學基金會（National Science Foundation）及美國國際開發署（United States Agency for International Development）的中國辦公室。因此，可以說美國政府讓中國意圖封鎖新型冠狀病毒的相關資訊這件事變得更容易。[34]一月三日，美國疾病管制與預防中心主任羅伯特．雷德費爾德（Robert Redfield）聯絡了中國疾病預防控制中心（Chinese Center for Disease Control and Prevention）主任高福，向對方表達有意派一組美國科學家團隊前往中國。高福表示，允准美方的提議已超出他職權範圍，因此美國疾病管制與預防中心轉而正式向中國政府提出建議，卻遭到斷然拒絕。[35]與此同時，中國境內COVID-19重症病例數量節節攀升，連醫療工作者及其他沒去過華南市場的民眾也開始受到感染。然而，中國政府卻依然堅稱沒有任何證據指出這種病毒會人傳人，而世界衛生組織接受了中國的說法。一月十四日，世界衛生組織在推特上發出貼文：「中國當局的初步調查指出，未有明顯證據表明在#中國#武漢發現的新型#冠狀病毒（2019-nCoV）會在人與人之間傳染。」[36]

中國這種立場持續不變，直到二〇二〇年一月十九日深夜，才發布公告承認目前新增病例不斷出現，而這種病毒也確定會在人與人之間傳染。疫情爆發最初的六週一直保持沈默的中華人民共和國主席習近平此時終於首次公開表態：「湖北武漢市等地近期陸續發生新型冠狀病毒感染的肺炎疫情，必須引起高度重視。各級黨委和政府及有關部門要把人民群眾生命安全和身體健康放在第一位。」[37]自此次表態後，中國便堅稱保護人民性命以及將民眾健康安全放在第一位始終是政府最優先的考量，甚至從疫情剛爆發那幾週開始便是如此。事到如今，新聞記者與學者都已明白這種陳述失真程度有多高——中國當局在一月十九日以後甚至還繼續允許武漢舉辦節慶活動，在公開承認新型冠狀病毒會人傳人後，也依然放任民眾自由進出湖北省長達數日。

後來有些科學家嘗試計算中國試圖壓下新型病毒的資訊以及公共衛生措施未及時應變所造成的傷亡人數。一月大約有五百萬武漢居民移動至外地，他們前往的地點主要為湖北省其他城鎮及中國其他大城市，甚至也有人去了世界各地。[38]根據《自然》（*Nature*）期刊上刊載的一項研究顯示：「倘若中國開始付諸行動處理疫情的時間比實際情況早一、兩週或三週的話，COVID-19病例數量可能分別會減少百分之六十六（四分位距百分之五十至百分之八十二）、百分之八十六（四分位距百分之八十一至百分之九十）、百分之九十五（四分位距百分之九十三至百分之九十七）。」[39]若確診病例真的在疫情爆發第一階段少去那麼多，這場全球性災難或許會變得更在人類所能控制的範圍內。

中國面對疫情的第一步：選擇否認並壓制相關言論拖累了全世界，其後續的公共衛生措施——長時間封鎖、廣泛追蹤病例足跡、強制戴口罩、強力實施檢疫與隔離、對違反以上規定的民眾祭出嚴厲罰則——則避免了新型冠狀病毒在醫生對這種疾病尚束手無策的時刻繼續在國內散播，也因此保護了無數人的性命。這些舉措背後的代價十分驚人。首先，如此嚴格的規定對中國的公共生活品質造成了重大影響，也在人們私生活中產生了嚴重的社會與心理問題。其次，後來新型冠狀病毒產生變異，已被封鎖在家許久的居民要求解除居家隔離，他們渴望重新投入公共生活卻又無法施打真正有效的疫苗，於是這些規定便無法保護中國人民不受嚴重疾病的感染。中國的防疫策略雖然推遲了這場二〇二〇年襲捲全世界的疫情危機在中國發威的時間，卻也未能徹底避免災難發生。後來中國的疫情發展正如全世界在二〇二二年所見證的那樣，感染病例急速增加。

即便是在二〇二〇年，其他國家的科學家與官員也難以判斷中國疫情爆發初期的應對表現如何。因為中國政府向國際衛生機構、他國政府及國內對政府持異議者隱瞞了所有關鍵資訊，所以沒人能確定中國有多少確診病例、死亡人數為何。也因為在處理新冠病毒疫情上遭到批評，中國政府發起了新一波公關宣傳，正如《紐約時報》所報導的：「中國將自己的形象重塑為全球對抗病毒行動的絕對領導者，同時譴責美國、南韓等國家遏止疫情散播的行動過於遲緩。」[40]對每個因為中國在疫情初期的決策錯誤而受苦的國家來說，這種說詞令人難以接受，而對這一切最為不滿的，非中國的鄰居莫屬。這些國家和中國距離很近，大難臨頭的迫切感也特別高。

台灣

台灣的正式名稱為中華民國，是個有兩千三百五十萬稠密人口的島嶼國家，與中國之間隔著約一百六十公里寬的台灣海峽，還有一條受到激烈爭議的政治法令。中國認為台灣是其主權領土的一部分，而中國是否會（或者說會在何時）嘗試奪回對台控制權這個議題的周圍總是瀰漫著緊張氣氛。台灣的獨立狀態在二〇二〇年一月展現得淋漓盡致。台灣不僅藉著自一九九六年定期舉行至今的民主選舉順利選出了總統（選舉結果讓蔡英文這位女性法學者得以順利展開她第二任總統任期），更迅速針對新型冠狀病毒威脅採取了全面、積極、高度公開透明的初步應對措施。台灣因應疫情的方式旋即躋身全球最有效的公共衛生措施之列。

事實上，台灣在二〇一九年十二月三十一日（也就是中國首次向世界衛生組織提報不明原因肺炎案例當天）就已開始採取行動。當日，台灣中央流行疫情指揮中心（Central Epidemic Command Center，ＣＥＣＣ）召開了記者會，由該單位的領導官員公開向大眾解釋關於在武漢傳播的新型冠狀病毒的消息。儘管中央流行疫情指揮中心籲請國民「接獲來源不明或未經證實之疫情資訊，勿隨意散播、轉傳」[41]，但他們並未下達禁言令，也沒有發出威脅表示將懲罰對疫情風險提出揣測的民眾，反而透過召開記者會有效創造出相關的公共領域（public sphere），以此應對逐步發展的疫情。除此之外，台灣也採取公共衛生初步應變措施來面對疫情變化：徹底篩檢自武漢抵台的旅客是否出現發燒與肺炎症狀。有鑒於二〇〇三年ＳＡＲＳ疫情帶來的教訓，台灣自十二月三十一日起便開始實施這項措施。[42]

台灣就和新加坡、香港、越南、加拿大這幾個民族國家一樣，皆曾直接受到ＳＡＲＳ疫情衝擊，這件事大幅改變台灣的公共衛生體系，尤其是傳染病緊急應變計畫。二〇〇三年四月，世界衛生組織在全球發現三千九百四十七例ＳＡＲＳ疑似案例，共計兩百二十九例死亡案例；當時台灣僅有二十九例疑似案例且尚無死亡案例。剛開始，台灣衛生官員深信他們已成功控制住此次的流行病威脅，然而位於台北的醫院卻因為群聚感染而產生新的疾病傳播鏈，而後在不到六週的時間內便出現六百八十四例感染案例，並導致八十一人死亡。[43]所幸後來發現ＳＡＲＳ的傳染力並不如科學家原先所擔憂的那麼高，也因此未形成全國性或世界性的災疫。然而台灣的政府官員很清楚，他們躲開了這一次的災難純屬僥倖，並非他們制定的政策發揮作用，因此就在後續啟動了一項視野宏大的計畫，希望加強國家衛生基礎建設、溝通策略，以及地方層級的應變計畫。台灣政府成立了中央流行疫情指揮中心，指揮官的職責包括要協調各政府單位、私人機關、全國公民該如何各司其職。另外，台灣政府也在二〇〇五年設立了國家衛生指揮中心（National Health Command Center），並且定期實施演習，演練像SARS疫情這樣的公共衛生危機事件發生時該如何應對。[44]十五年後，在二〇二〇年一月五日，中央流行疫情指揮中心宣布各醫療機構皆應提高警覺，特別注意疑似受到新冠病毒感染的案例。公部門則運用移民入境資料及海關紀錄來提醒所有過去兩週曾造訪武漢的旅客，請他們自主監控是否出現疑似症狀。[45]這是台灣首次正式啟動這套防疫系統。

跨單位的應變措施很快便擴大範圍，組成了結合公私部門不同機構的國家防疫團隊（National Epidemic Prevention Team），各方攜手合作執行了一系列防疫計畫，從病例篩檢、追蹤足跡到製造個人防護裝備（PPE）皆是合作的成果。[46]台灣也旋即投入政府資金並運用軍方人力，加快製造口罩的速度，再規畫經由各地藥局配給、分發口罩的計畫。[47]就在中國釋出新型冠狀病毒完整基因序列的隔日，也就是一月十二日，衛生福利部疾病管制署（Taiwan Centers for Disease Control）便宣布，一款快速、可靠、四小時就可知道結果的篩檢工具已研發出來，他們會迅速擴大篩檢的規模及速度。[48]一月二十一日，台灣出現了第一例COVID-19確診案例，患者是一名剛從武漢抵台的女性。台灣雖並非世界衛生組織的正式會員國，仍然立刻向該組織提報了此一確診病例。時至農曆新年的一月二十六日，台灣當局全面暫停赴中旅行團並發布針對湖北省的高度旅遊警戒，另也對節慶假期的旅遊加大限制力道，還針對自武漢返台且未上報疑似症狀者祭出了新台幣三十萬元（約為一萬美元）的高額罰鍰。[49]一月二十八日，衛生單位官員發現了第一起COVID-19社區感染案例，政府為此向社會大眾表示進一步的防疫措施（包括關閉校園）勢在必行。[50]

台灣是一個民主社會，要是沒有私人企業、地方官員、民間團體、少數派政黨成員的通力合作，那就不可能實現如此可觀且大刀闊斧的公共衛生行動。這一切的發生絕非理所當然。根據布魯金斯學會（Brookings Institution）的報告指出，疫情發生前幾年因為網路上充斥假消息，再加上受到中國可能侵台的憂慮籠罩，台灣的公眾信任普遍偏低。[51]因此除了在公共衛生與傳染病控制上投入心力以外，台灣政府也在二〇一八年指派唐鳳擔任數位發展部部長，其職責便是要讓政府決策過程更公開透明，以建立起民眾的信任感。唐鳳推動了各式各樣的全新計畫：從直播公共論壇以及提升公民參與機會，再到由「公民駭客」和社群媒體公司所組成的即時活動，還有先行一步駁斥並打擊假消息廣泛流通的可能性。這些行動雖然並未完全消除「假消息」或消弭意識形態的分歧，但確實改善了局勢，在國家最需要的時候為人民帶來信任感。

台灣面對COVID-19第一時間的行動可說是效果驚人。台灣與中國不僅比鄰而居，彼此也有很深的文化與經濟方面的聯繫，這就足以讓台灣面臨巨大的疫情爆發風險。也因此，約翰．霍普金斯大學的科學家在二〇二〇年一月模擬新型冠狀病毒的傳播方式時，將台灣排在「面臨疫情輸入風險」的第二名。[52]然而，就在第一例COVID-19確診案例出現的一個月後，台灣也僅僅多了二十二例確診病例，其中只有五例為境內傳染。[53]台灣的確診案例數量及死亡率在整個疫情期間皆名列全球最低的幾個國家之一，也如《國際政治科學評論》（*International Political Science Review*）刊載文章指出的，台灣正是「自由民主國家如何不訴諸專制控制手段，也能成功掌控及應對COVID-19」的最佳示範。[54]

就和大多數國家一樣，台灣也無法永遠控制住COVID疫情。維持零社區感染長達數月後，台灣在二〇二一年五月至六月歷經了一段為時雖不長卻嚴重的疫情爆發。這段期間出現了約一萬四千例確診病例，有七百位患者死亡。[55]政府的反應相當快速，立刻實施了所有民眾在公共場所必須佩戴口罩、曾接觸病毒者皆須隔離、出現疑似症狀者需追蹤接觸史的規定。台灣人民遵守這些強制性規定，媒體也同步配合宣導，因此到了七月，台灣的疫情已趨於平緩。

截至二〇二一年十月，根據英國研究團隊經濟觀察站（Economics Observatory）的報告，「與經濟合作暨發展組織（OECD）各國相較之下，台灣的COVID-19確診病例總數最低，每十萬人當中的死亡人數則為第二低。」[56]接下來的一年，台灣也依然保持住這樣的防疫成績；而在二〇二三年二月，台灣的Covid整體死亡率為每十萬人有七十二人死亡，僅以些微之差高於另外兩個防疫表現最出色的國家——日本（每十萬人中有五十六人死亡）及南韓（每十萬人中有六十六人死亡），而且死亡率更只有美國的五分之一（每十萬人中有三百三十九人死亡）。[57]最終證明了一件事，原來「務實」是政府施政意外強大的重要基礎。

澳洲

澳洲面對COVID-19的初步應變行動同樣也有高度科學務實性精神。疫情爆發初期澳洲是由保守派政府掌權，他們長久以來一直都在淡化全球暖化與多次歷史性森林大火的關聯性；以這樣的立場而言，疫情中他們追求科學務實的程度可說是意外地高。澳洲總理史考特．莫里森（Scott Morrison）是其中一名最有影響力的氣候科學懷疑論者，也因這種立場聲名遠播。化石燃料造成溫室氣體排放與生態危機之間的連結已廣為世人所認同、接受，但莫里森卻對此存疑，同時也抗拒從化石燃料轉型為再生能源。二〇一九年十一月，副總理麥克．麥柯米克（Michael McCormack）面對那些堅稱全球暖化趨勢正在將澳洲推向危局的氣候變遷抗議人士時，他貶低他們為「來自市中心貧民窟的瘋子。」[58]至少以這類全球健康議題而言，澳洲政界領導人士展現出來的態度，並不像會根據科學事實來施政的樣子。

不過控制傳染病就是另一回事了。澳洲和台灣一樣曾在二〇〇三年受到SARS疫情的震撼教育，也同樣與中國在經濟、文化上有很深的連結。澳洲的澳籍華人人口超過一百萬人，每年有超過一百四十萬人次的中國遊客赴澳旅遊。儘管當初澳洲只有六起SARS疑似病例，但該國衛生單位領導者很清楚這只是運氣使然，政府也承諾會在下一次出現新病原體時，展現更迅速、積極的作為。澳洲有強大公共衛生計畫的相關歷史，也成為他們面對疫情的有利因素之一，其中包括全民健保系統以及一系列約束危險行為的成功措施，例如公共場所禁止吸煙及槍枝管制。澳洲的官員早已準備好在新型疾病出現時，實施嚴格政策來阻擋疾病散播，而他們也相信澳洲人民會予以支持。

儘管澳洲最初建國與聚集於此的不法之徒有關，同時又有舉國擁抱自由意志主義的響亮名聲，但澳洲人依然接受了改革。《雪梨晨鋒報》（*Sydney Morning Herald*）專欄作家瓦利德・阿里（Waleed Aly）表示：「我們國家的歷史建立在仰賴國家、加強管控、人民遵守之上。我們是第一個硬性規定乘車必須繫上安全帶的國家；我們是極少數強制規定單車騎士須佩戴安全帽的國家；我們很早就採取讓汽車駕駛人接受吹氣測試的規定……我們也許會鄙視某些政治人物，但澳洲人終究仍會喜歡我們的政府，原因很簡單，因為要不是有政府的存在，現代澳洲這個民族國家就不會存在。」[59]

邊境管制一直以來都是澳洲首要關心的問題，而在二月一日，澳洲總理莫里森直接無視世界衛生組織的建議，下達了澳洲第一項旅遊禁令：禁止任何過去兩週曾赴中國的外國旅客入境澳洲。[60]禁令實施的時間不斷延長，到三月十九日更大幅擴大了禁止範圍，澳洲總理莫里森宣布澳洲將關閉邊境，僅容許澳洲公民、居民、必要醫療工作者入境。[61]這項旅遊禁令持續實施到二〇二二年二月二十一日，之後才開放已施打疫苗的旅客入境訪澳。這項為期不短的邊境管制規定還不是澳洲政府疫情中唯一不尋常的作為，在疫情的不同階段，澳洲的六個州皆分別實施限制非該州居民進入州境的禁令，以免病毒在全國各處傳播。

澳洲是聯邦國家，同時有地方與州級政府自治的傳統，與中國或台灣的政府相比，中央集權程度確實低得多。疫情期間，聯邦制度可以是優勢，也可能成為累贅，一切都要看州與州之間如何溝通、合作、彼此借鏡，同時也必須仰賴國家領導者有效分配資源，並協調施政方針。

時間到了二月下旬，澳洲總理莫里森宣布，「我們相信全球疫情危機已迫在眉睫」，因此澳洲國家政府立刻果斷行動，並提出警告表示這場危機「可能持續長達十個月之久」，同時強制要求百分之四十的工作者待在家中不要外出上班，國內生產毛額也因此縮減了百分之十。他們還要求校園及公共場所全數關閉。除此之外，澳洲政府在一家口罩工廠部署了軍方人力來提高口罩產量，也徵召一百三十家私人公司協助生產個人防護裝備。[62]澳洲大學投資研發COVID快篩工具，很快便成了有能力快速辨識、隔離陽性病例的全球領先國家，另外也制定了相應的追蹤計畫。澳洲在疫情初期提出了最重要的新政策，也就是在三月十三日設立國家內閣（National Cabinet）來管理疫情，這個國家內閣由總理和各州及領地的領導者所組成。這個組織對於澳洲來說相當不尋常，因為國家內閣的成員分屬不同政黨，同時也得負責治理人口組成、生活條件、暴露在疫情下風險程度都大不相同的各州或領地。國家內閣的設立目標旨在創造各方能真正攜手合作的空間，讓各地領導者得以好好評估新的資料與科學研究；透過這些資訊，國家領導者要在國家政策看重的優先事項，與地方上的民眾偏好及需求之間找出平衡。墨爾本大學（University of Melbourne）法學者雪柔・頌德斯（Cheryl Saunders）便表示，「追求非完全相同的廣泛一致性」有其好處，因為這種辦法能「讓各州及各領地在例如篩檢方式、支持醫療工作者的做法、實施遠距教學的方案、維持人民生計等各方面，有自行發揮的空間。」[63]

國家內閣在疫情期間定期會面，光是二〇二〇年三月就開了三次會。最重要的是，國家內閣所獲得的建議及支持力道皆來自澳洲衛生防護委員會（Australian Health Protection Principal Committee，AHPPC）。這個組織是由澳洲各州及領地的首席衛生官員所組成，委員會主席則由澳洲首席衛生官來擔任。以澳洲就新型冠狀病毒所制定的初步應對行動來說，澳洲衛生防護委員會的角色至關重要。很早即開始實施的邊境管控、入境旅客的強制檢疫、陽性病例的隔離措施——各項舉措都大大防止COVID-19在澳洲境內流竄的可能性。但是到了三月二十三日，澳洲依然有兩千例確診病例，八位患者死亡，因此澳洲衛生防護委員會建議

「政府提出強力聲明，限制所有不必要的人際互動，並要求民眾在工作、購置必要物資，或單獨於戶外運動以外的情況下，都待在家中不得外出。」[64]隨之而來的是細節更明確的政策調整：婚禮的參加人數不得超過五人，這五人中包含新人及證婚人；葬禮最多只能有十人參加；除此之外，商場裡的美容室及餐廳通通都得關閉，酒吧與餐廳裡也禁止用餐；大部分的澳洲公民都不得離境；至於校園關閉與否取決於州政府的決定，但到後來，很多校園都一一關閉了。[65]

澳洲政府的各項政策中，有些到最後被證實不無爭議。三月二十六日，澳洲確診病例人數來到了三千例，莫里森派出澳洲國防軍（Australian Defence Force）負責確保所有返澳公民皆遵守入境隔離的規定，並將他們安排在空置的飯店裡進行隔離。[66]那些譴責政府過度使用懲罰性手段的進步派人士在莫里森批准福利補助計畫、使某些援助方案規模近乎翻倍的那天，心裡終於感到一些安慰。當時許多澳洲人是在疫情時經歷人生第一次失業，或首次有領取社會福利的體驗。[67]到了月底，澳洲政府已確認有大約四千四百例確診案例，其中十九人因感染COVID-19身亡。不過，最令全球矚目的是澳洲的新增感染率；澳洲的新增感染率早已降低，同時間美國、英國的死亡及確診案例數卻依然高得嚇人。[68]

島國澳洲的疫情已趨於平緩，但澳洲也和中國一樣，防疫初期獲得的成功其實不如表面上看起來那麼平靜，而且也有比我們想像中更多的政治爭議。起初大眾對澳洲政府決策的批評主要集中在過度限制人民移動權與公民自由上。在維多利亞州（state of Victoria）情況尤為嚴重：居民在疫情期間面臨了長時間、反覆封鎖的處境。二〇二二年八月，有記者揭露澳洲當局濫用政治權力的重大醜聞。從二〇二〇年開始持續超過一年的時間，澳洲總理莫里森暗中任命自己為澳洲的第二衛生部長、財政部長、資源部長、內政部長及財政署司庫。莫里森後來解釋，這是為了集中職權，確保政府在醫療衛生緊急狀況下可以迅速、有力地行動。然而批評者譴責莫里森這種舉動是前所未有的奪權行為，已經大大傷害澳洲民主。被這種破壞政治體制行為給惹惱的，不僅僅是澳洲公民，資深的澳洲政府官員（包括多位莫里森根本沒有告知相關安排，就被分走職權的部長）為此也惱怒不已。[69]澳洲總理莫里森確實遏止了COVID疫情擴散，但也正如他的繼任者安東尼·艾班尼斯（Anthony Albanese）所言，莫里森是靠著「破壞民主」及破壞其聯合政府的地位來阻擋疫情。二〇二二年五月，澳洲人民投票罷免了聯合政府，莫里森也黯然下台。

英國

雖然是島國，原本按理應早就為危機做好準備，最後這個國家全然毫無防備便受到疫情侵襲，這裡說的就是大不列顛（Great Britain）。二〇二〇年一月，英國媒體並沒有太關注新型冠狀病毒。當時由首相鮑里斯·強森領導的國家政府正急著為英國脫歐（Brexit：正式退出歐盟）事宜打點最終的安排，因此直到一月最後一日脫歐正式生效前，其他所有事的重要性都得先往後排。然而在電視或八卦小報的新聞報導上，依然不時出現關於來自中國的危險傳染病的消息，因此激起了英國的仇外情節（xenophobia），有時甚至是以公然表現的方式。一月二十一日，ITV電視網知名節目《早安英國》（*Good Morning Britain*）主持人之一皮爾斯·摩根（Piers Morgan）在節目上戲謔模仿中文口音：「ching chang cho jo！」[70]隔週，《衛報》刊載一篇文章，描述當前的英國瀰漫一股對亞洲人相當危險的氛圍，該文章作者是位來自曼徹斯特（Manchester）的學生，他親身體會到這股仇亞情緒：他上了公車坐到一名男性身旁的位子，對方立刻慌忙走避，而且還在火車上聽到有人說：「要是我就不會去唐人街（Chinatown），他們身上有那種病。」[71]直到一月三十一日，英國才公布了最初兩起COVID-19確診案例，這兩位確診患者都是華裔。

二月三日，衛生大臣馬特·漢考克（Matt Hancock）告知英國下議院（House of Commons），即便新型冠狀病毒當時在英國的傳染範圍有限，但全球的新增病例卻是「每五天以倍數增長」，「要不了幾個月，就輪到英國面對這一切了。」他也宣布，英國政府已開始撤離武漢的英國公民，將安排班機送他們回英國本土，並且敦促國民採取如多洗手及多使用衛生紙等「簡單的衛生措施，以降低對自身及家人的健康危害」。英國很快就開始大力推動疫苗研發，同時卻對流行病學家所謂的「非藥物介入」（nonpharmaceutical interventions）措施（如封鎖城市及關閉邊境）持保留態度。至於戴口罩與否，漢考克表示：「一般而言我們不建議民眾佩戴口罩，不過當然了，英國是自由的國家，大家都有選擇的自由。」[72]

面對來勢洶洶的病毒，英國最優先關注的是維護自由，而這也為英國的初步應變方向定了調。英國確診案例增加的速度很慢，直到二月二十九日才達到二十三例。由強森領導的英國政府官員對於國民健保署（National Health Service）以及他們的流行病預防計畫相當有信心，相信英國絕對有能力抵禦病毒威脅。時至三月，隨著歐洲各國確診病例激增，歐陸國家開始關閉校園、餐廳、酒吧並暫停運動賽事，但強森依然大力宣揚英國繼續保持開放的好處。強森在三月九日的記者會上表示：「就目前情況而言，恐怕我還得再重複一次，我們現在最好的防疫方法就是用肥皂和清水好好洗手二十秒。」接著他隱晦批評了最近英國剛斷絕聯盟關係的歐洲各國政府，「我們絕不能做毫無醫療效益或益處有限的事，也不能做出可能適得其反的行為。」[73]

對於限制公開集會能否有效防止疫情擴散，強森政府表示存疑，也因此決定走相反路線，英國政府「單打獨鬥」，打算進行一項實驗：敦促健康狀態不佳的人留在家裡，同時要一般大眾照常出門接觸病毒。當時幾乎所有國家的目標都是希望減少新型冠狀病毒散布，但英國衛生單位的最高領導人卻拒絕公布他們的決策過程，不願公開接受大眾檢視。他們反而選擇仰賴行為洞察團隊（Behavioural Insights Team；也就是俗稱推力單位〔Nudge Unit〕的人馬）的建議，這家從英國內閣辦公室（Cabinet Office）發展出來的顧問公司提倡「政府應更廣泛運用實驗」。[74]他們制定了一項計畫，希望讓全英國商家照常營業，繼而達到整個社會的群體免疫。這項政策雖然並非完全違反科學，但卻是經濟學家的決策。他們相信能透過正確的「選擇架構」

（choice architecture）來調整人類行為，藉此讓人做出更健康的選擇（例如待在家的時機或多久洗一次手）。然而英國政府這麼做的前提是先拒絕了專精傳染病預防的公共衛生學者的建議，之後才採用這項政策。《紐約時報》的報導指出，該政策反映了「首相為自己塑造出超理智主義者的形象，而他過去卻不時會散播關於氣候變遷的不可信理論，對於科學也一副不太相信的態度。」[75]

對流行病學家、衛生單位已卸任領導人、反對黨工黨（Labour Party）的成員而言，這樣的決策也反映出執政當局手握權力的傲慢，以及對大眾的蔑視——民眾不僅被排除在關於如何應對疫情爆發的商討之外，也未獲告知強森與其內閣決定採納一項未獲證實又充滿風險的計畫，並選擇「單打獨鬥」的完整理由。公民團體及政府官員皆要求政府提出證據來證明這麼不尋常的計畫真的能保護英國人民的健康安全，此外也有超過五百位英國行為科學家都在「關於COVID-19致英國政府的公開信」（Open Letter to the UK Government Regarding COVID-19）中提出同樣的要求。[76]英國政府能夠拿出來的，卻只有一套理論，而且是實際執行後宣告失敗的理論。

三月十六日，倫敦帝國學院（Imperial College London）公開了一項研究預測：英國若繼續採取強森的群體免疫計畫，那麼可能會有高達五十一萬英國人死於COVID-19。[77]這份研究報告為政府帶來改變公共衛生政策的壓力，政府很快便開始改變立場，要求民眾避免前往酒吧、餐廳、電影院，並且延後非急迫性的醫療流程。儘管沒有關於人與人身體距離的官方防疫指引或強制規定，療養院所開始不歡迎或禁止訪客探視，部分大學關閉了校園，而且有無數國民選擇在家自我隔離。面對COVID-19而有最大死亡風險的老年人忍不住抱怨，政府的防疫建議不僅不公開透明，還令人困惑。連國家新聞媒體都報導了如「政府很快會『以戰時動員令的方式』，要求七十歲以上人口在家或在照護機構自我隔離四個月」的謠傳內容。[78]有些人認為英國的足球賽事會持續對大眾開放，也有些人認為比賽會很快全部被迫暫停。英國政府不僅再三拖延下達政策的時機，還一直含糊其辭。一直到三月二十三日，強森才來了個政策大轉彎，宣布全國人民除了購買食物或藥物以外，都應待在家中不得外出，同時也勒令關閉所有非必要服務商家，並禁止三人以上的集會。[79]當初想在全歐都停擺的情況下依然保持開放與自由的美夢，至此正式宣告幻滅。

到了三月底，英國的新增案例與死亡人數以每三天便翻倍的速度不斷增加，英國也成了全球新型冠狀病毒疫情的熱區，連強森本人、他的衛生大臣漢考克及英國首席醫療官克里斯．惠提（Chris Whitty）都感染了。[80]強森的症狀愈來愈嚴重，到了四月五日被收治入院，隔天還轉進加護病房接受治療。[81]至此，英國人對政府應對疫情危機的坦誠度已打上大大的問號，甚至公開揣測英國首相或許已行將就木，而整個國家疫情的嚴重程度可能比官員所承認的還要更糟。後來英國首相強森康復了，但是在他住院治療期間，英國國家統計局（Office of National Statistics）公開了一份數據，顯示英國政府的「新型冠狀病毒疫情地圖」（Coronavirus Dashboard）很有可能「大幅」低報了疫情造成的死亡人數。[82]對於政府的不信任成為了政治問題，更是這場公共衛生災難背後的一大肇因。

英國到了四月底的累計COVID-19死亡人數已達至少兩萬六千七百人，是僅次於義大利、歐洲死亡人數第二多的國家；義大利是因為疫情在當地爆發得早，導致政府沒有足夠時間妥善反應才會如此。[83]疫情期間，英國公共衛生系統的表現實在太過差勁，下議院因此要求健康與社會照護暨科學與科技委員會（Health and Social Care and the Science and Technology Committees）徹底調查，研究英國整個防疫過程是哪裡出了問題。隨後他們也正式提出名為〈新型冠狀病毒：迄今獲得的教訓〉（Coronavirus: Lessons Learned to Date）的檢討報告並做出結論：「英國在疫情初始幾週所表現的無知，一部分其實是自作自受。緩慢的漸進式應對方式並非無意所致，主要原因也並非官僚體制的延遲或首長與顧問之間的意見分歧。」導致這種結果的其實是「經過深思熟慮的政策……我們現在已經知道，那其實是錯誤的政策，也因此在疫情初期導致了過高的死亡率；要是能在疫情爆發之初便提出更果斷的防疫政策，後果不致如此。面對這種散播快速且傳染人數呈指數增長的流行病疫情時，每一週的黃金時間都很關鍵。」[84]鮑里斯・強森的政府在疫情中以英國國民的生命下賭注，最後全盤皆輸。沒過多久，強森也賠上了首相之位。

美國

倘若美國總統唐諾・川普及其內閣成員在二〇二〇年初就想到他們可能會失去些什麼，那肯定也與新型冠狀病毒或美國公共衛生無關。二〇一九年十二月十八日，美國眾議院（House of Representatives）投票彈劾川普總統濫用權力以及妨礙國會（Congress），他因而成為美國史上第四位可能失去大位的總統。眾議院議員會在二〇二〇年一月十六日開始的審判中，提呈罷免川普總統的案件，而最終結果掌握在美國參議院（U.S. Senate）手中。與此同時，民主黨也向白宮提出警告，表示他們的作為已將全國人民置於險境，可能造成嚴重的傷害。領導總統彈劾案的美國加州眾議員謝安達（Adam Schiff）表示：「總統與他的人馬正在密謀。危險未消失。風險真實存在。美國民主岌岌可危。」[85]

「這是極左派和啥事也不做的民主黨人撒的彌天大謊！」就在眾議院投票彈劾川普的時候，他也在推特上破口大罵，「這就是在傷害美國！」[86]川普政府充滿信心，相信由共和黨把持的參議院會宣判總統無罪，也準備好之後在法庭上與大眾輿論戰鬥。然而他們卻沒有意識到——或至少可說他們並不關心——另一個戰場上即將大難臨頭。

一月二十一日，華盛頓州的史諾霍米須郡有位剛自武漢返美的三十歲多歲男性檢測出新型冠狀病毒陽性反應，他是美國首例確診病例。隔天正好是世界經濟論壇（World Economic Forum）於瑞士達佛斯（Davos）舉行的日子，美國總統川普在該場合公開表示自己對美國公共衛生面臨的風險毫不擔心。他向全國廣播公司商業頻道（CNBC）的採訪者表示：「一切都在我們掌控中。那只是來自中國的單一案例……很快就會沒事了。」除此之外，川普對來自中國的資訊可靠程度大有信心，也駁斥關於北京「是否會與全世界分享必要資訊」的疑慮；川普對此問題答道：「相信，我相信，我跟習主席關係非常好。我們才剛簽了一筆前所未有的大生意。」全國廣播公司商業頻道在這段冗長談話中，只用一分鐘來討論新型冠狀病毒，而這短短一分鐘的內容就足以令他們認定「總統川普相信習近平主席及中國衛生官員會持續與全球政府當局分享所有新型冠狀病毒的必要資訊。」[87]這位美國領導者除了顯露驚人的自信，也投射出某種無所畏懼的超強大國的形象，彷彿在這個超級大國面前，小小的病毒不值一提。

美國政府並不缺公共衛生專家，醫學博士安東尼・佛奇（Anthony Fauci）自一九八四年起擔任美國國家過敏和傳染病研究所（National Institute of Allergy and Infectious Diseases，NIAID）所長，也因此可以直接接觸政府單位——不過也要看政府是否喜歡他所提供的資訊。對黛博拉・比克斯（Deborah Birx）醫師來說也如此，她後來加入白宮COVID-19應變小組（White House COVID-19 Response Team）擔任協調者，而且她有比佛奇更強烈想扭轉川普總統政策方向的企圖。一月二十八日，美國國家安全顧問羅伯特・歐布萊恩（Robert O’ Brien）向總統建言，表示美國當前處境比總統所願意承認的還要危急。歐布萊恩表示：「這會是您總統任內最重大的國家安全威脅，您會面臨無比艱困的情況。」[88]川普總統顯得一點也不擔心，何況來自美國國會的危機也在二月五日證實對他並無真正的威脅。當日，參議院正式宣判川普無罪，他便更加理直氣壯。已經沒有什麼人能扳倒他了。幾天之前，川普總統關閉了邊境，禁止大多數（但並非全部）來自中國的旅客入境美國，軍隊負責撤離曾待在中國本土的數百位美國人，並進行隔離。美國疾病管制與預防中心推出了針對新型冠狀病毒的篩檢工具，川普總統堅信，不用多久就能把篩檢工具送到所有需要的國民手中——他一直認定無論疫情如何發展，美國確診案例都不會太多。他在二月十日表示：「我們有十二例——十一例確診案例，多數患者情況良好。」[89]

就在同一時間，川普總統與其團隊的重要成員都公開宣稱新型冠狀病毒並不特別危險，對健康的威脅性就跟季節流行性感冒差不多，危機很快會平息。然而根據鮑伯・伍德華（Bob Woodward）的報導，川普總統曾在二月七日私下向他透露與公開消息完全相反的資訊，川普對這位記者說道：「只要呼吸就有可能感染這種病，這下事情麻煩了。這次的疫情真的不好處理，這種病甚至比嚴重的流感還要致命。」伍德華聽到川普這麼說，忍不住質疑白宮為何要隱瞞如此重要的訊息？「我想要低調一點處理，」總統說，「我現在還是想盡量低調一點，淡化危險性，我不想引起大眾恐慌。」[90]二月下旬，美國疾病管制與預防中心的國家免疫和呼吸系統疾病中心（National Center for Immunization and Respiratory Diseases）主任南希・梅索尼耶向媒體表示：「我們預期美國將出現社區感染。現在問題不在於會不會出現社區感染，重點是什麼時候會發生、多少人會感染這種嚴重疾病。」這番言論觸怒了川普總統，也因為她拒絕幫助政府散布錯誤資訊，川普多次要求助理開除南希・梅索尼耶。最後她選擇自行請辭。[91]

欺騙與魔法思維❹（magical thinking）的結合形塑了美國的公共衛生策略。川普對外宣傳天氣溫暖就能殺死冠狀病毒的概念：「大家都知道，理論上只要到了四月天氣就會回暖，病毒就會神奇地消失了。」[92]美國迫切需要的是一套由科學主導的完整計畫，但國家卻被領導人帶著進入魔法思維的世界。更糟糕的是，總統雖然終於組成了特別小組來主導國家緊急應變計畫，但他拒絕把控制權交給有自主性且具公信力的公共衛生專家或立場獨立的人士。反之，川普總統把權限交給對川普政府的成功與名譽心繫程度相差無幾的第二人：副總統麥克・彭斯。

已逝法國社會學家布魯諾・拉圖（Bruno Latour）關於氣候政治的著作《著陸何處》（*Down to Earth*）描述了美國川普總統退出《巴黎氣候協定》（Paris Climate Accord）之行徑對全世界釋出的訊息：「我們美

國人跟所有人活在不同一個地球，你們的地球可能會遭逢威脅，我們的可不會！」[93]這又是一種美國優越論（American exceptionalism）的變體，此論調雖然未進一步宣揚美國品德獨一無二、受民主價值護佑的神話，但大家也能藉此看出，美國拒絕承認自身與全球有多麼深的連結，不斷在自欺欺人，甚而可能注定走入困局。拉圖表示，面臨迫在眉睫的生態危機，美國有兩個選擇，若非「承認問題的嚴重性，最終回歸腳踏實地的態度引領『自由世界』走出絕望深淵，那就是繼續在否認中愈陷愈深。」在氣候這個議題上，川普與其支持者的立場相當明確，他們「決定讓美國繼續在夢幻王國上多漂浮幾年，盡可能拖延非得著陸、腳踏實地的時間。」[94]面對新型冠狀病毒疫情，他們也做了同樣的選擇，但與氣候變遷危機不同——這場災疫為美國帶來的可怕後果近在眼前。

數字會說話，全世界現在都知道了：川普的期待並未成真。恰恰相反，美國這個夢幻世界很快就成了疫情的風暴中心。如今我們無法確切知道疫情爆發第一週有多少美國人得了COVID，很大一部分原因是美國疾病管制與預防中心研發的篩檢工具後來被發現有問題，也因此篩檢結果不可靠，而聯邦政府又拒絕授權開放以各州當地實驗室開發的篩檢工具來替代。到了二〇二〇年二月二十日，《科學》期刊刊出一篇文章，這個問題因此浮上檯面，文中寫道：「世界衛生組織已將篩檢工具送至五十七個國家。一個月前，中國市面上就已有五種市售篩檢工具，因此中國一週的全國篩檢量可達一百六十萬件。南韓目前則已為六萬五千人做了篩檢。而美國疾病管制與預防中心的作為截然不同：從疫情開始到現在只做了四百五十九次COVID篩檢。」[95]這篇文章很有先見之明，已經預示了後來的事態發展。就在美國出現首例COVID-19確診病例之後幾週，這個被專家認為位居「疫病預防能力」第一名的國家，實際上顯然連最基本的公共衛生目標——診斷疾

❹譯注：可廣義定義為相信自己內心想法可以影響外在世界無關聯之事件的信念。

病——都無法做到。如今看來，《科學》期刊這篇文章的內容正確無誤，不過倒是下錯標題：「美國狠狠搞砸了新型冠狀病毒篩檢——但事情很快會好轉。」事實上並沒有。

時至三月中，縱然沒有數量充沛的COVID篩檢工具，大家也看得出美國新型冠狀病毒已擴散得非常快速。整個美國陷入了大災難，最大都市紐約的醫療體系面臨崩潰邊緣，不僅醫療從業人員缺乏足夠的個人防護裝備，連病人也可能沒有救命的醫療設備（如人工呼吸器）可用，在在都是紐約最急迫的問題。以美國這個經濟大國所擁有的強大購買力與工業生產力而言，這種物資匱乏的狀況令人大惑不解。聯邦政府手握許多大權，其中之一便是可以在國家緊急狀況時調配資源；疫情爆發初期，全美各州的州長與衛生單位領導者都大力呼籲政府接掌採購與分配醫療資源的權力。川普拒絕了。

川普在三月十九日的白宮簡報會上表示：「聯邦政府沒有義務負責購買及輸送大量物資。我的意思是，我們可不是負責貨運的辦事員。」[96]除此之外，川普還拒絕援引《國防生產法》（Defense Production Act）來提高生產量，理由是「不希望真的出現這些需求。」[97]但位於疫情嚴峻地區的醫療院所是真的有迫切醫療物資需求。醫療工作者沒有足夠的口罩、手術服和手套可用，而且長期依賴中國製個人防護裝備的美國醫療機構在這種情況下，也無法繼續向中國採購。後來有許多曼哈頓地區醫院護理師穿垃圾袋工作的照片在社交媒體上流傳，也引發了評論：世界最強大的國家如今像個政治及經濟環境不穩定、充斥貪污腐敗又有強大外國勢力介入的香蕉共和國（Banana Republic）。[98]白宮的決策不僅放任各州州長與當地衛生醫療官員自生自滅，更讓他們為爭相購買基本的醫療資源而彼此競爭。多個遭受疫情肆虐的州投入開放市場搶購個人防護裝備，賣方也就按照殘酷的供需法則來回應：提高售價。[99]

自入主白宮第一天起，川普就一直用另一種美國重要商品——金融市場上的股票——作為其施政表現的指標。當然，政府領導者在局勢不穩定時絕對有必要重視經濟狀況；要是市場持續崩盤，可能會對國民的健康與福祉造成重大傷害，隨之而來的便是缺衣少食、失業，以及各種層面的不安全感。但華爾街的金融市場並不等於國家經濟，而政府在疫情爆發第一階段對股價的執著與關注，更是令眾多政策分析師大感疑惑與憂慮。因為那表示，相較於減少COVID病例數量，白宮反倒費更多心思在維持標準普爾500指數（S&P 500）。二月二十四日，美國股市大跌百分之三．五以後，總統把矛頭指向民主黨，認為他們不斷嚇唬美國大眾，他還在推特上發文：「在我看來，股市即將一片大好！」隔天，川普的首席經濟顧問賴瑞．庫德洛（Larry Kudlow）在有線電視新聞節目上大力宣傳此訊息。他在第一波疫情開始前幾週表示：「疫情不是永遠的。就我看來，假如你是眼光長遠的投資者，我建議各位認真關注市場，股市價格與一、兩週前相比，已經下降許多。」[100]

但這樣的精神喊話對提振市場毫無作用，就美國國民的信心與安全感而言也於事無補。確診病例數不斷增加，市場充滿緊張不安的氛圍。三月九日，道瓊工業平均指數（Dow Jones Industrial Average，DJIA）下跌約兩千點，差不多為其市值的百分之八，這一天成了分析師口中的黑色星期一。自此，美國股市便如雲霄飛車一般，以令人不安的速度飆升及重挫。三月十二日也稱為黑色星期四，這天道瓊工業平均指數下跌達兩千三百點，蒸發了百分之十的市值。[101]三月十三日，川普宣布國家進入緊急狀態，並撥出五百億美元資金給公共衛生體系，以及用於紓困。[102]兩天後，美國疾病管制與預防中心向大眾建議，應避免超過五十人以上的集會；過一天後，則進一步建議應避免超過十人以上集會。川普開始自稱為「戰時總統」（wartime president）。三月十六日已進入為期十五日的「減緩疫情傳播」（Slow the Spread）行動，美國白宮當天向國民發布防疫指引——遠距工作、避免非必要的旅遊與社交活動、維持良好衛生習慣、身體不適就在家休息。[103]由於投資者擔憂可能迎來更大規模、十五天以上的停工，道瓊工業平均指數當天平均下跌達兩千九百九十七點，創下史上最大單日跌幅（以百分比計算則是自一九八七年股市崩盤以來最大跌幅）。[104]三月二十五日，經濟表現仍舊低迷，國會批准了一項兩兆美元的新型冠狀病毒紓困計畫，其中包含小型企業貸款、直接在所有收入低於十萬美元的納稅人戶頭存入略高於一千美元的津貼，以及五千億美元的企業紓困基金。[105]總統在三月二十七日簽署通過這項法案。

此外，各州從三月開始各自發布了在家隔離與停工令：加州在三月十九日發布命令；紐約在三月二十二日宣布「紐約暫停」（New York on Pause）政策：關閉所有校園並要求「非重點工作者」一律暫停出門工作，同時取消全部的公開活動與集會。到了三月二十三日，有九個州實施全面居家隔離措施。[106]以美國聯邦制度而言，總統沒有權力阻止各州提出的防疫辦法，即便是這樣，川普也要在推特上發文表達自己對這波公共衛生措施的失望：「解決問題的方法不該造成更大的問題。」[107]多位保守派州長高調響應川普的呼籲，其中幾位甚至堅決反對在自己的州執行限制經濟或社交活動的強制措施。佛羅里達州的海灘、旅館、酒吧和餐廳依舊拜春假期間各種活動之賜而生意蓬勃。[108]南達科他州（South Dakota）州長克莉斯蒂・諾姆（Kristi Noem）則嘲弄其他州的領導者有「從眾心態」，她本人也因此拒絕強制關閉企業行號、校園及教堂。她堅稱所有人都應該「擁有個人選擇的權利，自行決定是否出門工作、上教堂禮拜、外出遊樂，或待在家不出門。」[109]

三月二十六日，美國的新型冠狀病毒確診病例數已經是全球之冠，儘管當時依然難以取得篩檢工具。處於疫情風暴中心的紐約創下單日高達一百例死亡病例的紀錄。三月二十七日，紐約因為沒有足夠的病床容納病患，只好將位於曼哈頓的巨大會議空間賈維茨會議中心（Jacob K. Javits Convention Center）挪作緊急醫療中心。三天之後，美國海軍醫療船安慰號（USNS Comfort）在哈德遜河（Hudson River）停靠，這是安慰號自二〇〇一年九月十一日以來首次被派往曼哈頓。聯邦政府在停屍間負荷量已滿、甚至超出負荷的情況下，將許多冷藏貨車派往紐約各醫院供死者遺體停放。約翰・霍普金斯大學的研究人員表示，此時美國至少已有四千四百七十六人死於疫情。鑒於已有超過二十萬確診病例，而且病毒依舊在快速傳播中，可以預期美國的COVID-19確診及死亡病例數字都將超越世界各國。[110]

面對這樣的情況，白宮方面難掩失望。但從公開聲明來看，執政當局還更關心嚴格公共衛生措施帶來的影響，而非遙遙領先世界各國的死亡人數。三月二十四日，川普在福斯新聞頻道的專訪上放話，表示希望美國在四月十二日「復活節前重新開放及復工」。他認為復活節是個值得好好慶祝、迎接美國夢重生的日子，因此他表示：「全國各地的教會都會擠滿人，我想那會是很美好的一天。」[111]

復活節後的那一週，總統譴責繼續堅守疫情規定的州政府，也在四月十七日呼籲各方政治領袖採取與公共衛生領域領導者建議背道而馳的做法。他在推特上接連發文：「解放明尼蘇達。」「解放密西根。」「解放維吉尼亞。」[112]此後不久，屬於共和黨陣營的亞利桑那州、佛羅里達州、德州州長都重新開放企業正常運作，也放寬居家隔離規定。有些州解除了佩戴口罩的強制規定，並禁止地方政府自行規定要求戴口罩。即使這些追隨川普政府立場的州新增確診病例都居高不下，他們也依然堅稱疫情即將結束。到了六月，負責領導總統的新型冠狀病毒特別工作小組（Coronavirus Task Force）的麥克・彭斯利用自己這個職位向國民保證，白宮已擊敗病毒這個看不見的隱形敵人，國家也將回歸安全狀態。他在《華爾街日報》（*The Wall Street Journal*）的社論中表示：「沒有什麼『第二波疫情』這種事。」同時他聲稱：「這一仗我們就要獲勝了。」[113]

注釋

1 Zaheer Alam, "The First Fifty Days of COVID-19," *Elsevier Public Health Emergency Collection* (2020): 1–7; Jeanna Bryner, "1st Known Case of Coronavirus Traced Back to November in China," Live Science, March 14, 2020.

2 Carl Zimmer, Benjamin Mueller, and Chris Buckley, "First Known Covid Case Was Vendor at Wuhan Market, Scientist Says," *New York Times,* November 18, 2021.

3 Michael Worobey, "Dissecting the Early COVID-19 Cases in Wuhan," *Science* 6572, no. 374 (2021): 1202–4.

4 Ibid.; Chaolin Huang et al., "Clinical Features of Patients Infected with 2019 Novel Coronavirus in Wuhan, China," *The Lancet* 395, no. 10223 (February 2020): 497–506.

5 Guobin Yang, *The Wuhan Lockdown* (New York: Columbia University Press, 2020), p. 10.

6 *Disease Outbreak News: COVID-19 China,* Geneva: World Health Organization, January 2020.

7 Jon Cohen, "Chinese Researchers Reveal Draft Genome of Virus Implicated in Wuhan Pneumonia Outbreak," *Science Insider,* January 11, 2020.

8 *WHO Statement on Novel Coronavirus in Thailand,* Geneva: World Health Organization, January 2020.

9 Susie Neilson and Aylin Woodward, "A Comprehensive Timeline of the Coronavirus Pandemic at 1 Year, from China's First Case to the Present," *Business Insider,* December 2020. 關於台灣部分，見 Shao-Chung Cheng et al., "First Case of Coronavirus Disease 2019 (COVID-19) Pneumonia in Taiwan," *Journal of the Formosan Medical Association* 3, no. 119 (2020): 747–51.

10 Greg Hunt, *First Confirmed Case of Novel Coronavirus in Australia,* Government of Australia, Minister for Health and Aged Care, January 2020, https://www.health.gov.au/ministers/the-hon-greg-hunt-mp/media/first-confirmed-case-of-novel-coronavirus-in-australia; Ryan Rocca, "Canada's 1st Confirmed COVID Case Was Reported in Toronto 2 Years Ago Today," *Global News Canada,* January 2022, https://globalnews.ca/news/8536383/canadas-1st-covid-case-confirmed-2-years-ago/; David Reid, "UK Confirms Its First Coronavirus Cases," NBC News, January 2020, https://www.cnbc.com/2020/01/31/uk-confirms-two-cases-of-coronavirus.html.

11 請見 Howard Markel et al., "Nonpharmaceutical Interventions Implemented by US Cities During the 1918–1919 Influenza Pandemic," *JAMA* 298/6 (2007): 644–54. 此乃有關一九一八年至一九一九年大流感（Great Influenza）的重要著作，闡述了公共衛生防治措施的介入時機與持續時長對於全美各城市流感死亡人數的影響。其核心論述對於COVID-19的應對措施有重大影響，即「從早期便持續同時實施多項非藥物干預手段，與美國一九一八年至一九一九年大流感減緩的趨勢有高度正相關性。」

12 Didier Fassin, "The Moral Economy of Life in the Pandemic," in Didier Fassin and Marion Fourcade, eds., *Pandemic Exposures: Economy and Society in the Time of Coronavirus* (Chicago: Hau, 2022), pp. 155–75.

13 Sheila Jasanoff et al., *Comparative Covid Response: Crisis, Knowledge, Politics (An Interim Report)* (Cambridge: Harvard School of Government, 2020).

14 World Health Organization (@WHO), "FACT: #COVID19 is NOT airborne. The #coronavirus is mainly transmitted through droplets generated when an infected person coughs, sneezes or speaks," Twitter, March 28, 2020, 2:44 p.m. 至二〇二三年五月為止，此推特發文經三萬八千六百次轉推，有四萬三千兩百個讚。

15 Gaston Bachelard, *The New Scientific Spirit* (Boston: Beacon Press, 1934; 1984).

16 請見Gil Eyal, *The Crisis of Expertise* (Cambridge, UK: Polity Press, 2019).

17 John Horgan, "Will COVID-19 Make Us Less Democratic and More Like China?," *Scientific American,* April 2020.

18 Danielle Allen, *Democracy in the Time of Coronavirus* (Chicago: University of Chicago Press, 2022).

19 Global Health Security Index, "About," GHS Index, https://www.ghsindex .org/about/. 醫學人類學家安德魯．萊考夫（Andrew Lakoff）認為，全球衛生安全指數並非設計來衡量富有已開發國家面對傳染病的能力；反之，它是世界衛生組織所制定的《國際衛生條例》的一部分，目的是提升貧窮國家在全球衛生安全上的「核心能力」，援助貧窮國家的富有國家能夠以這項指數為評量工具，藉此評估貧窮國家的改善狀況。請見Andrew Lakoff, "Preparedness Indicators: Measuring the Condition of Global Health Security," *Sociologica* 15, no. 3 (2021): 25–43.

20 Andrew Lakoff, "Preparing for the Next Emergency," *Public Culture* 19, no. 2 (2007): 247–71.

21 選擇比較這些國家背後的邏輯有跡可循。疫情期間，政策分析人員便時常直接認定東亞國家可以抑制病毒擴散是因為其仰賴獨裁政治體制控制社會，且整個東亞地區的文化都有遏止異議的傾向。然而「兩個中國」之間的差異卻顯示出實情遠不止如此。同樣地，關於福利國家與政治文化的社會學文獻通常會把屬於英語圈的國家（包括澳洲、英國、美國）囊括起來一概而論，並且將它們歸類為自由意志主義占主導地位、社會保障（social protection）程度普通、政府監管力道有限的國家。這三個國家在疫情發生之時，通通為保守派所組成的國家政府掌權，且看似準備採類似的方式因應疫情。然而三個國家後續的疫情發展差異令人意外，由此可見公共衛生政治會造成多大影響，對於疫情有多麼關鍵。

22 Yang, *The Wuhan Lockdown*, p. 3.

23 Ibid., p. 4.

24 Andrew Green, "Li Wenliang," *The Lancet* 10225, no. 395 (2020): 682.

25 Edward Wong, Julian E. Barnes, and Zolan Kanno-Youngs, "Local Officials in China Hid Coronavirus Dangers from Beijing, U.S. Agencies Find," *New York Times*, August 19, 2020 (updated September 17, 2020).

26 Katherine Mason, "Reflecting on SARS, 17 Years and Two Flu-Like Epidemics Later," *Somatosphere* (blog), March 16, 2020.

27 Richard McGregor, "China's Deep State: The Communist Party and the Coronavirus," *Lowy Institute,* July 2020.

28 Selam Gebrekidan et al., "Ski, Party, Seed a Pandemic: The Travel Rules That Let COVID-19 Take Flight," *New York Times*, September 30, 2020.

29 Frank Snowden, *Epidemics and Society: From the Black Death to the Present* (New Haven: Yale University Press, 2019), pp. 455–56. See also Frank Snowden, "Emerging and Reemerging Diseases: A Historical Perspective," *Immunological Review* 225, no. 1 (2008): 9–26.

30 Paul Farmer, "Social Inequalities and *Emerging Infectious Diseases*," Emerging Infectious Diseases 2, no. 4 (1996): 259–69.

31 Robert Webster, "Wet Markets—A Continuing Source of Severe Acute Respiratory Syndrome and Influenza?," *The Lancet* 363, no. 9404 (2004): 234–36.

32 Yang, *The Wuhan Lockdown*, p. 15.

33 Ibid., pp. 14–16.

34 Marisa Taylor, "Exclusive: U.S. Slashed CDC Staff Inside China Prior to Coronavirus Outbreak," Reuters, March 25, 2020.

35 Lawrence Wright, "The Plague Year," *The New Yorker*, January 4/11, 2021.

36 World Health Organization (@WHO), "Preliminary Investigations Conducted by the Chinese Authorities Have Found No Clear Evidence of Human-to-Human Transmission of the Novel #Coronavirus (2019-nCoV) Identified in #Wuhan, #China," Twitter, January 14, 2020, 6:18 a.m.

37 Yanan Wang and Ken Moritsugu, "Human-to-Human Transmission Confirmed in China Coronavirus," *AP News*, January 20, 2020.

38 "Five Million People Left Wuhan Before the Lockdown: Where Did They Go?," China Global Television Network, January 27, 2020.

39 Shengjie Lai et al., "Effect of Non-Pharmaceutical Interventions to Contain COVID-19 in China," *Nature* 585 (2020): 410–13.

40 Javier Hernández, "China Spins Coronavirus Crisis, Hailing Itself as a Global Leader," *New York Times*, February 28, 2020.

41 *CECC Held a Press Conference and Announced Its Latest Understanding on Developments of the Epidemic, While Urging Citizens to Refrain from Sharing Unsubstantiated Information and Hearsay*, Government of Taiwan, Ministry of Health and Welfare, December 2019.

42 C. Jason Wang et al., "Response to COVID in Taiwan," *JAMA* 323, no. 14 (2020): 1341–42.

43 Ying-Hen Hsieh et al., "SARS Outbreak, Taiwan, 2003," *Emerging Infectious Diseases* 10, no. 2 (2004): 201–6.

44 *SARS Experience*, Government of Taiwan, Ministry of Health and Welfare, May 2020.

45 *Formalized the Definition of Coronavirus Cases and Reporting & Handling Procedures*, Government of Taiwan, Ministry of Health and Welfare, January 2020.

46 Chih-Wei Hsieh et al., "A Whole-of-Nation Approach to COVID-19: Taiwan's National Epidemic Prevention Team," *International Journal of Political Science* 42, no. 3 (2021): 300–315.

47 Wang et al., "Response to COVID in Taiwan."

48 Cheryl Lin et al., "Policy Decisions and Use of Information Technology to Fight COVID-19, Taiwan," *Emerging Infectious* Diseases, 26, no. 7 (2020): 1506–12.

49 "Taiwanese Man to Be Fined for Not Reporting Viral Symptoms," *Focus Taiwan CNA English News,* January 25, 2020.

50 Lin et al., "Policy Decisions and Use of Information Technology to Fight COVID-19, Taiwan."

51 Rory Daniels, "Taiwan's Unlikely Path to Public Trust Provides Lessons for the US," Brookings Institution, September 15, 2020.

52 Lauren Gardner, "Update January 31: Modeling the Spreading Risk of 2019-nCoV," Johns Hopkins Center for Systems Science and Engineering, January 31, 2020.

53 Lin et al., "Policy Decisions and Use of Information Technology to Fight COVID-19, Taiwan."

54 Tsung-Mei Cheng, "How Has Taiwan Navigated the Pandemic?," *Economics Observatory*, December 2021; Chih-Wei Hsieh et al., "A Whole-of-Nation Approach to COVID-19," 300–315.

55 Hsiang-Yu Yuan et al., "Assessment of the Fatality Rate and Transmissibility Taking Account of Undetected Cases During an

Unprecedented COVID-19 Surge in Taiwan,” *BMC Infectious Diseases* 22, no. 1 (2022): 1–11.

56 請注意台灣非ＯＥＣＤ國家，但此分析將其與ＯＥＣＤ國家相比較。請見Cheng, ”How Has Taiwan Navigated the Pandemic?”

57 此處資料來自約翰霍普金斯大學冠狀病毒資源中心（Johns Hopkins Coronavirus Resource Center），二〇二三年二月十七日存取：https://coronavirus.jhu.edu/data/mortality.

58 Katharine Murphy, ”Dear Michael McCormack: The Only ‘Raving Lunatics’ Are Those Not Worrying About Climate Change,” *The Guardian*, November 11, 2019.

59 Waleed Aly, ”Carefree Larrikin Is a Myth. Australians Are Obedient to Authority,” *Sydney Morning Herald*, December 17, 2020.

60 Guardian Staff and Australian Associated Press, ”Coronavirus: Foreign Arrivals from Mainland China Will Not Be Allowed into Australia, Scott Morrison Says,” *The Guardian*, February 1, 2020.

61 Colin Dwyer, ”Australia, New Zealand Closing Borders to Foreigners in Bid to Contain Coronavirus,” NPR, March 2020.

62 Grace Tobin, ”Coronavirus Fires Up Production at Australia’s Only Medical Mask Factory,” ABC News Australia, March 26, 2020.

63 Melbourne Law School, ”VIDEO: COVID-19—What Is Australia’s National Cabinet?,” University of Melbourne, April 2020.

64 *Australian Health Protection Principal Committee (AHPPC) Advice to National Cabinet on 24 March 2020*, Canberra: Department of Health, March 24, 2020.

65 Colin Packham and Byron Kaye, ”Australia Faces New Restrictions as Coronavirus Cases Jump,” Reuters, March 23, 2020.

66 Reuters Staff, ”Australia Strengthens Self Isolation Rules for Returning Citizens as Coronavirus Spreads,” Reuters, March 26, 2020.

67 Damien Cave, ”A Lucky Country Says Goodbye to the World’s Longest Boom,” *New York Times,* March 27, 2020.

68 Colin Packham and Jonathan Barrett, ”Growth in Australia Coronavirus Cases Slows, but Experts Urge Caution,” Reuters, March 30, 2020.

69 Damian Cave, ”The Secret Powers of an Australian Prime Minister, Now Revealed,” *New York Times*, August 16, 2022.

70 Abbie Bray, ”Good Morning Britain Flooded with Almost 300 Ofcom Complaints After Piers Morgan ‘Mocks Chinese People,’

" *Metro UK,* January 22, 2020.

71 Sam Phan, "The Coronavirus Panic Is Turning the UK into a Hostile Environment for East Asians," *The Guardian*, January 27, 2020.

72 "Coronavirus Will Be Here for Some Months, Says Health Secretary," BBC, February 3, 2020.

73 *Prime Minister's Statement on Coronavirus (COVID-19): 9 March 2020*, London: Office of the Prime Minister, March 2020.

74 "Explainer: 'Nudge Unit,' " Institute for Government, March 2020.

75 Benjamin Mueller, "As Europe Shuts Down, Britain Takes a Different, and Contentious, Approach," *New York Times,* March 13, 2020.

76 UK Behavioural Scientists, "Open Letter to the UK Government Regarding COVID-19," March 2020.

77 Mark Landler and Stephen Castle, "Behind the Virus Report That Jarred the U.S. and the U.K. to Action," *New York Times,* March 23, 2020.

78 Ed Yong, "The U.K.'s Coronavirus 'Herd Immunity' Debacle," *The Atlantic*, March 2020.

79 Mark Landler and Stephen Castle, "Britain Placed Under a Virtual Lockdown by Boris Johnson," *New York Times*, March 23, 2020; "Coronavirus: Strict New Curbs on Life in UK Announced by PM," BBC, March 24, 2020.

80 Angela Dewan and Sarah Dean, "Coronavirus Strikes UK Prime Minister Boris Johnson, His Health Secretary and His Chief Medical Adviser," CNN, March 27, 2020.

81 "Coronavirus: Boris Johnson Moved to Intensive Care as Symptoms Worsen," BBC, April 7, 2020.

82 Nick Paton Walsh and Mick Krever, "The UK's 'Coronavirus Dashboard' May be Under-Reporting Deaths Significantly," CNN, April 7, 2020.

83 "UK Has Second-Highest Coronavirus Death Toll in Europe, New Figures Show," CNBC, April 29, 2020.

84 請見英國廣播公司針對英國下議院檢討報告所做的報導：Nick Triggle, "Covid: UK's Early Response Worst Public Health Failure Ever, MPs Say," BBC, October 12, 2021; and UK House of Commons, Health and Social Care, and Science and Technology Committees, *Coronavirus: Lessons Learned to Date*, Report no. 6, London: September 2021.

85 Nicholas Fandos and Michael D. Shear, "Trump Impeached for Abuse of Power and Obstruction of Congress," *New York Times*, December 18, 2019.

86 Ibid.

87 Matthew Belvedere, "Trump Says He Trusts China's Xi on Coronavirus and the US Has It 'Totally Under Control,' " CNBC, January 22, 2020.

88 Bob Woodward, *Rage* (New York: Simon & Schuster, 2020), p. 17.

89 Philip Bump, "What Trump Did About Coronavirus in February," *Washington Post*, April 20, 2020.

90 Ibid., p. 22.

91 Isaac Stanley-Becker and Laura Sun, "Senior CDC Official Who Met Trump's Wrath for Raising Concerns About Coronavirus to Resign," *Washington Post*, May 7, 2021.

92 Philip Bump, "What Trump Did About Coronavirus in February," *Washington Post*, April 20, 2020.

93 Bruno Latour, *Down to Earth: Politics in the New Climate Regime* (Medford, MA: Polity Press), p. 3.

94 Ibid., p. 7.

95 Jon Cohen, "The United States Badly Bungled Coronavirus Testing—But Things May Soon Improve," *Science*, February 28, 2020.

96 Andrew Jacobs, Matt Richtel, and Mike Baker, " 'At War with No Ammo': Doctors Say Shortage of Protective Gear Is Dire," *New York Times,* March 19, 2020.

97 Ibid.

98 Kerry Breen, "NYC Hospital Responds to Photos of Nurses Wearing Trash Bags as Gowns," *Today*, March 27, 2020.

99 Jeanne Whalen et al., "Scramble for Medical Equipment Descends into Chaos as U.S. States and Hospitals Compete for Rare Supplies," *Washington Post*, March 24, 2020.

100 Neil Irwin, "Coronavirus Shows the Problem with Trump's Stock Market Boasting," *New York Times*, February 26, 2020.

101 Pippa Stevens, Maggie Fitzgerald, and Fred Imbert, "Stock Market Live Thursday: Dow Tanks 2,300 in Worst Day Since Black Monday, S&P 500 Bear Market," CNBC, March 12, 2020.

102 "Trump Declares National Emergency over Coronavirus," BBC, March 13, 2020.

103 Dan Mangan, "Trump Issues 'Coronavirus Guidelines' for Next 15 Days to Slow Pandemic," CNBC, March 16, 2020.

104 Caitlin McCabe, Anna Hirtenstein, and Chong Koh Ping, "Dow Plummets Nearly 3,000 Points as Virus Fears Spread," *Wall Street Journal*, March 16, 2020.

105 Catie Edmondson, ”5 Key Things in the $2 Trillion Coronavirus Stimulus Package,” *New York Times*, March 25, 2020.

106 Sarah Mervosh, Denise Lu, and Vanessa Swales, ”See Which States and Cities Have Told Residents to Stay at Home,” *New York Times*, April 20, 2020.

107 Maggie Haberman and David Sanger, ”Trump Says Coronavirus Cure Cannot ‘Be Worse Than the Problem Itself,’ ” *New York Times*, March 23, 2020.

108 Chris Cillizza, ”The Florida Governor Just Got Called Out over His Handling of Coronavirus,” CNN, March 23, 2020.

109 Griff Witte, ”South Dakota’s Governor Resisted Ordering People to Stay Home. Now It Has One of the Nation’s Largest Coronavirus Hot Spots,” *Washington Post*, April 13, 2020.

110 Will Feuer, ”US Coronavirus Cases Top 200,000 as Virus Spreads and Testing Ramps Up,” CNBC, April 1, 2020.

111 Kevin Liptak et al., ”Trump Says He Wants the Country ‘Opened Up and Just Raring to Go by Easter,’ Despite Health Experts’ Warnings,” CNN, March 24, 2020.

112 Aaron Rupar, ”Trump’s Dangerous ‘LIBERATE’ Tweets Represent the Views of a Small Minority,” *Vox*, April 17, 2020.

113 Mike Pence, ”There Isn’t a Coronavirus ‘Second Wave,’ ” *Wall Street Journal*, June 16, 2020.

第三章

一天二十四小時

索菲雅・扎亞斯（SOPHIA ZAYAS）

事到如今，她仍然會聽見鳴笛聲。

如今已不像三月和四月那樣隨時都聽得到救護車的鳴笛聲，但即便在四下寂靜無聲的時刻，她耳裡依然會響起那個聲音。每當她閉上雙眼想忘卻一切時，是如此；在她每天工作告一段落從曼哈頓開車回家的路上，是如此；當同住的祖母把客廳電視音量轉大，也就是她在家幾乎每時每刻，都是如此。

疫情開始的那年，索菲雅・扎亞斯三十五歲，當時她正在做一份對她來說前所未有的好工作。她曾是選美皇后，有一頭黑長髮和焦糖色皮膚，還有一雙和善的棕色眼睛。那時候，她擔任紐約州長安德魯・庫莫（Andrew Cuomo）的布朗克斯區域代表（regional representative）已經兩年。這個職位對扎亞斯來說再適合也不過。扎亞斯是波多黎各裔、擁有雙語能力，而且從小就在布朗克斯長大，如今也仍然住在她那間位於西農莊村（West Farms Village）從小長大的屋子。那棟房屋所屬的住宅群在跨布朗克斯區高速公路（Cross Bronx Expressway）附近，由一群巨大的六層樓磚造建築以及二十一層樓高的兩座高樓所組成。扎亞斯的性格外向活潑，臉上也時時帶著笑意，她總是努力與他人在異中求同，即便是意見分歧的時候，也會想辦法與對方找出連結。除此之外，她有虔誠的信仰，也從不吝於引述經文，而她也堅信自己一定有幫助他人的能力。她無時無刻不在生命中把握能幫助他人的時機。

扎亞斯居住的西農莊是個高度種族隔離的地區，當地百分之九十一的人口為黑人和西班牙語裔（以身分認同兩者兼有的波多黎各人為大宗）。那裡聚集了許多貧困人口；住房擁擠；空氣污染嚴重；肥胖與罹患糖尿病的比例甚高；預期壽命低；犯罪率則位居紐約市之首。然而，和扎亞斯到當地去走一趟，親自感受長輩的溫情關懷、遊樂場上滿滿的活力、在公園和酒吧裡培養出的情誼，就會明白為什麼扎亞斯仍如此熱愛這個地方。「我以布朗克斯區的出身為傲，」她對我說，「這裡就和其他地方一樣，有好也有壞。」

為此扎亞斯表示，布朗克斯區令她覺得遺憾的一點，就是當地居民與紐約市其餘地區的居民相比，似乎沒有那麼受重視。感覺起來他們好像沒有真的被當成人來看待，他們的問題似乎沒人認真處理。二〇二〇年之初，扎亞斯聚焦於這個問題上，她希望當地居民好好填寫十年人口普查問卷，而這份問卷會決定該地區能否獲得其應得的公共資源與政治代表性（political representation）。但這項任務比她原先預期的困難許多。她解釋道：「這裡大多數居民並不信任政府，他們的想法是：『政府從不會為我們做什麼好事，我們又為什麼要費這個心思？』」除此之外，二〇二〇年的人口普查也格外艱難。受到美國總統川普的態度影響，白宮方面也表現得像希望布朗克斯區這種地方的人口不被計入普查結果一樣。川普政府試圖在普查的問卷上偷渡公民身分的問題，而這種問題絕對會讓未獲合法身分的移民不願填寫。雖然最高法院從問卷中刪去了問題，但卻排除不了移民對於自己被政府發現以及相應後果的恐懼。扎亞斯造訪了當地生活狀況最艱困的地區，在那裡她也總是遇到心中無論如何都充滿怨氣的居民。

扎亞斯對這世界，甚至對社會體制都很有信心，但並不是因為她擁有不凡家世。她媽媽在二十歲時就因心臟衰竭過世，當時扎亞斯才八個月大，她的爸爸則除了她以外還有三個孩子。一個兒子是扎亞斯同父同母的親兄弟，另外兩個女兒則是他爸爸與其他女人所生。除此之外，她爸爸還是個不停惹麻煩的人。「我媽媽過世的時候他根本不在，他當時被關在警備最森嚴的監獄裡，可能是搶劫或沾染毒品，我也不知道到底出了什麼事。總之他一直都待在監獄裡，在我二十歲前就過世了。」扎亞斯有時候會稱祖父母為她的爸爸媽媽，他們扶養扎亞斯的爸爸長大時，正好經歷了西農莊這個區域最艱困的幾年時光，然而到了扎亞斯和她的兄弟慢慢長大的時候，情況卻也不比過去好上多少。當地公立學校經費短缺，不僅輟學率高，時不時發生的暴力事件更是令學生的家人時時提心吊膽。扎亞斯的阿姨和叔叔協助她拿到了當地聖多瑪斯．阿奎那（St. Thomas Aquinas）天主教學校的獎學金，這是一所不吝解囊幫助當地孩子受教育的學校；因此扎亞斯一直都認為，解決問題的關鍵就在於要找對人幫忙，再難開的門只要用對方法就能打開。

扎亞斯從當地公立學校順利畢業以後便報名加入海軍陸戰隊，這個決定出乎所有人的意料之外。扎亞斯對我說：「我就是覺得自己一定做得到。」她一直有著纖細的身材，然而卻沒多少人知道她其實也很強壯，如今她終於能證明這一點了。「我真的做得到，只要隨便一根橫槓我就能做引體向上。但後來我爸爸過世了，祖父母的狀況也令我擔心，於是最後還是沒有入伍，改去就讀布朗克斯區的奧斯托斯社區大學（Hostos Community College）。我在那裡學了攝影，我很喜歡這門專業，但祖母卻勸我學些別的，她覺得光靠攝影找不到工作。」於是她又轉去就讀亨特學院（Hunter College），在那裡她不僅開始接觸政治，也踏入了選美的圈子，然而她卻也因此發現後者的競爭之野蠻更甚前者。「我參加了紐約的波多黎各小姐大賽，那可是全國性的大賽！但參賽佳麗實在是太壞了，她們為了贏得比賽可以不惜一切手段，其中一個人還在我的禮服上倒嬰兒油！」扎亞斯無法忍受這些事，因此拋開了晚禮服放棄選美，轉而追求政治夢。

「我的頭一份工作是在紐約市議會為布朗克斯區的多數黨領袖喬爾．里維拉（Joel Rivera）服務。這份工作我最喜歡的部分就是處理公共事務，接觸當地社群，幫助各式各樣的人，這些事我都喜歡。議員通常十分忙碌，因此很容易忽略來自一般民眾的聲音，但我就是喜歡為大眾服務。」她回憶有次一位聖巴拿巴醫院（St. Barnabas Hospital）（這是一家主要為低收入人口服務的非營利機構）的行政人員不斷打電話到議員辦公室，「對方名叫俄琳（Arlene），她在話筒另一端反覆說著：『我要跟喬爾見面！我們有危機了，要是沒有資金我們就麻煩大了！』」但這可是在布朗克斯區啊，辦公室裡的前輩都說她慢慢就會習慣這種情況了，在這裡，大家都深陷危機，所有人都需要更多資金。「有天喬爾進辦公室時我人剛好在位子上，而俄琳正好又打電話來了，於是我對電話的另一頭說：『請稍等，我們今天就來把問題解決了。』於是我把她的電話轉接到喬爾的辦公室以後便直接走進去幫他接起來！我把電話交給喬爾，他擺出了一副『好吧，我就花個五分鐘聽聽她要說什麼』的樣子；最後俄琳真的成功爭取到上百萬美元的資金，於是醫院就能繼續營運下去了。」扎亞斯並沒有把一切歸功於自己，但她實在忘不了幫助他人的美好感受。

她下一份工作是任職於布朗克斯區的大醫院，也就是阿爾伯特．愛因斯坦醫學院（Albert Einstein College of Medicine）的醫療科學學術中心——蒙特菲奧蕾醫學中心（Montefiore Medical Center）。她在這家醫院待了五年，一路從行政助理做到出診計畫的主管職，收入也終於夠她擁有一個自己的住處。但她說，後來因為與一位會欺凌她的主任起衝突，自己是在一片紛紛擾擾中突然離開這份工作。她回憶當時的情況道：「那時我真的很慘，沒人願意雇用我，理由卻都是我的資歷超出對方的需求。我不僅失去了棲身的公寓，連車子也因為還不出貸款而被收回。那時候的我只好靠失業救濟金過活，但這筆錢最多也只能領六個月，接下來我又沒有收入了。」受挫的她只好搬回家和祖父母住。「當時我真的很慘，」她這麼對我說道，「我努力試著苦撐下去，但狀況真的很糟。」

沒了工作只能住在家裡，同時又為自己感到羞恥的扎亞斯成天漫無目的四處閒晃，她深陷於痛苦之中。「有天我走著走著就想起了聖巴拿巴醫院的俄琳。當初幫助她爭取到資金以後她便承諾，如果哪天我需要幫忙了，可以直接打電話找她，而我也真的這麼做了。她一接起電話我就忍不住哭了，我一直哭、一直哭，而她則開口說：『妳來我這裡以後直接去找人力資源部門，我們先幫妳找個暫時的工作，再看下一步怎麼走，我一定會努力幫妳爭取。』我敢發誓我到現在還清清楚楚記得那天是禮拜二，而禮拜五我就去報到了。後來我在聖巴拿巴醫院工作了兩年。」

那份工作的薪水還可以，但扎亞斯不打算再搬出去自己住了。她祖父已經住進了對街的長者住宅，而她實在不想放祖母獨居。她後來離開醫院的工作，是因為想重新回到公共服務領域，這時正好有位朋友向她推薦了管理紐約市民主黨議員競選委員會（Democratic Assembly Campaign Committee）的工作。接下這份工作後不久，另一位曾經一起在模特兒圈子闖蕩的朋友打電話來，問她想不想換新工作，「我當下拒絕了，但她繼續問我：『妳難道不想找個更好的工作嗎？州長正好想找人擔任布朗克斯區的地方代表（community representative），他們想要找一位有雙語能力的拉美裔女性，我覺得妳很適合。妳不僅會講西班牙語，而且跟當地居民都熟識。』」她確實會講西班牙語，也確實認識周邊鄰里的所有人；幾天後，扎亞斯便順利拿到了這份工作。

地方代表的職務是代表州政府參與地方性會議、傾聽選民意見，除此之外還要向選民點頭、握手、保證會將選民的所有需求傳達給州長知道。「我們就是要為在地居民遊說各方，」這是扎亞斯對這份工作的定位，「我們要負責與民選官員、地方各界主事者、企業領導者、校長、醫院高層見面。」假如說扎亞斯在接下這份工作前就已經都認識了當地周遭的街坊鄰居，那麼在正式上任後幾個月的時間，她可以說是已經與布朗克斯區所有人都打過照面。她說：「大家都有我的電話，不管是工作的號碼還是私人的號碼，我都會給。要做這份工作就是這樣，妳就是要有空、要到場現身。」

「COVID疫情開始之前，這就已經是個不太好做的工作了，」扎亞斯對我說道，「布朗克斯區以各方面而言都是個總被遺忘的行政區。衛生條件的差異、暴風雪的侵襲、醫療健康的不平等——這也是為什麼我們得加倍努力。」疫情爆發以後，她甚至比以往來得更拼命了。

她回憶道：「剛開始根本沒人曉得到底出了什麼事，這種情況實在令人害怕。」二〇二〇年三月一日，紐約市出現了第一例確診案例，那是一位才剛從伊朗回到紐約的三十九歲醫療從業人員。隔天，在曼哈頓的州長辦公室舉辦的簡報記者會上，紐約州州長庫莫與市長白思豪一同現身。扎亞斯當天負責記者會場地的準備工作，她回想起那天和同事因為到場參加的人數太多而手忙腳亂的景象，「我們得把椅子都移走，會議室才塞得下所有人。」庫莫首先發言，他堅稱病毒的威脅微乎其微，「只要了解現實，只要知道真實狀況，各位就會放心了；我們真的可以放輕鬆，現實情況就是這樣。我知道大家為什麼會緊張，我理解，我懂那份焦慮感，我自己就是土生土長的紐約人，我知道焦慮感無所不在。但現在狀況真的就是無需焦慮。」除此之外，他也對紐約阻擋病毒侵襲的能力大有信心，「我們擁有全世界最好的醫療保健系統。請各位原諒我們身為紐約人的傲慢，但我想代表市長回應這一點。紐約擁有全球最好的醫療保健系統，所以要是把其他國家發生的事拿來與紐約的情況相比，想當然紐約一定不會像其他國家那麼糟。我們已經做了最妥善的協調並徹底動員，關鍵就在於公共衛生系統的調度。」[1]

扎亞斯一直以來都很欣賞也很敬重州長，然而聽到這裡她卻忍不住擔心起來。最妥善的協調？州長與市長向來是彼此的競爭對手，有時甚至還互為頭號敵人；美國的市長或許看來大權在握，但在包含醫療衛生、交通、教育等幾乎所有重大政治議題上，州長都有權推翻市長的決策。自白思豪於二〇一四年就任市長以來，庫莫似乎就一心想削弱他的威信，不僅阻饒白思豪抑制汽車服務（如Uber）增長、對百萬富翁徵稅的企圖，更在暴風雪的天氣裡不事先通知市政府相關計畫便停駛地下鐵。[2]能夠看到他們在記者會上表現團結精神固然很好，但扎亞斯和同事卻忍不住懷疑這或許只是表面工夫。

至於所謂全球最好的醫療保健系統，扎亞斯可不敢為布朗克斯區冠上這個名號。布朗克斯區確實有很棒的醫院——例如像蒙特菲奧蕾醫院這樣的大型醫學中心，還有像聖巴拿巴醫院這樣規模相對較小的醫院——她也的確親眼見證過當地醫療機構拯救親友的性命，然而大多數醫療從業人員在平時就已經很難為當地居民提供足夠的醫療服務了，更別說疫情來襲的危急時刻。在這種情況下，扎亞斯絕不是唯一擔心布朗克斯區可能沒有足夠資源面對眼前危機的人。

那個當下，最緊張的莫過於布朗克斯區醫療系統的管理者了。三月時，COVID 新增病例不斷增加，各家醫院的院長也相繼打電話給扎亞斯尋求協助。「剛開始他們需要的是個人防護裝備那一類的基本醫療資源」——例如口罩、手套、手術服，後來需求則變得愈來愈複雜，不僅難以取得 COVID 篩檢工具，連用來維持患者性命的呼吸器都一機難求。各家醫院很快就都病床全滿，沒人知道到底該把剛收治的病人安置在哪才好。扎亞斯說：「蒙特菲奧蕾醫院是布朗克斯區最大的醫療機構，而那裡簡直就像戰場一樣。急診室爆滿，負責收治病人的樓層丁點空位也不剩，隔離病房更是人滿為患，於是他們只好開放還在施工的院區。」在這之後不久，小型醫院的院長打給她，對方聽起來都快哭了，「他們醫院的外科主任過世了，而且因為太平間容納量已達極限，醫院裡到處都是患者的遺體，他們一點辦法也沒有。」

扎亞斯說：「我那時很無助，那種什麼忙也幫不上的感覺真的很痛苦，我有時候甚至會因此崩潰大哭。」時至三月中，不管是私人還是工作用的電話，總之她的電話每隔幾分鐘就會響起，語音信箱也塞滿了留言，她分身乏術到當地選民與老朋友都覺得被忽略了。州長與市長一起召開記者會的幾天後，她便開始遠距工作。扎亞斯很慶幸自己不用在這種時刻搭地鐵往來布朗克斯區與曼哈頓，但在家工作也為她帶來了新的挑戰。她的住處正好就位在布朗克斯區幾家大醫院之間的公寓裡，她說這為她帶來了一大困擾，「每兩分鐘就會有一台救護車從窗外急駛而過。我可以根據鳴笛聲的方向判斷出這台救護車要開往哪家醫院，而每次一聽到那鳴笛聲，我就會感覺到一陣緊張流竄全身，我知道每聽到一次救護車的鳴笛聲，就是又多一個人失去性命。這是我經歷過最痛苦的事了。於是我在亞馬遜（Amazon）訂購耳塞，只求別再聽到救護車的鳴笛聲。」耳塞雖然能夠阻擋鳴笛聲，卻無法阻止扎亞斯的家人或鄰居遭受病毒的威脅。扎亞斯的其中一位姊妹本來在當地公立學校擔任護理助手，但後來因為確診病例數量飆升便被重新分配回醫院工作。她說：「他們不僅沒有提供口罩，也沒有個人防護裝備。」沒過幾天，扎亞斯的姊妹便發起高燒，接著連她的丈夫和兩個才五歲與九歲的孩子也都病了。扎亞斯回憶當時的情況：「三月十五日，她的篩檢結果為陽性，他們全都是陽性，每一個人都是。她幾乎無法正常呼吸，真的很痛苦。她還在視訊電話裡對我說：『索菲雅，我真的不想死！』」

當時扎亞斯和她的姊妹都對去醫院這件事避之唯恐不及，畢竟因COVID而被收治入院的所有人最後似乎都死在了醫院裡。在她們看來，待在家裡反而是最有可能活下來的選擇。扎亞斯開始上網搜尋各種自然療法，她回想當時情況說道：「維生素、蒸汽浴、尤加利、呼吸運動，我把所有可能有用的方法都分享給她。除此之外我也只能不斷、不斷地禱告，同時心想，世界怎麼會變成這個樣子？這場惡夢到底什麼時候才會結束？」

扎亞斯姊妹的病況後來終於開始好轉，然而她隔壁鄰居的情況卻是每況愈下。時年五十九歲且患有氣喘與高血壓的路易斯（Luis）自一九九五年從波多黎各移民美國至今，都一直和妻子米里安（Miriam）還有女兒米利希卡（Mylischka）同住於這棟公寓裡。路易斯與扎亞斯的爸爸感情很好，也因此這兩家人的生活也相當緊密，他們相處的時間已經多到會視彼此為真正的家人。過去曾在軍隊服役的路易斯已行動不便長達幾十年了。米利希卡說：「我爸爸認識不少附近的鄰居，不過他平常也不會跟他們混在一起，只是進出的時候會打個招呼而已。他大多數時間還是都跟我們一起待在家裡，讀聖經、看動作片或「美食頻道」（Food Network）、下廚烹飪。他最喜歡做的料理是千層麵，而且每次都一定要加上滿滿的肉和起司。」而且路易斯每次也都一定會做扎亞斯和她祖母的份。

自疫情發生以來，扎亞斯便一直為大家感到擔憂，不過路易斯與米里安的情況似乎相對安全，畢竟他們也很少出門，應該比較不易接觸到病毒。不過就在三月底的某一天，路易斯出門採買家用品，回家後卻說有人直接朝他打噴嚏——那傢伙甚至根本沒遮住嘴巴。幾天後，路易斯就開始咳嗽了，米里安和米利希卡當然都忍不住擔心，但同時也認為或許路易斯只是氣喘或得了支氣管炎而已，應該無需太大驚小怪。可是路易斯後來開始發燒了，醫生為了安全起見要求他們做COVID篩檢。米利希卡說：「三天後，醫生打電話來告知我們爸爸得了COVID。」到了這時候，米里安也開始出現發燒和咳嗽的症狀，於是她也做了篩檢，結果也是陽性。路易斯與米里安夫妻倆便一起在臥室裡隔離，米利希卡則負責照顧他們。後來某天早上，路易斯一起床就感覺昏昏沈沈而且還呼吸困難，米利希卡趕緊叫了救護車，沒幾分鐘後，救護人員就載走了路易斯。

米里安想陪著丈夫一起坐救護車，但救護人員卻表示她不能進醫院，因此她們母女倆只好在把路易斯的手機放進他口袋以後便轉身回家。分離之痛錐心刺骨，家裡一片死寂則更是令人難受。她們在電視上目睹了醫院病房人滿為患的畫面，也聽說許多病患被送到醫院後卻只能躺在走廊的病床上，在輪到他們接受護理師與醫生的照護之前只能面對漫長的等待。當時的醫院對大家來說就是個黑暗又觸目驚心的世界，而路易斯已經被帶進了未知的深淵。她們不但無法探病，也追蹤不到路易斯的病況，只能希望路易斯會打電話回來或接起電話。

路易斯剛抵達醫院時曾打過電話給妻女，過了幾個小時以後又再打了一次，告訴她們他馬上就要插管，所以之後就沒辦法講話了。情況聽起來不妙，而且在二〇二〇年三月的時候，還沒有人知道怎麼樣才能有效治療COVID患者。當時事情演變到了這個地步，米利希卡說：「我們只能不斷打去醫院確認情況，努力嘗試與醫生說上話。我每天都會打個三到四次電話，早上打，晚上也打，如果是沒那麼早睡的日子，我甚至會在凌晨三點打電話過去。」其中兩天，醫生表示路易斯的情況穩定，他們會持續監控路易斯的血氧量並嘗試不同藥物來觀察治療效果，希望能使路易斯的病情有所好轉。米利希卡回憶當時情況說：「後來某天我在晚上十二點左右打電話到醫院，院方表示爸爸的情況穩定。」然而她們卻在幾個小時以後接到醫院通知，路易斯過世了。

扎亞斯還記得當時聽見隔壁傳來的尖銳哭叫聲，心中那份悲痛也因為必須隔離而變得更為劇烈。她說：「我連安慰她們、擁抱她們都沒辦法，這實在是痛上加痛。」

路易斯的死令扎亞斯從疫情爆發之始為了在工作上保持專業而豎起的心牆應聲崩塌，她內心的焦慮不安與痛苦霎時間滿溢出來。「情緒突然全都湧了上來，我最終還是崩潰了。我連續哭了好幾個晚上，覺得周遭一切都壓得我喘不過氣，每次一抬眼向窗外望卻總是只能看見一片黑暗。我什麼事也不想做，不想接電話也不想跟任何人接觸。」扎亞斯的祖母還是堅持整天開著電視新聞，但這對她來說實在一點幫助也沒有。至於祖母對付壓力的「老法子」也起不了任何作用。扎亞斯說：「她是個性格堅毅的八十四歲婦女，也不相信焦慮這回事真的存在。對她來說，世界上根本沒有心理健康這檔事。」

至於米利希卡和米里安面臨的絕望則顯而易見；她們不僅無法進入醫院，甚至還因為米里安確診而必須隔離在家，而且米里安的病情也在走下坡。她有咳嗽、發燒、頭痛和全身痠痛等症狀，全身上下更是前所未有地疲憊不堪。她嘴唇紅腫脫皮，而且也嚐不到食物的味道。與此同時，她們母女倆滿腦子都是難以擺脫的各種疑問，她們一直在想，路易斯在醫院裡到底發生了什麼事？當時有人能夠救他嗎？他走的時候是不是孤身一人？「紐約州成千上萬的家庭都懷著同樣的疑問，」扎亞斯說，「而他們卻永遠得不到答案。」

扎亞斯整個三月都像最前線的士兵一樣不斷戰鬥，因此她迫不及待想從工作中抽身休息一下。但隨著新增病例一波接一波飆升，她想修整自我狀態的期待也就此落空，而且來自選民的需求也變得更加頻繁、嚴峻。她回憶那時的景況：「我每分鐘大約都會接到三十通電話。」他們提出的都不是像個人防護裝備或食物賙濟那種一般需求。醫療機構迫切需要COVID篩檢工具，因為到現在還是無法正確判斷到底哪些人感染了COVID，然而就算沒有篩檢工具來協助診斷，大家還是都看得出來大事不妙。布朗克斯區的殯儀館已業務超載，無法再容納更多遺體；醫院裡的事態則更加嚴重，病逝的人實在太多，導致醫院裡的太平間都塞滿了遺體，有些醫院甚至在設置移動型的遺體存放設施之前，只能將患者的遺體層層疊疊放置。扎亞斯解釋道：「他們需要冷凍車。」當時紐約市當局出資找來一個大卡車車隊，卻發現這些車上沒有適當的冷凍儲存設備。後來某家機構的董事長和執行長將自願幫忙的員工組織起來，他們在車上裝設架子以存放遺體，但在連續兩輛卡車都裝滿了COVID患者的遺體後，也只能繼續擴大規模。「那簡直像《陰陽魔界》❶（Twilight Zone）裡的場景，只不過我們面對的卻是該死的現實。」

身為州長的地方代表，扎亞斯得到處出差，也總是有無數公開場合必須參與，再加上每個人都有她的電話號碼，而且永遠都有代辦事項在等著她，所以扎亞斯常常覺得自己搞不清楚今夕是何夕、身在何方。疫情爆發之前，扎亞斯就已經少有真正的休假時間，辦公室與家裡的公私界線也相當模糊。而在疫情如暴風一般襲捲美國以後，她原本生活中的秩序與平衡便產生了翻天覆地的變化，也讓她不得不面對接踵而至的危機。

到了四月，扎亞斯表示病毒「如同野火」一般在布朗克斯區四處蔓延，自己住的那棟公寓也無法倖免於難，上上下下加起來總共有四人死於這場災疫，接著疫情又繼續入侵對街的長者住宅，扎亞斯的祖父便住在那兒。她的祖父二十年前搬進了長者住宅，過去做駕駛堆高機工作的他剛剛退休，而且也與扎亞斯的祖母分居了，因此在等待長者住宅空出房間的期間，他便在幾個街區以外的地方租房子住。長者住宅一直以來都是他的避風港，雖說依然住在原來的生活範圍之內，但他終於有了自己的小世界。不過扎亞斯的祖父雖然獨居，卻難以獨立生活；他四年前雖然挺過了嚴重的心臟病發，但還是因為鬱血性心衰竭的問題需要居家照護人員一週六天到府提供生活上的協助。扎亞斯的祖父雖然不比過去活力滿滿，但依然會在長者住宅裡與其他長輩社交來往，不過他很少待在大廳旁的交誼廳，那裡是愛對往事喋喋不休的老男人聚在一起打牌、玩骨牌的地方。相較之下，他還是比較喜歡到外面與管理長者住宅的員工聊天，例如長者住宅的管理者勒羅伊（Leroy）和門房羅伯特（Robert）都是他的知心好友。扎亞斯告訴我：「我祖父可是個社交花蝴蝶。」他就是那種大家見到了都開心的人。

扎亞斯談起了當時的情況：「我祖父剛開始還對COVID頗為不屑。他的態度就是一副：『哦，那不過就是一種新病毒而已，很快就沒事了啦，妳到時候就知道了。』他這話聽起來簡直就跟川普一樣！」扎亞斯很擔心祖父的情況，尤其他還得仰賴居家照護員到府照顧這一點更令她擔憂。扎亞斯解釋道：「那名照護員是多明尼加人，平常就是一大家子人全都住在一起，而且她到我祖父那裡都得搭公車。這種種因素都令我十分擔心，所以我希望她暫時別到我祖父家進行居家照護，她卻對我說：『那誰來照顧他？我又要怎麼糊口？』」布朗克斯區實在有太多只能靠每一次領到的薪水維持溫飽的家務勞動者，像扎亞斯的祖父這樣需要居家照護的人更是不在少數，因此這種衝突在布朗克斯區頻頻發生。她說：「我並不想這麼冷酷無情，但我還是得保護祖父才行。所以最後我只好嚴肅提醒她：『妳一定要好好戴著口罩然後盡量跟他保持距離，如果他出了什

❶ 譯注：美國電視影集，每集均為獨立且互無關聯的故事；內容包含恐怖、幻想、科幻、懸疑、驚悚等類型。

麼事，就是妳害的！』」

不過事實上，當時危機已經是無所不在了，不久後長者住宅裡發生的事也確實證明了這一點。五十歲的羅伯特感染了COVID，他的病情嚴重到大家都覺得他應該挺不過去。扎亞斯說，羅伯特確診的事令大家都成了驚弓之鳥，因為他常常和長者住宅裡的許多居民互動。可想而知，那些常常在交誼廳整天待在一起的老男人過沒多久也通通染疫了。扎亞斯說：「他們成天都聚在交誼廳裡玩骨牌。總共有八個人，全部都感染COVID過世了。」這下子，扎亞斯的祖父終於感覺到事情的嚴重性了，不過他擔心的程度卻不如扎亞斯所預期，她祖父只下了這樣的結論：「所以我才從不在那裡混！」沒多久，因為焦慮而失眠的扎亞斯某天清晨四點睡不著在滑Facebook的時候發現，才五十七歲且身體健康的勒羅伊竟然也過世了。她回憶自己當時的心情：「我心都碎了。後來我打電話告知祖父這個消息，他在電話那一頭安靜了好一陣子。對他來說一切大概就是從此刻開始變了調，他開始不願意踏出家門。他說：『我絕對不要離開這裡。』他真的很沮喪。」

那段時間裡，像她祖父這樣的情緒無所不在。自從疫情開始以後，各地政府紛紛下達居家隔離以及保持社交距離的防疫規定。許多學者與官員都提出警告，表示這可能引起「孤獨病大流行」，會導致「社會陷入憂鬱」而斬斷人類生存所仰賴的人際關係。[3]各州、各地方突然實施居家隔離確實會對大眾的情緒產生極大影響，但研究卻顯示這段時間大部分民眾孤獨感上升的程度反而平緩，或許是因為大家找到了新的方法（或是重拾舊管道）與彼此連結（例如打電話聊天）。然而《美國醫學會雜誌》（*The Journal of the American Medical Association*）所刊載的研究卻顯示，大眾憂鬱的比例大幅上升——甚至增加到疫情前的三倍以上。[4]《自然》期刊則表示，美國人的壓力與焦慮加劇的程度甚至更高，從疫情前占人口百分之十一上升至駭人的百分之四十二。[5]

對扎亞斯來說，日常生活中充斥的各種創傷為她帶來了嚴重的壓力與焦慮，就快把她壓垮了，所以她在初夏請了病假。雖然扎亞斯確實逃過了感染COVID的危險，但心理壓力造成的症狀嚴重性卻不亞於此。經過醫師診斷才發現，扎亞斯出現了吸收不良（malabsorption）的問題——她的身體無法吸收各種維生素與營養素。她說：「一般來說我的體重大約都維持在五十四公斤左右，但我卻瘦了快五公斤，我感覺自己身體要壞掉了。」她頭痛欲裂、輾轉難眠、成日疲憊不堪，她說這就是「防疫疲勞」（COVID fatigue）。她的胸口總是又緊又痛，令她難以順暢呼吸。「當時我整個人變得很偏執，醫生甚至都想開藥給我了。我請他幫我照胸部X光，但他說那是被我壓抑的焦慮感所致。醫生告訴我：『要是不好好控制，妳可能真的會把自己搞瘋。』」

二〇二〇年十二月初，紐約市迎來了第二波疫情高峰，扎亞斯、米里安、米利希卡和我透過電話確認彼此是否安好。她們三個聚在米里安和米利希卡的公寓裡，準備度過失去路易斯後的第一個聖誕節。她們前陣子已經一起過了感恩節，扎亞斯說米里安和米利希卡因為沒辦法好好藉著儀式處理失去路易斯的悲痛，兩人相當痛苦。「在我們西班牙語裔族群的文化裡，如果有人過世，即便無法親眼看到亡者，我們也會在家裡聚一聚，大家一起祈禱，然後為所有到來的親友提供熱巧克力、咖啡、甜點等食物，休息一下以後再祈禱一個小時。但在疫情中根本不可能這樣。米里安與米利希卡當初沒有辦法好好向路易斯道別，未來也很難得到這份寬慰。」我們互相更新近況的那晚，她們正好在討論聖誕節那天晚餐要做什麼料理。米利希卡說：「我想做爸爸的千層麵。」扎亞斯則開玩笑：「那也許可以不要放**那麼多**肉跟起司！」這個玩笑讓原本關於生病與死亡的沈重話題輕鬆不少，除此之外，這時還有另一線希望。隨著新的一年到來，原來停飛的航線終於重新開放了。米里安說她們不久後就會回波多黎各一趟，母女倆打算把路易斯的骨灰撒進家鄉的大海裡。這對她們來說，或許不啻為一份安慰。

對扎亞斯來說，一線希望不是來自社會的重新開放，而是某件事物帶來了曙光。紐約即將於隔週開始施打第一劑輝瑞BNT（Pfizer-BioNTech）COVID-19疫苗——確實是個奇蹟沒錯，但還是有許多人對此抱著存疑態度。

施打疫苗的順序以醫療工作者為第一優先，接著很快就會輪到囊括於大規模疫苗施打計畫之下的公務員。回到辦公室工作的扎亞斯深知自己在這個大規模施打計畫中將擔任非常重要的角色。布朗克斯區的重點工作者以及弱勢族群為數眾多，因此州長需要扎亞斯不惜一切代價，盡可能讓這些族群通通接受疫苗接種。計畫相應的物流配送困難程度之高令人頭痛，但扎亞斯相信，相較之下文化帶來的阻礙或許還更加難纏。扎亞斯對我說：「我們這些擁有黑皮膚、棕皮膚的有色人種屬於弱勢族群，同時也常常疑心病很重。很多人的態度是：『才不要，這一定是陰謀，他們只是要讓所有黑皮膚、棕皮膚的有色人種全部死光光。』不管是當地的領袖、民選官員，還是一般民眾——大家就是很難真心付出信任。」

而且在那個當下，扎亞斯自己也都還有所懷疑。

二〇二〇年十二月十四日，州長庫莫在皇后區舉行了記者會，而記者會上一位接受疫苗注射的護理師成了臨床試驗以外接受施打的第一人。當時的研究估計，紐約每天大約有一至三萬人感染新型冠狀病毒，而庫莫表示：「我相信這正是結束這場抗疫大戰的終極武器。我們現在已經出動了飛機、火車、汽車等運輸工具，就是為了將疫苗送到紐約州各處。我們希望能讓疫苗發揮效用，而且是盡快發揮效用。」[6]

我那天和扎亞斯討論時，她提到：「我擔心一切都太快了。全新疾病才出現五個月，我們就研發出疫苗了，**真的嗎**？」她這時停頓了一下，可能是想到並非每個人都跟她還有她在布朗克斯區的街坊鄰居一樣對疫苗依然有所疑慮，之後她又說：「我個人是很難相信。」

接著我們都安靜了一陣，扎亞斯這時突然出言澄清自己的立場：「我並不是反對施打疫苗，我只是希望能再花更多時間研發。」

不過扎亞斯也知道，現實情況不容許慢慢來，紐約州的政府官員和醫療衛生領域領導者通通都心急如焚，她接下來的日常生活也即將被疫苗施打計畫給占據。當時紐約正面臨第二波確診案例激增，到了一月，確診人數即將到達高峰，甚至可能超越第一波疫情最嚴峻的時刻。那個月，政府與醫藥界攜手合作，開始為染疫風險較高的族群——如年長者、具既有健康問題的人士、重點工作者——接種疫苗。扎亞斯的工作是要讓布朗克斯區的居民都了解到疫苗是安全有效的防疫措施，只不過扎亞斯自己卻仍對此感到懷疑，而這也成了她新的壓力來源。

扎亞斯下定決心選擇不打疫苗，至少她不願意馬上施打。儘管許多街坊鄰居染疫身亡，整個社區也被愁雲慘霧所籠罩，揮之不去的焦慮感也不斷催殘她的身心，但與感染新型冠狀病毒相比，她更害怕自己會打了疫苗反而生病。「我自己也屬於弱勢族群，」扎亞斯對我提及她吸收不良的問題，再加上她的民族／種族背景，她繼續說道，「如果我打了疫苗後雖然沒感染COVID，卻反而被疫苗害死，那也太慘了吧。」扎亞斯在州長辦公室的同事都無法理解她的決定，也努力試著說服她施打疫苗自我保護，但不知為何，聽了滿滿關於疫苗的好處以後，扎亞斯反而覺得壓力更大了。眼前沒有好的選擇，卻也沒有其他出路。

疫苗施打計畫開始了，扎亞斯走遍了布朗克斯區的大街小巷。許多布朗克斯區居民在洋基體育場（Yankee Stadium）施打了疫苗。她也走遍了當地的診所、教堂、社會住宅，儘管她自己下定決心不打疫苗，卻也看得出這個計畫為願意施打的人帶來莫大寬慰，她也因此對此計畫產生了更多好感。除此之外，她也很欣賞州長庫莫在洋基體育場的記者會上說的那些話，他認為醫療不平等對布朗克斯區的COVID傳染率與死亡率有負面影響：「大家都看得出來，黑人、拉丁族裔、貧困區域受到COVID的影響最為劇烈，布朗克斯區當然也不例外。」[7]在庫莫的領導下，紐約州將施打疫苗的終極目標放在感染率最高、最弱勢的區域。扎亞斯告訴我：「他為了移民與少數族群努力奮鬥，而這些族群當中有很多人都樂見這件事，他們已經準備好接種疫苗了。」

不過要是把場景換到黑人或波多黎各人聚居的社區裡（也包括扎亞斯所在的社區），情況可就不一樣了；扎亞斯和鄰居的對話跟她與同事在辦公室的討論可說截然不同。他們確實注意到州長庫莫想要為當地及其他相似地區的人民優先施打疫苗，但他們不買帳庫莫的說詞。紐約州在疫情初期根本不怎麼關心提升種族平等這回事，結果這下子突然開始追求醫療健康上的平等，誰知道這是不是要讓他們當疫苗的小白鼠隨便拿來搪塞的說法？扎亞斯也對此表示：「倘若施打疫苗卻反而帶來另一種疫情怎麼辦？」要是出現比COVID-19更嚴重的情況，又該怎麼辦？即便紐約市的官方數據尚未公布，但她自己也看得出來，布朗克斯區是全紐約州死亡率數一數二高的COVID疫情熱區，接下來也將成為對施打疫苗計畫最為牴觸的區域。[8]

自疫苗施打計畫啟動後，扎亞斯被分派至社會住宅的疫苗施打中心為長者及身障者服務。她的工作內容是要在各建築物張貼傳單、推廣疫苗，而這也表示她得跟紐約市房屋局（New York City Housing Authority）的職員、居民協會以及各社區群體打交道。除此之外，施打疫苗時她也一定要親自到場回答民眾的疑問、處理問題、掌握群眾的狀況。扎亞斯回憶當時的狀況：「剛接到這份工作的時候，我就表示自己對到場服務有所顧慮。我告訴我老闆，我真的不是存心不合作、刻意當團隊裡的異議分子，但因為我跟屬於高風險族群的祖母同住，他們也都知道我在擔心什麼。」然而他們也是真的需要扎亞斯在現場協助，畢竟除了她以外，也沒有誰能與布朗克斯區需要打疫苗的民眾如此順暢無礙地溝通了吧？這些居民最信任的除了扎亞斯還有誰呢？

扎亞斯和我用了幾天時間聊她在大型住宅區合作住宅城（Co-op City）舉辦疫苗施打活動的經驗，這個住宅區裡有三十五棟高樓層建築、七棟聯排房屋建築群，總共有一萬五千三百七十二戶住戶，在布朗克斯區東北部的這一角擠了約五萬位居民。扎亞斯毫不掩飾自己內心的壓力向我抱怨道：「那裡根本不安全，你要知道，沒有通風設備又聚集了許多失智患者，超多人沒戴口罩就到處跑。我真的……我真的不想被感染，你懂嗎？我也知道自己總有一天會確診，但我還是很害怕。」

此時此刻，新型冠狀病毒疫情仍然持續升溫。就在展開疫苗施打計畫幾週後的二月八日，扎亞斯的祖母一起床就感到莫名疲憊。扎亞斯說：「她一點胃口也沒有，除了感覺沒有活力以外胃也很不舒服，她渾身上下都很痛，總之就是不舒服。」扎亞斯當時立刻感覺到自己心跳加速。「我的疑病症（hypochondriac）已經夠嚴重了。每次一有什麼風吹草動，我就猜想應該是得了COVID！」但這次不太一樣，這次她很肯定。

她趕緊衝去衛生中心做快篩，結果是陽性。

接著她又帶著祖母去快篩，一樣是陽性。

「看到結果以後我真的突然感覺眼前一片黑暗。」扎亞斯對我說，「我哭了起來，心想，現在怎麼辦？大家都叫我趕快回家居家隔離，但我根本無法預測一覺醒來後自己會變成怎麼樣，也無法預期會有哪些症狀。」

二月九日我與扎亞斯對話時，感覺得出來她很努力保持冷靜，也想盡可能穩定祖母的身體狀況。她對我說：「我現在還沒有症狀，感覺一切正常，跟昨天差不多。」但她也決定謹慎行事，於是開始進行所有在網路上查到的自然療法。「我們每小時都會用加了喜馬拉雅海鹽的水蒸臉五分鐘，洗澡的時候則是用Vicks的VapoRub淋浴舒緩片。除此之外我還喝了很多茶，而且也大量補充維生素D與維生素C，明天也會有護理師來為我們施打抗氧化劑點滴。」她很確定自己應該是在一週前就被感染了。不過這其實也是個好消息，代表她再過幾天就能擺脫病毒了。但同時它又是壞消息，因為這表示上週末和她聚在一起的朋友們都因此暴露在感染風險中了。她通知了那些朋友，要他們去篩檢是否受到傳染，不過老實說她整場聚會都戴著口罩，也難怪朋友們都覺得不必篩檢也無妨。

扎亞斯說自己雖然並不引以為傲，但老實說看到老闆得知她確診COVID後的反應，心中確實有感到一絲愉悅。她回憶當時情景：「他很緊張。看他那一語不發的樣子，我想他是知道自己真的錯了。」讓扎亞斯去扛這份工作確實是錯誤的選擇，不過扎亞斯也不全然怪老闆的決策。她坦言：「我自己很清楚總有一天會輪到我，至少現在不用時時提心吊膽什麼時候會確診了。」於是扎亞斯向老闆表示，自己康復以後就會回到崗位，但她不會再去疫苗施打中心服務了。「神總有祂干預世事的方法，」扎亞斯說道，「感覺好像是祂要我停下來好好回家休息。」

扎亞斯的祖母雖然得了COVID，但症狀並不嚴重。扎亞斯就沒那麼好運了。在我們談話之後兩天，她開始感覺身體萬分疲倦。她解釋當時的情況：「我一開始是喘不過氣、動作變得非常遲緩，而且睡覺的時間也不斷拉長。我想要起床卻根本爬不起來。而且我後來發現自己每次小睡一陣以後，都感覺身體狀況反而變得更糟了。我的腳真的很痛，痛到我都開始害怕自己可能有血栓了。我的背實在太痛，這輩子還沒有過這麼難以忍受的疼痛。我晚上睡覺還盜汗，流汗流到不得不半夜爬起來換衣服。」其中一兩天的時間，她想著或許能靠使用瀉鹽（Epsom salt）以及洗熱水澡吸入蒸騰的水氣來減緩症狀。「我心想，這也許就是COVID病程的一部分，我一定能靠自己撐過去。」但她後來某一天起床時，卻發現自己「光是吸氣、呼氣就非常痛，而且根本沒辦法深呼吸。」於是扎亞斯趕緊打給醫生，沒幾分鐘後她就被送到了急診室。醫生做了多項檢驗和電腦斷層掃描，扎亞斯沒有血栓，但卻得了肺炎，於是醫生開了一些藥給她，就讓她回家休息了。

> 那週實在太煎熬了。我的肺好痛，狂冒冷汗的狀況愈來愈嚴重。我現在一個晚上至少要換六、七次衣服才夠。我都生病了，根本沒辦法洗衣服，對吧？身邊也沒有其他人可以幫我。而且天啊，

我已經快要沒有乾淨衣服可以替換了，每條毯子都被我的汗水浸濕，沒有新的可以替換。床單也是髒得一塌糊塗，我試著找條乾淨的床單來換，結果，唉你也知道，就是很慘。

這一整個禮拜的經歷實在把我嚇壞了。我感覺很冷，真的很冷，刺骨的那種冷，就像被滿滿一整個冰桶的冰水從頭淋到腳一樣。醫生說這就是肺炎的典型症狀，出一整身汗很正常，我的天啊。還有我好幾天沒沖澡了，只要一進浴室洗澡就感覺更不舒服，但後來我還是硬撐著進去洗了個澡，後來簡直都快要昏倒了，感覺自己好像下一秒就會倒地不起一樣。我浴室裡有個扶手，我抓著那根扶手，閉上雙眼心想：拜託，讓我回到床上吧。接著我沖掉身上剩下的一點肥皂泡、關上蓮蓬頭，爬上床以後縮在床角，嘴裡喃喃說著：「我要死了。」真的就是那麼可怕。我那時心想：「這病真的會把我弄死。」

我躺在床上開始祈禱：「神啊，假如這就是我的命，假如祢已選中了我，那麼求求祢別讓我受苦，我不想這麼痛苦。與其苟延殘喘，我寧可直接平靜地死去。」

那天，神並沒有選中扎亞斯，倒是醫生立刻再次為扎亞斯看診。醫生幫她更換藥物並要她繼續在家好好休息，肺炎一定會好起來。米里安和米利希卡親手為扎亞斯煮湯，希望她喝了湯能早日康復，另外她也喝了柳橙汁，吃了麥片。她對我說：「我簡直就像懷孕臥床的婦女一樣，唯一想吃的東西就是Lucky Charms棉花糖麥片！」她依然覺得身體很不舒服，也仍然擔心祖母的狀況，但卻也感覺得到身體一天比一天更有力氣，正在慢慢恢復活力。「我會努力起身稍微走一走，做一些開合跳，想辦法促進血液循環、提升血氧量。」扎亞斯確診以後等了一個月，才又做了一次可靠的COVID篩檢，部分原因是她希望確保自己真的徹底康復了，另一部分原因則是她已經預期得到身體康復、回到工作崗位的時候，會有多少事情等著她處理。

眼下，扎亞斯心裡還想著別的事。她說：「我想回波多黎各的家鄉——聖伊薩貝爾（Santa Isabel）探望家人。我的姑姑、表兄弟姊妹都住在那裡，那裡也是我爸爸長眠的地方。」

「但你知道我現在最想做什麼嗎？」她開口問道，「我真的好期待他們重新開放郵輪旅程。我想念海灘，而且我真的很愛搭郵輪，那真的太美好了。我搭過兩次，第一次是從波多黎各出發，每天航向不同的加勒比海島嶼。那艘船美麗又寬敞，就像住在一棟超大的建築裡一樣。而且船上的食物好好吃，感覺我都要胖個二到五公斤了！你知道，上了船就會有人從頭到腳把你照顧得好好的，一天二十四小時，他們會安排好一切。」

注釋

1 *At Novel Coronavirus Briefing, Governor Cuomo Announces State Is Partnering with Hospitals to Expand Novel Coronavirus Testing Capacity in New York,* video, audio, photos, and rush transcript, New York State Office of the Governor, March 2, 2020.

2 Ross Barkan, "A Brief History of the Cuomo–de Blasio Feud," *The Nation,* April 17, 2020.

3 Ezra Klein, "Coronavirus Will Also Cause a Loneliness Epidemic," *Vox,* March 12, 2020.

4 Catherine K. Ettman et al., "Prevalence of Depression Symptoms in US Adults Before and During the COVID-19 Pandemic," *JAMA Network Open* 3, no. 9 (2020).

5 Alison Abbott, "COVID's Mental-Health Toll: How Scientists Are Tracking a Surge in Depression," *Nature,* February 3, 2021.

6 Luis Ferré-Sadurní and Joseph Goldstein, "1st Vaccination in U.S. Is Given in New York, Hard Hit in Outbreak's First Days," *New York Times,* December 14, 2020.

7 *Governor Cuomo and Mayor de Blasio Announce Mass Vaccination Site at Yankee Stadium to Open Friday,* New York State Office of the Governor, February 3, 2021.

8 Troy Closson, "Vaccination Rate Lags in N.Y.C. as Disparities Persist," *New York Times,* May 6, 2021; Mihir Zaveri, "New ZIP Code Data Reflects Disparities in N.Y.C.'s Vaccination Effort, Officials Say," *New York Times,* February 16, 2021.至二〇二一年五月為止，布朗克斯區僅有不到三成居民完整接種疫苗：Rocco Vertuccio, "Bronx Vaccination Rates Still Lowest in the City," *New York 1 News,* May 13, 2021.

第四章

信任

不確定性為現代國家、社會帶來了許多深層的問題。平時，政府會根據歷史經驗預測事情的結果並制定計畫，同時根據經驗理性計算風險與危險性來選擇政策走向。當然了，仰賴數據分析也不能保證每次都會做出最佳選擇，但這種方式能夠奠定基礎框架，讓專家得以在理性且全面的商討後做出判斷。倘若是在社會充滿不確定性的情況下，政府就必須靠著解讀部分或不完整的資訊，做出放手一博的困難決定。科學知識以及過去類似事件的個人經驗在這些情況中或許派得上用場，但也絕非保證成功。正因如此，政府官員及專業人士這時都會處於兩難的危險境地：急難當頭，他們別無選擇，總是得拿出行動應對；但要是決策錯誤，又會招致批評甚至譴責。不管是他們設立的規定、發布的建議，或是讓大眾知道當下掌握了哪些訊息、哪些事還不明白，這些都非常重要。在人命關天的時刻，他們說的話、做的事無疑都會影響人民對政府、對醫療研究學者以及對其他人民的信任。

與不確定性共存就已經夠困難了，要在社會瀰漫著不信任（對政治領導者、科學家、專家、其他公民無法信賴）的氛圍下應對公共衛生危機，簡直就是不可能的任務。疫情中，極權國家可以積極監控、嚴格取締，並對那些違反佩戴口罩、社交距離及居家隔離規定的人施以嚴厲懲罰，藉以控制整個社會。民主政府當然也可以用這些手段，但若是沒有人民的支持，這樣做可能招致國民及反對黨的強烈反彈。在開放社會裡，政治領導者必須想辦法獲得大眾的信任，也必須讓大家相信政府所仰賴的國家安全專家也值得信賴。這件事從來就不容易做到，尤其在這個錯誤資訊❶（misinformation）滿天飛、不時就有人對科學新知提出懷疑的時代，大家都覺得自己有權選擇相信自己想相信的事。社會學家吉爾・艾雅爾（Gil Eyal）在這樣的背景下提出主張：「要理解『不信任』並不難；信任——也就是『靠信念放手一搏』——才是真正難解的謎團。」[1]

疫情第一年，許多記者的報導揭露了多位重要政治領導者拒絕遵守自己設下的防疫規定，因此失去了數百萬人民的信任。二〇二〇年三月十三日，澳洲首席醫療官與各州、各領地的最高醫療官達成共識——全國應取消所有非必要大型集會，以避免新型冠狀病毒持續擴散。同一天稍晚，澳洲政府理事會（Council of Australian Governments）在帕拉馬塔（Parramatta）召開會議，並在會議上同意採行此決策。澳洲首相史考特・莫里森旋即公開表達贊同：「我們建議大眾從週一開始，非必要應避免舉行五百人以上集會。」如此宣布的同時，他也稱之為「符合常識的預防措施，可確保我們能以最有效的方式控制病毒的傳播。」[2]對分別屬於對抗陣營的政黨領袖來說，在這麼非同小可的政策上取得共識相當不尋常，但這些政府官員都堅稱，他們很信任領導國家緊急公共衛生措施的醫療專家。同樣信任政府中醫療領域領導者的澳洲公民也都準備好遵守新的防疫規定。[3]

莫里森在記者會上表示贊成按照「符合常識的預防措施」取消大型集會，然而他在同場合的其他發言卻令許多人感到不解。莫里森表示，隔天在新規定正式實行以前，他打算到場觀賞自己最喜歡的克羅納拉鯊魚隊（Cronulla Sharks）將出賽的橄欖球（rugby；在澳洲俗稱為澳式足球〔footy〕）比賽。現場有記者對首相

❶ 譯注：書中提及misinformation以及disinformation兩種虛假資訊，其中misinformation為因誤傳、錯植而產生的錯誤資訊，disinformation則是為了造謠、洗腦而產生的不實資訊。

這個決定提出質疑，莫里森卻出言辯解，當前的公共衛生威脅並不嚴重，而且他不想錯過這場比賽。莫里森宣稱：「我還是會去看禮拜六的比賽，這個決定不僅出自我對鯊魚隊的熱忱，也是因為未來或許會有很長一段時間我都不能看比賽了。」[4]新規定在週末尚未正式實施，所以嚴格來說首相並未違反他自己的規定。然而對幾百萬澳洲人民來說，莫里森的言行已經違反了政府與人民之間的契約精神。在推特和電台的談話性節目上，許多人都開始提出下面這個單純而至關重要的疑問：制定規則的人難道不用遵守規定嗎？

媒體上開始出現譴責莫里森的聲浪。《澳洲人報》（*The Australian*）的新聞標題寫著：「首相似乎不懂得察言觀色。」；Fox 體育台（Fox Sports）的報導也有同樣觀點：「『我還是會去看球賽！』——老莫宣布聚眾禁令（Crowd Ban Plan）以後的怪異舉動。」[5]澳洲廣播公司（The Australian Broadcasting Corporation）則將整件事推上另一個層次；莫里森的行為讓這個全國性的新聞公司拋出了「大哉問」：「對於政府的重大決定，以及他們向深切擔憂的大眾所提出的建議，我們要怎麼安心信任？」[6]在各方壓力下，莫里森最後一刻還是決定放棄到場觀賽——或許這樣也好，最後鯊魚隊以二十二比十八落敗。不過，澳洲廣播公司還是持續對其他澳洲領導者的判斷與專業知識提出質疑。例如國庫司庫推動了一百七十億美元的振興方案；首席醫療官則認為，在規定實施前的週末繼續舉行公開集會活動安全無虞，不必立刻取消所有活動。澳洲廣播公司記者大衛・斯皮爾斯寫道：「這樣的通融固然方便，但倘若這是錯誤的決定該怎麼辦？若繼續允許這週末的大型集會確實會加速病毒傳播，導致更多人受到疫情之害，甚至對經濟造成更多傷害，我們又該怎麼辦？」[7]

二〇二〇年三月，各國社會都充斥著以「倘若」為開頭的疑問，這種現象其來有自。當時真的是充滿不確定性的時刻：關於眼前的情況，過去沒有類似事件的資料可參考，也難以參照過去經驗進行風險評估與決策。新型冠狀病毒以及其所造成的致命疾病對當時的醫學研究者、公共衛生專家與政策制定者來說，仍然是個謎團。病毒學家不知道這種病毒是透過飛沫還是氣溶膠傳播、可以傳到多遠的距離外，而倘若沒戴口罩，兩人在多近的距離下會互相傳染；也沒人知道為何有些人得了COVID-19後症狀特別嚴重，某些人卻幾乎沒有症狀。醫生只能靠猜測來判斷各種治療手段——如抗病毒藥物或呼吸器——哪一種對重症患者才最有效。除此之外，也沒人知道孩童是否會感染，如果會感染，他們又會不會成為傳染源。不僅無人能預測疫情爆發會持續多久，也沒人曉得這種病毒有無可能再變異，導致更加可怕的災難。

疫情爆發最初幾週，多國的政治領導者及公共衛生單位決策的可信度都遭到質疑，澳洲正是這些國家之一。在這樣的情況下，幾乎每件事都會被置於放大鏡下細細檢視。但是誰知道什麼才是正確的？美國並未像澳洲那樣直接禁止大型公開活動，但就在三月十五日，美國疾病管制與預防中心開始建議取消或延後舉辦超過五十人的公開集會活動——值得注意的是，此建議的適用對象並不包括企業、大學或一般學校。[8]也因為當時聯邦政府並未提出更強力的政策規定，各州政府也只好自行扛起實施防疫規定的責任。然而各州之間不同單位開放或關閉與否的規定差異極大，背後依循的邏輯與該州政府政黨路線息息相關，這些差異也就難免助長、加劇了各種危機處理方式所帶有的意識形態對立。共和黨人提倡個人選擇與個人責任；民主黨人則以強調相互義務（mutual obligation）的規定及法規為重，並致力於保護那些易遭感染而生重病的人。

不過一開始，誰也不知道哪些規定與法規能保護人民，又有哪些不當規範會造成傷害。例如是否佩戴口罩就是極大的爭議點；疫情剛開始那幾個月，世界衛生組織宣稱一般民眾不需要佩戴口罩，儘管當時有許多懷疑新冠病毒會經由氣溶膠傳播的專家反對這種說法，世界衛生組織依然堅持表示，各國政府不應建議一般民眾在日常生活中戴口罩。而這個來自衛生組織的建議造成了巨大的影響，尤其在西方國家，當初二〇〇三年的SARS疫情並未帶來太嚴重的衝擊，各國便缺乏戴口罩預防傳染病的實際經驗。在美國，白宮方面及主要的聯邦衛生單位都響應了世界衛生組織的防疫建議，這也大大牽動民眾對流行病相關科學知識的信心。

二〇二〇年三月八日，安東尼・佛奇在美國知名新聞節目《六十分鐘》（*60 Minutes*）與醫學記者瓊・拉普克博士（Dr. Jon LaPook）討論疫情爆發一事。

佛奇博士說明：「大家不該戴著口罩到處跑。」

拉普克反問道：「你確定嗎？大家都很認真在聽你現在說出口的話哦。」

「目前真的沒必要去哪都戴著口罩。疫情爆發的時候，戴口罩可能會讓大家感覺安心一點，口罩或許真的可以阻擋飛沫，但並不像大家所以為的那樣，可以徹底提供防護。」[9]

佛奇堅守這個立場，直到美國疾病管制與預防中心在四月三日終於改變建議方向為止。根據研究，新型冠狀病毒其實是藉由氣溶膠傳播，不管是無症狀或有症狀者都有可能是病毒帶源者。從這時開始，佛奇與其他美國公共衛生界的領導者便改口強調，他們起初的建議是根據危機爆發初期所能掌握到的最佳資訊而提出，此外也向所有批評聲浪強調，他們提出建議時已特別說過這些都是針對「當下的情況」。他們也提醒大家別忘了，官方衛生指引本來就可能隨著新知識的出現而改變。研究也顯示，這種言論通常可以在社會充滿不確定性的時期，幫助政府官員建立並維持人民信任，因為在這種時候大家都難以辨別事實為何，而此時所謂的科學發現充其量也只是暫時性的真相而已。[10]三月初，不管是佛奇或他的同僚都沒預期到，他們的聲明會對有關疫情政策與政治那些逐漸浮現的意識形態鬥爭產生影響。不用多久，他們的言論變成了武器，開始在網路上及支持特定黨派的新聞報導上廣為流傳，並經常成為反對主流醫學專業的活動所揮舞的大旗。

疫情期間大眾對健康公衛專家的能力、意圖，以及政府政策是否確實有效常有所質疑，這種現象背後無疑也有網路與新聞媒體的推波助瀾。畢竟無論事情的真假善惡，網路與媒體總是能讓一切無遠弗屆地傳播。幾百萬個美國人加入Facebook社團，尋找志同道合的網友共同擁戴一樣的政治立場，同時也用相同方式解讀醫學事實。對民主黨人來說，不管是美國疾病管制與預防中心在中國的疾病監測行動泡湯，還是各州被迫要自行準備個人防護裝備及緊急醫療資源，這些COVID疫情下的危機恰恰代表了川普領導能力之差勁。在共和黨人眼裡，COVID疫情則是自由派趁機要以全新方式控制社會、進行經濟管制的「特洛伊木馬」，此外還是他們想藉以在十一月大選打擊總統聲勢的政治工具。社群網路及具黨派色彩的新聞媒體在團結擁有同樣世界觀及政治目的的群眾上，發揮了關鍵作用；而與此同時，媒體也會助長觀點不同的人之間的不信任感，導致國家政體分裂。[11]

不過，大眾在疫情期間對政府產生不信任感，社群媒體與具黨派色彩的記者絕非主要肇因。世界上許多國家的總統、首相、州長、市長、內閣成員等高階政治領導者公然違反官方發布的規定、法規與建議——這才是導致人民失去信心的根本原因。許多國家高階官員的作為令民眾感覺到，政府自己提出的防疫緊急限制措施似乎不適用於那些菁英圈內成員的身上，更不能用來限制官員本身。某些人公然違反防疫措施的行為遭到曝光以後，許多早已對政府官員和醫學研究人員心存懷疑的群眾便再度喪失信心。這種信任減損的程度具體有多大，如今已無從得知，但無庸置疑的是，那一定削弱了人與人之間具有相互義務或身為命運共同體的精神。在那個最需要整個社會團結起來的時刻，世界各國無論左派或右派的政治菁英反而利用職位特權妨礙人民團結。

危機時刻，國家要求公民在個人層面上有所犧牲，這並不少見。例如戰時要求人民減少食用某種食物或少用某種金屬，又或者乾旱時要求人民節約用水。有時候，國家會要求人民犧牲更重要的事物。例如二〇二二年二月烏克蘭遭俄國入侵以後便宣布戒嚴，禁止所有十八至六十歲的男性國民離開國境，同時也徵召所有義務役及後備軍人報到入伍服役。[12]儘管有成千上萬名男子因為後續的戰鬥失去性命，卻沒有多少人對烏克蘭政府的政策是否合理或合法提出質疑。然而，在第一波新冠病毒疫情下要求所有居民實施全面居家隔的州卻面對截然不同的情況。實行規定要求公民保持一定的身體距離必然十分困難，也很可能引起爭議。以罰款或拘留為處罰手段來要求開放社會的人民只能待在家並避免與親友聚會，也必會招致憤怒與異議。民主體制的民族／國家政治領袖若決定限制個人自由，勢必得為此承受巨大壓力，同時須提出其決策的合理與合法性。以身作則遵守自己頒布的規定則是他們最起碼要做到的事。

參與倫敦大學學院（University College London）COVID-19社會研究的行為健康❷（behavioral health）學者所做的一項研究顯示，上述那些簡單明確的事實可以解釋英國人民對政府的信心為何會在二〇二〇年春天劇烈下降。強森政府起初拒絕公共衛生專家提出應嚴格限制人民社交與經濟活動的建議，但政府卻又在三月二十六日實施全國性的居家隔離措施。隔離令一下達，所有非必要性企業都得關閉，居民也全都必須待在家隔離，只有在需要購買食物、有醫療照護或戶外運動的需求時才能出門。除此之外，政府也嚴格禁止所有社交集會活動。強森一再透過媒體宣導居家隔離措施，他對大眾呼籲：「遵守規定。」——強森對大眾倡導相關規定的頻率之高，甚至連知名社會運動組織「由驢領導」（Led By Donkeys）也在推特上貼出首相強森不斷重複以下說法的影片：「警方有權執法取締……違反規定可能會破壞我們如今取得的進展，使我們不進反退。」[13]

二〇二〇年四月至六月間，研究人員進行了COVID-19社會研究，他們針對來自英格蘭、蘇格蘭、威爾斯的四萬零五百九十七位人民進行調查，請他們就疫情不同階段對政府抱有信心的程度從一到七分評分。研究一開始，英國各地的研究參與者都表示大致信任政府，蘇格蘭、威爾斯、英格蘭獲得的平均分數分別為：五分、四·六分、四·五分。由於三地政府應對健康與經濟方面的威脅都不順利，因此四月底至五月這段時間的評分略有波動。但是到了五月底，戲劇性的變化出現了，三地之中只有英格蘭地區的人民對政府的信心重跌至僅剩三·七分，幾天後又一路下降至僅剩三·五分。[14]英格蘭人對國家的信心顯然出現危機——箇中原因卻一點也不神祕。

英國媒體將該事件稱為卡明斯醜聞（Cummings Affair）。五月二十二日，新聞報導披露鮑里斯．強森的資深顧問多明尼克．卡明斯（Dominic Cummings）違反了政府的居家隔離規定，與當時據稱已感染COVID-19的妻子和孩子移動超過四百公里，前往他們的一處家族房產。行為科學家黛西．范考特（Daisy Fancourt）、安德魯．斯特普托（Andrew Steptoe）、連恩．萊特（Liam Wright）在《刺胳針》（*The Lancet*）期刊中寫道：「儘管其他某些官員與大人物也違反了居家隔離規定……但這是首次有官員被發現違反規則後未立刻道歉或引咎辭職。」[15]首相強森反而去維護政府的表現，他在五月二十七日「砲火猛烈的下議院會議上」對於調查其資深顧問行為的要求不理不睬，同時堅稱卡明斯醜聞沒什麼大不了。然而國會議員（有多位與強森同屬保守黨的議員）對此不敢苟同。北多塞特（North Dorset）的保守黨國會議員西蒙．霍爾（Simon Hoare）表示：「從我收到的信件可以看出，經過這些天，英國人民對於政府行動的響應已經不會像第一次那麼積極了，而這正是強森的資深顧問違規所造成的直接後果。倘若我們再次執行居家隔離，部分選民很可能會說，隨政府實施隔離規定吧，要再來一次就再來，假如其他人都不遵守規定，為什麼我就要遵守？」[16]

范考特、斯特普托、萊特刊載在《刺胳針》的文章說明了，這確實是英國大眾對該醜聞的反應。其他研究則指出，進入夏天以後，英國人因為「卡明斯效應」對政府的信任出現動搖的情形更顯著了。由於政治領導人拒絕承認他們的雙重表準，英格蘭公民感覺遭到背叛（威爾斯人及蘇格蘭人則不然，這兩地雖然也屬於英國的一部分，但有各自的政府首長和國會）。在〈大眾信任與COVID-19〉中，南安普頓大學（University of Southampton）研究團隊的學者表示，經過了卡明斯醜聞以後，英國政府道德權威盡失，也因此「當受訪

❷ 譯注：即心理健康、精神健康。

者被問及如今政府在哪些議題上最值得及最不值得信任時，每個受訪群體都會主動提及該事件。」他們引述了焦點團體中因為卡明斯醜聞而對政府信心盡失的受訪者，這些人認為這件事讓全國人民對防疫規定的態度從乖乖遵守轉變為「人人都可為所欲為」。[17]

卡明斯醜聞爆發時，無論是國會議員還是英國人民都無法理解，為何強森拒絕譴責其資深顧問違反官方規定的行為或為此致歉；何不藉此事為首相辦公室樹立敢於負責任、致力於團結全國人民的形象？為何沒有趁機要求：無論是菁英分子還是一般百姓都應該嚴格遵守緊急防疫規定？在長達數月的時間裡，這起事件對政府領導能力造成的傷害始終是場令人百思不得其解的失敗，也許是因為強森本人古怪、好鬥的性格，也許是因為他堅持對幕僚表示忠誠與支持。但過不了多久，強森與卡明斯的關係也漸漸趨於冷淡。最後，媒體上披露了一連串照片，顯示強森這些怪異舉動的背後其實有其他緣由。事實上，他本人也在二〇二〇年五月違反了官方禁令——其行為甚至比他的資深顧問卡明斯還更無法無天、更過分，背後動機則是更對疫情毫無助益。有了強森所樹立的壞榜樣，卡明斯也就有理由相信，首相會原諒他們這些偷偷規避COVID防疫規定的政治菁英。

英國媒體自然而然也為此次醜聞事件冠上「派對門」（Partygate）的名稱。違反防疫規定的行為發生於五月十五日，也就是卡明斯離開倫敦的近兩週前，當時強森就在他位於唐寧街的辦公室外參加花園派對。從派對上拍攝的照片可以看到，首相本人與伴侶和一小群同僚正在喝酒聊天，旁邊有其他人各自聚在一起互動、閒聊。想來他們應該玩得相當開心，因為沒幾天後的五月二十日，強森辦公室再度以電子郵件寄送了邀請函給一、兩百人，邀請他們「今日傍晚到十號花園保持社交距離喝酒」。強森的通訊聯絡主任（communications director）一開始對於舉辦派對可能導致的後果表達了擔憂，他回信向負責籌備派對的人表示：「在現在這種局勢邀請兩百多人到唐寧街十號花園喝酒聚會，假如消息傳出去，觀感實在不佳。」但強森並沒有將警告聽進去，首相本人和其他約三十人參加了這場派對，而派對後也未立刻接到任何投訴或受到大眾關注。首相祕書甚至還鬆了口氣表示：「我們似乎安全下莊了。」[18]

第一次舉辦派對的照片在二〇二一年底遭到公開後，倫敦警察廳（Metropolitan Police）便對唐寧街首相官邸可能存在的違法情事展開調查。英國政府第二常務祕書（permanent secretary）蘇．格雷（Sue Gray）則另外彙編了一份內閣辦公室報告。兩方的調查結果都羅列了在政府房產上多次舉辦明顯違法的集會，這些派對有的是在室內舉辦，有些則是在花園舉行——所有派對舉行的時間都是在疫情的第一年內。警方針對這些違法行為向強森處以罰鍰，強森因此成為英國歷史上首個在位期間被發現確實違法的首相，調查報告中也列出了其餘八十二位違法者的姓名。[19]這份所謂「蘇．格雷報告」中詳盡描述了，在所有政府職員都心知肚明禁止社交集會的居家隔離規定實施期間，派對上有人酩酊大醉、鼓樂喧天，而且還有違反規定的行為。這兩份官方文件都未提及英國政治領導者的行為是否影響人民對防疫政策的信心，但許多人都對強森的表現提出批評，認為這些違法之事不值得原諒。

八卦小報《鏡報》（*Mirror*）以頭版報導此事件：「正當大家都在犧牲個人自由、為失去而哀悼時……他們卻只顧著把自己喝掛、嘲弄警衛、訕笑清潔人員……嘲笑我們所有人。」《地鐵報》（*Metro*）也砲口一致以「我們似乎安全下莊了」這句話為頭條新聞標題，副標則是「唐寧街首相官邸員工明目張膽違反規定。」《i報》（*i*）的標題更是直指英國政府當局為「失敗的領導者」。然而就在蘇．格雷調查報告公開時，保守黨卻與強森抱成團，試圖力保他的政府及政治生涯。那些曾經對首相違法行為表達批評的右派媒體開始輕描淡寫種種違法情事指控的嚴重性。《每日郵報》（*Daily Mail*）的立場是：「就這樣？」其他更具聲譽的保守派報章媒體如《每日電訊報》（*Telegraph*）及《泰晤士報》（*Times*）則直接選擇以其他新聞為頭條，要讀者乾脆忘了這件事。[20]

然而，沒幾個人真的能揮別此事帶來的陰霾。到了二〇二二年，新聞報導再次充斥著更多唐寧街十號違反COVID防疫規範的醜聞，鮑里斯・強森不得不辭職下台。

不過，握有大權的英國首相可不是唯一背叛了選民信任，卻依然敦促人民拋開不滿、支持政府的政治領袖。二〇二〇年五月，奧地利警方發現總統亞歷山大・范・德・貝倫（Alexander Van der Bellen）與夫人違反全國防疫規定，於宵禁時間在餐廳用餐。五月時，羅馬尼亞總理盧多維克・奧爾班（Ludovic Orban）被攝影師捕捉到他在當時已宣布為違法的社交聚會上，與內閣成員一同喝酒、抽菸的身影，並因此遭處以罰鍰。[21]七月，針對COVID-19設立的肯亞參議院特設委員會（Senate Ad Hoc Committee）主席薩卡亞・強森（Sakaja Johnson）則因違反防疫禁令而遭逮捕。這幾位違反防疫規定的政治領導者當中，薩卡亞・強森辭職下台了，但奧爾班與范・德・貝倫卻保住了職位；他們的政府在最需要人民信任的時刻失去民心。

全球各國有多位政治領導者因違反防疫規定而失去人民信任，但像民主黨陣營的加州州長葛文・紐森（Gavin Newsom）這樣碰上強烈反彈的案例卻是少數。疫情爆發初期，紐森的防疫政績好得出人意料之外，他採取了全面封鎖措施，也實行佩戴口罩及保持社交距離的規定，因此加州人民健康狀況與其他面積、人口比例相近的州相比好上許多。儘管加州是最早出現COVID-19確診病例及社區感染病例的其中一個州，但截至二〇二〇年四月十三日為止，加州的COVID-19死亡率卻比紐約低了約十四倍。公共衛生專家也因此對紐森主動出擊的心態與積極的緊急措施大加讚賞。沃克斯（Vox）網站的報導表示，加州「在新型冠狀病毒顯然已於美國大肆傳染的時刻，比紐約更早採取行動。舊金山灣區於三月十六日就發布了美國首個地區性的就地避難令（shelter-in-place order），而加州州長葛文・紐森在三天後祭出適用於整個加州地區的居家隔離令。」[22]然而時至六月，就在政府放鬆防疫規定後不久，病毒大舉入侵舊金山地區，導致當地確診病例數與死亡人數創下新高。[23]

進入夏季與秋季以後，佩戴口罩及關閉餐廳等強制性公共衛生政策開始變成意識形態之爭。紐森政府努力嘗試找出能讓企業如常運作、人民也能繼續擁有社交生活、又不會危及健康的折衷規定，然而要達到平衡不是易事。加州在九月十二日發布禁令，禁止所有集會「以保護大眾健康並減緩 COVID-19 的傳播速度。」[24]此時加州確實允許餐廳開放顧客於戶外用餐，但是條件相當嚴格。州長辦公室在十月三日的推特貼文表示：「本週末打算與家人外出用餐嗎？將食物送入口中後請務必戴上口罩，請各位為周遭他人的健康盡一份心力。」

加州在十月九日進一步更新其防疫規定，雖有鬆綁卻並未取消限制。加州公共衛生局（California Department of Public Health）宣布，針對私人活動將實施「禁止超過三家人的聚會。所有聚會皆須於戶外進行。倘若確實定期消毒，與會者得進入室內使用洗手間……聚會時間長度不得超過兩小時……與會者可以暫時脫下口罩飲食，但須與同居家人以外的與會者保持至少六呎（約為一．八公尺）距離，飲食完畢須立刻戴上口罩。」[25]雖然並未實施全面封城，但加州政府的防疫政策確實也要求當地居民犧牲大部分的社交生活。

在這樣的情況下，加州州長紐森於米其林摘星餐廳法式洗衣坊（French Laundry）與另外十一人在室內用餐的照片遭披露後，大眾怒火從何而來就不難理解了。那場餐敘於十一月六日舉行，目的是為一位極具影響力、人脈很廣的政策說客慶生，此外據報還有兩位加州醫學會（California Medical Association）的高階成員也到場參加了慶生宴。[26]報導指出，疫情期間於該餐廳享用私廚料理要價介於每人三百五十至八百五十美元之間，而當天慶生餐會光是酒水費用就高達一萬兩千美元。[27]過去加州州長曾呼籲民眾為公眾利益犧牲個人權益，此事的大眾觀感也就格外糟糕。新聞報導一傳開，引來了猛烈撻伐。紐森在記者會上為出席晚餐向大眾道歉，他說自己原以為那會在戶外舉行，也沒料想現場有這麼多人共餐。他說：「我不該坐下用餐，而是應該直接起身離開、上車返家。然而我卻選擇坐下來與太太及同居家人之外的幾對與會者繼續用餐……各位當然可以批評我先前提出的防疫指引，我的所作所為確實違背了我們持續倡導的防疫精神，這一點我必須承認，因此我想在此向大眾道歉。我應該確實遵守自己提出的規定，不該光說不練……但是身而為人總是沒辦法永遠完美。」[28]

紐森懇求大眾原諒的發言或許可以令某些支持者釋懷，但加州的共和黨支持者不打算就這麼輕輕放下。媒體砲火猛烈，《紐約時報》特約評論作者米利安．帕維爾（Miriam Pawel）寫道：「隨著疫情每況愈下，經濟狀況與民主精神皆受到衝擊，我們迫切需要重建人民對政府的信心，因此我們需要更真誠的領導者。加州州長葛文．紐森卻因為一場奢侈餐宴加深了加州的分歧——比過去的南／北或內陸／沿海之爭都更嚴重。加州州長違背了他敦促加州人民避免社交集會的防疫指引，與州長夫人參加了朋友——同時也是知名說客——於納帕谷（Napa Valley）的高級餐廳法式洗衣坊舉辦的慶生。此事件中虛偽與傲慢的態度令人震驚的程度不分軒輊。」[29]保守派媒體的抨擊更是毫不留情。《福斯新聞》的節目主持人塔克．卡爾森（Tucker Carlson）向觀眾解釋：「要是你住在加州，今年你不僅無法好好過感恩節，也無法陪伴在醫院獨自面對死亡的母親，要是你百思不得其解為什麼會這樣——就是他們（紐森和那些醫學專家）那群人做的好事。他們吃著要價三百美元的松露義大利麵，活像根本沒疫情這回事一樣。這些照片……其實就是二〇二〇年的社會縮影。富豪與說客聚會餐敘，忽視自己大義凜然強加於人民身上的禁令，他們本應幫助面臨危難與死亡陰影的人民，但卻偷偷躲起來大吃大喝，被抓個正著後又滿口謊言。」[30]

對紐森與加州納稅人來說，那一頓晚餐的代價可比帳單上的金額更高昂許多。這位富有、帥氣、代表進步思想的州長是民主黨的明日之星，也位列將來可能進入中央政府的候選人名單，在這個事件中，他自然而然成了保守派宣洩怒火的對象。共和黨先前在六月時曾因紐森嚴格的疫情規定發起罷免投票，但未掀起多少波瀾；不過後來的法式洗衣坊晚餐事件卻扭轉了局面。沒多久，罷免紐森的請願活動甚囂塵上，罷免活動網站上更列出將紐森踢出州長辦公室的首要理由：「只許州官放火，不許百姓點燈＝沒戴口罩、二十二人參加的法式洗衣坊餐會。」[31]這樣釋放訊息確實奏效。後來約有一百五十萬個加州選民連署請願罷免紐森；二〇二一年，加州州長在法式洗衣坊事件之前的支持率為百分之五十八，兩個月後則因為該事件下跌至百分之四十六。為此，他不得不開始防範右翼分子發起的活動，避免州長之位受到動搖。[32]

紐森雖然輕而易舉拿下這場選舉，但在這件事上付出的心力卻讓州長辦公室不得不分散原本能處理其他嚴峻挑戰的注意力，包括COVID疫情、住房危機、經濟局勢不穩、犯罪率升高、史上少見的旱災、幾百萬學童上學機會受影響等等。在加州需要盡可能將每一分錢都投入於服務人民的時間點，罷免選舉卻消耗了兩億七千六百萬美元公帑；另外也有人分析，花費的數字應高達將近四億五千萬美元。[33]然而更大的問題是，種種磨難撕裂了整個社會結構，更深化疫情造成的社會分歧。法式洗衣坊的那場晚宴是無庸置疑的關鍵，該事件令所有加州人看清：並非所有人都與人民「共體時艱」。原本提倡公共衛生計畫的那些人，還有熱情支持州長的人——可以說所有加州人都對加州當局失去了信心。

人民對政府及政治領導者失去信賴只是造成這種局面的部分原因，政府對人民的不信任也會帶來負面影響。從中國最早爆發疫情開始，一些國家、社會的政治領導者就先對能夠利用重要資訊的科學家、醫師、記者、公民與其他政府官員隱匿實情。武漢與北京的衛生官員都選擇壓下關於「不明原因肺炎」的消息，因為他們不希望引發大眾恐慌、政治反彈或外交危機。[34]巴西總統賈伊爾．波索納洛（Jair Bolsonaro）形容COVID「只是流感」、「小感冒」，同時抨擊媒體造成大眾的「歇斯底里」情緒；[35]義大利總理朱塞佩．孔蒂（Giuseppe Conte）堅稱國內新增病例數上升，是因為接受篩檢的人數增加，而非病毒快速傳播所致；紐約州長安德魯・庫莫則壓下療養院死亡人數激增的駭人數據。[36]

根據康乃爾大學（Cornell University）針對全球三千八百萬則英文新聞報導所做的研究，光是唐諾・川普一人便是目前「造成COVID-19錯誤訊息氾濫的資訊疫情（infodemic）背後最大元凶」。資訊疫情一詞由世界衛生組織定義為「資訊過度氾濫——其中部分正確、部分錯誤——導致民眾難以在需要時，取得值得信賴的資源及指引。」[37]川普總統承認捏造了部分訊息，例如即便有政府高層科學家提出指正，他依然宣稱新冠病毒不會透過氣溶膠傳播。川普表示，捏造資訊的目的是為了輔助他偏好的領導風格及多項相關政策。疫情爆發最初那幾週，川普認為他可以靠淡化疫情的威脅來保住美國人對國家及經濟的信心。之後幾個月，他不斷編造川普政府成功平息疫情的神話故事，而那是他針對十一月大選的競選策略。[38]

當月，《大西洋》（*Atlantic*）雜誌整理了一份羅列「總統就新型冠狀病毒撒過的謊」清單，記錄了二〇二〇年一整年內，總統川普到底羅織了哪些謊言。二月時，川普重申新型冠狀病毒威脅即將轉弱的謊言：「到了四月，天氣回暖，會有影響，那對病毒有負面影響。」另外，他無憑無據隨便掛保證：「病毒會消失，某一天就會奇蹟般消失了。」川普總統也在許多不同場合視而不見攀升中的新增病例數字，嘴上宣稱全美病例數已逐步下降。在美國獨立紀念日（Independence Day）當天，他公開表示COVID患者當中有百分之九十九都是「完全無害」的病例，這種說法漠視了COVID造成嚴重（有時甚至是長期）症狀的可能性。七月六日，川普總統把錯誤訊息掛在嘴上吹噓：「我們現在是全世界死亡率最低的國家。」[39]另外他也在八月表示，美國「從零開始研發出全世界最大、最進步的篩檢系統。」除此之外，他也常常說兒童對COVID-19「完全免疫」，更聲稱只要感染COVID-19並痊癒後，就能對病毒免疫。[40]

美國總統很久以來都是全球握有數一數二巨大權勢的人。在二〇二〇年，川普不僅有在白宮當家作主的權力，還十分享受自己在社交媒體上無可匹敵的影響力。他不斷在社群平台上散布謊言而不受任何懲罰，很顯然這看在數千萬追蹤者眼裡也很歡樂。不管是他的公開發言、動態更新或推特發文都流傳得很廣，也在關於疫情危機的各種論爭中產生令人難以忽視的影響力。分析了三千八百萬筆新型冠狀病毒相關資訊的研究人員發現，「川普提及的內容就占所有『資訊疫情』的百分之三十七・九。」在某次記者會上，川普還大膽推測注射消毒劑可以治療COVID，並提倡用抗瘧疾藥物羥氯奎寧（hydroxychloroquine）來預防染疫，在在導致「『抗疫神藥』的錯誤資訊與話題急速增加」。[41]川普的言行促使許多人組成致力於以類科學手段應對疫情的團體，另一方面他也催生了許多想捍衛主流醫學及流行病學研究的團體。最重要的是，川普鼓勵眾支持者別相信民主黨及可靠的專家。數十年來，共和黨煽動著針對「政府科學家」、「主流媒體」、學術界「書呆子」、「全球菁英」發起的文化戰爭（culture war）。右派堅稱正是這些人導致美國走向衰敗，而川普掌握了這股力量，藉此刺激他的核心支持者，把所有事都怪到與其意識形態對立的那些人頭上。川普表示：「民主黨將新型冠狀病毒用於政治操作，這就是他們最新的騙局。」[42]川普不僅沒有努力讓全國上下團結一心，反而利用總統職位來分化國人。

在這種情況下，不信任感愈演愈烈、四處蔓延也就在所難免。每當總統譴責或駁斥政府流行病學家或醫學機構提出的建議時，其他共和黨官員就有樣學樣，選民也如此。有地位的保守派醫生也同樣攻擊起政府的政策。在佛羅里達州活動的約瑟夫・梅爾科拉（Joseph Mercola）是整骨醫師（osteopathic physician）兼作家，他在Facebook上有兩百七十萬追蹤者，在推特及YouTube上另有七十萬追蹤人次；他宣稱口罩無法避免病毒傳播，並推廣綜合維他命營養補充品是更有效的防疫手段。[43]擁有加州緊急醫療照護中心的丹・艾瑞克森（Dan Erickson）及亞汀・馬西希（Artin Massihi）向媒體表示，他們進行了五千多例COVID-19篩檢後發現，這種疾病的危險性就跟流行性感冒差不多。至於疫情期間一直想讓旗下設在加州的工廠復工的伊隆・馬斯克（Elon Musk）也上推特發文提及這兩位支持川普、不願佩戴口罩、不接受美國疾病管制與預防中心建議的醫生，而福斯新聞頻道則邀請他們上全國性的電視節目。[44]另外也有許多醫生在有線電視新聞及社群媒體上推廣類似觀點，指控「醫學菁英」濫用權力限制美國人的自由。川普總統便帶頭再三攻擊安東尼・佛奇的信譽：他表示佛奇根本是「禍害」，應該要對數十萬染疫的逝者負責。[45]自認無黨派色彩的佛奇分別為共和黨與民主黨政府服務過，但他在右派眼中很快成了專制、剛愎自用的正規科學的象徵。二〇二〇年四月，佛奇多次收到要取其性命的威脅，因而不得不加強保障人身安全的措施。[46]

二〇二〇年，對公共衛生專家及醫師的不信任（甚至是徹底蔑視）在保守派之間已成為日益普遍的立場。蓋洛普（Gallup）的民調指出，在過去，立場傾共和黨的民眾與民主黨支持者相比，其實還更加相信醫生的建議。例如二〇〇二年共和黨與民主黨支持者中，表示信任醫生的占比分別為百分之七十與百分之六十二；二〇一〇年的占比則分別為百分之七十三與百分之六十八。然而到了二〇一二年，這個現象卻反了過來，疫情期間更是益發兩極化。二〇二〇年五月，皮尤研究中心（Pew Research Center）的調查顯示，傾向民主黨的支持者對醫學研究專家的信心激增，共和黨支持者則不然。二〇二一年十月，格林內爾學院（Grinnell College）所做的民調指出，民主黨支持者有百分之七十一對醫師抱有「高度」信心，相較下只有百分之四十八的共和黨支持者很信任醫師。時至二〇二一年底，新的蓋洛普民調顯示出黨派傾向所造成的差異有多大：共和黨支持者當中，對醫師持信任態度的比例已下跌至百分之六十，而民主黨支持者的信任比例則上升至百分之七十一。[47]用來治療COVID的處方藥物及醫療方式已出現要不是保守就是自由的兩派，雙方不僅都有自己認定的事實，也會嘲弄對方的無知。

在這樣的背景下，對他人的不信任——尤其面對那些政治傾向或價值觀與你相異者的時候——變得更加氾濫。數十年來，分化美國選民的各種隱憂也隨著時間不斷加深、惡化，不僅威脅到國家應對疫情的能耐，也傷害了民主治理的效力。哲學家凱文・瓦利爾（Kevin Vallier）於二〇二〇年十二月寫道：「一九七〇年代初期，約有一半的美國人表示自己可以信任大多數的人。時至今日，願意相信他人的美國人口已下降至低於三分之一了。」此外他也進一步解釋：「美國是唯一的社會信任（social trust）劇烈下降的民主制國家，世界上其餘民主國家社會信任程度皆在逐步上升。自一九九八年起至二〇一四年，瑞典的社會信任自百分之五十六・五上升至百分之六十七；澳洲自百分之四十攀升至百分之五十四；德國從百分之三十二增加至百分之四十二。與此同時，美國的變化趨勢卻和巴西一樣，社會信任百分比掉到了僅有百分之五左右。是什麼因素導致美國的變化與其他民主國家背道而馳？」[48]

瓦利爾於著作《極化時代的信任》❸（Trust in a Polarized Age）中提到，一般來說有三種因素會驅使社會不信任增加：貪腐、種族隔離、貧富差距。美國人從二〇一五年至二〇二〇年感受到的貪腐問題逐年穩定增加，但在全球富裕的民主國家中卻並非特例。國際透明組織（Transparency International）提出的清廉印象指數（Corruption Perceptions Index）總共調查了一百八十個國家的貪腐狀況，美國排名第二十五。[49] 種族隔離及貧富差距則是美國長久以來一直存在的問題，但這兩個問題上升的速度卻不像不信任感增加得那麼劇烈。近幾十年來，以瓦利爾的觀點來看，美國的種族隔離及貧富差距反而相對穩定下來，在某些資料上看甚至逐步減少。[50]

瓦利爾及許多學者都推測，政治極化（political polarization）以及隨之而生的文化衝突（cultural conflicts）很可能是人與人之間不信任感上升的肇因。舉例來說，倘若支持自由派的美國人民不相信某些醫生說口罩對防疫並無幫助，也不信任他們建議大家使用羥氯奎寧的說法，那麼這些美國人也可能無法信任那

❸ 譯注：書名暫譯。

些熱切接受、甚至大肆讚揚這套說法的人。我們可以從這種現象看見另一種世界觀的存在，有些人對於知識、信念的理解與你我不同，他們眼中的事實也很可能和我們不一樣。早在疫情爆發之前，美國公民就已經會針對對立政治黨派支持者的人格與動機表達強烈擔憂。瓦利爾寫道：「二〇一七年，約有百分之七十的民主黨支持者表示無法信任唐諾．川普的支持者；也有百分之七十的共和黨支持者對於支持希拉蕊．柯林頓（Hillary Clinton）的選民抱持相同的態度。」[51]二〇一九年，皮尤研究中心的報告指出，「百分之五十五的共和黨支持者表示，民主黨支持者比其他美國人民來得『更不道德』；而同樣的，百分之四十七的民主黨支持者對共和黨支持者有一樣的心態。」回過頭看二〇一六年的資料，這兩項數值則分別為百分之四十七與百分之三十五，我們可以由此看出二〇一六年至二〇一九年之間數字驟升的現象。皮尤研究中心也發現，這種黨派傾向上的差異也延伸到個人層面：「兩黨的大多數支持者皆表示，對立黨派支持者所相信的非政治性價值觀以及目標都與其自身不同。」[52]透過這種有如巨大鴻溝的差異，我們也就能理解極化現象與不信任感對美國人社會連結（social bond）的影響為何：能夠跨越黨派締結婚姻關係的伴侶比例大幅下降，而「跨黨派」（politically mixed）婚姻的幸福度似乎也不及那些雙方支持同一黨派的伴侶。[53]

二〇二〇年，相同的政治意識形態也有助於人們在某個地方投入大量時間社交，並以此建立連結，這裡說的就是網路上。社會科學領域研究者對社群媒體的使用及網路新聞是否為政治極化的肇因爭辯已久。其中部分人士如哈佛法學教授兼政治科學學家凱斯．桑斯坦（Cass Sunstein）認為，人們在線上通常會用大量的時間待在如同「迴聲室」❹（echo chambers）般的網路空間，這會進一步鞏固自身信念，有時立場甚至會變得更加極端。[54]其他研究者如史丹佛經濟學家李維．柏希爾（Levi Boxell）、馬修．簡茨高（Matthew Gentzkow）以及哈佛經濟學家傑西．薩皮歐（Jesse Shapiro）指出，美國各個人口群體之中，最少流連在社群媒體上的人表現出上升的極端化現象最為明顯；[55]他們在二〇一七年發表的論文中指出，網路不太可能是美國人極端化的主要肇因。然而，近年專門設計來建立或加固網路社群的各種新社交平台改變了人際關係的樣貌，因此人與人要建立連結，並與抱持同樣價值觀、信念、展望的其他人合作執行計畫，變得比過去容易許多，大家也更容易辨認、對抗與自己理念對立的族群。

在上述這類網路空間中，目前最受歡迎的是Facebook社團。Facebook公司現已更名為Meta，他們在二〇一〇年推出了Facebook社團功能，不過一直到二〇一七年，其創辦人暨執行長馬克・祖克柏（Mark Zuckerberg）才宣布他們最大的目標是希望協助人建立「有意義的社群」，因此會全力推動使用者運用此平台，也會在行動版介面加上「社團」的頁面標籤。二〇二〇年，該公司表示已有超過七千萬人註冊了Facebook社團管理員身分，每月平均有十八億人使用Facebook社團的服務。[56]同年四月，Facebook指出有超過四百五十萬名美國人、超過三百萬名義大利人及兩百萬名以上的英國人加入了COVID-19相關的互助性質社團。[57]其中有部分社團是極在地化的互助組織，成員運用科技來建立細緻的社會支持系統——食物捐贈、送貨到府、提供清潔用品、喪葬援助等。要是沒有社群媒體，這些行動勢必很難進行。另外也有許多受意識形態驅使而組成的利益團體，他們會在人際關係中播下不信任的種子，甚至還有騙子會在這些平台上兜售未經核可的藥物。在這些網路空間裡，不實資訊無所不在，儘管Facebook堅稱他們會禁止有害內容，但要將這些內容徹底排除卻力有未逮。

二〇二〇年二月，世界衛生組織發布了針對資訊疫情的首則警告。三月上旬，網路儼然要變成各種宣傳鼓動、牟取暴利、公然造假的新聞的溫床。有些陰謀論者認為是中國——也或許是美國！——製造出新型冠狀病毒來當作生物戰劑。也有人認為，比爾・蓋茲為了推廣疫苗而製造出這種新型病毒。還有謠言傳出，某

❹ 譯注：迴聲室效應亦稱為同溫層效應，在新聞媒體或社群媒體上，意見相似的群體會透過不斷認同及交流彼此想法，使類似想法持續受到放大或增強。

些國家提報的確診病例數與死亡人數比實際情況少了許多——又或者這些數字被大大灌水！有些人會在網路上拍胸脯保證，某些祕藥或稀有藥草可以避免感染或治療COVID——點進來看，這裡有賣！一個國際醫學研究團隊發表於《美國熱帶醫學與衛生期刊》（*American Journal of Tropical Medicine and Hygiene*）的報告指出，在二〇二〇年的一到四月之內，「高濃度酒精能治療COVID」的錯誤資訊已導致多人誤信而去攝取甲醇（methanol）當成治療手段，其中有八百多人死亡、五千八百七十六人住院治療、六十人完全失明。多位學者提出結論：「應對疫情危機時，醫療從業人員與受疫情影響的族群之間的信任關係至關重要。然而，各種醫學相關的陰謀論會讓人失去對政府與醫療衛生專家的信任，繼而對人民尋求醫療照護一事帶來負面衝擊。國家層級、國際間的相關單位與事實查證單位不僅應該努力辨別、打擊謠言與陰謀論，更該與社群媒體公司合作傳播正確資訊。」[58]然而在美國及其他所有開放社會，沒有哪個單位在執行這項責任。

疫情期間的謠言、陰謀論、擺明是捏造的虛假消息如何在社群媒體上流傳，這些事對我這個社會學家來說確實值得觀察。此外，我也看到Facebook社團首屈一指的風靡程度，因而對該平台上的各種活動格外有興趣。我和博士後研究員梅琳娜．薛爾曼（Melina Sherman）找了一些成員超過一萬人的美國Facebook社團，分為兩類：一類明確表現出屬於保守派立場；另一類則屬於民主黨或進步派。我們挑選了四個自認屬於保守派或共和黨立場的社團、兩個自稱認同民主黨的社團、兩個自稱立場為進步派的Facebook社團進行觀察。這八個社團加起來共有三十七萬四千兩百位成員。我們用的是CrowdTangle這個社群媒體發布內容的分析平台，它能協助研究人員追蹤Facebook、YouTube及其他社群平台社團裡的動態、照片、連結、網路直播、影片，而我們鎖定的內容必須包含以下關鍵字：COVID、COVID-19、新型冠狀病毒。在日期上，我們只選擇分析二〇二〇年一月一日至二〇二一年四月一日之間發布的內容。搜尋範圍也有語言的限制，我們只鎖定英文內容。累積下來，總共分析了一萬七千八百則以上的發布內容，每一則平均產生兩百零七次互動。

我們花了很多時間閱讀這些社群媒體內容，恐怕任一個醫生都會認為這樣很不利於心理健康。我們從中發現，各個黨派性強的Facebook社團中，活躍成員對疫情的感受彼此會有很大的不同，而他們最擔心的事情也南轅北轍。這些社團囿於所屬利益集團的立場限制，成員看見的大環境根本問題及其對於美國造成的威脅，也會有各自的解讀：無能又獨裁的總統、不公平的社會與經濟體系、激進的反對黨不顧一切追求政治轉型。上述種種對美國情勢的診斷分別需要不同的治療方式，這些人對國家下一步何去何從也抱著不一樣的願景。

對支持民主黨的社團來說，COVID-19帶給美國的危機基本上就是唐諾・川普及他的共和黨追隨者的貪腐、無能所致。例如在二〇二〇年十一月十五日，「二〇二一與拜登同行！」（Riden with Biden 2021!）這個社團的成員分享了一則長文，內容是寫給共和黨人的一封信：「我們無法再允許你們繼續殺害美國人；懇請各位立刻動身，開始以行動拯救我們的美國。請告訴川普，你們不會繼續支持他那已經落空的幻想。請告訴他：你已經不是美國總統了……你們共和黨支持者只關心自己的股票投資，而非美國老百姓的生活與健康福祉。」這則貼文產生了一千兩百七十六次互動——是「二〇二一與拜登同行！」社團其他貼文平均互動次數的近二十倍。這則貼文目的是要呼籲共和黨支持者對許多美國人失去性命的悲劇負起責任，同時也表明立場：該為COVID-19死亡人數負責的不是病毒本身，而是共和黨。這則貼文也顯示出社會內團體❺（in-grouping）在網路上的樣貌。面臨危機時，這樣的小團體所尋求的並非人民的團結或相互理解，而是要追究責任。

❺ 譯注：也可稱為「小圈圈」或「自己人」，也就是個體認為自己屬於其中一員的社會群體。
❻ 譯注：個體或群體之間的差異，通常是指文化、種族、經濟、性別等抽象概念的不同之處。

從民主黨立場的貼文可以看出，Facebook社團會被用來讓社團內的成員與外界拉開社會距離[6]（social distance），最明顯的就是他們在貼文中興高采烈提到哪些保守派領導者先是淡化了COVID的威脅，或忽視保持社交距離、戴口罩等防疫措施，後來自己感染了病毒。二〇二〇年十月二日就有好幾位「與拜登同行」社團的成員張貼了川普總統感染新型冠狀病毒的相關新聞。從內容看來，這些人歡天喜地得不行，其中一人甚至表示美國總統與第一夫人「活該染疫」，因為「他們不僅傲慢，還徹底無視美國人民的苦難。」社團成員顯然也特別喜歡拿總統染疫一事開玩笑的貼文。一篇寫著：「好哦，這下騙局成真了吧！」的貼文創造了六千九百六十次的互動，次數超過了我們在同社團中分析的其他六千五百六十三篇貼文。

至於對進步派支持者的社團來說，COVID-19對美國產生災難性的傷害是無可避免的結果，因為美國的社會與政治體系已經失靈：不僅面臨極端不平等的問題，也缺乏全國性的醫療照護計畫，整個社會更是不把貧窮或勞工階級的人民性命當一回事。例如在二月二十九日，名為「二〇二〇年美國挺伯尼・桑德斯」（America for Bernie Sanders 2020）的社團就分享了一篇《衛報》的報導，撰文的記者表示美國「唯利是圖、不平等又殘忍得荒誕的『醫療保健體系』在全球疫情中，是工業化國家裡絕無僅有的脆弱體系。」發文者在貼文中寫下對這篇報導的評論：「這就是為什麼我們需要全民聯邦醫療保險，這就是為什麼我們需要伯尼！#公共衛生#企業的貪婪會殺人#製藥廠的貪婪會殺人#全民聯邦醫療保險#伯尼贏川普輸#伯尼二〇二〇。」二〇二〇年三月二十一日，「亞歷珊卓・歐加修－寇蒂茲進步派」（Alexandria Ocasio-Cortez Progressives）社團也出現了觀點類似的貼文，一位成員分享的文章標題是：「新型冠狀病毒危機敲響了警鐘：我們需要新的經濟體系。」像這樣的貼文通常會創造出數百甚至數千次互動，與社團中其他貼文相比顯然更受關注。

同樣值得注意的是，支持進步派的Facebook社團通常尤其關心那些不成比例深受COVID-19衝擊的族群，而且很明顯不那麼關心政治領導者本身，或他們為了對抗疫情而採取（或未能採取）的行動。「亞歷珊卓．歐加修－寇蒂茲進步派」社團的成員會發布許多指出疫情對窮人的影響特別嚴重的貼文，也極力提倡應藉由全民健保來避免未來重蹈覆轍。「二〇二〇年美國挺伯尼．桑德斯」以及「亞歷珊卓．歐加修－寇蒂茲進步派」這兩個社團的成員都在數則貼文中呼籲大家重視黑人、美國原住民、拉丁裔人士及移民更容易感染新型冠狀病毒、病重身亡的問題；他們堅稱這場疫病造成的災難不是自然現象，是社會與政治體系失靈的結果，而點出此事相當重要。

對保守派社團來說，COVID-19危機全然是自由派操縱（或甚至製造出來）的戲碼，用意是想推動社會主義政治目標，並破壞川普競選總統連任的機會。雖然一開始共和黨立場的社團中常有成員強調，是中國的共產政權製造、釋放出新型冠狀病毒，想藉此打倒資本主義的西方世界。然而就在幾週內，這些保守派又把矛頭指向美國國內的社會主義者，認為這些人想利用疫情來奪取美國政治大權。二〇二〇年三月八日，「讓美國再次偉大研究會」（MAGA Institute）社團的成員貼文：「重點不是COVID-19，而是媒體把恐懼當成武器來控制人民的行為。恐懼的源頭是什麼其實沒差，大雪、颶風、病毒，都可以。」七月二日，另一位保守派社團成員則引用了布萊巴特新聞網❼（Breitbart）的文章：「民主黨想要掀起美國的第二次革命：社會主義革命」，文中還提到，「民主黨那些左派極權主義者（正在嘗試）利用COVID-19疫情造成的混亂收割好處。」這一類貼文帶起了一系列關於「全球主義者」（globalists；指的就是猶太人）的訊息，說他們想要「重整」這個世界。Facebook上支持右派的社團成員一再表示，這種種行為背後都有精心策畫的計謀，顯而易見。

❼譯注：美國一個極右翼新聞及評論網站。

保守派和自由派一樣，都會用Facebook社團為自己支持的立場建立道德地位，並藉此讓自己有別於那些惡毒的政治對手。一個叫「保守派目標聯盟」（Conservative Causes Connection）的社團成員發布了關於黛博拉．梅辛（Debra Messing）的文章連結，據說這位女星表示「讓美國再次偉大研究會」的支持者都會因為川普的謊言而死於COVID-19。「民主黨顯然希望美國發生大規模死亡，這樣他們就可以怪到川普頭上了。這些人竟然噁心到這種地步。」「攜手讓美國再次偉大！」（Making America Greater Together!）社團裡則有位成員聲稱，自由派支持者比他們保守派原先想的更精於算計且不擇手段：「看來COVID-19從頭到尾就是精心設計好的計畫……要讓所有美國人染疫！對，病毒來自中國！但他們的目標卻是美國！病毒出自中國境內一名自由派哈佛教授所主持的實驗室！」另一位社團成員也煽風點火，呼籲「所有愛國人士」都要「提高警覺。這就是重整社會秩序的革命第一步。我們必須號召遍布全美的愛國者！偉大的覺醒力量將在全世界各地出現！」若不是本來就接受這些言論的人，看到這種訊息可能會退避三舍，但這些訊息卻能使「攜手讓美國再次偉大！」的社團成員有所共鳴。這些社團就如Facebook所承諾的那樣，幫助使用者找到「有意義的社群」。對觀點相同的人來說，這個平台確實好用，他們在這裡辨別出誰是敵人、揭發陰謀、建立戰線。現在這些擁有同樣價值觀的人已經相互串聯、組織起來了。最後，他們要反擊。

澳洲在二〇二〇年沒有發生類似於美國的那些衝突。澳洲聯邦政府批准了首席醫療官針對疫情提出的應對計畫，包括關閉國境、酒吧、俱樂部、健身房、劇院等娛樂場所，餐廳也僅限外帶或外送。除此之外，澳州聯邦政府也尊重各州制定當地政策的職權，即便某些地區的防疫規定格外嚴苛也不例外。例如三月下旬，維多利亞州長丹．安德魯斯（Dan Andrews）便訂下禁止兩名以上非同居者於室內從事社交活動的規定，連情侶也不例外（雖然此規定沒過幾天就撤銷了），在室外則是禁止兩名以上非同居者集會活動。維多利亞州的居民只有在以下四種狀況可以離家出門：運動、購買食物與物資、工作或上課、需要醫療照護或提供照護。[59]美國沒有任何一州的州長頒布比這更嚴格的居家隔離規定，但美國總統川普依然譴責像安德魯·庫莫這樣的領導者，認為他們提出的防疫規定太過頭，而這些州長也用他們的批評還以顏色。屬於保守派的澳洲總理莫里森偏好自由意志主義政策，但他未曾公開譴責澳洲的防疫措施。儘管有時會與總理意見相左，但對於澳洲各州、各領地的領導人及高層醫療官員來說，那不是掀起爭鬥的理由。

澳洲也和美國一樣有政治壁壘分明的現象，各方也會因為各自的強烈意識形態而在氣候變遷、教育、勞工與移民等議題上意見不合，產生激烈爭辯。就和美國人一樣，澳洲人也會在社群媒體上抱怨對立陣營、組成互助網絡、成立政黨後援會、在嚴格的隔離與社交距離規定下保持社群聯繫。維多利亞州的隔離規定相對比其他地區更嚴格，許多自由意志主義者利用Facebook、Telegram等平台集結、抗議公共衛生政策對人民自由的壓迫。雖然有一位記者調查其中一個網路社團後發現，該社團的創立者與極端右派分子有關係，但社團中傳遞的訊息內容卻不如美國極右派社群中流傳的內容那麼具煽動性，此外這些社團的整體活躍度也不如美國社群媒體上的社團。[60]

可想而知，這種對比要歸功於澳洲在疫情爆發時有效的應對方式，而且澳洲自二〇二〇年起就躋身全球最健康的國家之列（二〇二二年該國的COVID死亡率僅為美國的十分之一）。不過，澳洲之所以有這麼出色的防疫成果絕非天命如此。澳洲確實是個幅員廣大的島國，但英國的地理條件也一樣；澳洲人口年齡中位數為三十八歲，和美國相同；澳洲的都市化程度與這些國家相仿，同時也有大量來自中國的觀光與商務旅客，每年一般會有近一千萬人次造訪澳洲。然而，澳洲為疫情研擬的公共衛生政策比其餘多數國家更有效、執行得也更徹底，而且根據調查，澳洲人確實信任政府能帶領國家度過危機。《紐約時報》的報導指出：「疫情剛開始時，有百分之七十六的澳洲人表示信任澳洲的健康照護體系，這個數字到了美國，大約僅為百分之三十四。」[61]二〇二〇一整年下來，澳洲人對國家健康照護體系的信任不減反增，反觀美國，信任感則劇烈崩跌。

更重要的或許是全澳洲人民共同遵守那些公共衛生規定達到的理想成果，因而也讓澳洲人彼此間的信任感提高了。《紐約時報》說明，約有「百分之九十三的澳洲人相信，在危機時刻，自己可以從同居家人以外的人那裡獲得幫助。」而且相較於其他國家（包括美國）的國民，澳洲人更相信「大部分的人都值得信賴。」[62]即便是在二〇二〇年，多數澳洲人依然願意為其他同胞守望相助，而他們也遵守必須戴口罩、保持社交距離、居家隔離等強制性的公共衛生規定。澳洲人民的利社會行為（pro-social behavior）形成了善的循環，與美國的死亡迴圈正好形成對比。

但話說回來，當然不可能所有澳洲人都表現完美，也不是每個人都願意遵守防疫規定，因此澳洲各州都部署了警力，對違反規定者處以口頭警告、罰鍰、開罰單。二〇二〇年，澳洲人時而會在政府限制與管控的做法太不符國家常規的時候有所反彈，到了二〇二一年又更加頻繁。要是澳洲人更早發現首相莫里森在疫情初期為掌握額外政治實權所做的那些事，肯定會有更激烈的反彈。他們知道其他國家的人享有更多社交、旅遊、在外用餐、參加運動賽事、在夜店跳舞的自由，但要享受這些美好事物，前提是得保住性命才行。到了二〇二〇年底，與其他國家的人相比，澳洲人保住寶貴性命、享受美好自由的機會大得多了。（《紐約時報》在疫情爆發約兩年後指出，若美國的Covid死亡率與澳洲相同，那麼至少能讓九十萬人留住性命。[63]）沒人喜歡防疫時那些不得不為的犧牲，但也因為有這些付出，幾乎每個家庭都受益了。染疫、死亡的人較少。鄰里以及人與人之間出現了更強大的信任感。隨著疫情好轉，他們有信心面對下一次挑戰，也準備好邁步繼續前進。

注釋

1 Gil Eyal, *The Crisis of Expertise* (Cambridge, UK: Polity Press, 2019), p. 43.

2 Paul Karp and Ben Doherty, "Coronavirus: Mass Events and Foreign Travel Should Be Cancelled, Says Australian Government," *The Guardian,* March 13, 2020.

3 Luke Henriques-Gomes, "Australians' Trust in Governments Surges to 'Extraordinary' High Amid Covid," *The Guardian,* December 16, 2020.

4 "Scott Morrison Defends Decision to Attend Rugby League Game During Coronavirus Outbreak-Video," *The Guardian,* March 13, 2020.

5 Caroline Overington, "Scott Morrison Enjoying a Beer at the Footy While Victorians Grapple with COVID Lockdown Is Not a Good Look," *Australian,* July 12, 2020; Max Laughton, " 'I'm Still Going to the Footy': ScoMo's Weird Take After Announcing Crowd Ban Plan," Fox Sports, March 13, 2020.

6 David Speers, "Scott Morrison's 'F-Word' Misread the Public Mood on the Coronavirus Pandemic," ABC News, March 14, 2020.

7 Ibid.

8 Dawn Kopecki, "CDC Recommends Canceling Events with 50 or More People for the Next Eight Weeks Throughout US," CNBC, March 16, 2020.

9 "March 2020: Dr. Anthony Fauci Talks with Dr. Jon LaPook About COVID-19," *60 Minutes,* YouTube video, 1:27, March 8, 2020, https:// www.youtube.com/watch?app=desktop&v=PRa6t_e7dgI&ab_channel=60Minutes.

10 Karl Weick and Kathleen Sutcliffe, *Managing the Unexpected: Resilient Performance in an Age of Uncertainty* (Hoboken, NJ: John Wiley & Sons, 2011). Also see Chris Ansell and Arjen Boin, "Taming Deep Uncertainty: The Potential of Pragmatist Principles for Understanding and Improving Strategic Crisis Management," *Administration & Society* 51, no. 7 (2017): 1079–1112.

11 P. Sol Hart, Sedona Chinn, and Stuart Soroka, "Politicization and Polarization in COVID-19 News Coverage," *Science Communication* 42, no. 5 (2020): 679–97; Julie Jiang et al., "Political Polarization Drives Online Conversations About

COVID-19 in the United States," *Human Behavior and Emerg- ing Technologies* 2, no. 3 (2020): 200–211.

12 Tamara Qiblawi and Caroll Alvardo, "Ukrainian Males Aged 18–60 Are Banned from Leaving the Country, Zelensky Says in New Declaration," CNN, February 25, 2022.

13 Led By Donkeys (@ByDonkeys), " 'Follow the rules,' " Twitter, May 25, 2022, 11:54 a.m.

14 Daisy Fancourt, Andrew Steptoe, and Liam Wright, "The Cummings Effect: Politics, Trust, and Behaviours During the COVID-19 Pandemic," *The Lancet* 396, no. 10249 (2020): 464–65.

15 Ibid.

16 Adrian O'Dowd, "COVID-19: Johnson Is on Back Foot over Next Steps to Control Pandemic," *BMJ* 369 (2020): m2152.

17 Jen Gaskell, et al., "Public Trust and COVID-19," *Trustgov,* July 29, 2020.

18 "Partygate: A Timeline of the Lockdown Gatherings," BBC News, May 19, 2022; Mark Landler, Stephen Castle, and Megan Specia, "Johnson Says He's Humbled by 'Partygate' Report but Will Go On," *New York Times,* May 25, 2022.

19 William Booth and Karla Adam, "U.K. 'Partygate' Investigation Ends with 126 Fines, No Further Citations for Boris Johnson," *Washington Post,* May 19, 2022.

20 Martin Farrer, " 'Failure of Leadership': What the Papers Say About Johnson and the Sue Gray Partygate Report," *The Guardian,* May 25, 2022.

21 "Romania: Ministers Flout Protective Measures," *Euro Topics,* June 2, 2020.

22 German Lopez, "Why New York Has 14 Times as Many Coronavirus Deaths as California," *Vox,* April 13, 2020.

23 Ibid.

24 *CDPH Guidance for the Prevention of COVID-19 Transmission for Gatherings,* California Department of Public Health, Health and Human Services Agency, September 2020.

25 *Guidance for Private Gatherings,* California Department of Public Health, Health and Human Services Agency, October 2020.

26 Miriam Pawel, "Opinion: Gavin Newsom, What Were You Thinking?," *New York Times,* November 25, 2020.

27 Tejal Rao, "Why Was Newsom's French Laundry Moment Such a Big Deal? Our California Restaurant Critic Explains," *New York Times,* September 14, 2021; Taryn Luna, "Photos Raise Doubts About Newsom's Claim That Dinner with Lobbyist Was Outdoors Amid COVID-19 Surge," *Los Angeles Times,* November 18, 2020.

28 "California Gov. Newsom Announces New COVID-19 Restrictions," ABC News San Diego, November 16, 2020.

29 Pawel, "Opinion: Gavin Newsom, What Were You Thinking?"

30 "Tucker Carlson: Gavin Newsom's French Laundry Birthday Dinner Goes Beyond Mere Hypocrisy," Fox News, November 18, 2020.

31 Meghan Roos, "What the French Laundry Has to Do with Gavin Newsom's Recall Election," *Newsweek,* September 9, 2021.

32 Carla Marinucci, "French Laundry Snafu Reignites Longshot Newsom Recall Drive," *Politico,* November 25, 2020; Mark DiCamillo, "Voters Now Much More Critical of Governor Newsom's Performance," University of California Berkeley, Institute of Governmental Studies, Release #2021-01.

33 Jill Cowan, "How Much Was Spent on the Recall? One Estimate: Nearly Half a Billion Dollars," *New York Times,* September 15, 2021.

34 Dali L. Yang, "Wuhan Officials Tried to Cover Up COVID-19—and Sent It Careening Outward," *Washington Post,* March 10, 2020.

35 Uri Friedman, "The Coronavirus-Denial Movement Now Has a Leader," *The Atlantic,* March 27, 2020.

36 Natalie Colarossi, "8 Times World Leaders Downplayed the Coronavirus and Put Their Countries at Greater Risk for Infection," *Business Insider,* April 11, 2020; "Governor Cuomo Admits to Withholding Nursing Home Deaths," BBC News, February 16, 2021.

37 Sarah Evanega et al., *Coronavirus Misinformation: Quantifying Sources and Themes in the COVID-19 "Infodemic,"* New York: Cornell University, The Cornell Alliance for Science, 2020; *Novel Coronavirus(2019-nCoV) Situation Report #13,* Geneva: World Health Organization, February 2020, p. 2.

38 See Bob Woodward, *Rage* (New York: Simon & Schuster, 2020), p. 17.

39 Donald Trump (@realDonaldTrump), "we now have the lowest Fatality (Mortality) Rate in the World," Twitter, July 6, 2020, 4:17 p.m.

40 Christian Paz, "All the President's Lies About the Coronavirus," *The Atlantic,* November 2, 2020.

41 Evanega et al., *Coronavirus Misinformation: Quantifying Sources and Themes in the COVID-19 "Infodemic."*

42 Lauren Egan, "Trump Calls Coronavirus Democrats' New Hoax," NBC News, February 28, 2020.

43 Sheera Frenkel, "The Most Influential Spreader of Coronavirus Misinformation Online," *New York Times,* July 24, 2021.
44 Barbara Feder Ostrov, "Cue the Debunking: Two Bakersfield Doctors Go Viral with Dubious COVID Test Conclusions," *Cal Matters,* April 27, 2020.
45 Quint Forgey, " 'Fauci's a Disaster': Trump Attacks Health Officials in Fiery Campaign Call," *Politico,* October 19, 2020.
46 Kate Bennett and Evan Perez, "Nation's Top Coronavirus Expert Dr. Anthony Fauci Forced to Beef Up Security as Death Threats Increase," CNN, April 2, 2020.
47 Aaron Blake, "Republicans' Disregard for Doctors on the Coronavirus," *Washington Post,* December 7, 2021.
48 Kevin Vallier, "Why Are Americans So Distrustful of Each Other?," *Wall Street Journal,* December 17, 2020.
49 Cailey Griffin and Amy Mackinnon, "Report: Corruption in U.S. at Worst Levels in Almost a Decade," *Foreign Policy,* January 28, 2021.
50 Kevin Vallier, *Trust in a Polarized Age* (New York: Oxford University Press, 2021).
51 Vallier, "Why Are Americans So Distrustful of Each Other?"
52 "Partisan Antipathy: More Intense, More Personal," Pew Research Center, October 10, 2019.
53 Wendy Wang, "The Partisan Marriage Gap Is Bigger Than Ever," *The Hill,* October 27, 2020.
54 Cass Sunstein, *#Republic: Divided Democracy in the Age of Social Media* (Princeton: Princeton University Press, 2016).
55 Levi Boxell, Matthew Gentzkow, and Jesse M. Shapiro, "Is the Internet Causing Political Polarization? Evidence from Demographics," National Bureau of Economic Research, Working Paper no. 23258 (2017).
56 Beth Simone Noveck et al., "The Power of Virtual Communities," GovLab at NYU Tandon School of Engineering, February 2021.
57 Sarah Perez, "Coronavirus-Related Facebook Support Groups Reach 4.5M in US as Misinformation and Conspiracies Spread," *TechCrunch,* April 21, 2020.
58 Saiful Islam et al., "COVID-19–Related Infodemic and Its Impact on Public Health: A Global Social Media Analysis," *The American Journal of Tropical Medicine and Hygiene* 103, no. 4 (2021): 1621.
59 Rebecca Storen and Nikki Corrigan, *COVID-19: A Chronology of State and Territory Government Announcements (Up Until 30 June 2020).* Parliament of Australia, Department of Parliamentary Services, Research Paper Series, 2020–21, Canberra,

October 2020.

60 Michael McGowan, "Where 'Freedom' Meets the Far Right: The Hate Messages Infiltrating Australian Anti-Lockdown Protests," *The Guardian,* March 25, 2021.

61 Damien Cave, "How Australia Saved Thousands of Lives While Covid Killed a Million Americans," *New York Times,* May 15, 2022.

62 Ibid.

63 Ibid.

第五章

一無所有

丹尼爾・普雷斯蒂（DANIEL PRESTI）

終於邁入二〇二〇年了。

三十二歲的丹尼爾・普雷斯蒂體重約五十四公斤，雖然光頭卻留著整齊的山羊鬍，還有野馬般的個性。他迫不及待迎接新的一年了。二〇一九年對他來說本該是迎接突破的一年，但他卻飽受挫折，工作繁重之外，還要忍受沒完沒了的等待與壞消息。他實在很難想像事情還能變得更糟。

二〇一九年初，普雷斯蒂和摯友奇斯・麥克拉尼（Keith McAlarney）起先打算在史泰登島格蘭城（Grant City）這個安靜的住宅區開一間酒吧——麥克酒吧（Mac's Public House）。這裡距離普雷斯蒂從小長大的地方只有幾公里；普雷斯蒂與麥克拉尼過去兩年來都在這裡經營餐廳，後來他們開始注意附近一家當地酒吧，街坊鄰居都知道那裡常有鬥毆事件，還有妓女攬客，店主對這些事漠不關心。普雷斯蒂都會避開那附近，也勸員工別接近那裡以免惹上麻煩。然而他也覺得那家酒吧的所在地點很有潛力，普雷斯蒂說：「我們一直很想開一間屬於自己的小酒吧，可以讓附近鄰居來喝一杯的地方。」除了地點很好以外，附近居民也希望改變原先那家酒吧的狀況，他們要求市政府讓酒吧歇業。就在它終於停止營業後，普雷斯蒂和麥克拉尼立刻抓住良機。他們要做的就是簽約、整修、爭取當地居民支持。

普雷斯蒂深知創業的艱難。二〇一三年他跟一位大學好友在紐約州約翰斯敦（Johnstown）開了一家名叫下管（Downtube）的啤酒釀酒廠。他們本來只是在家釀啤酒，得到不錯的成果後，他們感受到與朋友分享的快樂。擴大生產規模似乎不會太難，既然不難，那何不靠自己的興趣賺錢？在小鎮租下整棟建築的租金意外划算，他們大致算了一下，發現手上的生意似乎能有不錯的進帳，搞不好比想像中更賺錢。「大家都聽過各種創業鬼故事，」普雷斯蒂說，「但我們心想：『應該沒什麼問題吧？』」結果——問題可大了。想要吸引忠實顧客一再光顧很不容易，而且小鎮來往的人本來就不多，酒吧的生意當然就更冷清了。「我開始和當時那位好朋友天天吵架，爭執不斷。」沒幾年，他們的生意彷彿呼應了「下管」這個不祥的名字，只是從管子嘩啦啦流走的並非啤酒，而是他們整個事業。普雷斯蒂申請破產，回到了史泰登島。

二〇一九年回到家鄉後，普雷斯蒂堅信他經歷的一切都是在為將來的成功做準備。他和麥克拉尼有豐富的合作經驗，兩人個性互補，更重要的是，麥克拉尼有充足資金能投入這個開店計畫。普雷斯蒂負責出力，他把以前的酒吧空間好好整修、裝潢了一番，一改過去的風格。他要擔任酒吧的店經理，負責監督營運大大小小的事，而且他會以自己就是酒吧老闆那種用心來經營。這就是普雷斯蒂想要的。

普雷斯蒂和太太住在新酒吧幾公里外的地方，他太太是老師，兩人膝下有三個未滿四歲的幼兒。他可以在白天負責顧小孩，晚上去酒吧上班。普雷斯蒂知道哪些人是他的潛在顧客：保齡球隊的成員、住附近的人父和人母，以及因為史泰登島還在紐約市的範圍卻遠離市中心，而選擇住在這裡的消防員、警察與公務員。他告訴我：「我們那時心想：『來服務地方社區吧，我們喜歡他們，也能討他們喜歡才對。』」

當地居民中有不少人堅決反對附近再開新酒吧，因此他們跟警方之間的關係會很關鍵。警察在史泰登島扮演舉足輕重的角色，不僅因為他們是執法人員，更因為島上住了非常多警察，而這些人就是當地文化與政治中很重要的一環。普雷斯蒂和麥克拉尼想開酒吧就得獲得強力的支持，於是他們直接打給當地轄區警局，向警方說明自己開酒吧的理念。他們承諾麥克酒吧一定會成為很棒的小酒館：當地居民與工作者的另一個家。他們也會贊助當地的少年棒球隊與壘球隊。「後來與警方見面時，主要負責的那位警官說：『我以前很討厭那個地方，但我很喜歡你們兩個。我們會向社區委員會表達對你們和新酒吧的支持。』」轄區警方的認可是他們最需要的支持力量，於是普雷斯蒂與麥克拉尼順利拿到許可，接著很快著手整修酒吧，準備開張。

普雷斯蒂最初的計畫是在二〇一九年六月一拿到紐約州核發的酒類營業執照，就開始營業。普雷斯蒂說他們原本預期申請執照大約得等三個月，甚至四個月也說不定，「但我們真的沒想到會這麼久。」等了又等，一點回音也沒有。每次他們打電話到受理單位詢問進度，對方給的回答都一樣：「辦好的時候我們就會告訴你。」普雷斯蒂覺得這整個過程實在太惱人，他們只是想在地方鄰里上做點小生意的老百姓，而且想要用負責任的正確方式把事情做好，但州政府卻以這種官僚主義濃厚、無情冷淡的方式對待他，彷彿他的生計、他這個人都不值一提。

十一月，他終於拿到了酒類營業執照。麥克酒吧在十一月底開張營業。普雷斯蒂說那時「可以說是最糟糕的時間點。」夏天的各類運動賽事都已經結束，根本沒有賽後聚會喝酒的人潮。史泰登島的模式是這樣：大家會窩在家等著過感恩節，然後整個十二月忙著準備迎接聖誕節。他們的生意並沒有熱鬧滾滾的開端，而是以安靜、緩慢的步調推進。就算是這樣，他們依然慢慢累積到一些顧客，其中有些人變成了老主顧。他們也開始打造出心目中理想的當地小酒吧風格。可想而知，這裡不會再有非法行為和打架鬧事的問題，此外他們也希望酒吧裡不要有意識形態的衝突。普雷斯蒂向我表示：「我和奇斯是你所能找到跟政治最八竿子打不著的人。我們的電視不播新聞。不談政治，絕對不談。如果有客人在酒吧裡聊這個，我們甚至會趕他們走，因為這會影響到其他人。對，總之就是什麼也別說，我們不想被捲入政治議題。」

但某些新聞議題要噤聲就難了。二〇一九年十二月，美國國會的民主黨人士對唐諾．川普發起彈劾，而川普在保守派支持者占多數的史泰登島是很受歡迎的政治人物。二〇一六年大選時，當地甚至有高達百分之五十七的選民投票支持他，二〇二〇年川普在島上的聲勢不減反增。無論電視上播放新聞與否，都不太可能阻止酒吧顧客議論這些話題。除了川普之外，還有來自中國的致命新型冠狀病毒，聽說病毒傳播速度很快，會不會也傳到這裡來？

前一年的壓力也對普雷斯蒂的個人生活造成了損害。他和太太分開了，雖然是和平分手，但離婚依然是花費高昂又令人痛苦的事。他已將積蓄投入於酒吧的改裝了，而且他還放棄前一份經營餐廳的工作收入，麥克酒吧一定得做起來才行。

與此同時，COVID來到了紐約。一剛開始只有零星幾例確診病例，起初是出現在紐約北邊的郊區城市新洛歇爾（New Rochelle），後來在曼哈頓發現了確診病例。雖然距離很近，但史泰登島在紐約市彷彿自成一個世界，所以對他們來說不成問題，至少「還」不成問題。疫情剛開始時，紐約的政治人物似乎都堅信他們招架得了這種病毒。紐約市長白思豪建議紐約居民：「如果你沒生病，那就照常生活。」儘管當地衛生部門的高層官員都已提出警告，紐約市長依然鼓勵健康市民多出門，多多光顧酒吧、餐廳、劇院。他在紐約市提報首例COVID確診案例的隔天（三月二日）在推特發文：「我鼓勵各位紐約客繼續照常過生活＋儘管有新型冠狀病毒，還是要出門到市區走走。」他甚至還在推文中向大家推薦電影：「三月五日星期四可以去看《黑金叛徒》（*The Traitor*）@FilmLinc。真實故事改編＋背景為義大利版本的《火線重案組》（*The Wire*）就等於這部電影。」[1]

後來，訊息的風向出現了變化。三月十四日星期六，白思豪宣布：自週二起所有酒吧與餐廳都得關閉。他說：「這不是隨隨便便的決定。這些場所是紐約市的核心與靈魂所在，但我們的城市正面臨空前巨大的威脅，所以我們必須以戰時心態來應對。」[2]除此之外，共有一百一十萬名學童上學的公立學校也要關閉。到了週一，紐約州長安德魯・庫莫加快了關閉上述場所的時程，他用推特宣布：所有酒吧、餐廳的現場供餐服務必須在當晚八點前結束。

對普雷斯蒂來說，這些消息簡直宣告了大難臨頭。他的酒吧得關門了，但他想出了新辦法來應對。他說：「我把麥克酒吧變成提供外帶、外送餐點的店家。我們的牛肉起司三明治（cheesesteaks）很快就打響名號，是史泰登島最好吃的牛肉起司三明治。我們做得有點像義式碎切三明治，也不知道是我們用的扁麵包還是三明治上放的起司，總之我們突然變成網路推薦的必訪店家。附近的鄰居也大力支持，訂單開始如雪片般飛來，甚至超出我們原本預想的量。」那時普雷斯蒂白天得顧小孩，晚上則是在高溫的廚房裡忙著料理肉品，一大早還要到店裡確保麥克酒吧的環境整潔且無防疫漏洞。他回想當時的情況：「我好累，真的快累死了。」但他還有別的選擇嗎？普雷斯蒂這輩子從沒那麼認真工作過，他確實很珍惜與麥克拉尼以及為數不多的幾位員工共創事業的革命情感。但當時他沒辦法賣酒水了，租金和水電帳單一樣得付，而且食物成本還高得很異常。更慘的是，訂餐網站每筆訂單的抽成高達百分之三十，普雷斯蒂說：「我們幾乎可以說是一出餐就虧錢，這樣生意根本做不起來。」

普雷斯蒂一開始還願意接受各項防疫措施。他明白COVID的嚴重性，也不希望看到他人染疫，但起初這些立意為減緩病毒傳播的暫時性措施（暫停營業幾週或一個月）很快變成了漫長、沒完沒了的等待。「他們一直延後時間，延了再延。生意差的時候，整間麥克酒吧一整晚就只有我們兩個人，我心想：『可能是要戒嚴了。』沒有任何援助的情況下，我們能承受酒吧關閉多長時間呢？」

提出這些疑問的人不只有他們兩個。紐約市成千上萬家酒吧與餐廳的經營者，以及為數更多的員工都愈來愈感到焦慮。什麼時候可以再開門營業？這段時間他們該靠什麼維持生計？有誰能保障他們的權益？政府機關裡，有人在乎他們的權益嗎？普雷斯蒂知道這種情況下大家都在苦苦掙扎，但對於主要功能就是提供社交場地的酒吧來說，疫情已經衝擊到生存的機會。「如果政府就是不讓人民社交聚會，好，沒問題。要徹底關閉酒吧？好，沒問題。但政府總得為我們做點什麼吧？總要給我們一些幫助吧？但現在是什麼也不做？我們全都要喝西北風了。」

後來麥克酒吧確實得到了一點什麼：普雷斯蒂說，聯邦政府撥了四千美元的補助款給他們。他也不知道這個數字是怎麼來的，當初他們申請的補助金額可不只這麼一點。但是COVID疫情侵襲紐約時，麥克酒吧才剛開始營業不久，還沒有歷史紀錄能證明他們具體損失多少金額，而他們也不知道政府會不會接受申請。總之這筆錢某天就沒頭沒腦出現在他們的戶頭了。普雷斯蒂說：「這四千塊是我們整個疫情期間唯一收到的一筆錢。政府把幾億美元都給了那些根本不需要這些資金的大企業，卻忽略我們這些市井小民的生意。最後他們再擺出『糗了，好像不能這樣！』的態度應付過去。」

隨著不滿情緒逐漸上升，史泰登島及南布魯克林區的酒吧與餐廳業主集結起來，組成了「獨立餐飲業者自救協會」（Independent Restaurant Owners Association Rescue，IROAR）。普雷斯蒂與麥克拉尼也加入了此行列。「剛開始我們只是一群人聚在一起抱怨發洩、互通消息，也分享關於廚師的人力資訊，其實挺好的，」普雷斯蒂回憶當時的情況說道，「後來有律師聯絡上我們。」

該協會開始遊說政府以尋求幫助。其中有些成員威脅要把政府告上法院。州長真的有權逼他們停業嗎？對那些遵守規定乖乖停業的業主，政府難道不該提供補償嗎？要是拒絕停業會怎樣？普雷斯蒂當時滿心懷疑。他說：「整件事就是個笑話，而這笑話的笑點在於紐約當局一直聲稱：『餐飲法案（Restaurants Act）還沒通過。但我們一定會做到，我們保證紐約州與聯邦政府一定會提供經濟援助，只要再等兩週就好。』到最後呢，什麼忙也沒幫，我們的生存又該怎麼辦？」

六月時，紐約市長白思豪宣布餐廳可以開始提供現場餐飲服務，但僅限於戶外空間。麥克酒吧沒有符合規定的空間。州長庫莫提出了排程在七月初的重新開放計畫，後來卻因為看到其他州允許室內用餐後確診數爆增，又轉而（無限）延期實施。光是在夏天，紐約市就有數百家餐廳永久歇業，酒吧則更加淒慘。有些酒吧經營人為配合規定改成在人行道上服務顧客，結果遭到紐約酒類管理局（State Liquor Authority）以違反社交距離規定為由嚴格取締，部分業主被處以罰鍰，有些店家的營業執照還因此被吊銷。普雷斯蒂覺得這一切簡直諷刺：這個需要十一個月才能核發他酒類營業執照的單位、這些解釋都不解釋為何他不能開店養家活口的官員……現在卻「特地聘來一群人」去搜索他們可以懲罰、騷擾的店家。普雷斯蒂說：「那幾乎變成某種勒索了。情況變得很嚴重，那段時間若你某天中午經過我的店，想進來打個招呼，我肯定會叫你快走、快走。那個當下如果剛好有酒類管理局的人發現你在店裡跟我講話，我可能就要吃一萬元的罰單。當時真的就是這樣。」

儘管紐約州其他地區的酒吧與餐廳開放了室內用餐，但普雷斯蒂說，紐約市的停擺情況感覺上永無止境。[3]到了九月三十日，他們終於獲准重啟室內餐飲服務，但只允許容納一般情況百分之二十五的客人數量。就連做到這樣，也都只是曇花一現。十月六日，因為紐約市有多個社區出現大量確診病例，庫莫州長開始實施分區封城措施。[4]到了十一月初，確診人數節節攀高，白思豪堅持要重新評估室內用餐的整體規定。他實施了晚間十點的宵禁規定，還預告感恩節假期後，可能很快要再度禁止室內用餐。那個時間點大約是麥克酒吧開店一週年的日子。由於紐約市與紐約州在疫情初期封鎖控管了史泰登島，島上還維持較低的 COVID 感染率，然而到了這時候，連史泰登島都成了感染熱區。市政府將格蘭城劃為「橘色警戒區」（Orange Zone），而這就表示酒吧無法開門營業。普雷斯蒂這下氣炸了，他真的受不了了。

普雷斯蒂走投無路，他賺不到錢、無法養家活口，不知道要用什麼來付車貸、房貸、保險，甚至沒錢買食物。他已經看不到未來，也不曉得下一步該怎麼走。普雷斯蒂對我說：「總要做點什麼事，才能突破困局。當時已經一無所有的我是個可能鋌而走險的危險人物。」

他和麥克拉尼見面討論後，決定做點激烈的事。他們要讓酒吧重新開始營業，而且要在室內提供服務。他們決定不管禁令、罰鍰或處罰，也不打算去想他們的酒類營業執照會有什麼下場。他們豁出去了。他們跟獨立餐飲業者自救協會的其他業主說要執行這項計畫，想找其他人也在自己店裡和他們做一樣的事。但沒人願意，畢竟酒類營業執照得來不易，代價太大了。不過普雷斯蒂可不這麼想。對現在的麥克酒吧來說，他們若非乖乖遵守紐約州的規定然後關門大吉，讓這段時間努力的成果付諸東流，那就只剩下挺身對抗政府、硬是開門營業這個選擇。他知道這麼做的後果會是接到一張又一張的罰單，罰金可能高達幾千美元，甚至幾萬美元——那又怎樣？普雷斯蒂早就破產過了，要是他會再破產一次，也無所謂了。他曾要求面見州長及市長，但沒人理他。「所以我們就告訴自己，只能用極端的方法了。我們來幹吧。」

普雷斯蒂與麥克拉尼很清楚，要是想藉此表明立場，那就一定不能默默行事，而是要大張旗鼓。「要是我們只是默默重新開張，那麼在其他人注意到這個行動之前，就會有治安官或紐約警方直接來強制停業。」這樣就沒意義了。普雷斯蒂沒什麼握有廣大媒體人脈或具有公關宣傳經驗的朋友，不過那時他正好追蹤了也來自史泰登島、自稱「愛國運動者」（patriot activist）的國旗藝術家：史考特・洛貝多（Scott LoBaido）。他在疫情期間持續為小型企業主的權益發聲，也許洛貝多可以在社群媒體上、史泰登島的社群裡宣傳麥克酒吧的故事。「我跟他見過一、兩次面，」普雷斯蒂說，「他是個很有爭議性的人物。他知道怎麼引來大量關注，但也因此捲進一些政治風暴裡。」

洛貝多聽完了普雷斯蒂的故事，也接受他打算無視紐約州禁令、直接重新開張的主意。普雷斯蒂記得洛貝多當時對他說：「如果你認真要這麼做，那我明天去麥克酒吧見你。」普雷斯蒂回答他：「我百分之一千是認真的。」他確實沒開玩笑。

隔天是十一月二十日，洛貝多來到麥克酒吧並告訴普雷斯蒂他的計畫是什麼。洛貝多對普雷斯蒂說：「我們要讓這裡成為自治區（Autonomous Zone）。」他設計了一張看起來像警告標示的海報，上面用極粗的字體寫著：**「注意！」**、**「自治區」**。海報上有白色、橘色、黃色的色塊，還有其他文字寫著：「我們拒絕遵守紐約市長及紐約州長制定的任何法規。」他要普雷斯蒂去影印那些海報，然後自己用橘色膠帶在酒吧門口人行道四周貼上滿滿一圈，再貼出自治區的字眼。普雷斯蒂回來後，便和奇斯一起把海報貼上酒吧的窗戶。「史考特打開了Facebook直播，基本上他就是對著觀眾說：『我人在麥克酒吧。這兩個人正在為正確的事、為自己的信念挺身而出，他們不想再繼續被踐踏下去了。』直播進行了差不多一分鐘左右，在這之前我從沒上過鏡頭，但他只告訴我：『我已經盡我所能幫忙了，接下來就祝你們好運囉，希望你們知道接下來會面對什麼樣的事。之後你們就自立自強囉！』」

普雷斯蒂說：「我和奇斯就這樣被捲進這些政治混亂中。」說得更精準的話，應該是政治運動才對。普雷斯蒂向我解釋：「史考特是死忠的保守派共和黨立場。」他對美國二〇二〇年面臨的威脅有十分強烈的看法。他認為真正的危險不是疫情，而是對個人自由的侵害以及疫情危機背後的陰謀——他認為有些人想藉機把美國變成社會主義的溫床、可以對人民從頭管到腳的保姆國家（nanny state）。洛貝多不僅提供了一種詮釋這場疫情危機的角度，他還帶起充滿憤怒與深深的受害者情結的氛圍，這讓數百萬心有不滿的美國人產生共鳴；這些美國人覺得受到背叛，而他們就是栽在政府和那些受過高等教育的專業人士手上。更重要的是，有成千上萬個追隨者會跟著他一起去找滋事的機會。他們想要反抗政府、希望社會重新開放、拒絕戴口罩、想鬥爭。過不了多久，普雷斯蒂發現，「我們酒吧門口開始有人揮舞川普的旗幟，大家也開始認為，這個奇斯跟丹尼根本就是川普的支持者。就是兩個極端右翼分子，他們一定也支持驕傲男孩[1]（Proud Boys）那類團體。我只能趕緊否認，不不不，我們只是希望引起大眾關注，讓大家意識到現在政府措施對小型企業的傷害有多大。」只不過剛好有位政治運動人士出面支持他們，而普雷斯蒂與麥克拉尼欣然接受，結果就這樣，普雷斯蒂說：「事情一發不可收拾。」

十一月時，美國多數地區情況都早已失控。川普總統在大選中輸給喬・拜登（Joe Biden），但川普不僅沒有接受落選的事實、著手協調政權交接事宜，反而質疑起選舉結果，並試圖煽動其他握有大權的共和黨人一起讓選舉結果無效，好繼續掌權。美國各地（包括史泰登島及紐約、紐澤西的某幾個地區）的保守派皆憤怒不已，他們隨川普總統起舞，堅稱選舉一定有問題、選舉結果遭到操弄。這些川普的支持者很激動，也準備好發起抗爭。

麥克酒吧在門口貼的自治區字樣與相關行動引起了大家的關注。獨立於當地警察分局之外的治安官辦公室也注意到他們的存在，而紐約酒類管理局則是更加關切他們了。從這時起，麥克酒吧每天都接到高額罰單，其中一張還高達一萬五千美元，不過普雷斯蒂也說，這張罰單剛開出後沒多久就作廢了。此外還有多張一千美元或金額更高的罰單。十一月二十七日那個週五，酒類管理局經投票決議通過吊銷麥克酒吧的營業執照。當晚，普雷斯蒂照常開門營業，他在人聲鼎沸、滿滿人潮的酒吧裡向鏡頭宣布，那些罰單他絕對一毛也不會付。「衛生局要求我們停業，酒類管理局撤銷了我們的酒類營業執照……我們依然努力用安全的方式開門營業為大家服務！……但看來生意似乎是做不成了。所以我們打算這樣：通通免費不要錢！喝酒免費、吃東西也免費，不過希望大家可以捐款給我們。」[5] 想當然，他們獲得了很多捐款。

❶ 譯注：全由男性組成的美國極右翼組織，宣揚並參與政治暴力。

麥克拉尼在十一月三十日上了《福斯與朋友們》❷（*Fox & Friends*）這檔節目解釋整件事的來龍去脈。兩天後他們又獲邀去上塔克・卡爾森的節目。在福斯新聞頻道的數百萬名觀眾見證下，普雷斯蒂出言抱怨市長與州長單方面制定政策的舉措，他認為他們根本沒和餐飲業者商討安全營業的可能方式。「我已經身處絕境。只能選擇表明立場、繼續開門營業，一邊祈禱會有客人上門光顧、消費。這樣我才有辦法繳清帳單、維持生計。我實在累積了太多帳單未繳，感覺已經被逼到別無選擇了。」

卡爾森回應道：「我懂。看來就算是白人特權（white privilege）也沒辦法自動幫你繳清帳單呢。」接著他問麥克拉尼是否擔心市政府與州政府會因為他的立場而不輕饒他。麥克拉尼答道：「他們早就已經開始找我麻煩了。」接著他詳盡描述了治安官辦公室派人到酒吧，針對他違反市府規定營業一事處以罰鍰，他也指控這些人是因為他惹到市長而處處針對他。「你真的很勇敢，祝你們一切順利，」卡爾森說道，「希望你之後能回來節目跟我們說事情的後續發展。」

事情的發展……大家應該都猜得到。麥克拉尼在福斯新聞頻道受訪一事餵養了社群媒體，也變成宣傳活動用來宣揚主張的素材。要求「開放紐約市」（opening up New York City）的人（例如支持極端主義的驕傲男孩組織成員）大批湧入麥克酒吧，形成了奇觀——在這座多數人擁護自由派、受疫情重挫的城市裡，右派抗議者在酒吧大聲叫喊：「我是驕傲的西方沙文主義者（Western Chauvinist）！」，一邊唱著：「我們會震撼你！（We Will Rock You!）」，而他們手中則舉著「絕不放棄（Don't Give Up）」（指的是川普想推翻選舉結果一事）及「暴君庫莫（DickTator）」的標語。

麥克酒吧繼續開門營業、服務顧客，他們也因此受到了前所未有的支持。附近所有右派政治運動者都來到麥克酒吧加入抗議行動。他們每晚都來集會抗議，酒吧裡擠滿了支持同樣信念的新顧客。普雷斯蒂與麥克拉尼也在此時設立了Facebook粉絲專頁，他們在這裡及YouTube頻道上貼出最新狀況的影片，讓美國各地與日俱增的追蹤者都能看到麥克酒吧的近況。同時，他們兩人的故事在右派的新聞報導與社群媒體平台上廣為流傳。「我們店裡擠滿了人，」普雷斯蒂回憶當時說道，「大約一百個人擠進了我們店裡，而且大家看起來都是極右派人士。他們顯然都一副『不戴口罩！』的態度，事情發展到這個地步，大家都失控了。」

當然，市長辦公室也注意到這個情況。在疫情中很長一段時間，史泰登島警方其實能認同普雷斯蒂與麥克拉尼的處境。麥克酒吧的「自治區」活動開始之前，警方雖然會在麥克酒吧違規時提出警告，卻很少真的開罰單，但是他們把橘色膠帶與海報貼滿酒吧以後，那些以前認識的警察會到店裡請他們把東西徹掉。「你們可以低調行事，」普雷斯蒂記得那些警員是這麼說的，「把這些東西都撤掉的話，我們明天路過的時候就真的只會路過，警車會繼續往前開，就算店裡有人也沒關係，只要東西都撤掉就好。」但我回答：「你搞錯重點了。我非得這麼做不可，因為根本沒人注意到我們的困境，這一行正在我們眼前凋零，而我也沒辦法生存了。我當然知道這麼做不對，但是沒有更好的選擇了。」

十二月一日星期二，治安官直接關閉了麥克酒吧，並以違反多項市政府與州政府規定的罪名逮捕了普雷斯蒂。普雷斯蒂回想起當時的情況說：「我在他們來的時候開始用Facebook直播。他們那天本來沒打算逮捕我，但我拒絕離開。他們看著我問道：『你想上手銬讓我們押你走，還是不上手銬自己離開？』我說：『那就把我上銬吧。』他們低下頭又說：『你真的要逼我們這麼做？』我就回答：『對，你們也知道為什麼吧。』」這個時候，附近已經有人群聚集，普雷斯蒂趁機向大家表示他拒絕配合強制關閉酒吧的命令。洛貝多帶著攝影機來到現場，他直接在Facebook上直播現場情況。「他對著鏡頭說：『太瘋狂了！我想號召幾千個人來史泰登島，大家快聚過來！』」到了星期三，有數百人（有人說超過一千人）聚集起來，展開了喧鬧

❷ 譯注：節目名稱暫譯。

的示威活動，而地方媒體與全國性的媒體也聞風前來報導此事。武裝治安官擋住了麥克酒吧的門口，史泰登島向來是警民關係友好的地方，有人抓準時機向治安官挑釁：「你們的骨氣去哪了？」另一個人用大聲公喊道：「你們的道德感去哪了？」

普雷斯蒂被拘留了四十五分鐘後獲釋，但他隔天又回到酒吧，然後再次遭到拘留，就這樣周而復始。到了那個時候，麥克酒吧感覺已不僅僅是提供附近鄰居好去處的地方酒吧了。在普雷斯蒂看來，他覺得麥克酒吧成了一座堡壘，是在如今對他所珍視的一切都抱持敵意的國家裡，他可以棲身的最後一座自由堡壘。到了星期五，他從工作人員那裡聽說有些黑衣人對著酒吧窗戶丟瓶子，並威脅要使用暴力。他們認為這些人可能是安提法（antifa，反法西斯主義運動）的成員。普雷斯蒂對我說：「過去四年來，我把所有重心都放在照顧孩子和努力經營酒吧上，我忍不住想，這些人（安提法）到底是誰啊！」

普雷斯蒂就像上了一堂衝突速成班一樣。這一切帶來的壓力大到令他難以承受，他焦慮得睡不著覺，也因為心情激動而食不下咽。「我那時看起來像個毒蟲一樣，」他告訴我，「我瘦了快七公斤。我本來體重就不到五十五公斤，所以哪怕是瘦個一公斤，看起來就差很多，而且我從中學時期就是這個身材，所以那時大家看到我老是說：『丹尼多吃點東西吧。』或是『你這樣很讓人擔心。』我只能回答他們：『沒辦法，我真的一吃東西就想吐。』」

普雷斯蒂在這種狀態下，與政府當局發生了最嚴重的一次衝突。十二月六日星期日清晨，普雷斯蒂剛完成了週六晚上的工作，一整晚他都違法為整個酒吧沒戴口罩、態度挑釁的保守派顧客供應酒水。那天酒吧比較早打烊，晚上十點左右就關門了，不過普雷斯蒂與員工一直在店裡整理、清潔，工作到過了午夜，慣例就是這樣。稍早治安官就已經來過店裡開罰單，不過後來也直接離開了，酒吧則繼續營業，沒有出現什麼問題。普雷斯蒂讓員工下班後，自己將酒吧的門上鎖，然後慢慢沿著街道走向他的車。「我走到轉角將車子自動啟動，」他對我描述道，「這時有人大喊：『嘿，普雷斯蒂！』我快速回頭瞥了一眼。你也知道當時是半夜，對吧？竟然有兩個人直直朝我衝過來，我的天啊，我當時心裡警鈴大響，進入了防衛模式。我真的不知道該怎麼說，才能讓你明白我當下壓力有多大。我吃不下任何東西，每天晚上要面對鏡頭。天啊，還有人試著闖入酒吧。我那時候真的以為有人要來殺我，所以我一心想著絕不能這樣死在街頭，我只想回家，回到孩子身邊。」

普雷斯蒂拔腿就跑，兩個黑衣男子緊追在後。普雷斯蒂先跑到車子旁邊，於是他立刻跳上車、甩上車門。「我試著換檔，卻怎麼也換不了，」他回憶著當時的情景說道，「我腦中一片混亂，然後才突然想到，我得按下按鈕才能換檔。」他找到了按鈕、按下去，車子終於動了。這時他抬頭一看，發現其中一名黑衣男子站在他的車頭正前方，另外一名男子則站在車旁。他真的不想碾過任何人，但也絕不想就這樣被殺掉。「我猶豫了一下、放慢了車速。」其中一名男子突然衝上普雷斯蒂車子的引擎蓋，然後馬上又滾下去。「我直直開向路的盡頭，這時有台車不知道從哪裡冒出來想撞向我。這下好了，不僅有人想要制服我，竟然還有車要撞我。」普雷斯蒂車子搭載的動作感測器強制讓車子停下來，忽然間他就被包圍了。「我當時心想：『死定了。』然後我聽見了嗚笛聲，還以為警方終於要來救我了。」

普雷斯蒂說他過了一下才意識到究竟是什麼狀況。原來警察出現不是來救他的，他們要追捕他。從引擎蓋滾下來的那傢伙就是治安官他們的警員。後來把普雷斯蒂困住，再強開車門、拖他下車並逮捕的，也是同一批人。那些開車包圍普雷斯蒂的都是他們的人。

後來警方人員發誓他們絕對有表明身分，但普雷斯蒂堅稱不可能，因為他根本沒聽到。「大半夜的跑來兩個人大喊我的名字，然後就朝我衝過來。他們根本沒有說：『不要動！我們是警察！』之類的話。沒人告訴我他們是警察，從頭到尾都沒有。他們真的沒有表明身分，半個人都沒有。」他之所以看到有個人在車子正前方，還硬要把車往前開，是因為他以為這些人要攻擊他。治安官的車試圖包圍普雷斯蒂，他會拒停也是出自相同的原因。「那就是一台深色的車子，沒有開燈、沒有警笛，根本看不出來是警車，何況對方還打算把我撞離路面。」

他們直接幫普雷斯蒂上手銬，宣讀他的權利後就送往拘留所。這次普雷斯蒂的罪名不只是無照供應酒類、違反疫情停業禁令，在場的治安官向普雷斯蒂表示，被他撞的那個同僚兩條腿都斷了，還進了加護病房，因此他們要以對執法人員造成人身傷害、恐嚇、危險駕駛及危害行為、逃避追捕、拒捕這幾項罪名，對普雷斯蒂提出二級襲擊罪的重罪指控。

經保釋後，普雷斯蒂被釋放了，但這項決定不無爭議，也引發了倡議刑事司法體系內種族平等的那群人心中怒火。法律援助協會（Legal Aid Society）脫囚計畫（Decarceration Project）的律師瑪莉・恩狄雅耶（Marie Ndiaye）表示：「身為白人的普雷斯蒂先生雖然被指控以車輛襲警，卻依然可以返家陪伴家人、繼續做生意，甚至也不會遭限制接觸辯護律師，然而史泰登島每年卻有數千位同樣推定無罪（presumed innocent）的嫌疑人，因為相對更輕的罪名被直接送往萊克斯島❸（Rikers Island）。」該組織表示，普雷斯蒂獲釋一事恰恰證明了「司法體系的差別待遇，同樣是紐約人，白人就有比較好的待遇，黑人與棕色人種則不然。」[6]

普雷斯蒂確實是回家了，但他絕不是安然無事。在真正被定罪以前，他也沒有因為推定無罪的原則而被視為無罪，至少在隔天得知此事件的全美及全球觀眾眼裡，他並不無辜。當時，電視、各大報及社群媒體上都充斥著史泰登島上的驕傲男孩支持者因違反禁令照常讓酒吧開張遭到逮捕的報導，而這個人還開車衝撞警察拒捕。像這樣的新聞不管在什麼時候都會引起騷動，何況媒體還掌握了事發當下的監視器畫面，記錄的時間是從普雷斯蒂試圖逃跑、開車撞向其中一位警員開始，最後結束在普雷斯蒂遭到逮捕的畫面。任何人在網路上都能找到這段影片，看完也都會認為普雷斯蒂行為惡劣、犯行明確。紐約州長與市長都出言譴責普雷斯蒂的暴行。庫莫表示：「只要你是真正的紐約人，就絕對會對這種行為反感。任何人都不應該攻擊警察。像他這樣的壯漢竟然開車撞警察，真是噁心，而且這是懦夫的行為。」白思豪甚至語帶威脅：「因為這傢伙的行為，該名治安官有性命危險，我們對這種暴行零容忍，他應該付出很高的代價。」[7]

普雷斯蒂的律師要求他在法庭上由律師為他辯護前，一定要保持沈默，但他私底下卻氣憤難耐。他說：「他們根本是在詆毀我，竟然說我拒捕、撞倒治安官！還撞斷他的腳！」他認為這整件事都太荒謬了。遭到逮捕的前幾天，他還是照常收下罰單、被處以罰鍰。執法人員無論想提出什麼指控，他都照單全收。為什麼警察突然要在半夜他走向車子的時候追著他跑？他從來沒犯過什麼重罪，更別說是拒捕了，他從來沒做過這種事。他最無法理解的是，為什麼要派這麼多執法人員和警車來鎮壓他？「這難道是那種抓捕奧薩瑪・賓・拉登的祕密軍事行動嗎？所以他們打算撞翻我，再把我抓起來，然後讓我消失？」普雷斯蒂忍不住質疑。他覺得這背後只有一種可能：有人要他閉嘴。

在大眾看來，普雷斯蒂成了人人喊打的過街老鼠。在疫情下為小型企業的生存苦戰是一回事，但開車撞警察？沒有任何人（尤其在史泰登島）能夠接受這種事。但當時普雷斯蒂卻聽說，那名所謂被他撞倒的執法人員肯尼斯・馬托斯（Kenneth Matos）其實腿沒斷，更沒有進加護病房治療。普雷斯蒂認定整個故事都是編出來將他妖魔化的手段。「關於他撞斷那個人的腿這件事就是個徹頭徹尾的無恥謊言，」普雷斯蒂的律師陸・傑洛米諾（Lou Gelormino）向媒體表示，「假如他真的撞傷了治安官，他們當時要求的保釋金就會是五十萬美元才對。」[8] 整件事疑點重重，而普雷斯蒂更加憤怒了，覺得被政府迫害、蔑視當局的感受在他心

❸ 譯注：隸屬於布朗克斯區的一個島嶼，島上有紐約市最大的監獄。

中滋長。

二〇二一年一月，史泰登島地方檢察官麥可．麥馬洪（Michael McMahon）將普雷斯蒂的案件交由大陪審團（grand jury）判定。檢察官指控普雷斯蒂犯下多項重罪，其中如攻擊執法人員這樣的罪行可能遭判處很長的刑期。普雷斯蒂說，在一般情況下，律師不可能讓被指控如此嚴重罪行的當事人在大陪審團前親自作證；然而在他的案子裡，律師卻堅持要他坐上證人席說出自己的故事。普雷斯蒂解釋，這是因為律師知道他說的是事實，所以並不擔心讓他親自作證。普雷斯蒂從他的角度簡短敘述了當晚的來龍去脈，他說：「接著檢察官就開始盤問我了，但我可以清楚明確回答每一個問題。」當晚他回到家裡，等待陪審團經仔細思考、討論後做出判決。普雷斯蒂的律師說他的表現非常完美，然而整件事的壓力依然讓他喘不過氣，他幾乎整夜沒睡。

隔天早上，法庭宣布大陪審團判定結果出爐。陪審團幾乎撤銷了所有指控，只有違反營業執照規定的相關指控除外，但普雷斯蒂並不擔心。他知道自己會破產，但他也無意支付罰金。對他來說真正重要的是，他背負所有有關於拒捕、襲警的指控都已獲判無罪，他可以站出來訴說自己的故事、改變大家對這件事的看法。他告訴我：「我感覺找回了自己的聲音。」這就是他當下最需要的力量，因為他準備要迎接「一場大戰」。

戰鬥至少分為兩條戰線。其一是普雷斯蒂與麥克拉尼受到陪審團的鼓舞，決定對禁止營業令進行反擊，他們想對紐約市及紐約州疫情期間下令禁止店家營業的合法性提出質疑，也希望下一步就是取回他們的酒類營業執照。其二是普雷斯蒂投身到更大型的運動中，他們抗議政府出於公共衛生考量提出的各種限制，例如規定業主禁止營業，以及強制戴口罩、注射疫苗的規定。他變得比過去更常在社群媒體與集會上發表言論，表達方式也更加有力。他在Facebook上也愈來愈活躍，麥克酒吧的社團頁面已經累積數千名追蹤者了。普雷斯蒂在五月創立了新品牌——自由無懼（Freedom Over Fear），會販售寫有「76」或「自由無懼」等文字的衣飾。品牌網站寫道：「受到漠視、自由也被一點一點剝奪，是否令你忍無可忍？那麼，歡迎來到屬於你的地盤。自由就是我們所最重視的，要是不站出來表明立場，那想再爭取什麼，只會落得一無所有。請和我們團結一心、同聲相應，當彼此的後盾。被迫噤聲的日子已經過去，接下來，沒什麼能夠嚇倒我們了。」普雷斯蒂在六月用Facebook召集了一場抗議活動：「這裡有沒有送小孩去門諾路（Manor Rd）猶太社區中心（Jewish Community Center，JCC）的家長？你們是否也想加入讓孩子擺脫口罩的計畫？我需要各位跟我站在同一陣線。假如你也想加入，不過戰場是在另一所學校，我也很樂意與你們並肩奮戰。」

到了這時候，我發現普雷斯蒂已經徹底不回應我了——不管是電話或訊息通通不回覆。我沒辦法問他，為何轉而接受自己曾抗拒的政治意識形態與政治運動，而現在他真正想達到的目標又是什麼。幾個月前，普雷斯蒂才在Facebook上加我為好友，我猜他大概發現了我們的價值觀很不一樣，所以才斷絕了與我的聯繫。我無法知道真正的原因。自那時起，我只能用其他方式追蹤有關他的故事。

普雷斯蒂在推特上也愈來愈活躍，而且他調整了自己的表達方式以迎合那個媒體平台的特性。二〇二一年四月他在推特上發文寫道：「《美國憲法》寫了，要是發生這類事情，我們是可以推翻政府的。紐約州參議院剛通過一項法案，基本上就是說：未來所有的強制令都會直接成為法律。你們還以為『緊急狀態』過去後，就能重拾自由與權利嗎？仔細看好了，再也拿不回來了。為什麼強制令可以直接變成法律？因為沒有人起身反抗。」紐約市於八月宣布，所有教師都必須接受疫苗注射，普雷斯蒂對此在推特上表示：「現在的紐約，是決定要好好瘋一場還是乖乖閉嘴聽話的時刻了。我們可以來看看，有哪些人願意為自由而戰，你我又願意為此付出什麼代價。我們要主張立場，我願意付出一切。」幾天後，他又對其他家長釋出以下訊息：「紐約即將重新開放學生到校。要是你的孩子身體健康，你卻遵守讓他們戴口罩上學的規定，那你也是造成問題的其中一環。別說什麼你別無選擇，每個人都有選擇……反擊就對了。」[9]

二〇二一年夏天情況愈演愈烈。七月時，普雷斯蒂與律師傑洛米諾宣布，他們要以包括誹謗、非法拘禁在內的「違法行為」罪名控告治安官與紐約市。[10]八月時，《紐約時報》指出普雷斯蒂其實是約翰·馬特蘭（John Matland）的親近盟友。馬特蘭是一位醫療技術人員，他發起了「全面性的抗議活動」，以此回應史泰登島大學醫院（Staten Island University Hospital）要求員工施打疫苗或定期接受COVID-19篩檢的規定。這些醫療工作者以《星際大戰》（*Star Wars*）中的反抗軍為靈感，自稱為「反抗勢力」（the Resistance）；他們質疑聲稱疫苗安全、有效的科學界說法，也不滿自己的公民權受到侵犯，並且以辭職或搬到防疫規定較寬鬆的州（如佛羅里達州）為要脅手段。[11]《紐約時報》稱普雷斯蒂為當地首開先例運用這種策略的第一人，而他也欣然接受這個說法。

在這段時間，普雷斯蒂依然堅稱自己沒有特別支持哪個黨派。他在二〇二一年九月的推特發文中表示：「我既不左也不右。」然而，他的立場與那些湧入麥克酒吧的右翼抗爭者幾乎完全吻合，是他們在疫情最嚴峻的時期為普雷斯蒂爭取在室內供應酒水的權利。同時，他也表現出對民主黨與進步派政治官員的敵意，不僅是白思豪和庫莫，連拜登總統都是他抨擊的對象。他在推特上的措辭也與唐諾·川普最熱情的支持者沒什麼不同。他的推特發文寫著：「我們還要眼睜睜看著選舉遭到操弄多少次？他們早就先決定好選舉結果了。我們得要說『不』，這些事才可能改變。」[12]

從某些方面來說，這種立場其實與疫情期間普雷斯蒂對防疫規範的看法有一致性。他認為，自己身為小型企業經營者應該要有繼續開門營業的權利，就算社會正面臨醫療健康危機也一樣。也不論科學家或公共衛生單位給怎樣的建議，他的權利就是他的權利。不過，普雷斯蒂並非一直都抱著這麼激烈的自由意志主義，尤其疫情剛爆發時，他並不是這樣。在我們對話的過程中，他時常表示，倘若政府能提供資金確保小型企業有償付能力、員工經濟無虞，那麼禁止營業也不是不能接受的選項。但當我問起：他認不認為美國政府在疫情第一年沒有做到該做的事，這可能與川普總統的政策有關，他馬上就轉移了話題。

九月，史泰登島刑事法庭撤銷了針對普雷斯蒂前一年十二月違反紐約州《酒精飲料管控法》（Alcoholic Beverage Control Law）的七項傳喚。普雷斯蒂和他的律師對治安官方面要進一步起訴此案的行為提出猛烈批評。代表普雷斯蒂控告紐約市的律師馬克·馮提（Mark Fonte）表示：「這種行為只會讓我們提高所要求的損害賠償。假如治安官那裡想提出第三次傳喚，我們也會進一步修改提告內容，提出惡意起訴（malicious prosecution）的指控。」[13]

十月二十日，紐約市長白思豪宣布，所有市政府員工（包括警察、消防員、衛生清潔人員）都必須在十月二十九日下午五點以前注射疫苗；在期限前施打第一劑疫苗的人，可以獲得五百美元的獎勵金，而在期限前未施打疫苗的人則必須放無薪假。留著一把又長又亂的鬍子的普雷斯蒂在這時跳出來帶領拒絕服從規定的抗爭者。普雷斯蒂已經把他推特上的自我介紹改成「自由鬥士」，他也在上面發文：「紐約市已經瀕臨崩潰邊緣。要是放任暴君控制你我，九天後，紐約市大小公部門職位就會充斥著百分之百順從、聽話、低聲下氣的弱雞。接下來九天，我都會待在街頭卯足全力。我會大聲呼喊，我會為你、我、所有人的自由而戰。我們就是拯救這座城市的最後一道防線。」[14]

十月二十八日是市長規定必須施打疫苗的最後期限前一天，普雷斯蒂拖著垃圾袋到曼哈頓上東區的紐約市長官邸（Gracie Mansion）。他對著鏡頭發言：「我想請大家把垃圾都帶來這裡，我們要與所有環境清潔人員和紐約市其他的公務人員並肩作戰。他們拒絕清運垃圾是為了聲張自己的權利、為自由盡一份力，我們也一起加入吧，大家都把垃圾帶來這裡，帶來市長官邸的門口。更何況，官邸裡面那個人（市長）本身也是個垃圾。」[15]儘管面臨這麼棘手的麻煩，紐約市長那天的狀況顯然還是比普雷斯蒂要對付的另一號人物好一些。當天下午，紐約州長庫莫因為在州長官邸撫摸一名女性職員的胸部而正式遭到控告——庫莫此舉是為了「羞辱該職員並滿足個人的性欲」。[16]不過普雷斯蒂並未針對此事件在推特上表示什麼。

如今，@macspublichouse的推特帳號已經不存在，麥克酒吧也早已歇業。不過，美國畢竟是個自由的國家，普雷斯蒂的法律團隊向媒體表示，他本人和麥克拉尼正在「尋找新據點」。他們需要新的酒類營業執照，也希望能獲得當地警察分局及街坊鄰居的支持，但以目前的情況來看，普雷斯蒂如願以償的希望似乎有點渺茫。然而普雷斯蒂在史泰登島大大出了名，有些人甚至視他為當地的英雄人物，還是有很多人大力支持他。

普雷斯蒂在二〇二一年秋天在推特上發文：「還是有許多人以為我們會害怕感染COVID而死，事實上我們根本不在乎。人民的自由、保護這份自由才永遠是我最重要的目標。要讓我的孩子在一個不自由的世界成長，那除非我先沒命，而我也樂意為爭取他們的自由而死。我準備好戰鬥了。不自由，毋寧死。」[17]

注釋

1 Bill de Blasio (@BilldeBlasio), “Since I’m encouraging New Yorkers to go on with your lives + get out on the town despite Coronavirus, I thought I would offer some suggestions. Here’s the first: thru Thurs 3/5 go see “The Traitor” @FilmLinc. If “The Wire” was a true story + set in Italy, it would be this film,” Twitter, March 2, 2020, 8:16 p.m.

2 New York Times Editorial Board, “New York City to Close Schools, Restaurants and Bars,” *New York Times,* March 15, 2020.

3 Dana Rubinstein and Scott Piccoli, “N.Y.C. Enters Phase 4, but Restaurants and Bars Are Left Behind,” *New York Times,* July 20, 2020.

4 Tanay Warerkar, “A Timeline of COVID-19’s Impact on NYC’s Restaurant Industry,” *Eater,* December 30, 2020.

5 John Del Signore, "State Cracks Down on Staten Island Tavern Declaring Itself an 'Autonomous Zone' Free from COVID Restrictions," *Gothamist,* November 29, 2020.

6 George Joseph, " 'Autonomous Zone' Bar Owner Allegedly Drove into Sheriff's Deputy While Evading Arrest. DA Doesn't Seek Bail," *Gothamist,* December 8, 2020.

7 Ganesh Setty and Leah Asmelash, "A Staten Island Bar Manager Hit a Deputy with His Car While Trying to Escape Arrest, NYC Sheriff's Office Says," CNN, December 7, 2020.

8 Kevin Sheehan, Tina Moore, and Aaron Feis, "Lawyer Says Sheriff Allegedly Rammed by NYC Bar Owner's SUV Is Lying About Broken Legs," *New York Post,* December 7, 2020.

9 Daniel Presti (@DannyPresti), "It's just about time to nut up or shut up here in NYC. We're going to find out who really wants to fight for their freedom and what you're willing to sacrifice. This is where we make our stand. I'm all in," Twitter, August 21, 2021, 8:41 a.m.; Daniel Presti (@DannyPresti), "School is about to start here in NY soon. If your child is healthy and you are complying with sending them in with masks, you are part of the problem. Don't tell me there are no options. We all have a choice... Fight back," Twitter, August 30, 2021, 1:44 p.m.

10 Frank Donnelly, "In Latest Battle with City, Grant City Bar's Manager and His Lawyer File Suit, Alleging Defamation and False Imprisonment," *SILive,* July 9, 2021.

11 Kimiko de Freytas-Tamura, "A Hospital Finds an Unlikely Group Opposing Vaccination: Its Workers," *New York Times,* August 22, 2021.

12 Daniel Presti (@DannyPresti), "I am neither left nor right. Start seeing the problems we have in life are manufactured from government, and its both sides. How many more judges have to rule against us? How many more rigged elections do we have to witness? It's all decided ahead of time. Until we all say No.," Twitter, September 16, 2021, 4:55 p.m.

13 Donnelly, "In Latest Battle with City, Grant City Bar's Manager and His Lawyer File Suit, Alleging Defamation and False Imprisonment."

14 Daniel Presti (@DannyPresti), "NYC is on the verge of collapse," Twitter, October 20, 2021, 11:44 a.m.

15 Leeroy Johnson (@LeeroyPress), "At the protest against mandates held by the #FDNY at Gracie Mansion In NYC, the home of Mayor Bill De Blasio. Danny Presti from Mac's public house in Staten Island. Protesters brought bags of Garbage to Gracie

Mansion and left it at the Doorstep of Mayor De blasio #NYC #NY," Twitter, October 28, 2021, 1:57 p.m.

16 Luis Ferré-Sadurní and Jonah E. Bromwich, "Andrew Cuomo Is Charged in Sexual Misconduct Complaint," *New York Times,* October 28, 2021.

17 Daniel Presti (@DannyPresti). "Too many people still think we worry about dying from covid," Twitter, October 4, 2021, 9:01 a.m.

第六章

口罩的意義

表面上來看，口罩的意義似乎再簡單也不過。

要是世界上突然出現了新型致命病毒，而當下還沒有相應的疫苗或治療方式，那麼想避免在社交空間裡受病毒感染，有一種十分簡單的方式：戴口罩。但形塑人類社交生活的各種動態張力絕對不僅止於表面可見之事，也一如疫情第一年種種現象所示，戴不戴口罩絕不是簡單的決定。在世界上某些地方，強制戴口罩的規定很快受到人民的遵守與普遍尊重，並未引起太多公開的爭議。然而在其他地方，政府或企業究竟是否有權、該在何時於何地強制規定人民戴口罩，這些事卻引發爭端及意見分歧，同時激起民間的反彈聲浪與激烈抗爭，甚至還發生奪人性命的暴行。這樣看來，口罩與社會結構其實息息相關，更是隱含了許多意義。對某些人來說，口罩是促進個人與集體健康的基本條件；然而對另外一些人來說，口罩卻代表噤聲、控制、迫害個人自由、要人民服從國家統治的手段。這種差異是怎麼來的？

文化顯然是其中一個重要因素。文化是一個群體的信念、價值、規範與慣例，因此也決定了個人在面對危機或規定時，會有怎樣的行動。社會科學家發現，文化對人類的健康行為長久以來就發揮著一定的影響，例如許多心理學家都發表過相關研究：文化認同屬於更關心群體的需求、目標、利益，程度甚於關心個人利益的「集體主義」（collectivism）的人，較諸那些更關心個人需求、目標、利益，而非群體利益的「個人主義」（individualism）族群，兩者之間存在許多行為上的差異。[1]這些研究只是用取得的資料來加以分析，用意不是為了建立絕對的標準。因此，這些研究沒有特定立場——並非如保守派一般認為的那樣，歸納出自由市場與個人主義的組合，一定比經濟體系受高度監管、慷慨的福利國家政策與集體主義的搭配來得好；也不為進步派幫腔，認定後者勢必比前者理想。然而透過研究結果，我們也可以清楚發現，在傾向集體主義的群體中，大眾更願意在傳染病爆發時佩戴口罩。如今種種事實也證明了的確如此。

二〇二一年，麻省理工學院社會心理學家陸冠南（Jackson Lu）率領一群美國與中國學者進行了四個大型研究，探討疫情期間文化與佩戴口罩行為之間的關聯，控制變因從人口統計資料、人口密度，再到政府應對措施的嚴格度與時間都包含在內。他們感興趣的不僅僅是南韓、德國、巴西之間這類國與國之間的差異，也想知道在美國這種政治極化發展的國家中，各州、各郡的表現會有哪些不同。這些心理學家取得了四組獨立的資料集：一組是來自美國五十州、三千一百四十一郡的二十四萬八千九百四十一人的資料；一組是全美五十州的一萬六千七百三十七人的資料；一組是來自二十九個不同國家三十六萬七千一百零九人的資料；最後一組是來自六十七個不同國家二十七萬七千兩百一十九位Facebook用戶。有關佩戴口罩與否的資料是根據受訪者的回報，不一定完全可靠（一般人通常會選擇回報符合自己所屬群體規範的行為，卻並不一定總是遵守這些規範，有時根據回憶回報的行為也不一定完全符合事實）。然而，每一項研究的發現都能確立並證實同一件事（結果也不太令人意外）：傾向集體主義的郡、州、國家的人民通常比較願意戴口罩；相形之下，傾向個人主義的地區的人民則更可能反抗佩戴口罩的規定。[2]

然而，我們常將一些文化貼上概括性的標籤，這就容易導致刻板印象，粗暴地將整個群體的人歸類為：「聽話」或「難以控制」，也因此會忽略各群體之間以及群體內部每個個體間的重要差異。為何某些群體願意接受佩戴口罩的規定，另外某些群體卻產生反彈？關於這個問題，喬治城大學（Georgetown University）的日本歷史學家喬丹・桑德（Jordan Sand）認為：「我們在報紙上見到有關文化的解釋，其實都只是關於東西方面對權威，以及面對群體規範的陳腔濫調。」桑德難以苟同這些西方自命權威者粗暴地把所有環太平洋地區國家混為一談的論述；他也特別提到：「疫情其實反而揭露出亞洲各國社會的差異。」例如日本人其實在疫情前就多有佩戴醫用口罩的習慣，更遑論是在疫情期間，不過「他們戴口罩並不是因為服從權威，也非集體主義所致。」[3]反之，日本獨特的歷史經驗為當地佩戴口罩習慣的最大推手——從口罩與生物醫學進步之間的關聯，再到遮蔽臉部能簡易而有效地保持身體健康的概念，這些才是日本人廣泛戴口罩的真正原因。

整體而言，在形塑口罩的文化意義上，歷史扮演了關鍵角色。自COVID-19疫情爆發之始，醫療人類學家就曾強調，面臨過傳染病爆發的直接經驗有其重要性，能讓口罩對個人與大眾健康的價值一覽無遺。人類學家克里斯托斯・林特里斯（Christos Lynteris）指出，在一九一〇至一九一一年間發生了東北大鼠疫（Manchurian plague），當時發明出能夠減少傳染病傳播的口罩，而且在當年，那也不僅是「個人防護裝備」，更是象徵意義上強而有力的物品——只要戴了口罩「就能讓佩戴者變成確實『具備理性』、重視衛生的現代社會成員。」他也解釋，使用口罩這件事在疫情控制的工作中成了一種「儀式」，是大家眼中「阻擋經空氣傳播的感染源最簡單明了的方法」，同時也是看得到、摸得著的「證據」，可以證明中國科學的成就，以及人民齊心力抗疾病的團結精神。[4]一九一八至一九一九年的大流感❶（Great Influenza）期間，口罩凸顯出其他文化所欠缺之中國社會的美德，而那也標記了中國與西方社會在疾病大流行下最顯著的不同。中國的韌性也是如此。儘管當時中國也受到流感的衝擊，一篇刊載於《傳染病國際期刊》（*International*

❶ 譯注：又稱「西班牙流感」。

Journal of Infectious Diseases）的歷史研究仍指出：「哪怕那個年代衛生條件普遍糟糕，但中國的疫情與世界上其他國家相比，還是相對輕微、不致命。」[5]

至於在其他國家，戴口罩對抗傳染病的風氣在動蕩的二十世紀期間起起落落。大流感肆虐時，戴口罩的習慣有普及一些，在世界大戰及其他新的危機出現時，又不那麼風行了。一九一八至一九一九年間的大流感約奪走了五千萬人的性命，然而就算是這樣，仍難以讓所有人都支持戴口罩這項防護措施。例如美國有多達六十七萬五千人殞命，強制戴口罩的規定還是激起了某些人的憤怒與反彈。「一九一八年的秋天，共有七個城市——舊金山、西雅圖、奧克蘭、沙加緬度（Sacramento）、丹佛（Denver）、印第安納波利斯（Indianapolis）、加州帕沙第納（Pasadena）——通過了強制戴口罩的法律規定，」醫學史學者霍華德・馬克爾（Howard Markel）向《紐約時報》表示，「就在酒吧、酒館、餐廳、劇院、學校都關閉的時候，口罩成了最好的代罪羔羊，相當於政府管過頭的象徵，也激起了抗議、請願，以及故意不戴口罩來挑釁當局的聚會。」[6]儘管當時的抗議行動不如二〇二〇年到遍地開花的程度，卻一樣有媒體相當大版面的報導，也破壞了政府欲聯合全國一起推動公共衛生計畫的努力。此外，也正如歷史學家布萊恩・多蘭（Brian Dolan）所述，那些集結起來對抗戴口罩規定的群體開了先例——將口罩定調為「壓抑」美國人、從他們身上奪去「自由解放」的工具。[7]這種論調成了美國文化的一部分，碰上政府再度嘗試實施戴口罩規定時，自然而然會被人拿來發揮。

二〇〇三年嚴重急性呼吸道症候群冠狀病毒1型（SARS-CoV-1）造成了SARS疫情爆發，但當時美國全國僅有八起確診案例，因此沒有推行強制戴口罩規定的必要。然而，其他受SARS影響較嚴重的國家卻因此次疫情的經驗而有了徹底的轉變。這些國家的政府自此開始制定新的控制傳染病的政策措施，同時也教育民眾口罩有屏障。保護身體的功能。SARS之所以令人擔憂，原因有許多層面。一般而言，冠狀病毒只會造成輕度至中度的上呼吸道疾病，然而嚴重急性呼吸道症候群冠狀病毒1型卻有嚇人的致死率，其造成的整體病例死亡率達百分之十，老年人染病的死亡率還會比這高上許多。[8]除此之外，這種病毒傳染力也高得讓人憂心。二〇〇三年二月二十一日，衛生官員發現到嚴重急性呼吸道症候群冠狀病毒1型具有高度傳染力。當時來自中國廣東（嚴重急性呼吸道症候群冠狀病毒1型即發源自廣東）的六十四歲醫師劉劍倫在香港的飯店住了一晚，他在當晚開始發病。接下來幾天，陸續出現了共八起SARS病例，這些患者與當日劉劍倫下榻飯店同樓層的住客皆有關聯，其中甚至還有患者將病毒帶到了新加坡、多倫多、河內等地。不久後，香港的病例數量往上攀升，嚴重程度在全球則僅次於病毒發源地——中國。[9]

世界衛生組織指出，「SARS的流行比至今所見任何疾病的傳播都更廣、更快，而且更致命。」連愛滋病「都用二十年才達到遍及全球的感染範圍」；伊波拉病毒及「立百病毒（Nipah）與亨德拉病毒（Hendra）所引起的新型亞洲疾病則未引起廣泛傳染」；反觀SARS，感染範圍橫跨三十國、至少八千四百五十六人，並在二〇〇三年二至六月間造成八百零九人死亡。[10]世界衛生組織裡負責更新世界衛生新聞的執筆者表示：「在如今這個全球化的世界，SARS是第一個展現出對全世界可能造成何種破壞的新型疾病。一張張戴著口罩的臉孔代表了SARS在全球社會掀起的恐懼，隨之而來的是各種大動作舉措：武裝警衛守在醫院病房外，強制隔離染疫的大批病患；受感染的旅客被拖下飛機；企業及學校遭到關閉。」[11]

值得慶幸的是，嚴重急性呼吸道症候群冠狀病毒1型的傳染力未如科學家起先所擔憂的那麼強——更不像嚴重急性呼吸道症候群冠狀病毒2型那麼易於傳播。儘管無症狀或仍處於症狀前期的患者也可能具有傳染力，但真正出現明確症狀的SARS患者感染他人的機率還是比前者大得多。因此醫院便與政府衛生單位密切合作，他們有辦法辨識受感染的患者，之後再加以隔離即可。到了二〇〇三年七月，疫情已獲得有效控制。世界衛生組織表示：「SARS改變了世界。」不過，某些地方的改變比其他地方要大得多。[12]

許多地理位置與中國鄰近的國家受到這波流行病的影響很深，距離較遠的國家如加拿大也在劫難逃，出乎意料有大量病例。哥倫比亞大學社會學家吉爾．埃亞爾（Gil Eyal）針對東亞的情況寫道，有一批「比起其他人更具聲望與信譽的專家」成功走出這場危機，成了「抗SARS英雄」；這些科學家與公共衛生官員因而「累積了信譽」——他們不僅成功對抗病毒的威脅，也勇於挑戰中國在疫情初期宣稱病毒並不特別危險的錯誤陳述。[13]這些抗SARS英雄的付出十分重要，因為有他們，走過這場流行病的經驗才能轉化為社會大眾銘記在心的歷史教訓及共同記憶，未來領導者才得以在就政策進行辯論或面對類似事件時，援引這些歷史經驗。二〇二〇年初，嚴重急性呼吸道症候群冠狀病毒2型剛剛出現，一些東亞的衛生官員便提出警告：「SARS又回來了。」他們的專業知識也確實受到重視。

二〇二〇年初開始有新聞報導傳出新型冠狀病毒所致的COVID-19疫情消息，東亞各國領導者便建議人民戴上口罩保護個人安全。其中某些國家曾有過SARS疫情的慘痛經驗，國內對口罩的需求隨之攀升，導致口罩嚴重短缺。中國是全球最大的N95口罩生產國，但因為中國國內對口罩的需求激增，許多進口商都擔心北京會禁止出口口罩。最初曾基於人道精神捐贈口罩給中國的一些國家紛紛威脅，他們也將禁止口罩出口。[14]二月、三月期間，東亞各國政府開始敦促口罩製造商提高生產速度，同時也實施分發大量口罩的計畫。日本免費發送可重複使用的布口罩給國內五千萬家戶[15]；南韓及台灣則將口罩運送到地方上的藥局，由藥局負責將口罩分配給當地家戶，並宣導與他人保持身體距離與追蹤接觸史的重要性。[16]這項政策的目標是希望所有人都能取得避免感染的基本防疫用品。在疫情侵襲下，口罩並非政府提供的唯一資源，但至少在這些地區，官員與人民都相信那是不可或缺的自我防護裝備。

世界衛生組織是聯合國在一九四八年為應對全球公衛危機而設立的專責機構。在COVID疫情危機出現時，該組織本來可以出一份力推廣口罩對防疫的重要性（尤其是針對那些普遍缺乏「戴口罩避免感染病毒」觀念的地區）。但令人錯愕的是，世界衛生組織做出恰恰相反的事。疫情爆發的第一個月，出於以下考量：擔憂全球口罩供應短缺導致醫療從業人員無口罩可用，同時尚不確定這種新疾病是透過氣溶膠或飛沫傳染，另也缺乏掩蓋口鼻可減少該疾病傳染的實證——世界衛生組織領導人一直對戴口罩能否在一般社交互動中保護佩戴者不受病毒感染持懷疑態度。其中有些人甚至表示，口罩若佩戴不當甚至可能有害。[17]

世界衛生組織運用本身的影響力強調疫情並不嚴重，也表示局勢仍在掌控之中。二〇二〇年一月五日，世界衛生組織雖然公布了武漢出現「不明原因肺炎病例」的消息，同時卻也表示「肺炎在冬季是常見的疾病」。即便當時已出現未直接暴露在武漢華南市場的環境中依然感染的病例，世界衛生組織卻無力獨立評估「會經人傳人感染的新型冠狀病毒可能引致此種肺炎」的說法。他們提出說明：「根據中國調查團隊提供的初步資訊，未有證據表明病毒有明顯的人傳人現象，也尚未接獲醫療工作者受到感染的通報。就目前關於此事件掌握到的訊息來看，世界衛生組織建議不需要對中國實施旅遊或貿易限制。」[18]

一週後的一月十二日，世界衛生組織宣布，中國已完成一種可能致命的新型冠狀病毒的基因體定序。即便如此，世界衛生組織仍進一步強調北京提出的防疫建議，並表示旅客及當地居民都只要採取一般性預防措施即可。世界衛生組織解釋：「中國政府表示，目前無明顯證據顯示該病毒容易人傳人。病例……在武漢以外地區尚未接獲通報。」[19]幾天後，中國一些城市及世界多國皆出現了COVID-19病例，接下來幾週患者人數不斷上升。一月二十二日，世界衛生組織的緊急事故委員會（Emergency Committee）召開了遠距視訊會議，商討是否要宣布近期疫情為國際公共衛生緊急事件（Public Health Emergency of International Concern，PHEIC）。其中的風險很大。世界衛生組織將國際公共衛生緊急事件定義為「通過疾病的國際傳播構成對其他國家的公共衛生風險，以及可能需要採取協調一致的國際應對措施的不尋常事件」，該事件狀態要在

「情況嚴重、突發、不尋常或意外；公共衛生影響可能超出受影響國家的邊界；可能需要立即採取國際行動」[20]之時才啟動。當天世界衛生組織宣布：「有關於現況是否已構成國際公共衛生緊急事件，緊急事故委員會成員意見未能達成共識。」擔任世界衛生組織祕書長的衣索比亞醫師譚德賽（Tedros Adhanom Ghebreyesus）決定先不敲響警報。世界衛生組織對各國政府提出建議：「所有國家都應做好控制疫情的準備，包括主動監測、早期檢出、隔離和病例管理、接觸者足跡追蹤，以及防止Covid進一步擴散。」[21] ❷

世界衛生組織決定不宣布國際公共衛生緊急事件一事引起國際觀察人士的批評，他們擔心世界衛生組織已捲入了與傳染病有關的外交角力，也因此不假思索便接受了中國的公關手法——背後原因或許是希望更深入了解中國的實驗室與醫療資訊，也可能是想避免恐慌或仇外情節——但卻忽略了領導全球公共衛生應對措施這個目標。美國外交關係協會（Council on Foreign Relations）的部落格便指控世界衛生組織祕書長譚德賽「不加掩飾地擁護中國政府對於COVID-19疫情的回應方式」，因為他「稱頌中國『為疫情控制立下了全新標準』，也讚美中國最高領導人面對世界衛生組織與其他國家皆『以開放的態度分享資訊』。」[22]當時北京方面顯然這兩件事都沒做到。世界衛生組織於一月三十日再次召集緊急事故委員會，到這時候中國已經有一萬兩千例以上的COVID-19疑似病例，且全球除中國外也有十八個國家出現確診病例。這一次，祕書長譚德賽終於表示：「疫情爆發的狀況已符合國際公共衛生緊急事件的標準。」世界衛生組織也提醒，這次宣布國際公共衛生緊急事件「應本著支持和讚賞的精神看待中國政府與人民在疫情最前線所採取的各項透明公開的行動，並希望中國防疫成功。」[23] ❸ 世界衛生組織決定發布國際公共衛生緊急事件，確實啟動了全球等待已久的全面應對措施，但在這次聲明中，世界衛生組織依然沒有建議佩戴口罩。

COVID-19的新增病例與死亡人數在二月與三月以驚人速度增加，美國與歐洲的情形尤為駭人。這些地區的公共衛生單位不願實施嚴格的封鎖、篩檢、追蹤足跡措施，民眾也沒有戴口罩的習慣。美國的川普政府成員對於非藥物防疫措施大肆嘲弄。美國衛生局長傑洛姆・亞當斯（Jerome Adams）在推特發文表示：「說真的各位——**拜託別再買口罩了**！口罩**無法**有效避免一般大眾感染#新型冠狀病毒。」[24]在這個疫情發展的關鍵期，東亞國家市面上隨處可見口罩等用來覆蓋臉部的產品，但在西方國家卻不多見，只有當地中國、韓國、越南裔民眾聚居的社區會有這些物資。這些地方的商家會定期從亞洲訂購食物與商品，現在採購的品項則加上了口罩。東亞各國衛生官員對西方國家面對口罩表現出的抗拒感到疑惑、憂心。中國疾病預防控制中心主任高福接受《科學》期刊的訪問時表示：「我認為美國與歐洲放任人民不戴口罩是他們在防疫上的重大疏失。這種病毒會透過飛沫及近距離接觸傳染。飛沫是這種疾病非常重要的傳染途徑，所以一定要戴口罩。我們每個人講話的時候都會噴出口沫，再加上目前存在許多無症狀或處於症狀前期的感染者，倘若他們都能好好戴上口罩，就能防止帶有病毒的飛沫四處噴濺感染他人。」[25]

直到三月三十日，世界衛生組織的領導者依然對戴口罩的防疫能力抱持懷疑。世界衛生組織的緊急醫療計畫（Health Emergencies Programme）執行主任麥可・瑞恩（Mike Ryan）博士在瑞士日內瓦舉行的記者會上表示：「目前沒有確切證據顯示廣大民眾佩戴口罩可能利於防疫。事實上反而有證據顯示，若未以正確方式佩戴或沒有確實戴牢可能有害。」不過這段發言引來了各方批評，因為該言論背後的意思是說，口罩雖在其他病毒之疫情爆發事件（包括SARS）中證實有其防疫價值，但那不應被視為制定COVID公共衛生指

---

❷ 譯注：此處譯文參考世界衛生組織中文網站所提出的聲明，請見https://www.who.int/zh/news/item/23-01-2020-statement-on-the-meeting-of-the-international-health-regulations-(2005)-emergency-committee-regarding-the-outbreak-of-novel-coronavirus-(2019-ncov)

❸ 此處譯文參考世界衛生組織中文網站所提出的聲明：https://www.who.int/zh/news/item/30-01-2020-statement-on-the-second-meeting-of-the-international-health-regulations-(2005)-emergency-committee-regarding-the-outbreak-of-novel-coronavirus-(2019-ncov)

引的依據。世界衛生組織拒絕採納預防原則（precautionary principle），且他們堅稱，面對全新的陌生疾病，還是要經過充足的科學研究，才能證實鼓勵佩戴口罩的政策有合理性。

此時，歐洲與美國某些地區的官員決定忽略世界衛生組織的指引，直接對大眾發布佩戴口罩的明確建議或要求。三月時，捷克共和國（Czech Republic）與斯洛伐克（Slovakia）儘管面臨口罩供應不足的問題，卻仍是歐洲最早規定在公共場所必須戴口罩的兩個國家。[26]四月上旬，德州拉雷多（Laredo）成為美國率先要對公共場所未戴口罩者處以罰鍰的城市，其他城市如紐約、洛杉磯也積極敦促居民與他人共處一室時應遮擋臉部。[27]口罩防止新型冠狀病毒傳染的成效就跟阻擋其他經空氣傳播的病毒一樣有力——這不僅是可憑邏輯推導出的結論，早期的研究也能夠佐證，而COVID病毒在東亞地區傳染狀況相對和緩的流行病學趨勢亦是有力證據。預防原則確實有效，從已知的個人或社會所呈現的防疫結果來看，戴口罩能帶來的好處比口罩可能造成的傷害大得多。

但從世界衛生組織的觀點來說，向社會大眾建議佩戴口罩存在巨大風險：疫情初期，全球都面臨口罩供應極度不足的狀況。瑞恩在三月三十日解釋世界衛生組織為何反對強制規定人民戴口罩時，他很快就略過口罩有效與否這件事，反而強調另一種更難以擺脫的焦慮：「我們正面臨全球口罩短缺，」他表示，「目前最危險的就是第一線醫療工作者，他們每天每分每秒都暴露在環境中的病毒威脅下，一想到『他們可能沒有口罩可用』就很嚇人。」[28]這種論點引起許多西方國家政府官員與公共衛生單位領導者的共鳴。白宮COVID-19應變小組成員安東尼・佛奇表示：「誰都不希望犧牲醫護人員的安全，他們每天都面臨貨真價實的感染風險。」[29]這種說法令人難以反駁。

到了四月，又出現另一個關於嚴重急性呼吸道症候群冠狀病毒2型的確切科學證據，促使美國疾病管制與預防中心及世界各國衛生單位不得不放棄採納世界衛生組織的指引，轉而採取「強烈建議民眾戴口罩」

的策略。根據一組科學團隊在《新英格蘭醫學期刊》（*The New England Journal of Medicine*）發表的研究，這種新型病毒不僅會透過飛沫傳染，也會經由氣溶膠傳播，而氣溶膠相較下體積微小得多，可以隨著氣流傳播達數小時之久而不衰。[30] 除此之外，新的科學研究也發現無症狀患者也會傳播病毒，所以更需要人人都戴上口罩來降低病毒傳播的可能性——尤其在美國這種感染篩檢量能不足、僅有病患可做病毒篩檢的地方更應如此。

美國疾病管制與預防中心在四月三日正式更改了防疫指引。雖然他們仍對醫療口罩短缺一事感到擔憂，但還是建議所有兩歲以上的美國民眾在公共場所佩戴非醫療用的布口罩，或以衣物遮擋臉部。[31] 同日，川普總統現身於新型冠狀病毒的簡報及新聞發布記者會，他表示：「美國疾病管制與預防中心向所有美國人宣布可防止病毒傳播的額外措施。從近期的科學研究，我們發現無症狀患者導致的病毒傳播比我們過去所知還要嚴重，所以就算你身上沒有表現出症狀，但體內攜帶的病毒也具有傳染力。根據這些研究結果，美國疾病管制與預防中心建議採取額外的自願性公共衛生措施，希望社會大眾以非醫療用布口罩遮擋臉部。」但總統川普話鋒一轉，立刻又發言削弱前面所說防疫建議：「所以說只是自願性的，不是非得遵守不可。他們只是建議一段時間內這麼做，但反正是自願性的。」他稍微了頓了頓，又進一步表明立場——「我想我應該不會這麼做。」他坦承道，過了幾分鐘川普又再次表明，「我會選擇不這麼做。」[32]

川普這次發言成了美國戴或不戴口罩之爭的轉捩點。在這之前，美國人就如多數西方人一樣，大多不理解戴口罩好處在於可以阻擋COVID疫情蔓延。但尤其到後來，口罩成為很難取得的物資，因此大家對於戴口罩這件事便抱著反覆不定的態度，表現出的行為也如此。例如在三月，行銷數據公司Statista調查了一千九百八十六位成年人對口罩的看法，他們發現有百分之四十九的美國成年人「認為口罩對於避免新型冠狀病毒傳播非常有效或多少有效」；百分之四十二的人「認為口罩並不十分有效或全然無效」；另外有百分之八的人表示沒有意見或不知道。[33] Statista釋出這份資料時並未同時提供受訪者的政黨傾向與其對於口罩的觀點之間的關聯，在那個當下兩件事似乎並不相關——一個人的政黨傾向哪裡會影響他們對口罩防疫效果的看法？

總統在大庭廣眾下反駁了美國疾病管制與預防中心建議民眾戴口罩的防疫指引，這件事改變了一切。接下來幾天到幾週期間，川普及其陣營支持者開始特意藐視聯邦政府的防疫指引。拒絕戴口罩的行動很快成了共和黨檢視支持者對川普政府忠誠度的試金石，白宮也密切關注此事動態。川普和他的內閣成員在公開場合皆趾高氣昂堅持不戴口罩，包括在參觀Honeywell個人防護裝備工廠及福特（Ford）的底特律（Detroit）廠房時都是這樣。四月底，領導白宮COVID-19應變小組的副總統麥克·彭斯將這種隱含對抗意味的行為推上了另一個層次：在一個參觀梅奧醫學中心（Mayo Clinic）的行程中，彭斯藐視醫院規定拒戴口罩，當時他沒戴口罩就與醫療人員及一名患者共處一室。[34] 整個醫療機構中，在場堂而皇之無視口罩規定的，只有副總統一人。電視台工作人員捕捉下這個畫面，並在全國電視節目上播送。副總統彭斯想傳達的訊息十分清楚：川普政府不在乎美國頂尖醫師、科學家及公共衛生官員推崇的口罩防疫效果，而他們也不打算尊重地方性的防疫規定。

到了春季尾聲，美國民眾對口罩的看法開始與政治立場掛勾，而且趨於兩極化。Facebook上有愈來愈多關於口罩爭議的新社團創立，追蹤者也在快速增加。《公共科學圖書館》（*PLOS*）期刊刊載了一篇由奧勒岡大學（University of Oregon）學者撰寫的文章，文中提及四月、五月時，社群媒體上有關口罩的爭議愈演愈烈；推特上支持口罩與反對口罩的主題標籤呈指數增長；「極端化的尖銳言詞」導致網路上對立氛圍日益濃烈。[35] 口罩引起的衝突絕對不僅限於網路空間。支持及反對戴口罩的美國人更是開始在公共場所相互瞪視、批判、辱罵，導致正值大選年的整個社會氣氛又更充滿敵意。皮尤研究中心的調查指出，夏季時，美國人對疫情初期各種公共衛生措施（如社交距離、關閉校園、公共場所集會限制、戴口罩）原本廣泛接受的態度，開始隨個人黨派傾向出現較強硬的擁護表現。[36]與此同時，新聞媒體也開始報導美國各地超市、加油站及許多交通樞紐所發生的事件，社會氛圍顯然出現令人擔憂的變化趨勢：關於口罩的爭議引發了暴力行為。

疫情第一年，美國不是唯一就口罩防疫效果爭議不休的國家，但卻沒有哪個國家因為此議題生出如此頻繁、猛烈的糾紛，也沒有哪個國家在此議題上意見有這般明顯的黨派之分。反觀英國，在二〇二〇年七月的調查中，英國人自陳口罩使用率也低得驚人——市場調查公司YouGov當月調查顯示，僅有百分之三十八的英國人表示自己會在公共場所戴口罩。相較之下，新加坡人在公共場所戴口罩的比例為百分之九十；西班牙人為百分之八十八；義大利人為百分之八十三；美國人則為百分之七十三。[37]這個數字雖然顯示出英國人對於戴不戴口罩確實有意識形態之爭，但事實證明，意識形態並非社會局勢緊張的主因。倫敦政治經濟學院（London School of Economics and Political Science）教授克里斯・安德森（Chris Anderson）與莎拉・霍伯特（Sarah Hobolt）所做的研究發現，英國的政治黨派之爭並不會左右大眾對口罩在防疫上價值為何的看法；他們表示：「比起美國，英國各大主要政黨就口罩議題向大眾釋出的訊息更一致。正因如此，我們發現英國各黨派人士戴口罩的意願大致相仿，這件事也就不奇怪了。」[38]雖然戴口罩的習慣在英國遠遠稱不上普及，但願意戴口罩的族群中，他們是保守黨又或者工黨支持者，可能性各為一半。不妨與美國對照：YouGov也在七月調查了美國的情況，有百分之八十九的民主黨支持者支持強制戴口罩的規定，卻只有百分之五十一的共和黨支持者表示贊成。[39]

二〇二〇年夏天，激烈的全國大選與州選舉成了美國人主要的關注焦點，政治領導人紛紛把口罩當成代表其核心主張的圖騰。根據社會學家艾彌爾・圖爾幹及馬賽爾・牟斯（Marcel Mauss）的解釋，「圖騰主義」（Totemism）「在其中一個層面就是根據自然物件將人類分成不同群體，」而且「相反地，也會再按照社會群體將自然物件分門別類。」[40]對民主黨支持者來說，口罩代表著社會團結、相互義務、共同責任、人性尊嚴、命運相繫的符號。包括喬・拜登、賀錦麗（Kamala Harris）在內的民主黨候選人會在公開場合與政治宣傳活動上佩戴口罩（某些相信口罩確實能夠防疫，或嘗試在大選中贏得中間選民民心的共和黨候選人也會這麼做）。在社群媒體上，自由派與進步派發起了草根行動，要倡導戴口罩這種防疫措施，他們將社群媒體上的大頭照換成自己戴口罩的照片，或在個人簡介加上#戴上口罩（#WearAMask）這一類的主題標籤。看在保守派人士眼裡，這種行為純粹只是一種釋放道德訊號❹（virtue signaling）的作秀。除此之外，批判、羞辱、閃避那些拒戴口罩的人也成了屢見不鮮的行為。Instagram上開始有許多帳號會分享某些人無視戴口罩規定的照片。某些街坊鄰居違反防疫規定、基於自私動機選擇不戴口罩的魯莽行為，看在提倡戴口罩的族群眼裡，他們自認應合理為此感到擔憂，因為這會對公共衛生帶來極大風險，但對口罩懷疑派而言，那些人只是在居高臨下隨意批判。

對共和黨支持者來說，口罩代表的是壓迫、屈服，以及腐敗的管制型國家對美國社會的控制，而政府規定佩戴口罩就是為了箝制人民的自由，且此舉象徵著軟弱與恐懼。許多政治候選人藉著拒戴口罩、嘲弄提倡戴口罩的人來表現他們對川普的支持與團結。在社群媒體上，保守派人士也會反過來利用自由派對手的措辭，例如#我的身體我的選擇（#MyBodyMyChoice）的主題標籤，以及使用#我無法呼吸（#ICantBreathe）這樣的主題標籤（這同時也在貶低喬治・佛洛伊德〔George Floyd〕遭殺害引發的黑人的命也是命抗爭活動）。近期許多新的實證研究都提出強而有力的證據，證明口罩正如《美國國家科學院院刊》（*Proceedings of the National Academy of Science*）一篇重要研究論文作者所表示的，「是避免人與人相互傳染最有效的方式，」而且「這種低成本的防疫手段搭配保持社交距離、隔離、追蹤接觸者足跡等措施，正是我們打贏這場

COVID-19防疫戰的最佳機會。」[41]累積了這麼多科學證據，世界衛生組織終於願意改變立場，轉而建議大眾於公共場所戴上口罩。[42]然而依然有許多知名保守派人士無視這項建議，右翼新聞報導也再三攻擊強制戴口罩的規定，還提倡為戴口罩那些人都貼上反美（或是比這還要糟糕）的標籤。

例如福斯新聞談話性節目主持人塔克．卡爾森就是其中一員。他在晚間的電視節目上以自己替福斯新聞網寫的文章為開場白，文章標題是〈即便沒有證據指出確實有效，提倡戴口罩的邪教卻照樣日漸壯大〉，下方的小標文字：「我們的領導者認為口罩是能保護你我免於災疫的神聖護身符。為什麼？」卡爾森把提倡戴口罩的人與暴力罪犯、種族歧視者混為一談，他就反對口罩的立場表示：「什麼人會在公共場所刻意遮掩臉部？攜帶武器的搶劫犯會這麼做，三K黨（Klansmen）和激進的瓦哈比派❺（Wahhabis）也會。其他像我們這種一般人不會這樣。」接著他又回溯美國歷史，提及美國人在大流感期間為戴口罩而抗爭一事，他宣稱當初「有研究發現，戴口罩對於抑制大流感蔓延並無作用。」卡爾森引述了一些研究並表示從中可看出戴口罩防止感染COVID十分愚蠢。他也引述許多官員的話，比如安東尼．佛奇的說法；佛奇在疫情初期確實曾向美國大眾表示不需要戴口罩，但在引述中脈絡被改變了。卡爾森下了結論，他認為這一切都透露出政府與為政府服務的科學家天生愛欺騙、傾向運用不法手段的習性；這些人腐敗又渴望權力，大家不該對其報以信任。「他們假裝自己是神的代言人，試圖以各種謊言為基礎來重塑社會，卻完全沒意識到自己所認知的一切其實大錯特錯，設想的基礎也根本不對，這已經符合『不誠實』的定義。領導你我的那些人都有這樣的特質。他們什麼都不懂。」[43]

---

❹ 譯注：指在公開發表的言論裡釋放自己站在道德制高點的訊號，表示個人為正義的一方。

❺ 譯注：指遜尼派伊斯蘭教的伊斯蘭復興主義與原教旨主義運動；該派別在教義上極端保守。

政治環境如此，戴口罩與不戴口罩的民眾也愈來愈容易在公共場所爆發衝突。感覺就好像口罩變成某種制服一樣，穿或不穿的選擇相當於立場表態。這種分歧所帶有的風險從疫情下另一種應運而生的詭異產物能窺知一二，也就是在公共場所被拍到的衝突影片——畫面中會錄下脫口秀主持人霍華德・史登（Howard Stern）所謂的「口罩抓狂事件」（Face Mask Freak Outs），之後就在網路上爆紅。不管是超市、咖啡店、超商、飛機上，美國各地都能看到這類事件反覆上演。「我已經說得很清楚了：看到有人走在街上不戴口罩，真的讓人受不了，」二〇二〇年六月十六日史登在自己的節目上說道，「我們就是在面對這種事。」過去幾週因為商家開始規定入內要戴口罩，發生了一些相關的衝突事件，於是一部以社群媒體上瘋傳的片段剪輯而成的影片也在他節目上播出。其中一段影片來自佛羅里達州，畫面裡一位穿背心、沒戴口罩的男子對著阻止他入內的超市店員比出威脅手勢，還一邊叫嚷：「你已經侵犯我他媽的憲法賦予的權利跟公民權！我他媽已經警告過你了！我他媽要找人集體訴訟告死你們公司！……你們這些人全都是恐怖分子！」另一支來自賓州的影片裡，有一名男子被請出了巨鷹（Giant Eagle）超市，畫面中的他大聲叫著：「我有醫生的處方箋！我要告你們！」接下來是數支以憤怒白人女性為主角的影片，其中一位抱怨道：「很多研究都說戴口罩其實很危險，我會吸進自己呼出來的二氧化碳，你懂不懂啊？」在一家喬氏（Trader Joe's）超市裡，一名女子還出言嘲弄其他在場顧客：「明明有百分之九十九的存活率，你們卻都要戴口罩，也太乖寶寶了吧！」此時一位戴口罩、推著推車的男性轉過身對她比了中指。「我就是想讓大家看看實際的畫面，證明我不是個混蛋，」史登說，「光昨天就有一萬七千例新增病例，我只想問大家，我們到底在幹嘛？」[44]

有時候，這些衝突甚至還會升級為暴力事件。在阿拉巴馬州，一位休假中的員警在沃爾瑪（Walmart）賣場「以身體衝撞」另一位拒戴口罩的女性顧客；在紐澤西州，一位年輕女性只因為老婦人請她把口罩戴好便將對方摺倒在地上，老婦人斷了一隻腳。二〇二〇年，有數千萬人觀看、評論、分享這些影片。在這到處都封鎖、關閉而只能居家隔離、保持社交距離的時刻，觀看這些關於戴口罩與否的激烈爭執影片很快成了所有人共同的疫情經驗。美國人民守在螢幕前，看著人與人之間衝突對立的畫面，所有人一起目睹了社會分崩離析。

是哪些文化價值與政治議題讓各種關於口罩的爭執愈演愈烈？我和梅琳娜．薛爾曼分析了數百支公共場所中為口罩起衝突的影片，我們找出導致這些人意見分歧的深層源頭，其中有四種讓衝突加劇的原因。首先（可能也是最基本的原因）是社會在個人自由與共同責任之間的拉鋸——保守派與自由派的美國人對兩者之間的平衡點在哪裡，分別有截然不同的看法。其次是《美國憲法》賦予人民的權利有哪些？許多人對此問題的觀點也是分歧的：保守派直接援引《美國憲法》來當成其文化與合法性主張的依據，他們認為有權按自己的意志行動，而且常揚言要對商家或員工提起訴訟，藉此為自己的主張撐腰。第三，口罩爭議的不同陣營拿出論點完全相異的「真正科學實證」來為自己的行為背書，且支持方與反對方都堅信自己認知中的防疫觀念才正確。第四，美國白人遇到別人要求他們戴上口罩時，有高得驚人的比例會大剌剌表明自己有白人、美國人的身分，因此有隨心所欲行事的特權；假如要求他們戴上口罩的另一方看起來不是白人，這種言之鑿鑿的口氣會更強烈，容易加劇衝突。

我們在某些影片中也可以看到這種衝突：二〇二〇年七月初，一位名叫泰芮．希爾（Teri Hill）的白人女性在伊利諾伊州（Illinois）的家得寶（Home Depot）脫下口罩對店員說話，而在場有另一位白人女性顧客悉尼．瓦特斯（Sydney Waters）目睹了這一幕，她出言請希爾把口罩戴上。根據瓦特斯的說法，對方一聽到她的話就氣炸了，甚至還一把扯下瓦特斯的口罩、威脅要對著她咳嗽。除此之外，據說希爾出手把瓦特斯打倒在地。這支影片上傳到Facebook後立刻引起瘋傳（截至二〇二〇年十一月為止，在YouTube上的觀看次數已達一百六十萬次）。這支影片是雙方開始爭吵、相繼拿出手機朝對方拍攝時所記錄的後續過程，影片中這兩名女性相互對峙，手上都舉著手機在臉前方拍攝對方。瓦特斯用顫抖的聲線向對方說：「再說一次你要怎麼對大家咳嗽啊……」希爾一邊笑，一邊對她豎起中指。[45]

又經過了幾輪言語交鋒後，瓦特斯對希爾表示，把口罩拿下來的行為「很不尊重店裡的其他人」，也認為希爾說自己「有資格」這麼做的言論「非常令人作嘔」。反觀另一方，還舉著手機猛拍瓦特斯的希爾說：「對，我就是有資格，因為我是白人，而且我是女人。」瓦特斯顯然對這種發言感到震驚，她忍不住問希爾：「是白人跟你能不能為所欲為有什麼關係？」希爾答：「因為我是白人女性，就是這樣。」瓦特斯聽到希爾的回答後，氣到頓了頓才又說：「妳真的很噁心，完全就是個種族歧視的垃圾。」希爾泰然自若道：「白人至上！？你他媽真的覺得白人至上？」在她朝希爾接近時，對方出手攻擊了她。根據其他消息來源，衝突到「我相信白人至上⑥（white power）。」瓦特斯這時已憤怒至極，她一邊向前靠近希爾，一邊質疑道：「白人至上！？你他媽真的覺得白人至上？」在她朝希爾接近時，對方出手攻擊了她。根據其他消息來源，衝突到最後，雙方都跌坐在地。希爾遭指控襲擊與妨害治安。

另一支爆紅影片的背景是在加州一間星巴克。在大庭廣眾下，一位年輕白人女性痛斥為她服務時請她戴上口罩的黑人咖啡師。這位年輕女子大聲說道：「我知道你看我是川普支持者，所以才歧視我。」接著她繼續叫嚷：「這根本是一場騙局，所以我們根本不必戴口罩，我也不打算戴口罩！這裡可是美國！」咖啡師一直保持著有禮、甚至稱得上友善的態度，但同時也堅持要這位顧客離開店裡。這位女子照做了，但她馬上又氣沖沖衝回來店裡大吼：「去你媽的黑人的命也是命！」[46]

在其他比較小的共享空間裡（包括以私家車提供載運服務的Uber及Lyft），其他種族與白人族裔之間因口罩而起衝突的議題，也開始受到眾人矚目。網路上有支廣為流傳的影片，畫面裡有一位白人男性沒戴口罩就上了他叫來的Lyft。開車的是一位拉丁裔駕駛，這位駕駛很有禮貌地詢問乘客是否有口罩，並且請對方戴上，但該名男子說他沒有，於是駕駛請他用領口遮住嘴巴。乘客拒絕了，他只願意以手掌蓋住口部。經過大約一分鐘車程後，乘客向駕駛表示他剛剛應該要左轉才對，除非對方「想要載著沒戴口罩的我整晚到處跑」。然後這位乘客沈默了一陣，接著便對駕駛大喊：「我不喜歡你！」這時駕駛略顯驚訝地問乘客要不要下車，乘客這時又聳了聳肩拒絕，但駕駛已經把車靠路邊停了，他對乘客表示這趟行程已經結束。後座乘客則大喊：「我才不下車！我們可是有合約關係的。」駕駛反駁他：「不對，合約現在結束了。」[47]

雙方就在車上你一來、我一往，乘客表示他和駕駛之間存在合約關係，而且他享有言論自由，同時間駕駛也在等他下車。乘客這時又說：「我他媽的可以直接把你頭打爆。」駕駛警告對方車內有行車記錄器正在拍攝影片，乘客轉而開始嘲笑駕駛的口音：「喔，你有拍影便喔？影便？你有沒有好好去學英文啊？」❼此時駕駛則針鋒相對回應道：「那你有沒有學會什麼是道德？」乘客又繼續語帶嘲弄發問：「你這傢伙是從哪來的？」駕駛答：「美國。」乘客不相信，又再回他：「不，你才不是美國人，你他媽就是個偷渡客❽（wetback）。」駕駛這時回頭朝後座看了看，問道：「那你又是什麼東西？」後座這名男子則笑答：「我是美國人，你這王八蛋。」

太令人印象深刻了——竟有這麼多人拒絕在私人經營的商家內遵守戴口罩的規定，還堅稱身為美國人就有權不戴口罩。一名沃爾瑪的顧客在商場員工要求他戴口罩時，便表示：「我是美國人！這裡是他媽的美國！我才不用管這些爛規定！」在一間Costco，有位沒戴口罩的顧客也堅稱自己有權不戴口罩，還威脅要公

❻ 譯注：又稱白人優越主義，是一種種族主義的意識形態，主張白人優於其他族裔之人。

❼ 譯注：此處原文為 "You got bee-dee-yo? You got bee-dee-yo?"，bee-dee-yo是影片中乘客以戲謔方式模仿拉丁裔駕駛說video一詞的口音。

❽ 譯注：美國用來指稱居住在美國的外國公民（通常指墨西哥人）的貶義詞，主要是針對美國的非法移民——墨西哥人經美國邊界進入國境通常須涉水穿越河流，因此以wetback指涉非法進入美國的外國公民。

開羞辱那位按公司規定要求他戴口罩的商場員工。他開啟鏡頭拍這位員工，一邊告訴對方他的所作所為全都會被「三千多位Instagram追蹤者」看到，而這位Costco員工笑著對鏡頭說：「哈囉大家好！我是Costco的員工，因為公司政策要求，所以我必須請這位會員戴上口罩，他可以選擇戴上口罩，不然——」這名顧客這時打斷對方、將鏡頭轉向自己說道：「我才不戴口罩，我一早醒來呼吸的就是美國自由的空氣！」他這時又對聚集圍觀的人群表明立場：「我絕對不是那些該死的膽小鬼。」[48]還有一支影片，畫面裡有一群反對戴口罩的民眾穿越正值假期前購物季的商場，他們一邊遊行，一邊高聲吶喊各種抗議口號：「美國！美國！美國！」、「這是美國！」、「不用戴口罩！口罩規定不是法律！」抗議群眾的帶頭者手持美國國旗，其中一名示威者舉起標語：「這裡不是中國！」

口罩相關的衝突沿著形塑美國現代生活的各種社會斷層線上演，但真正令國家動盪不安、產生分裂的卻是政治領導者。媒體上具影響力的各方觀點也加劇了這種分裂，社群媒體的存在更放大了衝突——網路社群常常是讓大眾爭議愈發激烈的驅力。美國在口罩爭議上會有獨樹一幟的激烈衝突，並非因為很多的美國人民拒戴口罩；疫情最開始那半年，美國人自陳會在公共場所戴口罩的人口比例其實比澳洲人、英國人、德國人來得高。[49]也並非美國人特別有勇氣打著人權與個人自由的名號向口罩規定發起抗爭，澳洲人、英國人、加拿大人、德國人也針對戴口罩一事及其他公共衛生限制發起了抗議活動。[50]但美國情況之所以特殊，是因為口罩在美國激烈的文化戰爭中變成具象徵意義的武器，而這場戰爭在二〇二〇年（甚至是在此之外的更多時候）都與政治息息相關。

不僅僅是文化差異，政治也同樣讓口罩在美國面對疫情的第一年成了爭議的一大源頭。政治領導者以及為不同黨派效力的新聞媒體賦予了口罩更深層的意義，他們將口罩從一種輕薄的醫療器材變成代表黨派認同與意識形態的圖騰。川普總統在其中扮演了決定性的領導角色，包括從一開始在記者會上宣布美國疾病管制與預防中心建議戴口罩的防疫指引，卻又馬上表示自己不打算遵守；此外，他也時不時嘲笑戴口罩的人（例如喬・拜登）並質疑口罩的防疫效果。[51]英國與美國不同之處在於他們的保守黨從未全盤接受鮑里斯・強森最初質疑口罩的態度，反觀美國，許多極具影響力的右派人士都一再附和川普對口罩的立場。至於自由派及進步派人士則選擇公開支持戴口罩、遵守美國疾病管制與預防中心的指引，藉以表明與保守派對立的立場，這麼做更是讓口罩的象徵意義提高了。

到了總統大選時，口罩在美國的政治、文化中早已被賦予根本性的重大意義。無論這東西本身有多輕、多薄，在美國，小小一個口罩承載了不容小覷的重量。

注釋

1 Paula Trubisky, Stella Ting-Toomey, and Sung-Ling Lin, “The Influence of Individualism-Collectivism and Self-Monitoring on Conflict Styles,” *International Journal of Intercultural Relations* 15, no. 1 (1991): 65–84, https://doi .org/10.1016/0147-1767(91)90074-Q.

2 麻省理工學院的社會心理學家陸冠南率領一群美國與中國學者針對疫情下文化與戴口罩行為之間的關係進行研究，他們指出：「集體主義文化下的人更傾向同意以下敘述：『我通常會為群體好而犧牲自己的利益』、『我的快樂很大部分來自於周遭的人的快樂』；然而浸淫於個人主義文化底下的人則更傾向同意以下敘述：『我通常只管自己的事』以及『我的行為我自己負責』。」Jackson Lu, Peter Jin, and Alexander S. English, “Collectivism Predicts Mask Use During COVID-19,” *Proceedings of the National Academy of Sciences* 118, no. 23 (2021): e2021793118.

3 Jordan Sand, “We Share What We Exhale: A Short Cultural History of Mask-Wearing,” *Times Literary Supplement*, May 1, 2020.

4 Christos Lynteris, “Plague Masks: The Visual Emergence of Anti-Epidemic Personal Protection Equipment,” *Medical Anthropology* 37, no. 6 (2018): 442–57.

5 K. F. Cheng and P. C. Leung, “What Happened in China During the 1918 Influenza Pandemic?,” *International Journal of Infectious Diseases* 11, no. 4 (2007): 360–64.

6 Christine Hauser, “The Mask Slackers of 1918,” *New York Times*, August 3, 2020.

7 Brian Dolan, “Unmasking History: Who Was Behind the Anti-Mask League Protests During the 1918 Influenza Epidemic in San Francisco?,” *Perspectives in Medical Humanities* (2020).

8 Yella Hewings-Martin, “How Do SARS and MERS Compare with COVID-19?,” *Medical News Today*, April 10, 2020.

9 Ellen Nakashima, “SARS Signals Missed in Hong Kong,” *Washington Post*, May 20, 2003.

10 *How SARS Changed the World in Less Than Six Months*, World Health Organization, News Bulletin 81/8, 2003.

11 Ibid.

12 Ibid.

13 Gil Eyal, “Futures Present: The Pandemic and the Crisis of Expertise,” New School India China Institute, January 27, 2021.

14 Ebony Bowden and Bruce Golding, “Trump Administration Weighs Legal Action over Alleged Chinese Hoarding of PPE,” *New York Post*, April 5, 2020; Yanqiu Rachel Zhou, “The Global Effort to Tackle the Coronavirus Face Mask Shortage,” *US News*, March 18, 2020.

15 “Japan to Give Two Masks Each to 50 Million Households to Fight Virus,” *Japan Times*, April 2, 2020.

16 E. Tammy Kim, “How South Korea Solved Its Face Mask Shortage,” *New York Times*, April 1, 2020.

17 Jacqueline Howard, “WHO Stands by Recommendation to Not Wear Masks If You Are Not Sick or Not Caring for Someone Who Is Sick,” CNN, March 31, 2020.

18 *Disease Outbreak News, Pneumonia of Unknown Cause—China*, World Health Organization, January 5, 2020.

19 *Disease Outbreak News, COVID-19—China*, World Health Organization, January 12, 2020.

20 *Newsroom Questions and Answers, Emergencies: International Health Regulations and Emergency Committee*s, World Health Organization, December 19, 2019.

21 *Statement on the First Meeting of the International Health Regulations (2005) Emergency Committee Regarding the Outbreak*

of Novel Coronavirus (2019-nCoV), World Health Organization, January 23, 2020.

22 Michael Collins, "The WHO and China: Dereliction of Duty," Council on Foreign Relations, February 27, 2020.

23 *Statement on the Second Meeting of the International Health Regulations (2005) Emergency Committee Regarding the Outbreak of Novel Coronavirus (2019-nCoV)*, World Health Organization, January 30, 2020.

24 Deborah Netburn, "A Timeline of the CDC's Advice on Face Masks," *Los Angeles Times*, July 27, 2021.

25 Jon Cohen, "Not Wearing Masks to Protect Against Coronavirus Is a 'Big Mistake,' Top Chinese Scientist Says," *Science*, March 27, 2020.

26 Robert Tait, "Czechs Get to Work Making Masks After Government Decree," *The Guardian*, March 30, 2020.

27 Antonia Noori Farzan, "A Border City Is Handing Out $1,000 Fines for Those Who Don't Cover Their Faces," *Washington* Post, April 3, 2020.

28 Jacqueline Howard, "WHO Stands by Recommendation to Not Wear Masks If You Are Not Sick or Not Caring for Someone Who Is Sick," CNN, March 31, 2020.

29 Abby Goodnough and Knvul Sheikh, "C.D.C. Weighs Advising Everyone to Wear a Mask," *New York Times*, March 31, 2020.

30 Neeltje van Doremalen et al., "Aerosol and Surface Stability of SARS-CoV-2 as Compared with SARS-CoV-1," *New England Journal of Medicine* 382 (2020): 1564–67.

31 Colin Dwyer and Allison Aubrey, "CDC Now Recommends Americans Consider Wearing Cloth Face Coverings in Public," NPR, April 3, 2020.

32 "Donald Trump Coronavirus Briefing Transcript April 3: New CDC Face Mask Recommendations," *Rev*, April 3, 2020.

33 Dominique Petruzzi, "To What Extent Are Face Masks Effective for Preventing the Spread of Coronavirus?," *Statista*, February 2, 2022.

34 Dan Diamond, "Pence Flouts Hospital Policy, Goes Maskless in Mayo Clinic Visit," *Politico*, April 28, 2020.

35 Jun Lang, W. W. Erickson, and Z. Jing-Schmidt, "#MaskOn! #Mask Off! Digital Polarization of Mask-Wearing in the United States During COVID-19," *PLOS ONE* 16, no. 4 (2021): e0250817.

36 Claudia Deane, Kim Parker, and John Gramlich, "A Year of U.S. Public Opinion on the Coronavirus Pandemic," Pew Research Center, March 5, 2021.

37 Vicky McKeever, "Most Brits Just Won't Wear Face Masks—Here's Why," CNBC, July 15, 2020.
38 Chris Anderson and Sara Hobolt, "No Partisan Divide in Willingness to Wear Masks in the UK," London School of Economics, November 18, 2020.
39 Candice Jaimungal, "Mask Mandates Remain Popular Among Most Americans," YouGov, July 30, 2020.
40 Émile Durkheim and Marcel Mauss, *Primitive Classification* (Chicago: University of Chicago Press, 1963), pp. 17–18.
41 Renyi Zhang et al., "Identifying Airborne Transmission as the Dominant Route for the Spread of COVID-19," *PNAS* 117, no. 26 (May 2020): 14857–63.
42 Apoorva Mandavilli, "W.H.O. Finally Endorses Masks to Prevent Coronavirus Transmission," *New York Times*, June 5, 2020.
43 "Tucker Carlson: The Cult of Mask-Wearing Grows, with No Evidence They Work," Fox News, October 13, 2020.
44 "Howard Plays Viral Videos of People Refusing to Wear a Face Mask," *The Howard Stern Show*, YouTube video, 3:17, June 16, 2020, https://www.youtube.com/watch?v=7dFz4sJ5RPs.
45 "Home Depot Face Mask Dispute Turns Violent," *NowThisNews*, YouTube video, 3:35, July 9, 2020, https://www.youtube.com/watch?v=u0F8_hIitpU.
46 "Video Shows Customer's Racist Mask Rant After Refusing to Cover Her Face in California Starbucks," NBC News, YouTube video, 1:22, October 20, 2020, https://www.youtube.com/watch?v=nZOh5bjYi0U.
47 "Lyft Passenger Goes on Racist Rant . . . After Being Asked to Wear a Mask," TMZ, June 19, 2020.
48 "Customer Is Kicked Out of Costco for Refusing to Wear a Mask," *The Daily Mail*, Facebook, May 21, 2020. https://www.facebook.com/watch /?v=688506455271433.
49 "Personal Measures Taken to Avoid COVID-19," YouGov, March 17, 2020.
50 Michael McGowan, "How Victoria's Covid Lockdown Protests Are Galvanising Australia's Right," *The Guardian*, September 18, 2020; Nicole Bogart, "Anti-Mask Rallies Held Across Canada Despite Increased Support for Mandatory Masks," CTV News, July 20, 2020; "Coronavirus: Thousands Protest in Germany Against Restrictions," BBC News, August 1, 2020.
51 Peter Wade, "Trump Campaign Staff: 'You Get Made Fun of If You Wear a Mask,' " *Rolling Stone*, July 10, 2020; Daniel Victor, Lew Serviss, and Azi Paybarah, "In His Own Words, Trump on the Coronavirus and Masks," New York Times, October 2, 2020.

第七章

我靈魂中缺失的一塊

伊努瑪・曼奇蒂（ENUMA MENKITI）

伊努瑪・曼奇蒂已經很久、很久沒唱歌了，她說：「我的靈魂彷彿缺了一塊。」

疫情到來以前，曼奇蒂參加的合唱團：靜謐之心（Peace of Heart）每週都排練一次以上，而且會定期到療養院、安寧照護中心、無家者庇護中心、社區活動中心演出。她告訴我：「我們總是選擇唱振奮人心的歌曲，例如披頭四、史提夫・汪達（Stevie Wonder）等人的作品，總之就是令人開心的歌。我們願意去任何有長輩或病人的地方為大家歌唱，身為這座城市的一分子，我很樂意用這種方式付出、讓人感受到快樂。」

這就是與他人產生連結所帶來的喜悅。耳熟能詳的副歌讓大家一起跟唱，甚至站起身同歡，那種感覺就像你與身邊的人心貼著心，彼此扶持、鼓勵。這一切就是二〇〇五年將曼奇蒂引領至布魯克林區的力量，當年的她才二十幾歲。她原生家庭是不同種族成員的結合，媽媽是白人、爸爸是黑人。曼奇蒂的爸爸在衛斯理學院（Wellesley College）教哲學，父母也共同經營一家專售詩集的書店，他們家裡少不了音樂。「我學會唱歌、拉中提琴，」曼奇蒂對我說，「藝術流在我們的血液中。」曼奇蒂的家雖然不富裕，不過父母仍盡全力幫她爭取到獎學金，讓她能進入一家位於牛頓（Newton）的知名私立學校就讀。教育成了曼奇蒂人生的跳板，後來她在威廉斯學院（Williams College）取得了學士學位。她讀的都是頗有盛名的好學校，校園環境美不勝收，然而因為身邊幾乎都是家境富裕的白人子女，她多少覺得有點孤單。曼奇蒂在威廉斯學院時擔任黑人學生會（Black Student Union）的副會長，另外也加入學校裡少數族群組成的團體，以及合唱團。她確實交到了一些親密好友，不過她也坦言，在那樣充滿菁英的小型校園裡，「真的很容易感覺與自我有點疏離，我好像隨時隨地都在扮演某種角色。」

就讀威廉斯學院的最後一年，為美國而教（Teach for America）選中了曼奇蒂，並派她到紐澤西的公立學校教書。她在當地住了四年，其中三年時間在教書，第四年她開始在哥倫比亞大學讀教育學研究所。「我很喜歡澤西市（Jersey City），但那時候居住環境還是有比較混亂的地方，」她向我解釋，「那裡有好的街區，也有糟糕的街區，幫派則是與市井生活十分貼近，有點太近了。」每到週末，曼奇蒂就會和朋友去布魯克林區。「我們會去聽音樂會、參加讀詩會、參觀博物館、到公園逛逛。我最喜歡布魯克林區的一點，就是有各式各樣的黑人：加勒比人、非洲人、非裔美國人、多族裔背景的黑人。身為黑人的各種體驗以及這些文化都讓我覺得與身邊其他人相互連結。我後來就搬來了布魯克林區，這裡讓我有家的感覺。」

在布魯克林區安頓下來用不了太久時間，但要適應長大成人的生活卻是個漫長過程。從二十幾歲到三十歲出頭的這段時光，曼奇蒂就跟大多數紐約人一樣——努力尋找志同道合的人、宜居的社區、適合自己的工作。某天晚上她在交友軟體上和一位名叫佩索（Persol）的男子聊天，曼奇蒂向我描述：「一般來說，如果你在網路上認識了某個人，對方很快就會約你出來見面，喝點飲料之類的。不過他似乎不太常做這種事，就只傳了像是『嗨！』或『妳今天過得好嗎？』這類訊息給我。也許他只是對我有點好奇，但他就是沒有什麼意圖。」曼奇蒂順其自然與對方繼續聊下去。某天，佩索問曼奇蒂當天要幹嘛，她告訴佩索自己要去展望公園（Prospect Park）聽費米·庫蒂（Femi Kuti）的演唱會。他馬上就回她：「我也在過去的路上！」於是兩人在露天舞台前見了面，背景是非洲流行樂（Afrobeats）的樂音！真是完美的第一次見面，曼奇蒂與佩索從那時起開始交往。

音樂就是兩人關係的核心。佩索會吹薩克斯風、熱愛爵士樂；曼奇蒂則是會唱歌，也盡量找機會拉中提琴。他們時常一起練習、看表演、聽音樂，兩個人很快就抓住彼此的節奏。然而每段關係裡難免都會有那麼些不和諧的地方，需要雙方費心調整。曼奇蒂從小住在波士頓，成長於充滿藝術氣息的中產階級家庭，做教職工作。佩索童年的大多時光都住在政府為低收入居民提供的公宅，母親雖然關愛孩子，卻也十分嚴厲，總是要求佩索和他的手足早點回家、認真上課。佩索也很努力上了大學，他在紐約州立大學水牛城分校（University of Buffalo）拿到社工學位，但在二十四歲時，他有了孩子，是一對雙胞胎，佩索的人生與職涯規畫就此轉了個彎。因為有了孩子，他得找份福利佳的穩定工作，而他所找到條件最優渥的工作是在萊克斯島監獄擔任獄警。紐約市這座監獄因環境惡劣、危險而惡名昭彰。佩索雖然不喜歡這份工作，但至少薪水可以為家庭提供溫飽，而這份工作也形塑了他看世界的眼光。

「我們常常拿這件事玩笑——」曼奇蒂對我說，「每天回到家我們都會聊聊天，我會跟他分享學校發生的事。有時候我會告訴他校方對某個事件表示：『這位學生環境有困難，所以我們不該處罰學生或停學處分，應該要從修復教育的角度討論如何處理這位學生的問題！』接著我們會開始你一言我一語激烈討論。」伊努瑪的工作是培育學生，她有慷慨、寬容的天性；佩索當然懂得關懷他人，但他同時相信寬嚴並濟與守規矩的重要性。她解釋：「要是有人做出錯誤的決定，佩索不會原諒對方，他總是這麼說：『我的家庭環境並不好，所以我們一定得控制自己的行為。』」佩索小時候天天都在傍晚五點準時到家，然後就開始寫作業。他的兄弟姊妹全都上了大學，他們從小就學會要努力用功。

佩索一天到晚都在工作。但在萊克斯島監獄，這種工作型態沒得選，獄警很難完全掌控自己的工作時間，有時候到了現場值班才發現當天得加班，甚至可能還得值第二輪班。「有時候我覺得做這份工作他好像也成了監獄的囚犯，」曼奇蒂說，「也因為這樣，佩索無法配合排練時間，所以沒辦法加入樂團演出。我們要和親友安排活動也很困難。」在萊克斯島監獄工作的壓力與負擔都很大，曼奇蒂又說：「那是個會腐蝕人心的環境。獄警罹患憂鬱症、高血壓的比例很高，自殺、離婚也很常見。」佩索很不喜歡討論他的工作，他試著把關於工作的事都牢牢鎖在萊克斯島上就好，他不希望那些事入侵到家裡。「他話很少，但會傳一些關於萊克斯島監獄狀況的文章給我，大概就是向我傾訴：『看看我都是過什麼日子』的方式。」

萊克斯島監獄是有名的問題重重，不僅獄中空間擁擠，還收容了大量患有嚴重精神疾病的囚犯，獄警在這樣的環境常會覺得壓力大到難以喘息，有時也會把這些負面情緒宣洩到囚犯身上。有一年紐約市健康與心理衛生局調查後發現，在十一個月內，該監獄有一百二十九例的囚犯「重傷」事件是出自監獄管理人員之手。[1]萊克斯島監獄的環境還在惡化，紐約市議會因此在二〇一九年投票通過要在二〇二六年以前關閉整座監獄。從各方面來看，佩索都是坦率正直的人，他雖然個性強硬，但是負責任且正派。然而在監獄中如此頻繁目睹暴行也確實對他產生了很深的影響。曼奇蒂表示：「和佩索處境一樣的人其實很多。這些人都受過大學教育，原先可能想都沒想過自己會在監獄裡工作，收入確實比較豐厚，但得付出的代價也很高。」

自二〇一七年起，對他們而言這份代價又比從前更高了。那年他們迎來了兩人的第一個小孩——女兒伊登（Eden）。他們一家的生計極大比例仰賴佩索的薪水與工作福利，但萊克斯島監獄的工作卻讓佩索忙到沒時間。這其實不出曼奇蒂意料之外，但她自己在家帶孩子還是很不容易。等到伊登年紀大到可以送托嬰中心，而且他們也在家附近找到很不錯的家庭式日托中心以後，情況才好轉。曼奇蒂熱愛母職，她的職場發展也蒸蒸日上。二〇一九年春天，她開始在布魯克林區一間特許學校❶（charter school）擔任升學諮詢主任。八月時，夫妻倆迎來第二個女兒：艾拉（Ella）。為了讓兩個女兒有充足的空間，他們搬進更大的公寓。曼奇蒂告訴我，那段時間他們夫妻都很忙，但是好的、有目標的那種忙碌。佩索只要再工作幾年就可以離開、領退休金生活了。新的人生篇章就在眼前，未來他們會有大把時間可以玩音樂、參加樂團。

曼奇蒂不太記得她最早是什麼時候聽說新型冠狀病毒這種東西，很可能是電視新聞節目上，又或許是學校裡某個人說了相關話題。一開始只是傳出中國有許多民眾生病的報導，當時她並不擔心。總是會有新病毒出現，總是會有各種嚇人的推測，幾乎沒有哪一次火真的燒到家門口。曼奇蒂對我坦言：「我當時心想，大概又是媒體在渲染、炒話題吧。」她還有其他更迫在眉睫的問題要處理。小嬰兒艾拉已經夠大，可以和姊姊伊登一起送日托中心了，雖然她也很樂見生活上有所轉變，卻難免感到焦慮。送二女兒去日托中心會是什麼感覺？艾拉又會有什麼反應？在工作上，曼奇蒂正忙著準備每年最重要的活動，也就是帶學生造訪位於華盛頓特區及馬里蘭州（Maryland）的大學。對曼奇蒂帶的那些多屬於移民及低收入族群的學生來說，這會是他們首次參觀大學校園的珍貴經驗。到了四月，她負責輔導的準畢業生就會收到申請大學的錄取結果，而現在她就已經開始要安撫學生的情緒了。實在有太多事令她分身乏術。

接著就在突然間，病毒成了他們的頭號問題。紐約市的新增病例一天比一天多。佩索很肯定萊克斯島監獄絕對會爆發疫情。那裡每天進進出出的人太多了——除了獄方工作人員外，還有律師、家屬、新進囚犯，他們該怎麼防堵疫情？在學校，家長開始詢問校方是否會關閉校園，老師也對此憂心忡忡。三月十一日，連美國國家籃球協會（National Basketball Association，即NBA）都宣布有球員確診而必須暫停賽程——這對曼奇蒂來說就是一切的轉捩點。她回憶當時說道：「一開始是湯姆．漢克斯（Tom Hanks）感染了，後來竟

❶ 譯注：由政府出資但是獨立於當地公立學校系統之外運作的學校。

然NBA都停賽——這下我心想：哇，還有這種事。」真的是大難臨頭了。

三月十六日，也就是紐約市全面停擺的幾天前，曼奇蒂任職的特許學校已關閉校園。她也像多數的媽媽一樣，為此既鬆一口氣、又滿心焦慮。在校園關閉這段時間裡，她不必接觸學生——校方行政單位預期校園可能關閉個兩、三週——不過曼奇蒂還是得繼續在家裡與學生、家長合作處理大學申請入學的事。在家工作就代表她得在上班的同時料理家務，這令她不知道該怎麼辦才好。

其他紐約市民就和她一樣無所適從。二〇二〇年三月，世界各地既有的社會結構及相應的日常生活模式都開始瓦解——在某些地方也許是一點一點崩塌，而在包含布魯克林區在內的一些地區，崩解的速度如迅雷不及掩耳。工作、學校、日托中心、圖書館、遊樂場、合唱團——這些原本在曼奇蒂一家人生活中堅若磐石的可靠存在，都在一天之內轉眼消失。曼奇蒂有如失去了重力在太空中漂浮，她抓住任何還稱得上穩定的事物，並且盡力避免身邊的人偏離軌道。

可想而知，曼奇蒂的女兒原本天天去的家庭式日托中心也關閉了。他們請了一位加勒比裔老太太一週五天到府照顧艾拉。曼奇蒂瀏覽當地家長交流的部落格，想了解避免感染病毒、照顧全家人的方式，也尋找有關家事服務的資訊。大家都在想方設法將原來的社交網絡轉變成能避免染疫的小圈圈。有關聘請清潔人員或保姆是否安全，爭論得很激烈，而該不該讓那些工作者搭公車或地鐵到府服務也是個問題。她回憶某一天的情形：「我在公園坡家長（Park Slope Parents）的網站上看到有一堆假惺惺的家長說：『哦，我們每天都讓保姆坐Uber。』還有人說：『我們叫她別來到府服務了，但還是付她全額費用。』」這些人好像把「當好人」變成了某種競賽一樣。那時候我當然就想：「好吧，也許我該載保姆回家，這樣她就不用搭大眾運輸了。」當晚曼奇蒂便提議載保姆回家。「路程不遠，」她說起當天的情形，「但因為天氣很冷，所以我們沒打開車窗通風。」隔天保姆就打電話來說自己身體不太舒服，沒辦法到府幫忙照顧孩子了。

後來這位保姆再也沒有出現過。

數日後，曼奇蒂也開始發燒、發冷、腸胃不適。她說：「還記得我那時候傳簡訊給朋友：『我好像確診了。』整件事感覺太不真實了，我當時一直在想，好，從機率上來看，我應該會沒事才對。但這種全新疾病目前顯然還沒有妥善的治療方式，而且大家對它的理解也不全面。想到自己可能面臨某種可怕的事，那種陰影真的很嚇人。」曼奇蒂的焦慮是出於具體的理由——當時科學家雖然還未全面了解COVID-19這種疾病，但已經知道有某些健康問題的族群若患病可能面臨較大風險。曼奇蒂雖然算年輕，但已經有高血壓，而且也在接受治療了，因此她知道自己要是染疫，情況可能比一般人更加危險。她在社群媒體上也看到許多親友感染COVID的消息：一位同事的老公不幸確診（後來很快過世了）；另一位朋友的父親則正在醫院裡靠呼吸器維持生命。佩索告訴她，萊克斯島監獄有「一大堆」獄警都病了，也包括先前才跟他一起值班、一起開廂型車在監獄四處巡的某位同事，另外還有他那個擔任監獄大門警衛的好友。COVID-19在他們生活圈裡散播的速度快得難以置信，不可否認的是，黑人與棕色人種的確診率實在太高，而這在當時卻是常態。

因為生病只能待在家裡，再加上沒有可行的治療方式，曼奇蒂忍不住開始胡思亂想各種可能性。其中最令她害怕的是：「新聞報導有許多案例，有些人因為確診必須與伴侶隔離，所以只能獨自睡在房間裡，結果另一半隔天早上要去叫確診者起床，才發現已經沒了呼吸。都是些恐怖故事。」她試著不要盯著新聞節目看，把注意力放在孩子身上，好讓自己冷靜下來，但這個在睡夢中停止呼吸的夢魘卻在她頭一沾上枕頭就浮現於腦中，她根本無法闔眼。「我很擔心自己也會就這樣停止呼吸。」她回憶自己當時的心情說道，所以她只好試著在客廳身後墊枕頭坐著睡覺。「這樣確實比較能呼吸。」但這種睡眠方式卻無助於她的身體好好休養。

曼奇蒂感覺到疾病在全身蔓延，從胃部一路延伸到頭部和肌肉，接著是她最擔心的肺。她告訴我：「我感覺自己好像要窒息了一樣。」她的胸口有沈重的壓迫感，而且呼吸困難。曼奇蒂開始出現症狀的幾天後，佩索也病了。他呼吸困難的症狀比曼奇蒂還要嚴重，焦慮感也更高。佩索到附近的診所就醫，醫生診斷他得了肺炎，但佩索請醫生幫他做COVID篩檢時卻被拒絕。醫生表示診所現有的篩檢工具有限，只能保留給已有某些嚴重健康問題的人使用。「他試了四五家，」曼奇蒂回憶當時情形說道，「沒人願意幫他篩檢。」曼奇蒂比較幸運，她順利在附近的緊急醫療中心接受篩檢。曼奇蒂說：「是看到我的體重和高血壓病史，他們才願意為我篩檢。」除此之外，院方還幫她照了胸部X光，診斷結果就和她預想的一樣，她得了COVID和肺炎，想來佩索一定也是。但當時也沒有誰能幫他們度過難關，夫妻倆只好回家向上天祈禱。

只是光祈禱也治不好病毒感染。曼奇蒂胸悶的症狀愈來愈嚴重，她開始思索其他各種可能性。她說：「我真的快要無法呼吸了，那時我剛好聽說某些醫院會額外為患者供氧。」但在那種情況下她不敢去醫院，家附近那幾家醫院尤其令她害怕。曼奇蒂與佩索出門去診所或購買家用品的時候經過了那些醫院幾次，他們注意到院外停放的冷凍車，裡面放滿了COVID患者的遺體，他們腦海裡也忍不住想像醫院中令人絕望的景象。「我會瀏覽各家醫院的死亡率和評價，」曼奇蒂解釋，「看到某幾間醫院的死亡率特別高的時候，我心想：『我不要去那些醫院，我不想死在那裡。』」她在Facebook上看到高中時代或威廉斯學院、哥倫比亞大學的朋友分享抗疫資訊，「於是我就發文說自己確診了，試著問問看誰有醫院的人脈。」曼奇蒂高中時期的女性校長表示自己跟曼哈頓上東區的威爾康乃爾醫院（Weill Cornell Medical Center）傳染病專科醫師很熟；那可是紐約市數一數二好的醫院。儘管布魯克林區、皇后區、布朗克斯區的醫療機構都已人滿為患，但像威爾康乃爾醫院這樣頗具聲望的醫療機構卻相對沒那麼多確診患者。那名女性校長對曼奇蒂表示，如果她的病況糟糕到需要使用呼吸器，自己那位醫師朋友可以幫忙爭取，伊努瑪只要趕快從布魯克林出發去威爾康乃爾醫院就好。

「當時的我基本上就是在衡量：去附近醫院就診或開車進城，哪一種選擇比較危險？」曼奇蒂講起當時的情況，「如果要開車進城，就得自己開三十分鐘的車，我不確定有沒有辦法撐那麼久。」但與其去附近那些病患好像都只進不出的醫療機構，這趟艱難的車程似乎能帶來更多希望，於是曼奇蒂與家人道別後就開車出門了。住在布魯克林的幾十年來，這趟路程曼奇蒂已經開過無數次，從來沒有哪一次讓她這麼心驚肉跳，也沒有哪一次能這麼快就開到目的地。她說：「為了要安全抵達醫院急診室，我全神貫注在開車。一路上我發現街上竟然沒有人，半個人也沒有！」

她抵達醫院的速度實在太快，快到自己都還沒準備好面對踏進急診室迎面襲來的那股焦慮，而且她馬上就發現，自己正處於天天都有人喪命的疫情風暴中心。這時她才驚覺，也許不久之後她便會成為其中之一，但她還沒做好心理準備。她說：「我彷彿突然掉進了屬於COVID患者的異世界。不過我也一直提醒自己，以統計數字而言我的死亡機率並不高。即便如此，我還是很擔心，要是我也要用到呼吸器而說不了話怎麼辦。我兩個孩子都還小，我也還沒做任何有關遺產的安排。於是我把小筆記本從包包裡拿出來開始寫遺囑，也不是很正式的遺囑啦，但就是趕緊把自己對身後事的期望寫下來。」

她很驚訝抵達醫院後沒多久就有醫護人員來為曼奇蒂評估身體狀況。他們為曼奇蒂量體溫、血壓，也聽了她的呼吸聲，並且用血氧機為她測量血氧含量。住院治療的血氧含量門檻是百分之九十二，曼奇蒂測量出來的血氧量是百分之九十三，因此醫護人員便請曼奇蒂回家休息，如果狀況惡化再來就醫。「剛開始我真的很沮喪，」曼奇蒂解釋，「我已經呼吸困難了，真的很擔心自己會突然惡化。」她朋友的老公就是這樣，新聞上有許多死亡案例也都是如此。伊努瑪希望威爾康乃爾醫院優秀的醫護人員能多為她監測身體狀況幾天，確定狀態穩定再讓她離開。雖然經過醫護人員判定得知自己不需額外治療也能康復，確實是有些安慰，但在驅車回布魯克林區的路上，她也一直擔心：要是他們判斷錯誤怎麼辦？

當晚，回到家的曼奇蒂上網找各種訊息看個沒完，試著得到一線希望。她偶然看到一篇宣揚羥氯奎寧好處的文章。她一面回想一面說道：「不僅新聞上有播報，很多人也都在談這種藥，所以我開始上網找資料，看看大家都怎麼說。」羥氯奎寧對COVID-19的治療效果其實未經確切證實，但要是這能降低她因染疫死在自家的機率，曼奇蒂願意一試。也沒有其他治療方法了。何況這種藥物就算無法幫助她恢復順暢呼吸，或許有機會能夠安定神經。她說：「我朋友的另一半是骨科醫師，他開了處方箋讓我到某家小藥局領藥。到了現場，藥劑師說這款藥要兩百五十美元。我本來就是花錢精打細算的人，所以那時心想我才不要付這個錢。但後來我又想，要是我真的死了，一定會很氣自己放掉用兩百五十美元換小命的機會，所以我還是乖乖付了錢拿藥。」

在伊努瑪放手一博嘗試不一定有療效的藥物時，佩索的呼吸愈來愈短淺急促，胸痛的情形也趨於嚴重。到了這個時候，萊克斯島監獄裡COVID疫情肆虐的消息一波波傳來，包括獄警、員工、囚犯，可以說所有人都感染了，其中一些人的病況還格外嚴重。他們買了一台血氧計，佩索量出來的血氧數值也還不算太嚇人，「所以我一直跟他說：『寶貝，我覺得你應該是太焦慮了。』」然而佩索滿心想著各種最壞的情形，在這種情況下，他太想要確定自己的狀況是否無大礙，隨便上哪家醫院都可以。於是他打了九一一緊急求救電話，沒幾分鐘後鳴笛聲傳來，刺眼燈光閃動著，救護車出現在他們家門口。伊登和艾拉對這不尋常的景象興奮不已，但同時也不解爸爸怎麼被戴著口罩的人載走。佩索和伊努瑪一樣，沒幾個小時就被請回家了。醫生說對現階段的佩索而言，家裡比醫院安全。

沒多久，曼奇蒂就發現羥氯奎寧不僅沒有安定神經的效果，也無法治療COVID-19。服藥之前，她全心全意想著羥氯奎寧可能發揮的療效，然而真正使用羥氯奎寧以後，她才開始注意藥物可能產生的副作用。於是她打電話給一位當醫生的表親，對方表示羥氯奎寧可能對她的心臟有害。曼奇蒂當週就去了另一間醫院的急診室，請醫護人員為她檢查身體。「他們為我做了心電圖，結果發現心率確實有改變，」曼奇蒂對我坦言，「他們無法斷言是不是羥氯奎寧導致的變化，但醫生也表示，光是這樣就代表我不該繼續吃羥氯奎寧。我把那東西丟了。」

幾週後，伊努瑪與佩索終於康復，而且他們康復的時機很恰好，因為萊克斯島正好需要獄警回去執勤，愈多人愈好，但伊努瑪卻不希望佩索回去上班。她說：「他有些同事都染疫快要死了，所以我跟他說：『就算沒有你那份薪水，我們也可以努力想其他辦法，冒這個險不值得。』當時還沒有研發出疫苗，我們也不知道兩個女兒是否受到感染，COVID-19的疫情還是很嚴重，我只想要他平安無事。」但佩索還是受到這個鐵飯碗的牽制，如果現在辭職，他就得放棄退休金與相關福利，而要是努力做完在萊克斯島監獄最後幾年的工作，未來幾十年就不用那麼辛苦了。關於這一點，伊努瑪難以反駁，而她也尊重佩索的決定。伊努瑪只要一想到紐約市把這麼多人關進監獄裡就覺得難以忍受，但她心裡也清楚，這些囚犯都進了監獄，能遇到像佩索這樣正直的獄警相對是好的。

伊努瑪也得面對自己的工作，她得重拾在學校的職務了——不過是以遠距工作的模式。伊努瑪的學生已經在四月收到大學錄取通知以及學費補助的相關資料，因此大家都需要她的協助。曼奇蒂的一雙女兒艾拉與伊登也仰賴她照顧。曼奇蒂他們家依然沒辦法找保姆和家庭式日托中心，此時正是疫情的危險時期，也沒有鄰居或親友願意到他們家幫忙顧孩子。佩索回到了工作崗位，曼奇蒂只能盡全力照料孩子，但是同時顧一個寶寶和一個三歲幼童，再加上一整班準備畢業的高中生（甚至還有家長），且所有人都迫切想得到她的關注——簡直是不可能的任務。現在她最頭痛的事不是對抗COVID，而是一天到晚要四處救火。她要換尿布，要向家裡首次有孩子有機會上大學的家庭解釋公立與私立大學的差異，還得清理潑在地毯上的髒污。她與學生、家長討論為了「夢幻學校」而扛下額外的債務值不值得，然後又要準備午餐、再換一次尿布。接著她就接到佩索傳來的訊息：萊克斯島監獄人手又不夠了。佩索得加班，甚至可能還得值第二輪班。「我們問了家庭式托育中心有沒有重新開放托育，」曼奇蒂解釋道，「我們想知道孩子能不能再回去給他們照顧。」不過對方卻一再表示還不能重新開放。「我推想他們是顧慮自己女兒本身的健康問題，所以遲遲沒有開放，也猜她可能會擔心那麼多孩子進她家會有傳染風險。畢竟真的有很多人染疫死亡，大家都非常害怕。我很理解她的心情。」

到了四月中，天氣漸漸好轉，紐約市的病例增加趨勢終於緩和下來，伊努瑪和佩索開始會多帶女兒出門走走。他們在外面還是不敢亂碰長椅或門把，「別忘了，」伊努瑪說，「當時我們都以為病毒會藉由物體表面造成接觸傳染，我們還用來舒擦拭所有買回家的食材。」紐約市最優質的公共空間大多位在曼奇蒂家附近，例如展望公園及日落公園（Sunset Park），因此他們和許多人一樣，都在整整一個月的封城與居家隔離期過後，趕緊到公園享受難能可貴的時光喘息一番。曼奇蒂回想那陣子的某一天，他們遇到也將自家小孩送到同一間托育中心的一家人，雙方聊起了近況。她問那一家人的爸爸，最近都怎麼應付照顧孩子的問題。對方回答：「喔，我兒子已經回托育中心好一陣子，他們重新開放了。」

曼奇蒂心中一沈：開放好一陣子了？那為什麼我女兒還不能送去？

顯然，他們被排除在外了。曼奇蒂向我解釋：「基本上他們就是不想讓我女兒回去了。」她寫了張字條問托育中心負責人到底是怎麼回事，對方一週後來電解釋：「我也不想這麼做，要在疫情中做這種決定，我也覺得非常艱難……但我想你也知道其他家長……因為萊克斯島監獄有接觸病毒的風險，他們不希望你女兒來托育中心。」原來如此——這些家長想要確保他們的社交小圈圈是個安全、不受病毒威脅的環境。曼奇蒂對我說：「大家都可以回去，就我們不行。而且其他孩子的家長都改成遠距工作了，我猜他們大概看到我們一家人就像看到病原體一樣吧。但我真想直接跟對方說：『我女兒八成是托育中心裡最安全的孩子，因為我們早就得過COVID了！』但你也知道，對方已經說不歡迎我們了，再說自己想留下來，感覺像是自取其辱。」

除了這種情緒，曼奇蒂也感到憤怒，她覺得對方說的那些都是「偽善的屁話」。對他們來說，托育中心不僅是獲得照顧孩子服務的地方，更是他們家找到歸屬感的社群。那是他們成家、有了孩子後第一個感受到歸屬感的地方，在艾拉和姊姊一樣進入這家托育中心的那年，他們就希望自己也融入托育中心這個大家庭。曼奇蒂說：「托育中心的負責人和我一樣是不同族裔的父母所生，所以我一直覺得我們有一樣的身分認同。」曼奇蒂可以理解為何負責人和其他家長對COVID-19如此憂慮，但他們不讓伊登和艾拉回托育中心就算了，連好好解釋理由都不願意，她還得靠自己發現真相，那種感覺就像遭到背叛。曼奇蒂說：「對我來說，這就是階級歧視（classist）。從這個角度來看，重點工作者在疫情中別無選擇，還是得出門工作為紐約市提供服務，卻因此遭到歧視。那家托育中心看似是布魯克林區一個進步派、種族多元、美好的小社群，我曾經渴望自己也是其中一員，但因為身為重點工作者就突然要被逐出去？這種失落感已經遠遠超過失去托育中心的失望了。」

佩索與伊努瑪兩人在二〇二〇年一直馬不停蹄，幾乎沒有喘息時間，然而在這件事發生後，他們終於有機會好好休息一下了。佩索在萊克斯島監獄的同事告訴他，紐約市要開始為重點工作者提供兒童托育服務了。伊努瑪對我說明：「我打電話詢問以後就找到這家位於雷德胡克（Red Hook）（這裡也是布魯克林區的其中一個鄰里，離他們家不遠）的企業員工托育中心，我猜應該是紐約市出資興辦的，而且知道這個服務的人應該不多，那裡竟然只有四個孩子。我們的孩子可以得到很多關注與妥善照顧——而且還免費！」這個為重點工作者子女提供的托育計畫持續了整個夏天，而這些時間已經很夠佩索和伊努瑪排解連續幾個月來累積的創傷與壓力。在那之後，他們也終於找到新保姆，正好銜接上伊努瑪得回學校工作的時間點。

伊努瑪告訴我：「我們一家人算是很幸運。」她這麼說是出於真心實意，但若拿他們一家人跟那些二〇二〇年自成一個小圈圈的社群內其他家庭相比，伊努瑪家顯然相對不幸。

曼奇蒂在疫情第一年花了很多時間思考紐約市大大小小家庭所面臨的不平等，思考的出發點也不光因為自己的那段經歷。金錢、種族、資源在這一切中發揮的作用，到了校園重新開放後變得更明顯。所有教育工作者都注意到社會階級在疫情這樣的危機中怎麼形塑學生的發展。這間教育機構自詡「追求多元化」（intentionally diverse），因此在招收學生時安排了半數名額給低收入學生，這些學生大多來自移民家庭，或者學生家長的學歷都在大學以下。學校網站上寫著：「建立多元包容的社群是我們最重要的使命、最大的挑戰，也是促使我們向前的動力。」曼奇蒂告訴我，她在二〇二〇年秋天努力想彌補不同家庭的學生之間的落差，卻遇到比以前都還要大的困難。她說其中一個原因在於，條件較好的家庭即便在校園關閉、轉換為遠距教學的情況下，依然能提供孩子良好的環境繼續接受正式教育；然而貧困或勞工階級家庭的家長卻沒有足夠的時間、心力關注孩子的學習狀況。「我們學校甚至有些家長不會說英文，這些家長可能在超市上班，或是擔任駕駛維生。他們不使用電子郵件，而學校行政單位又一直是用電郵與家長溝通。不管是寄出Zoom的視訊課程連結，或是查看網路平台（家長需登入帳號、密碼）上的成績，這些都需要透過電郵。也因為這樣，許多家長接收不到這些訊息，這些家庭的孩子就被剝奪了教育機會。倘若孩子沒了學習動力，這些家長也無從知曉發生了什麼事。」

家境富裕、家長教育程度較高的家庭優勢不光是家長能充分監督孩子的教育品質這一點——單單只是與大學畢業、身為專業工作者的家長在家朝夕相處，這些孩子就能長期接觸到高等教育的世界。「我們學校那些移民第一代、低收入家庭的孩子對於高等教育的認識通通來自於學校和老師，」曼奇蒂說，「無法到校上課、大學參訪及在地戶外教學被取消、少了大學博覽會及大學代表專員來訪分享的經驗——這些活動原本都是要為他們建立關於大學的概念，但孩子們卻因為疫情失之交臂。我們回到學校與這些孩子一起處理大學申請入學，但他們已經開始與大學經驗脫節。」二〇二〇年秋天，少數幾位低收入家庭的學生走進了曼奇蒂的辦公室，他們都沒有做好大學申請入學的準備，有些孩子對於自己是否還能上大學已經沒信心了。這樣的情況讓她覺得自己工作的必要性更是刻不容緩。疫情顯然已經讓原本努力進取的年輕人脫離了學習的常軌；在疫情帶來岌岌可危的局面之前，這些孩子的未來一度很有希望，而要是沒有曼奇蒂，又有誰能將他們拉回正軌？

問題來了：要是她把全副心神都投入於特許學校的工作，那就代表她得犧牲自己與女兒相處的時間，而受影響的伊登與艾拉之後的成長發展目前也無法預期會如何。伊登進入了學前班，艾拉也有保姆照顧，雖然事情已漸漸步入正軌，但疫情卻是一波未平、一波又起，每一次變化都會再再對他們一家人原本平穩的狀態造成衝擊。例如在某一波病例暴增的時候，伊登在學前班的整班同學（年紀都還太小無法接種疫苗）因為其中一個孩子確診，必須轉為遠距教學；遠距教學對任何人都不容易，更何況是一整班才三歲的幼兒。要這些小朋友乖乖坐在螢幕前上課、做活動，用曼奇蒂的話來說就是：「基本上不可能。」就曼奇蒂家的狀況而言，要讓孩子遠距上課是難上加難，不僅因為伊努瑪和佩索都得上班，也由於他們家只有一台筆記型電腦，它還是依努瑪工作上必備的工具。此外，負責照顧一歲大艾拉的保姆也不知該怎麼使用Zoom。

「老師期待早上八點半準時看到所有孩子都登入Zoom，準備遠距上課，」曼奇蒂說，「那就像全美公立教育體系內所有人都認定：全國的家長都能居家上班，而且有空陪孩子上課。我心想：好，也許我該寄封電子郵件給老師，告訴她我們沒辦法用Zoom上課。但我又轉念一想，我不想變那種糟糕的家長！所以好比今天，我為了確認女兒能登入Zoom遠距上課，上班就遲到了。就在我們成功上線後，我看到其他孩子都已經登入、坐在家長的腿上準備上課了！」曼奇蒂說到這裡微微哽咽了。她頓了頓，穩定自己的情緒後深深吐了口氣，接著又笑嘆自己家庭面臨的困境竟如此荒謬。佩索和她都是重點工作者，他們的工作內容不可或缺，這讓夫妻二人無法好好履行身為家長的責任。然而，這樣的犧牲換得的回報又不足以供他們取得所需資源。「也許是因為我們住在這一區吧？其他家長的工作都能轉為遠距辦公，就只有我們的工作性質沒辦法？我也不知道。但我忍不住會想，哪怕我接受了良好的教育，還拿了碩士學位，卻還是失敗了。」曼奇蒂一直都深知階級差異的力量有多大，而受過再多、再好的教育，階級對她家造成的衝擊仍令她措手不及。

注釋

1 Michael Winerip and Michael Schwirtz, "Rikers: Where Mental Illness Meets Brutality in Jail," *New York Times*, July 14, 2014.

第八章

距離帶來的問題

疫情來勢洶洶卻還沒有疫苗或藥物可用時，口罩並非唯一能減緩病毒散播的工具。二〇二〇年初，全球各國衛生單位都開始提倡一系列「非藥物干預手段」，要讓人民在日常生活中實踐，例如洗手、咳嗽和打噴嚏時捂住口鼻、避免擁抱與握手、生病便待在家休息。除此之外，他們也提出一種不尋常的防疫措施：「保持社交距離」，而事實證明要做到這一點並不容易。保持社交距離的概念廣泛且包羅萬象，實施起來需要訂定許多相應的限制：關閉學校、圖書館、公園、海灘、健身房、餐廳；限制商店及體育場館容納的人數；禁止鄰居、親友到家中拜訪；關閉辦公室；甚至在某些地方還出現全州、全城或整個社區徹底與外界隔離的狀況。這一切，為的就是要遏止病毒散播。

自古以來，將身上有傳染性疾病、骯髒、危險的人隔離在外一直是人類社會的習慣。這種手段通常會在傳染病爆發時被拿出來遏止疾病傳播，但有時卻也會在一般情況下為人所用，承受污名的群體經常遭到這種對待。《舊約聖經》就要求婦女在經期後數日都必須與丈夫隔離，如今不僅部分尊崇傳統的猶太人依然維持這種習慣，印度某些地區也有正值經期的婦女須離開村落搬到村外的簡陋小屋居住的習俗。[1] 為了公共衛生需求而實施的隔離措施出現於十四世紀，用意是希望隔絕感染者、嚙齒類以及各種可能傳染疾病的物體，好避免疾疫進一步擴散。「某些城邦會拒絕陌生人進入城市，而且特別針對商人、少數群體——如猶太人及痲瘋病患，」醫療史學家尤金諾雅・提諾帝（Eugenia Tognotti）寫道，「武裝警衛會負責在途經的交通路線及城市各個出入口設置防疫封鎖線——就算會因此犧牲人命，也不能打破這道防線。要實施這些措施，當局就必須有快速、堅決的行動力，其中就包括迅速動員警力進行鎮壓的能力。在過去則是運用臨時搭建的帳篷，將健康者與受感染者嚴格區隔開來。」[2]

在疫情期間，世界各國採取的社交距離措施對大眾的日常生活（如教室、工作場所、公領域、個人家裡）產生了深遠影響。在某些國家，個人移動與人際互動所受到的限制特別嚴格，例如中國政府在COVID-19病例激增的地區多次封城，強迫所有居民必須待在家中，只有購買必要物品及從事必要活動時，才可短暫外出。不過極權國家人民享有的公民權利、自由本就有限，會實施這種嚴格的限制並不奇怪。義大利政府在三月初實施了「中國大陸以外最嚴厲的封城措施」，他們禁止出現群聚感染的北義大利地區一千萬居民離開家外出，而就在幾週內，這項規定的實施範圍又進一步擴及全義大利人口。[3]後來法國也跟進了這項規定，從三月中至五月初，法國政府制定一項被當地人稱為「關禁閉」的政策；根據規定，民眾倘若要外出，必須隨身攜帶能合理說明外出理由的官方表格，他們派出約十萬名警力來確保所有國民遵守規定。當局再三強調：「請待在家裡」，拒絕遵守規定者會被處以最高三百七十五歐元的罰鍰。[4]

在美國，個人自由是神聖不容侵犯的人權，也因此當局為防疫而對人民施加的自由移動限制相對沒那麼嚴格。美國的防疫政策大多是由各州自行制定、實施，不管是人民對個人自由深切的擔憂，還是各種關於傳染病爆發下社會規範之價值的最新科學研究，都會影響各州制定的防疫政策。二〇〇一年九月十一日的慘劇發生後，美國總統小布希（George W. Bush）開始擔心包含傳染病在內的各種境內國防安全議題，前面提到的科學新知很多是由當時與白宮合作研究相關議題的科學家所提出。其中有一個研究項目是由新墨西哥州阿布奎基（Albuquerque）的公立高中學生蘿拉・格拉斯（Laura Glass）與她任職於桑迪雅國家實驗室（Sandia National Laboratories）的科學家父親巴柏・格拉斯（Bob Glass）率領團隊共同進行；他們模擬了流行性感冒在美國小型社區傳播的狀況，同時以程度不一的關閉校園及其他行為方面的限制措施作為實驗變因，以此進行研究。他們在二〇〇六年發表了題名為〈流行性感冒大流行下，針對特定目標的社交距離規定設計〉（Targeted Social Distance Designs for Pandemic Influenza）的研究論文，他們在其中提出：「藉著針對特定目標所設計之保持社交距離的防疫策略，一樣可在無法使用疫苗與抗病毒藥物的情況下，有效減緩當地流行性感冒大傳染的速度。」作者也特別指出：「實施保持社交距離的規定並不容易，最好是從當地疫情大流行起就開始實施，並一直堅持到研發出可應對特定病毒株的疫苗、且民眾廣泛接種為止。」雖然困難，但遵守社交距離的規定可能會得到巨大的回報，有機會讓一整個社區免於受到流行病的侵襲。[5]

二〇〇七年，知名醫療史學家霍華德・馬克爾做了另一項重要的研究，該研究提供了實際佐證，可證明保持社交距離這種防疫手段的有效性。馬克爾與共同研究的同事建立了龐大的資料集，其中囊括美國四十三個城市在大流感期間每週的死亡人數，以及使用各種非藥物干預手段（包括關閉學校及禁止公眾集會）的時間點。有了這些資料，他們就能評估保持社交距離的措施是否能保護民眾免受現代最重大的公衛危機之害，而又要做到什麼程度才會發揮效果。進行這項研究之前，馬克爾與該研究共同作者表示：「多數負責制定大流感應對政策的人都認為，即便是最嚴格的非藥物干預手段，都不太可能避免疾病大流行，或降低人群因病毒感染致病的可能性。」然而他們的研究到最後恰好呈現出相反的結果：「從早期開始實施持續性、多層次的非藥物干預手段，這與一九一八至一九一九年間大流感減緩的趨勢有高度相關性。」雖然馬克爾和他的研究團隊曾提出警告：「參照歷史並不能準確預測未來」，但COVID-19襲捲美國所帶來的傷害，仍舊為我們上了慘痛難忘的一課。[6]

二〇二〇年一月時，美國政府將一百九十五位美國公民從武漢送回美國，讓這些人落腳於加州河濱郡（Riverside County）的馬奇空軍後備基地（March Air Reserve Base）。美國疾病管制與預防中心也在此時提出了首個與COVID-19有關的隔離令。一月三十一日舉行的記者會上，美國疾病管制與預防中心免疫與呼吸疾病中心主任南希・梅索尼耶醫師宣布：「美國疾病管制與預防中心根據美國衛生及公共服務部（United States Department of Health and Human Services，HHS）部長依法授予的權力，向這一百九十五位乘客發布聯邦隔離令。」這是在其中一位乘客試圖打破隔離規定要離開基地，才開始實施的；也因此，政府可以合法將這一百九十五位美國公民留在軍事基地隔離十四天。這可說是一項「前所未有的行動……也是針對疫情採取積極公共衛生應對措施的一環，我們的目標是盡可能避免新型病毒在美國造成社區感染。」梅索尼耶向大眾保證，實施這項措施是基於「美國疾病管制與預防中心的專家根據實證所提出的建議，此前他們早已就如何應對這種情況做了多年研究，」而且「聯邦政府所採取的行動也都有科學基礎，目的是要保障所有美國公民的健康與安全。」[7]記者會上的記者並未出言質疑她的抗疫決心，而是想知道未來所有從中國返美的人士是否都要交由軍方實施隔離，倘若不是，那隔離措施在這之後又該如何落實。梅索尼耶的同仁馬提・賽特隆（Marty Cetron）表示：「想強制實施隔離措施，最好的方法就是讓大眾了解隔離的真正用意，以及遵守隔離規定對個人有哪些好處。我們的美國公民顯然也一定想把事情做好、做對。」[8]

不管是教育美國大眾社交距離對防疫的益處，還是大力倡導有「科學基礎」的正確防疫方式，沒過多久，大家就發現：醫學專家高估了上面這些事能創造的實際效果。三月底，美國各地都出現了大量新增病例，因此各城市與各州當地都開始實施防疫限制措施：舊金山與紐約市宣布「就地避難令」；紐澤西下達了關閉「非必要商家」（nonessential businesses）的行政命令；伊利諾伊州於全州境內實施「居家令」（stay-at-home order）；西雅圖禁止五十人以上的聚會；弗蒙特州（Vermont）規定所有造訪當地的州外旅客都必須強制隔離兩週。[9]佛羅里達州的共和黨籍州長羅恩・德桑蒂斯（Ron DeSantis）在幾條主要的高速公路設置檢查站，避免有人從COVID-19確診案例數量高的州進入當地；羅德島（Rhode Island）的民主黨籍州長吉娜・雷蒙多（Gina Raimondo）也要求警方採取同樣做法。[10]不久後，幾乎每個州與當地政府都實施了一套自己的「社交距離」措施，而且成效甚佳。從統計模型預估推行／不推行各種社交距離政策，繼而分別得出不同的早期COVID-19病例量與死亡率，毫無疑問可看出這種防疫措施的確能避免幾百萬、甚至幾千萬的新增病例出現，而且能讓上萬人免於喪命。[11]同時卻有其他研究發現，保持社交距離的防疫措施其實是雙面刃，很有可能對某些個人或機構帶來嚴重的後果。[12]有數百萬美國人反對這些防疫手段，有些人的反應尤為激烈，不久後，這些族群反彈了。

不過會出現這種反應其實並不在意料之外。保持社交距離的措施確實會讓商業活動冷卻，特別是那些需要顧客親臨現場消費的產業所受的衝擊更是明顯，例如零售業、餐飲業、娛樂業、觀光業。除此之外，待在家不出門也會使我們失去日常生活所需的人際連結。正如斯多噶學派哲學家暨羅馬皇帝馬可・奧理略（Marcus Aurelius）所說：「人類是社交的動物。」人類有參與集體生活的本能，而這種與他人一起投入各種活動的意願和社會學家艾彌爾・涂爾幹提出的現代「個人崇拜」（cult of individualism）概念產生了碰撞。遇上麻煩困局時，此現象更是明顯。

在許多國家，拒絕遵守社交距離政策的態度開始與廣泛層面上抗拒政府規範的團體產生連結，那些規範也包含COVID-19相關的各種防疫規定。保守派人士及保守宗教團體皆公然做出激烈違抗。在以色列和紐約市，即便疫情初爆發階段就造成了大量新增病例與死亡病例，甚至可說癱瘓了醫療體系，而政府也因此一再呼籲大眾遵守防疫政策，但猶太教正統派（Orthodox Jews）人士卻仍無視社交距離規定。美國各地的保守福音派基督教會也有類似表現，而且這些教會的教徒中甚至有一些人握有實質政治影響力。[13] 加拿大安大略（Ontario）早在二〇二〇年四月就有抗議人士表達對主流媒體與科學專家的質疑，開始不斷要求政府「停止封城！」以及「放健康人民自由」。美國的密西根州長葛瑞琴．惠特莫（Gretchen Whitmer）在疫情第一年對人民的社交生活與經濟活動下達了多項疫情相關的限制，造成反政府組織心懷不滿，甚至打算綁架她——有些人真的帶著長槍進入州議會大樓要執行綁架計畫。[14]

直接反對社交距離政策的多為保守派，但是矛盾心態可以說是無所不在。包括自由派、進步派、強烈支持公共衛生干預手段者等人士，無不因遵守嚴格社交活動限制感到綁手綁腳，要完全遵守這些政策真的會帶來壓力。法哈德．曼朱（Farhad Manjoo）就在《紐約時報》的專欄寫出一篇吐露心聲的文章，他分享了自己苦思是否要帶家人回老家過感恩節假期、探望年長雙親的心路歷程。當時，不管是官方還是科學界都大力勸說民眾待在自家過節以策安全，而曼朱為評估回家探親的風險其實想得很廣、很遠。他先衡量了自己社交圈（換言之即人際網絡）有多大，再逐一計算家裡孩子每天參加「學習團體」時會和多少小朋友面對面接觸，把這些孩子與他們家人都納入自己的社交圈以後——別忘了，還要將老師的社交圈算進來。「試著把所有人都算進去後，我發現感恩節回老家探望父母大概就等於要他們和百餘人同桌用晚餐，」他寫道，「所以有結論了對吧——真的就只能在自家過感恩節了？」才不！大家一起想出一個縝密的計畫：所有人在回老家前先進行隔離；要選擇開車而不搭飛機；限制上餐桌用餐的家人人數；在戶外用餐；避免擁抱。曼朱深知疫情可能帶來的危險，但他也清楚在這樣危機四伏、充滿壓力的時期，與深愛的家人相伴能為彼此帶來巨大的力量。「整件事真的耗去我大量的心神——擔憂、反覆確認、不安，而且死亡陰影隨時都籠罩心頭；但為了家人，這很值得。」[15]

疫情爆發的第一年，大家確實都有充足理由質疑：社交距離這項防疫政策要付出的代價值不值得。首先，我們不清楚社交距離政策是否會對孩童產生影響——對正處於成長階段的孩子來說，社交生活是個人發展很必要的一環。對年輕人來說，從面對面授課轉換為遠距教學會減損學習品質，也可能帶來認知與情緒上的困擾。除此之外，社交距離政策也會加深不平等，像李美所在社區那些貧困家庭會因此更加孤立無援，他們沒有足夠的財力讓孩子接受額外課業輔導，也沒有辦法靠自己協助孩子學習。此外，防疫政策當中強制隔離的措施也會傷害那些被迫與父母分離的孩童，例如中國就曾在其中一次嚴重疫情爆發的時候採取此類手段，這對雙方都造成了創傷。對老年人來說，隔離措施會導致他們失去與親友親密接觸的機會，這種措施可能重傷長者的生理與心理狀態。當然了，政府在傳染病爆發的時期提倡人民避免近距離接觸、互動確實有其必要，因為要是某人身上有具傳染性的病毒，光是接近彼此就可能造成疫情進一步擴散。然而，保持「身體距離」與「社交距離」之間還是有不少差異。保持身體距離可以減少透過氣溶膠或飛沫感染疾病的風險，但保持社交距離卻代表必須嚴格限制、避免各種社交互動。全球各國的健康衛生單位在疫情期間似乎都搞錯這兩件事了。

「保持社交距離」的概念與人類保持健康、有活力的要素恰恰背道而馳。這個概念傳達的是一種激烈手段：斬斷各種人際關係；限制與親友、鄰居的接觸；把個人的居家空間整個封閉起來；將家庭核心成員收縮到與外界隔絕的小圈圈裡；乖乖待在家，直到危機解除為止。然而，在面對真正的危機時，社會上人與人之間的緊密連結其實是保護你我的最大力量。社會的團結意識、對彼此負有義務，以及同個鄰里、同個社會與同一國內所有人是命運共同體的體認，可能是我們最重要的資源。上述這件事成立的前提：我們的國家與社會得要有辦法建立這種人際連結。這裡說的團結是指，我們願意主動關心年長、生病、虛弱的族群，看看是否需要幫忙對方採買藥品或生活物資；我們會去關心獨居的族群，詢問他們是否需要陪伴——在安全無虞的情況下，可能採線上遠距或親身陪伴的方式。團結，就是不在資源稀缺的時候囤積食物與藥物，也會審慎思考個人行為是否將影響到周遭其他人。有了這種思考，便不會在自己出現類流感症狀時出門，也會在出外採買日常用品時記得戴上口罩。

要求人民保持社交距離的政策雖然有流行病學的科學實證背書。然而，就社會學角度而言，這種防疫手段注定失敗。

在疫情下保持社交距離本就是一件奢侈的事。有些人的工作型態可以直接轉為遠距辦公而不受太多負面衝擊，但也有些人根本無法想像自己的工作要怎麼以遠距離方式進行。舉例來說，郵政系統資料顯示，二〇二〇年三月，紐約市有八萬人申請更改郵件投遞地址，當年總計有超過三十三萬三千人搬離紐約。我們不知道是哪些人離開了，但是查得出這些人在新型冠狀病毒侵襲紐約前是住在哪些區域，之後又搬去了哪裡。這些移動軌跡都與社會階級息息相關。《紐約時報》藉由分析手機定位資料後做的一篇報導指出：「愈是高收入的社區，在疫情下就會有愈多人搬離。紐約最富裕的幾個社區……人口減少了百分之四十以上，至於紐約其他區域的人口變化則相對不明顯。」[16]紐約市環保局（Sanitation Department）蒐集的垃圾重量資料顯示富裕鄰里的垃圾重量銳減，也證實了這項人口變遷趨勢。與此同時，漢普頓（Hamptons）、哈德遜河谷（the Hudson Valley）、西徹斯特郡（Westchester County）及紐澤西郊區的房地產價格開始飆升。[17]財富、收入、教育背景、專業性質的工作都是讓某些族群得以立即「轉為遠距工作」的條件，也因此這些人能馬上搬到空間更寬廣、更不會有得COVID-19風險的地區。

工作上能否與他人保持距離這件事也與階級密不可分。理論上來說，要是某種工作被視為極有存在必要且重要，那該領域的工作者應該要獲得額外的保護才對。然而在疫情期間，全球政府卻推動了幾乎是前所未見的概念——「重點工作者」，並以此制定相關政策。因此，某些領域（包括醫療照護、刑事司法體系、農業、餐飲供應、交通運輸、物流、零售等行業）的雇主得以在疫情下要求員工照常工作，例如佩索這種在萊克斯島監獄擔任獄警的工作者便是如此。表面上來看，劃分出重點工作者的做法似乎帶有對某些職業的禮敬，彰顯出對這些領域從業者的認可與尊重，也視他們的服務為整個社會不可或缺的存在，而他們的健康安全應該受到保護。而在實際上，將某些職業別歸為重點工作，只是讓這些從業人員陷入危殆處境。想要保住工作，他們就只能放棄與他人保持身體與社交距離的權利，就算工作環境與條件顯然危機重重，也只能硬著頭皮繼續做下去。換言之，在疫情之下，重點工作者彷彿成了用過即丟的勞工。

疫情危機初期，政府當局便宣布某些職業別的從業人員為「重點工作者」，因此他們別無選擇，只能在疫情肆虐之際繼續待在崗位上，否則就會丟飯碗。「重點工作者」這個專有名詞很快普及開來，也沒有太多進一步公開討論，去深究這個概念從何而來、又代表著什麼意義。要決定哪些工作對經濟體或社會體系的運作不可或缺絕非一件小事，也值得我們好好停下來思考：哪些工作是市場經濟中最具價值的職業（如法律與金融業）？而在現代生活的根基受到撼動時，哪些職業又是政府眼中最珍視的領域（如農業、肉品加工業、運輸業、照護工作）？這兩者之間存在落差。我們應追問：是誰在做決定？決定標準為何？對那些為了讓其他人可以按過去習慣消費、得到照護，而將自身置於風險中的工作者，我們應該提供哪些保護措施，又該給他們多少補償？我們的國家和社會可能有各種回應這些問題的方式，然而在疫情爆發時，沒有多少官員提出質疑，而多數政府也提不出適當的解釋與理由。

正如人類學家安德魯・萊考夫所解釋的，美國政府採用的「重點工作者」概念其實源自冷戰時期的國防安全計畫。戰時的防禦戰略將某些產業與服務定為「關鍵基礎設施」（critical infrastructure），另也制定出條款以確保國家在受到軍事攻擊後，這些關鍵基礎設施皆能正常運作。二〇二〇年三月，美國國土安全部（Department of Homeland Security）發布指引，向各地方官員下達哪些是符合「關鍵基礎設施重點工作者」的條件，而即便在政府要求大家待在家隔離的時候，重點工作者「仍有責任持續提供服務、維持設施營運。」[18]訓練有素且（某些情況下）能夠獲得高報酬的醫療照護工作者是疫情期間最受大眾關注的重點工作者，但就整個醫療業體系來看，他們其實是重點工作者之中的例外——那些聚光燈照射範圍外的清潔人員與居家護理人員也都和他們一樣，在第一線面臨染疫的真實威脅。重點工作者之中，黑人與拉丁裔族群的比例高得驚人，而且他們大多都在藍領階級的工作職位，其中的許多人都在工作不穩定、社會地位低落、低薪的處境下辛苦營生。

紐約市很早就受到COVID-19疫情侵襲，而且情況嚴重，所以紐約市重點工作者的風險很快就顯現出來。紐約市立大學（City University of New York）流行病學家所做的問卷指出，有百分之三十九的黑人受訪者及百分之三十八的拉丁裔受訪者表示，他們的家庭成員中就有重點工作者，而白人受訪者家庭成員有重點工作者的比例僅為百分之二十八。此外，只有百分之四十四的拉丁裔工作者表示自己的工作性質可以遠距辦公，對照下黑人族群的這個數字為百分之六十九，白人則為百分之八十一。從這些數據我們就能發現，為何疫情最初三個月黑人與拉丁族裔的COVID死亡率會高達白人與亞裔族群的兩倍以上。[19]

身為紐約市的重點工作者得面對低薪及最嚴峻的COVID-19威脅，但存在這種問題的城市所在多有。加州大學舊金山分校（University of California, San Francisco）的流行病學研究團隊做了一個研究，後刊登於《PLOS ONE》期刊。該團隊評估了加州在疫情最開始九個月的超量死亡（excess mortality）程度，他們的研究中囊括了各業界與職業別的差異，並也納入族群與種族的因素來進行比較，藉以觀察各族群的死亡率差異。相對死亡率及人均超量死亡程度較高的產業由最高至最低排列如下：食品業／農業、交通運輸業／物流業、製造業、照護設施與機構。該研究還指出，正值工作年齡的拉丁族裔人口為國內「相對超量死亡程度最高」的族群，其中以食品業及農業的工作者死亡率最高。加州正值工作年齡的黑人則是人均超量死亡程度最高的族群，其中交通運輸業及物流業從業人員的死亡率最高。流行病學家能夠理解國家為何視某些產業與職業為不可或缺的重點工作，也清楚政府儘管在嚴重的COVID-19疫情威脅下，仍要求重點工作者照常提供服務的原因，但他們譴責政府在基本個人防護裝備（如口罩、手套）都供應不足、勞動環境因空氣不流通而可能導致病毒擴散的情況下，依然強迫這些工作者親自出門工作。「假如重點工作者的服務真的這麼重要，」該文總結道，「那我們就必須迅速、果斷將保護重點工作者的措施提升到相應的高度。」[20]

這也正是美國最大的農民工會——美國農場工人聯合會（United Farm Workers，UFW）在聯邦政府發布防疫指引後提出的訴求。美國有超過一百萬受雇的農業工作者，其中大約四分之三是移民，三分之二是墨西哥人，而且約有一半都不是「合法工作者」。[21]新型冠狀病毒疫情爆發前多年來，聯邦政府將非法入境的墨西哥移民視若草芥，跟「重點」一點也沾不上邊。甚至在川普競選總統期間及其任期內，他還一直稱墨西哥移民為「入侵」美國的「畜生」與「強暴犯」，而對待這些移民的方式也與其言論之惡劣相去不遠。[22]二〇二〇年三月，川普政府不僅在美墨邊境築牆，還把非法移民關進擁擠又骯髒的羈留中心，也因此令他們置身於COVID-19及各種健康問題的高風險環境中。非法移民的子女被迫與家長分離，也有很多人下落不明。美國公民自由聯盟（American Civil Liberties Union）、人權觀察（Human Rights Watch）、國家移民正義中心（National Immigrant Justice Center）所提出的「無正義特區」（Justice-Free Zones）報告指出：「羈留中心就是個只進不出的黑盒子。」據他們的說法，那裡的情況「很不人道。」[23]

身為受雇農民的移民處境相較於遭美國國土安全部羈留的移民，當然是好了許多。川普政府儘管在公開競選活動上妖魔化並揚言驅逐所謂的「外來者」，但他們其實也明白，移民提供的低薪農業勞動力對美國極具價值。就在COVID-19疫情發生後，這種產業模式中早已行之有年的勞動條件——包括農工雇主提供的宿舍、到工作地點得要搭長程巴士——都令這些農工特別容易感染病毒。美國農場工人聯合會政務暨法務主任吉夫・卡什庫利（Giev Kashkooli）就表示：「對他們來說，保持身體距離絕無可能。政府要求大家留在家別出門、盡量跟家人待在一起，但農工沒有這樣的條件，而那卻是生死攸關的問題。」他也告訴我，工會在疫情最初幾週很擔心農場會被關閉，而這些移工可能會因為無法領取社會福利而陷入困境，因此當時工會的人都極力為他們爭取給薪病假及公共福利的資格。然而，就在加州及華盛頓州等地的州政府將農工歸類為「重點工作者」後，他們碰上的挑戰就變了。他們那時得想辦法為農工弄到口罩等基本個人防護裝備，好確保他們在擁擠的巴士和多人同住的宿舍裡安全無虞。除此之外，他們也需要COVID-19篩檢工具，不僅農工和他們的家屬需要，當時由於川普政府受到農業企業方施加的壓力而快速核發特殊簽證，引進了許多墨西哥移工，這些人也都要進行篩檢才行。「疫情襲捲了美國，也侵襲了墨西哥，」卡什庫利回憶當時說道，「我們得確保每個人都健康、安全。」

農業對美國的健康與經濟來說都必不可少，但農業工作者在美國多數地區卻彷彿隱形人一般。不過也因為這次疫情，這群人的重要性及這個產業的價值便被凸顯了出來。當時美國社會對農業產品的需求激增，而這種情況同時也帶來轉變。卡什庫利說明：「對農業工作者來說生意確實蒸蒸日上，但整體情況卻不穩定。那些餐廳、大學校園、食品公司的供應商農場陷入了必須重組的困境。超市的農產品銷量一飛沖天，農工忙得腳不沾地。」這些變化同時也帶來新危機：隨時都有人到處移動或與新同事往來互動，也因此有大量接觸病毒的感染風險。當時，卡什庫利家中兩個孩子正值青少年時期，在家裡和在農場這兩種環境中截然不同的防疫狀態令他摸不著頭緒。「我還記得當時小孩讀的學校都關閉了，我們也努力採取各種謹慎的措施。那時候，我們美國農場工人聯合會的成員聚在一起開會，每個人都分到了口罩，而且我們也請大家別握手，還確保每張椅子和椅子之間保持兩公尺以上距離。大家都是第一次碰上這種防疫經驗，因為在工作場所根本沒人這樣。」而在農業工作者的住處（無論是不是雇主提供的宿舍），那就更不可能有這些預防措施了。卡什庫利說：「只有三房的屋子裡可能就住了三、四個家庭，有些人甚至是住在車庫裡，保持社交距離根本不可能。」

他接著告訴我：「很快就開始出現死亡病例了。起初，參與工會的公司都沒有這類悲劇，我們認為部分原因是參與工會的公司比較認真注意防疫，不過就算是這樣，一定還是會有例外。」他說最明顯的就是養雞場，那裡只有少部分勞工加入了美國農場工人聯合會，因此他們的協商力量也相對有限。例如加州利文斯頓（Livingston）最大的家禽養殖業主福斯特農場（Foster Poultry Farms）光是在疫情爆發的前九個月，就有至少四百位農工感染COVID-19，其中九人死亡。二〇二〇年十二月，美國農場工人聯合會對福斯特農場提起告訴，指控他們「明目張膽無視全國與地方政府的防疫指引：福斯特農場要求員工在間隔遠不足兩公尺距離的環境下長時間工作，也並未提供員工塑膠隔板之類的防護工具；他們未能嚴格或有效執行防疫，甚至未提供口罩給員工使用；福斯特農場也沒有讓員工充分理解防疫假、病假規定，更未提供COVID給薪病假。」[24]

二〇二一年一月，美熹德郡（Merced County）的加州最高法院（Superior Court of California）准予美國農場工人聯合會訴請福斯特農場實施COVID防疫安全規章的要求。當時大家早就知道，這個產業中多數的大公司都把農工視為可拋棄的免洗勞力，不僅沒有為他們提供篩檢或其他健康監測工具，也拒絕投入資金為員工建立更安全的住宿或交通環境，甚至不願提供口罩與個人防護設備。根據眾議院新型冠狀病毒大流行特別小組委員會（House Select Subcommittee on the Coronavirus Pandemic）提出的報告，在二〇二〇年，美國共有五萬九千位肉品加工業工作者感染COVID，其中至少兩百六十九人身亡。福斯特農場並不是產業中的異數。美國眾議院也發現，猶他州（Utah）海侖（Hyrum）的JBS肉品加工廠中，有百分之五十四的勞力感染了新型冠狀病毒；德州阿馬立羅（Amarillo）的泰森（Tyson）食品加工廠也有近百分之五十的勞力感染病毒；愛荷華州塔馬（Tama）的美國牛肉品加工廠（National Beef）則是有百分之四十四的員工染疫。[25]

儘管在戶外工作的農民染疫情況相對不那麼嚴重，但在疫情期間，農業仍是最具感染風險的職業別。例如在加州，食品業／農業的相對死亡率及人均超量死亡的程度在疫情最初九個月內，居於各產業別之首。[26]那些有許多農工聚集的郡在疫情期間一直是美國死亡率最高的地區，這是因為在難以保持社交距離的環境中，病毒不僅會找上在加工廠或農田裡工作的勞動人口，同樣也會感染他們的室友、朋友、家人。[27]

另一種工作者難以保持社交距離的職業別，就是提供長期照護的老人安養設施裡的照護服務員與護理師。他們的工作性質成為安養設施裡COVID-19疫情肆虐的最大原因，在疫情下這些機構是死亡率極高的地方。健康危機發生時，由於老人安養設施內人口組成以年長者為大宗，且居住者通常都有生理或心理上的疾病而需要特別的關照與支持，這類機構勢必為存在致命風險的場所。《華爾街日報》分析了有大量老人安養設施的二十幾個國家的資料後發現，截至二〇二〇年底為止，「機構收容的人僅占總人口不到百分之二，但因COVID-19病逝的人數卻超過總染疫死亡人口的三分之一。」[28]

老人長期安養中心的居民比住在自家的老人更容易感染COVID-19後身亡，這一點並不意外。[29]但即便有差異存在，卻也並非無可避免產生這麼大的落差。從各國的情況來看，設施中大量居住者染疫身亡的事件是否會發生，很大程度上與安養中心能否妥善隔離未染疫與已染疫的長者有關。聖雄甘地說：「要真正衡量某個社會的素質，就看其對待最弱勢族群的方式為何。」——各國為長期安養中心居民所提供的保護，正是可以看出政府當局的價值觀及其真面目的重要指標。

南韓、香港、德國等地都執行社區層級的COVID-19積極管控政策，例如篩檢、追蹤足跡、戴口罩、隔離陽性確診者等措施，也因此在疫情最初階段成功限制了疾病的傳播範圍。然而，減少總人口中COVID-19染疫人數還只是保護長期安養機構居民的第一步。第二步是要在安養中心裡實施特定的社交規定，例如為安養中心的所有工作者（包括護理師、照護服務員、物理治療師、行政人員、備膳人員、清潔人員等）進行篩檢，同時也確保口罩與個人防護裝備都唾手可得，必要時也確實善加利用這些物資。除此之外，要盡可能保持人與人之間的身體距離，避免安養中心居民平時群聚的場所（如用餐空間、運動空間、臥房與浴室）過度擁擠。機構內應加強空氣流通與換氣設備，還必須時常為居民與工作人員篩檢，並用最快速度將確定染疫者送往當地醫院，防止安養中心裡其他健康狀況不佳的居民遭傳染。

衛生單位及安養中心管理者一直以來都知道，經由空氣傳染的病毒對機構裡身體衰弱的居民是極大的健康風險，而他們也很清楚該如何降低威脅。過去有某些國家曾經歷傳染病爆發而導致大量年長者染疫的情況，這些國家的衛生單位遂發展出在疫情下保護老人安養中心年長居民的特殊應變計畫。在這一次疫情中，這些地方往往迎來了不一樣的結果。據《華爾街日報》報導，二〇〇三年香港曾出現老人安養機構年長居民「感染SARS的比例為一般大眾的五倍之情形，而且有五十七名長者死亡」；[30]香港政府因此建立了新的傳染病管控措施，其中包括為工作人員與居民儲備口罩和其他個人防護裝備，以及加強安養機構的通風。二〇二〇年一月，中國坦承確實有新型冠狀病毒出現，香港立刻禁止絕大多數欲至安養中心探視的訪客進入設施內，並宣布所有遭感染的安養中心居民都應送醫，至於已暴露在病毒接觸風險中的居民與工作者都必須強制隔離。到了二〇二〇年十一月底，經《華爾街日報》調查發現，「香港的安養中心總共有超過七萬六千個床位，只有三十位居民感染COVID-19身故。」[31]

南韓則花了較長的反應時間才開始實施COVID疫情特殊管控措施。他們在二月中禁止訪客至安養中心訪視居民，而事實證明，動作還是太慢了：大邱（Daegu）出現了一波確診數激增，其中有至少五家安養中心通報群聚感染情形。對此，南韓政府迅速採取一連串全面的應對措施，包括廣泛篩檢、禁止近期曾至中國旅遊的照護者至安養中心工作，以及全國一千四百七十間安養中心都要為所有員工進行篩檢並追蹤足跡（病毒尚未入侵的地區也不例外）。若某個地區的教堂或夜店出現新一波的群聚感染情形，南韓當局便會為附近安養中心的居民進行篩檢，因為社區感染的發生可能導致安養中心居民接觸病毒的風險上升。此外，他們也運用全球定位系統追蹤每一位安養中心員工的足跡。二〇二〇年秋天，南韓當局嚴格禁止安養中心員工參加大型社交集會活動，雖不是人人都贊同這些干涉南韓照護工作者私生活的全面性限制，但從現實面來看，南韓政府的保護政策確實收效驚人。[32]

加拿大的情況恰好相反。據估計，加拿大疫情第一年的所有COVID死亡人口中，有近百分之七十為安養中心居民——從中我們能清楚發現，並非所有曾因SARS危機而大受震撼的國家都學到教訓、也為國內長期安養機構做好面對下一次疫病爆發的準備。[33]也正如香港與南韓的表現，加拿大在新型冠狀病毒剛出現時，確實控制住總人口中確診病例增加的情形，但加拿大的安養中心早就因人手和資金普遍不足而臭名昭著，當局為這些機構中居民與工作者研擬的防疫措施仍比前述國家少得多。加拿大的全國醫療體系雖穩健，但長期安養中心卻被排除在公共衛生體系之外，其中有超過一半的安養中心為私人營利機構。多倫多西奈山醫院（Sinai Health Network）老年醫學科醫師內森．斯托爾（Nathan Stall）做了一個比較研究，他將全安大略省六百二十三間安養中心（三百六十間為營利機構、一百六十二間為非營利機構、一百零一間為受市政單位監督的機構）自二〇二〇年三月二十九日到同年五月二十日的情況進行比較。該研究團隊發現，這三種照護機構碰上COVID疫情爆發的可能性一樣高，但營利性質安養中心的疫情規模及死亡率大大高於其餘兩者。[34]

為什麼營利性質安養中心比其他兩種安養機構還要危險？斯托爾與研究同僚分析了各家安養中心的實際環境，他們發現營利性質安養中心經營的利潤微薄，因此常有「設計標準過時」的問題。這些安養中心居住人口較密集、空間較擁擠，也因此更容易造成疾病傳染。該研究團隊在研究結果中表示：「傳染率較高的十五間機構中，有十三間是設計已過時的營利性質安養中心。」[35]加拿大老年醫學醫師薩米爾．辛哈（Samir Sinha）告訴我，在加拿大，老年安養中心的床位一位難求，因此經營者也沒有動力去投入資金翻新安養中心的環境，整體設計也就難以提升至能夠提供居民更多私人空間的現代標準。他也表示：「許多營利性質安養中心的設施都很老舊，一個房間裡放了三至四個床位。而且老實說，假如你經營的安養中心老是有高達四萬人在排隊等著入住，你又怎麼可能會想翻新床位？在供不應求的情況下，營運方根本不必想辦法吸引顧客。只要有床位，就會有人接受。」

實際環境中人口擁擠只是其中的部分問題。另一部分問題源自於該產業極仰賴兼職員工的習慣——眾多薪資微薄的照護服務員、廚師、清潔人員在這種對防疫有害的工作環境之間輾轉來去，不知不覺便在任職的安養機構裡導致病毒傳播。根據資料顯示，與其他型態的安養中心相比，這個問題在加拿大的營利性質安養中心尤其常見。

加拿大的安養中心裡病毒肆虐，問題之嚴峻導致照護工作者不堪重負，於是安大略省與魁北克（Quebec）省最大的長期照護工作者工會籲請加拿大軍方提供援助。前往各機構提供援助的士兵對現場狀況震驚不已，加拿大廣播公司（CBC）引述士兵目睹安養中心的日常情形後提供的描述：「虐待、忽視的殘忍行為令人震驚。」其中一位士兵表示，安養中心裡「蟑螂與蒼蠅橫行」。還有人「注意到那裡的環境不夠安全，可能導致COVID-19疫情擴散；安養中心內已篩檢陽性的患者『可以到處走動』；工作人員也缺乏合格的個人防護裝備。」[36]在加拿大的其他省也有同樣的問題。例如蒙特婁（Montreal）當地的衛生單位接管了一間私人安養中心，該機構在一個月內就有三十一位居民死亡，調查人員「發現已經脫水的居民躺在床上奄奄一息，不僅數日沒有進食，排泄物更從久未更換的尿布中滲漏出來」，而這種情況正是因為死亡與罹病人數激增，工作人員應接不暇所致。[37]

二〇二〇年六月，加拿大的國家健康資料主管機關表示，加拿大在疫情第一個月內，「老人長照機構的COVID-19死亡人數在各個富裕國家之中為最高的國家。」[38]加拿大總理賈斯汀・杜魯道（Justin Trudeau）對此情況表示羞愧，他說：「我們辜負了父母輩、祖父母輩、所有長輩——辜負了打造這個國家、最偉大的那一代人，而我們本應該好好照顧他們。」[39]

不是只有加拿大，美國的安養中心也同樣沒有為居民提供良好照護，機構內的員工也在日常工作中苦苦掙扎。第一波疫情發生時，全美約有百分之四十的死亡人數來自安養中心，從人口比例看確實少於加拿大，但這不表示美國在長期照護機構實施的政策有順利控制疫情。反之，美國安養中心的COVID死亡率其實高於加拿大，且美國安養中心的死亡總人數也高過其他任何國家。[40]藉由這一點我們可以看出，美國新型冠狀病毒傳染情形不管是在整體社會或長照機構裡，都十分猖獗嚴重。

美國的病毒傳染狀況比加拿大還要嚴重，這就表示美國安養機構工作者會比加拿大同類型機構的工作者更容易感染。而美國安養機構工作者感染COVID後將病毒帶進安養機構，會導致身體衰弱的高風險居民染疫——兩者加乘作用下，結果就是駭人的死亡率與確診率。不妨用另一個角度了解全貌：二〇二〇年美國安養中心約一百五十萬名居民中，總死亡人數超過了全球多數國家的全國死亡人數，只有六個國家除外：巴西、英國、印度、俄羅斯、墨西哥、祕魯。[41]

就和加拿大一樣，美國安養中心的危機一方面源自長照機構的實際環境，約有百分之七十的安養中心為營利性質的私人公司所有；另一方面也是因他們聘請的多為低薪、通常身兼多職的約聘勞工。除此之外，長照產業還有一大危機：長久以來，他們都反對聯邦政府要長照機構制定出災害（如傳染病大流行）應變計畫的規定。非營利媒體「ProPublica」經調查後發現，儘管在歐巴馬政府執政時代已有相關的強制規定——美國官方亦於二〇一九年進一步說明規定之內容——長照機構須訓練全體員工針對新型傳染病執行應變措施，但美國卻仍有近一半安養中心的傳染病爆發緊急應對計畫未符合聯邦政府規範。[42]

顯然在COVID-19出現前，照護工作者在職場上面對的危險就存在已久。例如麻薩諸塞大學（University of Massachusetts）二〇一六年的一份研究指出，長照產業從業者工作傷病的風險排名第二。[43]在安養中心工作不僅得付出大量勞力，同時也會有沈重的心理負擔，因此照護工作者在日常工作中承受的壓力可能反過來讓安養中心的居民處於更大的健康安全風險中。此外，這個產業也以低薪著稱，尤其是照護服務員、家事服務工作者、照護機構員工，這三種職業在二〇一八年的時薪中位數分別為十六、十二、十九美元。[44]與其他富裕國家的照護工作者相比，美國照護工作者為約聘勞工且同時在多家安養中心兼職的比例更高[45]；受此現象影響的不會只有安養機構居民——疫情的第一年，安養中心員工的COVID死亡率居於美國所有職業別裡的首位。[46]

為了解照護工作者疫情期間在長照機構裡日常生活與勞動的實質樣態，勞動史學家加布里耶・威南特（Gabriel Winant）於二〇二〇年七月訪問了芝加哥的護佐（certified nursing assistant）香托妮雅・傑克森（Shantonia Jackson），她同時在伊利諾伊州西瑟羅（Cicero）的市景綜合護理中心（City View Multicare Center）及奧克帕克（Oak Park）的柏克萊安養中心（Berkeley Nursing）身兼二職。傑克森在市景綜合護理中心要照顧的不只有年長者，還有罹患嚴重精神疾病的居民。傑克森解釋：「我和同事各自要負責照顧三十五人。市景綜合護理中心的疫情曾嚴重到上了新聞，機構裡總共三百一十五位居民裡，有高達兩百五十三位染疫。和我在同單位服務的同事因為確診新型冠狀病毒就走了，所以現在我一個人得照顧七十位男性。真的很難，一個人要努力應付七十個人的需求，而且我是唯一有正式執照的護佐。」[47]

傑克森從八年前開始在市景綜合護理中心任職，當時她的時薪是九・二美元。到了二〇二〇年，她在該護理中心已有六年資歷、也加入了服務業雇員國際工會（Service Employees International Union），但她的時薪仍僅有十四．三美元。「你覺得這樣的薪水夠嗎？足以讓我養家活口嗎？每小時十四．三美元根本不夠。我還有個正在上大學的女兒，這也是我得做兩份工作的原因。」傑克森告訴威南特，她在護理中心的工作量大到根本不可能為每位居民提供夠優質的照顧與護理，甚至無法給他們身而為人應得的對待。疫情期間，「管理層的人從來沒有真正上樓看看我面對的是什麼狀況，就只會在樓梯上對我大喊：『你要幫他們洗澡啊。』問題是我一個人要處理七十個人的需求，我已經幫其中三十人都洗了澡。但除了洗澡以外，我還得送餐、鋪床。要讓七十個人都確實洗到澡真的太難了。」[48]

後來疫情襲捲了市景綜合護理中心，傑克森便打電話給她在柏克萊安養中心（這裡僅收年長者）的主管請假。她說：「我不想把市景綜合護理中心的病毒帶到柏克萊去，市景這裡已經有兩百五十三人感染，而柏克萊還沒淪陷。」她原本預期主管會感激她的體貼——並沒有，對方反而勃然大怒。「安養中心這個產業不僅變幻無常，還常常有自私又不尊重人的傢伙。他們竟然在氣我要請假，我原以為安養中心的主管會感謝我這麼做，要是我真的去上班，把病毒傳染給安養中心裡的所有老人怎麼辦？他們真的很可能全都病死。結果主管還好意思對我生氣——他打來問我：『妳真的不來上班？』」這些機構是為提供照護的目標而存在，但傑克森卻不禁覺得他們辜負了這份使命，也拒絕推動某些或許能救人性命的改變。她忍不住抱怨：「在美國，我們根本不在乎老年人。大家好像認為反正他們遲早都會死，又何必在意。」[49]

不管是長照機構的主管還是負責制定政策的當政者，其實都應在疫情發生時實施特殊規定，例如像南韓一樣限縮照護工作者的職缺流動。他們也應實施緊急要求員工與居民接受篩檢的規定，同時提出清楚指示，要求機構將受感染者及時送醫治療。他們也可以優先將口罩與個人防護裝備分配給長照機構，但這些人卻反其道而行，任由機構管理者毫無作為如常度日。二〇二〇年三月二十四日，美國疾病管制與預防中心與白宮

COVID-19應變小組密切合作，發布了全國性COVID篩檢指引，卻未將安養中心列為須最優先進行篩檢的機構。《華爾街日報》報導指出：「直到四月二十七日，長照機構居民當中的有症狀患者才被囊括進最優先接受篩檢的族群。但即便到了這個時候，機構中的無症狀患者卻仍未被列入優先篩檢的對象。後來又拖到了八月，聯邦政府才進一步規定安養中心的工作者必須強制接受篩檢。」除此之外，聯邦政府也從未禁止照護工作者在不同長照機構之間來來去去。[50]

不過，安養中心的勞動條件還只占了問題的一部分，居住品質是另一大隱憂。就和加拿大一樣，長照中心住房與宿舍擁擠不堪的情形格外危險，而機構中如果住的是高比例貧困黑人及棕色人種居民，風險也會特別大。這兩種趨勢其實互有關聯，美國貧困的有色人種比起其他族群更容易住進擁擠的長照機構。公共衛生學者認為，為年長者或身體孱弱族群所設立的安養中心有所謂的「雙層式制度」（two-tiered system），擁擠、條件不佳的照護機構提供的是低層級的服務。布朗大學老年醫學專家文森·默爾（Vincent Mor）表示，他們分析美國安養中心平時的照護在不同社經條件與種族之間的差異，從中發現到「由『低層級』機構提供照護服務的貧窮、孱弱、少數族群居民，特別有可能受到低於應有水準的照護。」[51]也因此在疫情爆發的時候，這些人會是最容易染病死亡的族群。

比方說，伊利諾伊州醫療保健及家庭服務部（Department of Healthcare and Family Services）就發現，安養中心的黑人與拉丁族裔居民絕大多數都住在一個房間放了三至四張床的空間裡。[52]該產業將這種顯然會提升COVID死亡率的情況稱為「床位過滿」（Over-bedding）。因為美國醫療補助措施（Medicaid）（這項承受汙名的計畫是為低收入美國人設計的公共衛生醫療計畫）支付給安養中心的費用比多數私人保險公司來得少，所以這種現象在居民大多接受美國醫療補助措施的安養中心較為常見。儘管政府為此計畫挹注的資金大大不足可能是對窮人的吝嗇而非明目張膽的種族歧視，但值得注意且著實令人感到不安的一點是，疫情期間伊利諾伊州安養中心裡，黑人與拉丁族裔居民的COVID死亡率確實比較高。一篇在《美國醫學會期刊網路開放版》刊載的研究指出，放眼全國，「居民中非白人族裔比例最高的安養中心的COVID-19死亡人數比起白人居民比例最高的機構高出了三・三倍。」[53]這些差異並不全然只是環境擁擠所致：COVID新增病例高度集中在黑人與棕色人種社區、長久以來的醫療現況、醫療保健系統裡的種族歧視現象，在在都是造成前述問題的肇因。但是安養中心的惡劣條件卻也大大增加了居民遭感染的可能性，而美國人對此現象的漠不關心更是幫凶。

令人感嘆的是，在美國，就算是疫情期間住在高品質安養中心的年長者，依然有不一樣的問題要面對：他們在疫情中承受的社會孤立感（social isolation）十分強烈，甚至導致了情緒與生理上的疾患，長期下來更造成大量年長者身亡。雖然要保護身體虛弱者及長者不受傳染病疫情影響，社交距離很重要，但這些措施會損害他們的身心。幾十年來，流行病學家已經發現社會孤立感是各種健康問題（從心臟病到憂鬱症等心理疾病）背後一大主要因素。[54]疫情爆發時，各家評級優良的長照機構都實施了嚴格的訪視限制，也要求所有護理師與照護服務員都佩戴口罩、穿戴防護裝備，另也限制機構居民之間的社交集會活動。這麼做確實有效控制住疫情最初六個月的死亡人數，但隨之而來的社會孤立感是否導致了其他健康問題惡化？

克里斯多夫・克羅寧（Christopher Cronin）及威廉・艾文斯（William Evans）都是聖母大學（University of Notre Dame）的經濟學家，兩人提出一種新的方式來解讀問題。他們發現，評價較高的安養中心控制COVID確診者數量增加的表現雖與評價較差的機構差不多，但在避免患者死亡這方面表現卻好得多。二〇二〇年五月二十四日至同年九月十三日，五星級安養中心的死亡人數比一星級安養中心少了百分之十五——這是相當顯著的差異。然而在同一段時間內，五星級安養中心的非COVID相關死亡人數卻比一星級安養中心多了百分之十一；到了二〇二一年四月十五日，這個數字上升至百分之十五。[55]

這兩位經濟學家也知道這些數字並不完全精確，某些被歸類為「非COVID相關」的死亡案例很可能其實與COVID有關，其中可能也有不少數據佚失的狀況。儘管如此，其他研究也指出，一般而言安養中心的居民即便躲過了感染COVID的危機，也可能在疫情期間歷經包括憂鬱、預期外的大幅體重降低、大小便失禁等心理與生理健康問題。[56]

這些發現直指另一個值得關注的議題：保持社交距離確實可以拯救性命，但前提是必須謹慎執行，避免原本能保護你我的社交連結斷裂。即使是傳染病大流行期間，人類依然需要社交親密感。

看守所與監獄等矯正機關的最大目標是截斷受刑人的社會連結，為的是懲罰、教化遭指控犯下嚴重罪行的受刑人。這種體制的矛盾之處在於，受刑人與外界的連結是截斷了沒錯，但拘留設施裡卻聚集了服刑的受刑人。在高監禁率的社會裡，監獄擁擠不堪的危險環境會有床位過滿、洗手間使用率過高、餐廳與公共區空間不足、難以有私人空間等問題。在這麼惡劣的環境下，多數受刑人不可能保持距離，不過單獨監禁的受刑人是例外。單獨監禁本來是種酷刑，但在疫情下這種懲處方式卻有唯一好處：避免受到傳染。

看守所與監獄和安養中心一樣，也仰賴許多在各個群體與設施之間流動的工作者，例如獄警、清潔人員、輔導員、廚師、文書處理人員、護理師、護理助理、司機等。像佩索這種在監獄工作的獄警在上班時間以外要忙著照顧孩子、陪伴家人，但因為工作而不得不暴露在監獄的高度染疫風險中，家庭與職場可能相互影響。此外，監獄也是人口大量流動的地方，有律師、調查人員、受刑人的親友進進出出。就連受刑人本身的人口流動率也很高，總是有新的人入獄，每天也都有人獲釋。在COVID的社區感染率偏高的地方，就得採取額外措施確保監獄及看守所的傳染狀況不會失控，包括替工作人員、訪視者、受刑人篩檢；落實強制佩戴口罩的規定；給非暴力犯罪者及最可能感染COVID的高齡者提供提早假釋的機會，藉此減少人口密度。

在COVID確診病例數和監禁中的受刑人數這兩方面，美國都是全球各個國家之冠，但卻沒有幾個矯正機構願意改變，於是便造成了致命後果。

我們永遠也無法知道美國有多少受監禁者或矯正機關員工感染了COVID，因為在這場疫情危機的大多時間裡，美國刑事司法系統都沒有備足可確認感染者實際數量的篩檢工具。《美國預防醫學期刊》（*American Journal of Preventive Medicine*）裡有篇研究指出，二〇二〇年三月三十一日至同年十一月四日，州立監獄與聯邦監獄矯正人員的COVID確診率為一般大眾的三至五倍之多。[57]另一篇研究論文刊於知名的《美國醫學會期刊》，該研究顯示截至二〇二〇年六月六日為止，全美監獄的一百二十九萬五千兩百八十五位受刑人當中，共有四萬兩千一百零七人確診COVID，其中有五百一十位受刑人死亡。換算為每十萬位受刑人中有三千兩百五十一人確診的確診率，就可以發現其高出美國一般大眾確診率的五倍以上。那段時間的粗死亡率為每十萬位受刑人中有三十九人死亡，與美國每十萬人中二十九人死亡的整體死亡率相比，顯著高了許多。但也正如《美國醫學會期刊》指出的，最容易因感染COVID而死亡的高齡者僅占監獄總人口的百分之三，全美人口當中則有百分之十六為高齡者；該文章作者計算了年齡相應調整後的死亡率，他們發現，關在監獄裡的受刑人死於COVID的機率是一般同齡人的三倍。[58]

即便是經調整後算出的死亡率也低估了美國監獄的實際死亡情形，部分原因是許多在監獄裡感染COVID身亡的受刑人沒有經過正式診斷。儘管我們無法取得每個州監獄系統的超量死亡數字，但從現有的資料來看，矯正機構的死亡率遠遠高於官方紀錄上的數據。例如加州大學洛杉磯分校法學院的獄中COVID感染資料蒐集計畫（COVID Behind Bars Data Project）研究團隊就發現，佛羅里達州二〇二〇年的受刑人死亡人數比預期高出了百分之四十二，從二〇一九至二〇二〇年間，佛羅里達州二十歲受刑人的預期壽命減少了四年。[59]

《紐約時報》的調查記者審視從紐約到加州、從德州到俄亥俄州等全美各地數個州立監獄系統後發現，有數十個受刑人的COVID死亡病例並未列入官方統計中。某些案例是監獄的典獄長把生病的受刑人送至醫院後，便拒絕將病逝於醫院的受刑人算入監獄的死亡人數。[60]維吉尼亞海灘（Virginia Beach）治安官辦公室發言人為官方做法辯解道：「受刑人已經脫離獄方監管，這種情況下期待獄方繼續掌控他們的狀況，這很不公平。外界認為我們有辦法密切監控幾千名受刑人、為他們的遭遇負責，這更是愚蠢的想法。」但死去受刑人的家屬可不這麼認為。一名男子的父親被拘留在佛羅里達州看守所等待受審期間感染了COVID，不就後病重身亡。他向《紐約時報》表示：「也許看守所裡真的沒人死於COVID-19——因為他們把病人丟到醫院裡等死。」[61]

在佩索工作的萊克斯島監獄裡，受到監禁與死亡之間無庸置疑有極大的關聯。二〇二一年七月，六十四歲且體重超標、有心血管疾病的文森・麥卡多（Vincent Mercado）被警方在一部停放的車輛中搜出非法持有的槍械及毒品，因此遭到逮捕。儘管麥卡多堅稱這些違禁品都是他的合夥人的東西，法官最後仍判他進入萊克斯島監獄服刑，保釋金額為十萬美元，大大超過麥卡多的負擔能力。麥卡多進監獄後住進了醫務室，而他也因此暴露在更高的新型冠狀病毒感染風險中。他的律師詹姆斯・契德夫（James Kilduff）表示：「那裡對他來說才是最危險的地方。」契德夫以麥卡多的高齡和不佳的健康狀況為由，向法院訴請降低保釋金額。法官拒絕了。可想而知，麥卡多後來真的感染了COVID，也因為症狀急速惡化，獄方直接轉送至皇后區的艾姆赫斯特醫院（Elmhurst Hospital Center）。就在他被轉送醫院當天，法官終於批准麥卡多的緊急釋放請求，但是已經沒有意義了——麥卡多幾個小時後就死了。[62]

二〇二〇年六月，致力於刑事司法改革的無黨派非營利組織——監獄政策計畫（Prison Policy Initiative）的研究人員與美國公民自由聯盟評估了每州在疫情最初幾個月拿出什麼行動，藉以保護受刑人與矯正機構的員工。他們的發現相當令人沮喪。他們表示：「儘管眼前有這麼多資訊、這麼多聲音在呼籲當局拿出行動，明擺著也存在這些需求，但各州政府當局的回應若非毫無章法就是效用不彰——這還算好的了，有些州甚至是冷血地無動於衷。」[63]每個州應對COVID疫情的方式都不太一樣，有些州能拿出更關懷的態度，而有些州卻格外殘忍。例如加州就選擇在疫情第一年讓受刑人免費撥打電話，減輕他們被孤立於社會連結之外的痛苦，另外也提供免費的衛生清潔用品來降低受刑人的感染風險。他們也提早釋放一些人，並延後一些人入獄的時間，藉以降低獄中人口，因此讓加州受監禁者總人數降低近百分之二十，紓解了監獄擁擠不堪的問題。（不過研究人員也指出，加州的監獄在疫情前已經人滿為患，因此即便有這些措施，獄中受刑人數量依然超過監獄原本規畫的收容人數。）[64]反觀德州當局則拒絕了所有改革措施，受刑人不僅沒有免費打電話的機會，也不得提早假釋或因就醫需求而釋放；不僅沒有讓受刑人優先施打疫苗的計畫，也沒有提供手部消毒液及肥皂的政策。[65]

監獄的防疫措施差別固然關鍵，但還不是最核心的問題。德州和加州的監獄長久以來都人滿為患、員工不足、衛生條件不佳，因此這兩個州分別位列全美各州監獄COVID-19死亡病例最多的第一與第二名。監獄政策計畫及美國公民自由聯盟所下的報告結論是：「儘管某些州的州長下達了表面上能加速釋放受刑人的命令或指引，但沒有哪一個州的監獄人口達到足夠的減幅。」[66]沒有哪一個州為受刑人與員工提供全面篩檢，也沒幾個州以具體行動大幅改善通風設備，或強制實施能遏止病毒散播的身體距離規定。若這些州真的採取了更實際的改善行動來保護所有受刑人，或許就能拯救許多條人命。雖然我們無法知道確切數字，但值得注意的是，從疫情爆發至二〇二〇年六月一日為止，疫情初期較積極於釋放受刑人的法國，據報僅有一位受刑人死於COVID。美國的這個數字是五百一十人。[67]

監獄政策計畫及美國公民自由聯盟為疫情期間各州監獄的表現評分，評分結果是從F至C-不等。伊利諾伊州的數據因訴訟正在進行中可能有後續變動，因此不列入評分。而事實上，美國每間看守所及所有州立監獄系統都應該就他們在疫情期間對待受刑人與員工的方式接受詳細調查。他們孤立了那些需要社會連結的人，卻把需要安全空間的人塞到一起。

講到這件事，起碼美國並不孤單。世界各國都很難找到身體距離與社會連結之間的最佳平衡，偏偏這兩點在疫情第一年都是相當重要的防疫關鍵。與其他富裕的民主社會相比，美國又更依賴矯正機構來監禁需要懲治的犯罪者，也更仰賴低薪勞動力照顧需要住在長照機構的老年人口。這些在美國社會制度中產生的種種現象讓幾百萬美國人的脆弱性無端增加了，且不是只有面對危機時是這樣，而是每一天皆然。

注釋

1 Gagandeep Kaur, "Banished for Menstruating: The Indian Women Isolated While They Bleed," *The Guardian*, December 22, 2015.

2 Eugenia Tognotti, "Lessons from the History of Quarantine, from Plague to Influenza A," *Emerging Infectious Diseases* 19, no. 2 (2013): 254–59.

3 Tara John and Ben Wederman, "Italy Prohibits Travel and Cancels All Public Events in Its Northern Region to Contain Coronavirus," CNN, March 8, 2020.

4 Aude Mazoue, "In Pictures: A Look Back, One Year After France Went into Lockdown," France 24, March 17, 2021.

5 Robert Glass et al., "Targeted Social Distancing Design for Pandemic Influenza," *Emerging Infectious Diseases* 12, no. 11 (2006): 1671–81.

6 Howard Markel, Harvey B. Lipman, and Alexander Navarro, "Nonpharmaceutical Interventions Implemented by US Cities During the 1918–1919 Influenza Pandemic," *JAMA* 298, no. 6 (2007): 644–54.

7 *Transcript for CDC Media Telebriefing: Update on 2019 Novel Coronavirus (2019-nCoV)*, Atlanta: U.S. Department of Health and Human Services, Centers for Disease Control and Prevention, 2020.

8 Ibid.

9 Noah Higgins-Dunn and Will Feuer, “Cuomo Orders Most New Yorkers to Stay Inside—‘We’re All Under Quarantine Now,’ ” CNBC, March 20, 2020.

10 “Coronavirus Updates from March 28, 2020,” CBS News, March 28, 2020; Bill Mahoney and Josh Gerstein, “Rhode Island Ends Specific Restrictions on New Yorkers—By Making Them National,” *Politico*, March 29, 2020.

11 Wei Lyu and George L. Wehby, “Shelter-in-Place Orders Reduced COVID-19 Mortality and Reduced the Rate of Growth in Hospitalizations,” *Health Affairs* 39, no. 9 (2020); Charles Courtemanche et al., “Strong Social Distancing Measures in the United States Reduced the COVID-19 Growth Rate,” *Health Affairs* 39, no. 7 (2020); Oguzhan Alagoz et al., “Effect of Timing of and Adherence to Social Distancing Measures on COVID-19 Burden in the United States: A Simulation Modeling Approach,” *Annals of Internal Medicine* 174, no. 1 (2021): 50–57.

12 André Aleman and Iris Sommer, “The Silent Danger of Social Distancing,” *Psychological Medicine* (July 6, 2020): 1–2; Katie Lewis, “Psychotherapy COVID-19: Preliminary Data on the Impact of Social Distancing on Loneliness and Mental Health,” *Journal of Psychiatric Practice* 26, no. 5 (2020): 400–404; Esther Crawley et al., “Wider Collateral Damage to Children in the UK Because of the Social Distancing Measures Designed to Reduce the Impact of COVID-19 in Adults,” *BMJ Paediatrics Open* 4, no. 1 (2020); Per Engzell, Arun Frey, and Mark Verhagen, “Learning Loss Due to School Closures During the COVID-19 Pandemic,” Proceedings of the National Academy of Sciences 118, no. 17 (2021).

13 Pamela E. Klassen, “Why Religious Freedom Stokes Coronavirus Protests in the U.S., but Not Canada,” *The Conversation*, May 2020.

14 截至二〇二二年四月，兩名男子在此案中已經認罪，另有兩名男子獲判無罪。Neil MacFarquhar, “Member of Extremist Group Pleads Guilty in Michigan Governor Kidnapping Plot,” *New York Times*, January 27, 2021; Mitch Smith, “Two Men Acquitted of Plotting to Kidnap Michigan Governor in High-Profile Trial,” *New York Times*, April 8, 2022.

15 Farhad Manjoo, “I Traced My COVID-19 Bubble and It’s Enormous,” *New York Times*, November 20, 2020.

16 Kevin Quealy, “The Richest Neighborhoods Emptied Out Most as Coronavirus Hit New York City,” *New York Times*, May 15, 2020.

17 "Over 333,000 New Yorkers Have Left City Since COVID Pandemic Began in March," *CBS New York*, January 8, 2021.

18 美國國土安全部所發布的指引內容請見：U.S. Department of Homeland Security, Cybersecurity & Infrastructure Security Agency, *Memorandum on Identification of Essential Critical Infrastructure Workers During COVID-19 Response*, Washington, DC, March 2020. Also see Andrew Lakoff, " 'The Supply Chain Must Continue': Becoming Essential in the Pandemic Emergency," *Items*, November 2020.

19 Ayman El-Mohandes et al., "COVID-19: A Barometer for Social Justice in New York City," *The American Journal of Public Health* 110, no. 111 (2020): 1656–58.

20 Y-H Chen et al., "Excess Mortality Associated with the COVID-19 Pandemic Among Californians 18–65 Years of Age, by Occupational Sector and Occupation: March Through November 2020," *PLOS ONE* 16, no. 6 (2021): e0252454.

21 關於農業人口組成的資訊，請見U.S. Department of Agriculture, Economic Research Service, *Farm Labor*, Washington, DC, March 2022. 關於農業工作者的種族組成資訊，請見The National Center for Farmworker Health, *Agricultural Worker Demographics*, Texas, April 2018.

22 Eugene Scott, "Trump's Most Insulting—and Violent—Language Is Often Reserved for Immigrants," *Washington Post*, October 2, 2019.

23 *US: New Report Shines Spotlight on Abuses and Growth in Immigrant Detention Under Trump*, Human Rights Watch, New York, NY.

24 *United Farm Workers of America, Micaela Alvarado and Maria Trinidad Madrigal v. Foster Poultry Farms*, Superior Court of the State of California, County of Merced, December 18, 2020.

25 Josh Funk, "At Least 59,000 U.S. Meat Workers Caught COVID-19 in 2020, 269 Died," PBS News, October 27, 2021.

26 Chen et al., "Excess Mortality Associated with the COVID-19 Pandemic Among Californians 18–65 Years of Age, by Occupational Sector and Occupation: March Through November 2020."

27 Ibid.

28 Anna Wilde Mathews et al., "COVID-19 Stalked Nursing Homes Around the World," *Wall Street Journal*, December 31, 2020.

29 Edgardo Sepulveda, "A Comparison of COVID-19 Mortality Rates Among Long-Term Care Residents in 12 OECD Countries," *Journal of the American Medical Directors Association* 21, no. 11 (2020): 1572–74.

30 Mathews et al., "COVID-19 Stalked Nursing Homes Around the World."

31 Ibid.

32 國際長照政策網（International Long-Term Care Policy Network）的一個研究指出，截至二〇二〇年七月九日，南韓的COVID 死亡人數當中，安養中心的死亡人數僅占百分之八，這個比例與該分析囊括的其餘二十七個已開發國家相比都要少得多。Adelina Comas-Herrera et al., "Mortality Associated with COVID-19 Outbreaks in Care Homes: Early International Evidence," International Long-Term Care Policy Network, CPEC, London School of Economics, 2020.

33 Julie Ireton, "Canada's Nursing Homes Have Worst Record for COVID-19 Deaths Among Wealthy Nations: Report," CBC News, March 30, 2021; Canadian Institute for Health Information, "The Impact of COVID-19 on Long-Term Care in Canada: Focus on the First 6 Months," Ottawa, Ontario, 2020, p. 6. 請各位讀者特別注意，此數據裡安養中心死亡人數占比之高可能反映出加拿大真正的總死亡人數其實受到低估。到了二〇二一年，可以透過加拿大的超量死亡人數發現，真正的社區死亡人數其實比衛生官員提出官方紀錄還要多。儘管如此，加拿大的安養中心與社區之間的死亡人數差異之大依然沒有其他國家能望其項背。

34 Nathan M. Stall et al., "For-Profit Nursing Homes and the Risk of COVID-19 Outbreaks and Resident Deaths in Ontario, Canada," medRxiv 2020.05.25.20112664.

35 Ibid.

36 Murray Brewster and Vassy Kapelos, "Military Alleges Horrific Conditions, Abuse in Pandemic-Hit Ontario Nursing Homes," CBC News Canada, May 26, 2020.

37 Dan Bilefsky, "31 Deaths: Toll at Quebec Nursing Home in Pandemic Reflects Global Phenomenon," *New York Times*, April 16, 2020.

38 Canadian Institute for Health Information, "The Impact of COVID-19 on Long-Term Care in Canada: Focus on the First 6 Months," p. 6.

39 Kelsey Johnson, " 'We Are Failing Our Grandparents' Canada's Trudeau Says as COVID-19 Hammers Nursing Homes," Reuters, April 2020.

40 Sepulveda, "A Comparison of COVID-19 Mortality Rates Among Long-Term Care Residents in 12 OECD Countries."

41 一篇於《美國醫學會期刊網路開放版》（*JAMA Network Open*）發表的研究資料估計，二〇二〇年美國約有五十九萬兩千六百二十九位安養中心居住者感染了COVID，其中有十一萬八千三百三十五人死亡。二〇二二年白宮方面則坦言，美國長照機構的死亡人數已突破二十萬人。請見K. Shen et al., "Estimates of COVID-19 Cases and Deaths Among Nursing Home Residents Not Reported in Federal Data," *JAMA Network Open* 4, no. 9 (2021): e2122885. 亦請見"FACT SHEET: Protecting Seniors by Improving Safety and Quality of Care in the Nation's Nursing Homes," The White House, February 28, 2022.

42 Bryant Furlow, Carli Brosseau, and Isaac Arnsdorf, "Nursing Homes Fought Federal Emergency Plan Requirements for Years. Now, They're Coronavirus Hot Spots," *ProPublica*, May 29, 2020.

43 Yuan Zhang et al., "Working Conditions and Mental Health of Nursing Staff in Nursing Homes," *Issues in Mental Health Nursing* 37, no. 7 (2016): 485–92.

44 "Median Wages per Compensated Hour in U.S. Skilled Nursing Facilities as of 2018, by Occupation," *Statista*, March 7, 2022.

45 來自加州大學洛杉磯分校（UCLA）及耶魯大學（Yale）的經濟學家團隊在二〇二〇年花費十一週蒐集了手機的地理定位資訊，以追蹤美國照護工作者的人員網絡與勞動型態。他們發現疫情期間因為這些員工的流動，「每家安養中心平均會與其他七家照護機構產生關聯」，而這也導致「安養中心居住者的確診案例中，有百分之四十九是員工在各機構之間流動所導致。」Keith Chen, Judith A. Chevalier, and Elisa F. Long, "Nursing Home Staff Networks and COVID-19," National Bureau of Economic Research, 2020.

46 Tanya Lewis, "Nursing Home Workers Had One of the Deadliest Jobs of 2020," *Scientific American*, February 18, 2021.

47 Gabriel Winant, "What's Actually Going On in Our Nursing Homes: An Interview with Shantonia Jackson," *Dissent Magazine*, Fall 2020.

48 Ibid.

49 Ibid.

50 Mathews et al., "COVID-19 Stalked Nursing Homes Around the World."

51 Vincent Mor et al., "Driven to Tiers: Socioeconomic and Racial Disparities in the Quality of Nursing Home Care," *The Milbank Quarterly* 82, no. 2 (2004): 227–56.

52 Derek Cantù, "Minority Residents in Illinois Nursing Homes Died of COVID-19 at Disproportionate Rates," NPR Illinois, May 3, 2021.

53 Rebecca J. Gorges and Tamara Konetzka, "Factors Associated with Racial Differences in Deaths Among Nursing Home Residents with COVID-19 Infection in the US," *JAMA Network Open* 4, no. 2 (2021): e2037431.

54 James S. House, Karl R. Landis, and Debra Umberson, "Social Relationships and Health," *Science* 241(1988): 540–45; Lisa Berkman and Thomas Glass, "Social Integration, Social Networks, Social Support, and Health," *Social Epidemiology* 1/6 (2000): 137–73; Ichiro Kawachi and Lisa Berkman, "Social Ties and Mental Health," *Journal of Urban Health* 78, no. 3 (2001): 458–67.

55 Christopher Cronin and William Evans, "Nursing Home Quality, COVID-19 Deaths, and Excess Mortality," *Journal of Health Economics* 82 (2022): 102592.

56 Michael Levere, Patricia Rowan, and Andrea Wysocki, "The Adverse Effects of the COVID-19 Pandemic on Nursing Home Resident Well-Being," *Journal of the American Medical Directors Association* 22, no. 5 (2021): 948–54.

57 Julie Ward et al., "COVID-19 Cases Among Employees of U.S. Federal and State Prisons," *American Journal of Preventive Medicine* 60, no. 6 (2021): 840–44.

58 Brendan Saloner, Julie Ward, and Kalind Parish, "COVID-19 Cases and Deaths in Federal and State Prisons," *JAMA* 324, no. 6 (2020): 602–3.

59 Neal Marcos Marquez et al., "Assessing the Mortality Impact of the

CO VID-19 Pandemic in Florida State Prisons," medRxiv: 2021.04.14 .21255512.

60 Maura Turcotte et al., "The Real Toll from Prison COVID Cases May Be Higher Than Reported," *New York Times*, July 7, 2021.

61 Ibid.

62 Paulina Villegas, "A Rikers Island Inmate with Coronavirus Was Granted Emergency Release. He Died That Afternoon," *Washington Post*, October 18, 2021.

63 Emily Widra and Dylan Hayre, "Failing Grades: States' Responses to COVID-19 in Jails & Prisons," Prison Policy Initiative, June 2020.

64 "California Profile," Prison Policy Initiative, 2022.

65 "Texas Profile," Prison Policy Initiative, 2022.

66 Widra and Hayre, "Failing Grades: States' Responses to COVID-19 in Jails & Prisons."

67 Didier Fassin, "The Moral Economy of Life in the Pandemic," in Didier Fassin and Marion Fourcade, eds., *Pandemic Exposures: Economy and Society in the Time of Coronavirus* (Chicago: Hau, 2022), p. 167.

第九章

橋樑

努拉・歐多提（NUALA O'DOHERTY）

努拉・歐多提忿忿質疑道：「說真的，這些人難道都不知道皇后區到底是怎麼運作的嗎？」

五十一歲的歐多提是第一代愛爾蘭裔美國人，她丈夫是來自厄瓜多的移民，職業則是汽車維修技師。當時是二〇一九年十二月三十一日，她正在位於傑克森高地（Jackson Heights）的家裡準備過節——雖然不算真的休息，但至少能和五個孩子及一個孫輩，再加上住一樓的好友一家五口一起在家裡過節。穿著高跟鞋也僅僅一百五十公分左右的歐多提雖然身材嬌小，卻渾身是勁，像顆手榴彈般威力強大。二〇一九年，剛從檢察官職位退休的她過去二十三年來都任職於曼哈頓地方檢察署（Manhattan District Attorney's Office）。不過她向我坦言，雖然退休了，她也因此有時間做更多有意義的事。那年秋天，當地的街坊鄰居將她推向一項她從未想過的任務——以州立法大會為目標投入競選。才剛過完聖誕節不久，又正值新年前一天，歐多提人卻在她那間地下室的競選總部努力思考為當地解決問題的方法。不過她沒想到，她得解決的會是交通運輸上的難題。

當天大都會運輸管理局（Metropolitan Transit Agency，MTA）為了改善交通運輸效率、降低營運成本而研擬了一項計畫草案——皇后區公車路線新規畫。該計畫會取消行經紐約市最大、文化最多元的行政區的公車站點。MTA區域公車營運系統（MTA Bus）負責人馬克．赫姆斯（Mark Holmes）表示：「這是將現有公車路線圖重新繪製得出的結果。」[1]赫姆斯也保證，新計畫實際實施後一定能縮短多數乘客的交通時間。這話聽起來似乎不錯，畢竟皇后區約兩百三十萬人口中有將近一半為移民，而且住在這個行政區的人幾乎都是孜孜矻矻、為生計努力工作的市井小民。當地居民的工作地點遍布紐約各處，大家平日多仰賴大眾運輸系統來移動。住在皇后區，人人都很習慣摩肩接踵的地下鐵車廂、人擠人的公車、壅塞繁忙的紐約市交通；這些都是日常生活的一部分，就如同四季更迭一般再正常也不過。你就是得犧牲一些睡眠時間早點出門，才能準時上班。想要座位就是要擠，努力騰出一點呼吸的空間。還有，你得等。

如果公車真的能夠變更快，歐多提當然舉雙手贊成。然而她發現，大都會運輸管理局提升效率的方式反而會導致當地居民比過去更沒有公車可搭：他們縮短了路線，還只把乘客送到地鐵系統而不像過去一路途經大家的目的地。這個新路線計畫取消了擁擠的Q49路公車，原本的公車路線會一路蜿蜒穿過東艾姆赫斯特（East Elmhurst）與傑克森高地，最後抵達現代化、便利又快速的地鐵系統。除此之外，計畫也導致站與站之間的距離變更長，從原本間隔八百五十英尺（約兩百五十九公尺）增加到一千四百英尺（約四百二十七公尺），不僅會大大拉長乘客的步行時間，也會截斷皇后區各社區之間原本相互連接的公車路網。[2]住在歐多提家附近幾個街區之外的吉姆．柏克（Jim Burke）也很熱心倡議交通改善的議題，因此他投身於歐多提發起的行動，他寫道：「他們根本沒有直接跟傑克森高地常搭公車的乘客溝通過，怎麼可能有人想要班次與站點都更少、交通易達性更不理想的公車路線？」[3]歐多提認為這個新路線計畫——還有促成此計畫的整個流程——都是對她所在社區的羞辱。她說：「這整件事實在有夠蠢。」

整件事也令歐多提看清：對於主導紐約市運作的那些人來說，傑克森高地居民的福祉不值一提，居民的心聲也不過是他們的耳邊風而已，所以要是他們不站出來為自己爭取，可能就會因此失去工作機會、移動能力、交通運輸服務、危急時基本的健康與安全。

不過要將當地居民組織起來可不容易。想在傑克森高地發起集體行動確實不簡單，當地不同族裔居民使用的語言多達一百六十七種，《紐約時報》寫道：「這裡起碼是紐約——甚至可能是整個星球上——文化最多元的區域。」[4]歐多提在這裡已經住了將近二十年，而打從一開始，她就為當地從市政府那裡得到基本資源之貧乏感到震驚。這裡每位居民享有的公園空間不足兩平方英尺（約〇．一八平方公尺），相較之下在紐約市更為綠意盎然的區域，每位居民可享有一百四十平方英尺（約十三平方公尺）的綠地面積——傑克森高地簡直是難得見到一絲綠意的荒漠。[5]校園通常沒有運動場，有些學校沒有遊樂場，即便是幼童也沒有遊戲場地。

在紐約市，幾乎沒有哪個區域比傑克森高地還更欠缺優質的公共空間。傑克森高地是紐約市住宅最擁擠的地區，當地有四分之一的公寓都被判定為「過度擁擠」（也就是每間房間要給超過一人使用）。[6]歐多提針對此現象提出解釋：「這裡通常會有好幾個家庭住在一起，他們把公寓多隔出好幾個房間，一戶裡可能就住了八到十個人。這種生活方式對他們來說最有保障，就算其中一個人失業了，大家的日子還是過得下去。」這種居住模式再加上附近鄰里開了很多餐廳，路上也有不少市場，於是當地不斷要面對維持環境衛生的難題。紐約市政當局一直以來都無力為居民保持居住環境的整潔，而這也就表示，這件事和傑克森高地居民生活中多數的事情一樣，他們得想辦法自己搞定。

「我也是因為這件事才認識了附近鄰居，」歐多提對我說，「我發現這裡有傑克森高地環境美化小組（Jackson Heights Beautification Group），大家每週六早上八點會一起出動清潔社區環境，每個人都會穿橘色上衣，將一條接著一條的街道清理乾淨。我說我也要加入！」其中最讓她振奮的是美化小組的社區園藝計畫。她對我解釋：「我的背景是移民家庭，從小到大老是在搬家，從來沒有那種真正歸屬於某個地方的感受，所以我希望能為我的孩子創造某種歸屬感。自從我們搬到傑克森高地，我便一直希望孩子們能在這裡打造出屬於自己的園地。對我而言，只要你在某個地方種下了花朵，那裡就是你的天地。」對歐多提的先生來說，週六就是補眠日，他堅持要歐多提去美化小組時一起帶上三個年幼的孩子，這樣他才能好好休息。歐多提回憶那個時候說道：「他本來不覺得我真的會去。」但過沒多久，這個活動成了他們全家的週末儀式：為孩子著裝後，快速吃頓簡單的早餐，一家人就趕忙出門加入清掃街道的團隊。她說：「有些人假日是上教堂，而我選擇的活動是為社區服務。這是我淨化靈魂的方式。」

歐多提從大學畢業後就一直在做社區服務。一開始，歐多提在羅徹斯特（Rochester）的伊士曼柯達公司（Eastman Kodak）實習，她彷彿受到感召一般決定去收容所為無家者服務。後來她在聖約翰大學（St. Johns University）就讀法學院，因為住在位於阿斯托利亞（Astoria）的公寓裡，久而久之便成了附近雜貨熟食店[1]（bodega）的常客。那家店就像附近拉丁美洲移民的社區活動中心一樣，大大小小的事情和活動都在那裡發生。時常上門光顧的歐多提則發現，她可以幫助自己在店裡交到的朋友，例如幫忙註冊學校、加入各種公共計畫、解決住房和租金等問題。她在法律援助組織（Legal Aid）擔任志工，而且是幾乎讀研究所的整段期間，她都認定自己未來會以法律為志業並加入對抗貧窮的組織。「結果我後來才明白，在這條路上想找到真正的職缺並不容易，」歐多提說，「我在布朗克斯區地方檢察署（Bronx DA's office）找了份實習工作，專門處理謀殺案件。我當時真的很熱愛這份工作，我的意思是，太精采了！那裡的工作讓《法網遊龍》（*Law & Order*）演的劇情都顯得遜色。那段時間經手的某些案子真的是會跟著我一輩子，我永遠難忘。」畢

[1] 譯注：多為拉丁美洲移民開設的小型雜貨店，也兼賣熟食。

業後，專門經手備受矚目案件出了名的曼哈頓地方檢察署要給她一份全職工作。歐多提回憶當時說：「我不敢相信，在那之前我年年向他們申請實習的工作機會，每次都被拒絕。」就在日積月累下，歐多提這幾年來慢慢培養出新的能力。她不僅在法學院學習了相關知識，還獲得布魯克林區地方檢察官——傳奇人物查理・海因斯（Charlie Hynes）的推薦（以及工作邀約）。附近的雜貨熟食店也是她吸收經驗的最好源頭。她告訴我：「想做好檢察官這份工作，一定要了解居民與雜貨熟食店息息相關的生態。」

歐多提出身自一個奮發努力、講求紀律的家庭。她的雙親都是化學博士——夫妻二人因此才從愛爾蘭移居至印第安納州（Indiana），後來雙雙進入製藥廠工作。他們總是督促孩子為了自己的人生與未來認真向學。歐多提的姊妹和兄弟分別成為了醫學教授和化學教授，不過以歐多提的角度來看，她家其實沒有哪個人「努力工作的程度比得上雜貨熟食店的工作者。他們的生活真是我前所未見的辛苦。」她在那裡交到的朋友有部分從事體力勞動工作。他和一位來自墨西哥的孩子特別熟絡，這孩子的工作是把一箱又一箱貨品從高溫的地下儲藏室搬上樓、擺上貨架。「他得在攝氏四十九度左右的環境搬運一箱箱沈重的汽水，辛苦程度大概是我的十倍，我真心尊敬他。」她在這裡認識的工作者大多以黑工維生，因此他們沒有保險、沒有社會安全福利、沒有假可以休，也不能請病假。想拿得出錢付房租，就一定得工作。後來她和馬賽里諾（Marcelino）戀愛並走入婚姻，也因此見證了紐約市汽車維修技師的生活樣態。「後來我成為檢察官，因為工作常會和毒販打交道。你知道嗎？他們真的非常拚命，日復一日在那裡販毒，那就是他們的工作。我一直都努力要從他們的角度來看事情、理解他們的生活，可是我身邊有很多同事瞧不起他們、覺得他們很笨。這些人可能做了錯誤的決定，但他們的處境一直以來都很艱難，所以我總是對他們抱以尊重的態度。」

對認真工作這件事及辛勤工作者的敬重有助於以皇后區為據點的歐多提。這種心態讓當初還是年輕人的她得以在阿斯托利亞站穩腳步。到了二〇〇二年，她和馬賽里諾帶著孩子搬到傑克森高地，兩人的發展來到新的里程碑。她說：「我們買了間大房子。我從家父那裡得到了一些錢，然後我又幫助某位姻親處理他太太命喪九一一事件世界貿易中心（World Trade Center）的後續事宜，再拿到了一些錢。當時，我幫他攬下了和受害者補償金有關的所有程序，我要跟警察打交道、協助認屍，真的是很可怕的經驗。」她買下的是一棟半獨立式的磚造雙併屋。這棟建築有兩間合法的公寓套房、一個地下室、一間車庫，屋子旁邊還有一小片花園。地點距地鐵站僅幾個街區之遙，去曼哈頓的交通很方便。在這個多數人生活空間都很侷促的地方，歐多提卻坐擁將近三千八百平方英尺（約為一百零七坪）的居住空間。但她也說：「房子本身狀態是一團糟。之前發生過火災，屋頂也到處漏水，不過我們也是因為這樣才買得起。」房子需要徹底翻新，可能得花上好幾年，馬賽里諾會帶著一家子著手這個浩大的工程。

過不了多久，附近鄰居就知道歐多提這個人多有辦法了。發起週六清理街道活動的碧翠絲（Beatrice）來自智利，她一發現來當志工的歐多提有法律背景後，便立刻請她協助為志工團隊申請政府補助。拿到補助金以後，他們用這筆錢買了新的T恤、印海報、發起招募活動。歐多提在過程中研究了志工團隊的清掃計畫，她發現團隊長期志願清理的街道中，有一條是當地店家依法須維護清潔的商業街道。歐多提去通知了店家（可能態度不夠好），請他們往後要自行負責維護環境，否則就得面臨她所謂的「執法單位強制介入」。歐多提與碧翠絲一起讓志工轉而去真正需要協助的地方發揮力量，例如比較大的街道、凌亂而無人打理的綠地，以及布魯克林－皇后區高速公路（Brooklyn-Queens Expressway，BQE）附近的幾片土地——顯然是無主之地，所以很多人都在那裡非法棄置垃圾。志工團隊需要清理的地方突然間多到超出他們的負荷範圍，不過歐多提幾個正就讀公立學校的孩子倒想出了解決方法。

傑克森高地很多居民是各領域內的活躍人士，還有許多規模不大但積極活動的組織，例如武術班、家長團體、狗友會、園藝同好會、宗教團體等。這些人難道不會想付出一點心力維護社區環境嗎？當時歐多提已經在學校的領導小組積極活動了，她不自覺就想這麼做。歐多提有很多住在傑克森高地的朋友都是受過良好教育的專業人士，他們住在漂亮的老公寓裡，每天通勤到曼哈頓工作。歐多提說：「這些家長大多把孩子送到私立學校或天主教學校受教育，但我有五個孩子，而且所有錢都已經花在房子上了，所以我只能讓他們去公立學校，但即便如此，我還是要盡力確保他們有好的發展。」歐多提每投入一個計畫，就相當於為自己找到了一群同盟的夥伴，有時甚至會和他們成為好友。在不知不覺間，她在當地有了極廣的人脈，她和各式各樣的人打交道，也為每個小團體貢獻自己的力量。清理街道、園藝、學校、維護安全——歐多提有串聯的能力，會安排打點好街坊鄰居。

二〇二〇年的第一天，歐多提就看出一件事：大都會運輸管理局的新公車路線計畫雖然是阻礙，卻也不啻為良機。一方面，這件事可能會打亂傑克森高地居民的日常生活，導致大家每天通勤上班更麻煩；另一方面，這也是團結社區居民的大好機會——他們甚至可能組成新的團體。原本為不同族裔背景的傑克森高地居民突然有了共通點：他們都很氣大都會運輸管理局。歐多提從未競選過公職，也從沒想過要當政治人物，更別說認為自己會贏得選舉了，但她很清楚這是參與政治的絕佳機會。她回憶當時情形說道：「我把競選活動焦點都放在公車的議題上，我們在每一個公車站發傳單、宣傳：『支持第三十四選區的努拉！拒絕縮減公車路線！拒絕縮減公車路線！』」大家挨家挨戶敲門、跑市場拉票、舉辦活動、在當地媒體上曝光、發起遞交請願書的行動，就這樣帶動了許多當地居民的情緒與支持。

「那次經驗真的很棒，」她說，「接著就二月了，當時有場大型集會要在艾姆赫斯特醫院附近舉辦，但有些人對我表示疑慮：『我聽說有種新病毒，我不想靠近醫院。』我回答：『你瘋了吧！你一定要來！』那時候一切都好好的，我們也還在努力爭取參選資格。」不過到了三月初，連她也發現事情不妙，她回憶當時的情況說：「感覺山雨欲來，我家地下室變得像戰情室一樣，全家都動員起來要幫我爭取選民連署。為了跟時間賽跑，每台印表機都印個不停。大家滿心只想著：『快點！再快點！』」我們都不希望因為紐約市封城，隨之流失了這股動力。

三月初，歐多提那位熱心的交通運輸倡議者朋友吉姆．柏克向她表示要去參加紐約市議會曼哈頓區市議員參選人卡莉納．里維拉（Carlina Rivera）的籌款活動。她說：「活動辦在一家人擠人的酒吧，我前一晚才剛去過酒吧。大家講話時都對彼此大噴口水，於是我心想：『再繼續待下去一定會生病，我得趕快走。』幾天後，吉姆打來告訴我：『我跟你說，我身體不太舒服。』接下來我大約有兩週都沒見到吉姆，後來終於見面時，他說：『好奇怪，我好像嚐不到味道了。』吉姆在我們這群朋友之間是愛吃出了名的。他超熱愛花生醬！但他卻說：『我連花生醬都不想吃了，那吃起來就像屎一樣。』一切就是這麼開始的，起初我們還不知道是怎麼一回事，但就是感覺到有什麼事要來了。我只能說：哇哦。」

在歐多提反應過來以前，身邊的人都一一病倒了。她只能勉強繼續跑活動，身邊的一切也都搖搖欲墜。三月十四日，庫莫州長發布了行政命令，將參選所需的簽署人數降為原訂門檻的百分之三十，並將遞交參選申請的日期壓在三月十七日。這樣一來，歐多提的簽署人數就達標了。她和女兒驅車前往選舉委員會（Board of Elections）繳交文件。歐多提回憶道當時情景：「我女兒和律師一起進去繳交資料，我在外面違規停車，待在車上等他們出來。紐約市各區參選人都來繳交申請書，大家全擠在小小的空間裡。」那一週，有幾百位參選人在期限前按時繳交參選申請書。歐多提順利參選，新型冠狀病毒也開始發威了。吉姆後來病癒了，不過到了四月，十幾位選舉委員會工作人員都被篩檢出染上COVID-19，其中有兩位病故。[7] 這場選舉變了調。一切都變了，而傑克森高地尤其如此。

「我還記得那時的鳥鳴聲，」歐多提對我說，「當時才剛進入春天，應該正是大地生機盎然的時刻，而外面卻一片寂靜，什麼聲音也沒有。沒有車聲、沒有孩子在路上玩的嬉戲聲。除了鳥鳴外，幾乎聽不到任何聲音，只有鳥叫和無處不在的鳴笛聲。我感覺好像每個街口都有救護車呼嘯而過。」

三月至五月這段時間，紐約市成了全球新型冠狀病毒疫情最嚴重的地方，傑克森高地更是在這場疾病風暴的中心。傑克森高地和周邊的艾赫姆斯特、東艾赫姆斯特及科羅納（Corona）一樣，都是位於皇后區中心的移民人口稠密區。這些地方的病例數量攀升、住院人數暴增、死亡人口增加，數字都是全紐約市最高，也比全球任何地方都要高。代表艾赫姆斯特與傑克森高地的市議員丹尼爾・德羅姆（Daniel Dromm）表示：「我們正處於風暴核心中的核心，這對我們的社區而言是一記重擊。」[8]

與其說是重擊，被擊潰才是更貼切的形容。衡量受疫情影響程度高低的其中一個方式，就是參考紐約市健康與心理衛生局發布的官方統計死亡人數。截至三月二十一日為止，這一週傑克森高地的COVID-19死亡率是每十萬位居民中有八人死亡，周邊其他區域如科羅納與法拉盛（Flushing）的死亡人數則是零，就算綜觀全紐約市，死亡率也僅有〇・一三人。隔週，傑克森高地的死亡率飆升至每十萬位居民中有四十人死亡，紐約市則是每十萬人中九人死亡。到了四月，疫情擴散的速度愈來愈快，傑克森高地及周圍其他區域的死亡率躍升為紐約市整體死亡率大約兩倍之多。

皇后區中心區域確切有多少確診案例，這一點我們難以得知，因為要知道確診人數就得先為大眾廣泛篩檢才行，但當時篩檢工具非常稀有。二〇二〇年四月九日，《紐約時報》報導指出，有超過七千個確診病例集中在皇后區中心「大小僅七平方英里（約十八平方公里）、擠滿了移民的區域」。[9]艾姆赫斯特醫院就位於此處，這間總共有五百四十五個床位的公立醫院很快就湧入大量患者，不管是走廊上或住院病房裡，滿滿的都是人，戶外則有長長的人龍排隊要做篩檢，但等到最後往往因為篩檢工具不足而被要求離開。有一些人等不到醫護人員的照護，就撐不下去病逝了。在這種情況下，院方行政人員別無選擇，只能將部分患者轉到其他醫院，並將病逝者的遺體冰存到停放在院外的數輛冷凍貨車裡。一位院方的工作人員就說，當時醫院瀰漫著「兵臨城下」的氛圍。[10]

就算沒有親眼見到醫院裡的情形，歐多提也知道她的社區變得多悲慘。她說：「我有位男性姻親在疫情最開始時就病了，而且還病得很重，甚至要用到呼吸器。一開始只過一天就拿掉了，但之後又回來用了十四天的呼吸器。他是我聽說的第一個染疫住院的人。聽說這件事以後，我到他家想看看有沒有能幫得上忙的地方，結果他家人害怕到不願意開門。」不過，在那種一家子都染上病毒病倒的情況下，他們的焦慮不安並不難理解。歐多提描述當時附近街道上排了一輛又一輛救護車的情景：「假如救護車來了很快就走，那倒還好。但要是他們待了很久還不走，那就麻煩了，因為那代表他們在現場救治患者。接著會再開來一輛救護車，然後法醫就來了，他會穿著類似太空裝的白色防護服。同時間，大樓裡的其他人只套著T恤和短褲，沒戴口罩也沒有任何防護措施就走出來。我們面面相覷，然後會說：天啊，那一家人都確診了。那感覺真的好奇怪，太不真實了。」

後來歐多提的這位姻親撐過來也活著走出醫院了。不過，住在歐多提家前面那棟房子的兩位鄰居沒有。不久後，傑克森高地的居民開始對彼此耳提面命：千萬不能去艾姆赫斯特醫院。歐多提告訴我：「當時流傳各式各樣關於艾姆赫斯特醫院有多可怕的故事。我有位鄰居因為丈夫病倒了要打電話求救，但她打的不是九一一緊急求救電話，因為他們知道這樣一定會被送到艾姆赫斯特去。」人人避之唯恐不及的不只是醫院。歐多提還開始聽說大家不去超市、藥局，也不去平時常去的雜貨熟食店。大家聽著社區四處迴盪的救護車嗚笛聲，眼看穿著防護服的醫護人員將一具具遺體抬出家門。他們沒有口罩可用，也無法取得清潔劑、紙巾、肥皂。他們沒把握在公共場所保護自己、不染上病毒，也不確定到底該怎麼取得生存的必須品，大家只好都躲在家閉門不出。歐多提很清楚那個時候附近鄰居大概都處於這種狀態，而她的地下室也仍被當成戰情室來使用；然而，他們最牽一髮而動全身的競選目標大大轉向。他們要考慮的是人命。

便利貼是歐多提最常用的工具，她對我開玩笑：「我就是這樣紅起來的，但勸你千萬別這麼做！」但這其實不是真心話。當初，就是靠這些便利貼啟動了一項帶來變革的集體計畫，那以歐多提從未想像過的方式將附近的街坊鄰居牽繫在一起，而且可能永遠保持下去。全球各國政府都在建議人民保持「社交距離」以策性命安全，但這對歐多提來說一點也不合理，在傑克森高地這樣的社區也不會奏效。事實上，當地居民需要的東西跟政府的建議恰恰相反。大家需要的是社交親密感、彼此的支持。這些街坊鄰居以前從沒有這麼依賴彼此過。

> 要想避免被傳染疾病，保持身體距離合情合理。
> 社會團結則最為必要，而要達到社會團結，就得靠人與人互相幫助。

歐多提在三月十三日聯繫了競選團隊志工。[11]「我那時對大家說：『把便利貼貼在鄰居家門上，把我的電話號碼給他們。』這對我來說真的沒什麼大不了，因為大概全世界都有我的電話號碼吧，所以對我來說沒差。我把那張寫了我電話號碼的便利貼拍下來，然後把照片印上許多傳單。我要大家把傳單拿給自己的鄰居，然後我們也到當初為了參選跑遍的那些公車站，再發一次傳單。」沒多久，幾千張寫著歐多提的電話號碼及「需要協助請打這支電話」字樣的傳單，就在鄰里之間流傳開了。歐多提的目標很簡單：她希望傑克森高地每位居民都能得到他人的援助，不管是傾聽、為其發聲，還是出手相助，都好。她原先其實沒意識到在疫情持續發威下，大家需要的幫助是那麼樣大，而鄰居慷慨的付出也同樣出乎意料之外。

看到有這麼多人願意參與互助活動，實在很驚人。歐多提說：「幾乎馬上就有一百人願意加入志工團隊，而這就是『COVID照護』的開始。」（「COVID照護」是歐多提組織起來的互助網，團隊的正式名稱是

COVID照護社區網〔COVID Care Neighbor Network〕。)「我們一開始不曉得會有哪些問題需要處理、大家需要哪些幫助。」歐多提把這段時期稱為「困惑期」，在這之後則會迎來短暫的「轉折期」。有些鄰居會請他們幫忙拿送洗的衣物、購買清潔用品、送日常生活用品上門等等，這些都只是臨時代勞的小事，志工可以輕鬆應對。不過到了第二週，志工接到的來電內容開始變得驚悚。「某天早上我們接到一通電話，對方希望能有頓熱食餐點可吃，我女兒喜歡烹飪，她自己動手做了些料理，然後我們帶著食物上門，發現有位老婦人坐在椅子上等我們。她提前把門開好、固定住了，我們那時才發現她站都站不穩。她丈夫的情況比她還要糟。隔天早上這位老婦人再次來電，她告訴我們丈夫過世了，我們的餐點是他吃到的最後一頓飯。」不久後，又有一位婦人打電話來說丈夫在家裡過世了，想請志工幫忙消毒整間公寓。後來歐多提接到一位尼泊爾婦女打來的電話，對方和兩個年幼的孩子待在家裡；歐多提回憶起那通電話：「她丈夫因為感染COVID剛剛進了醫院，而她其實也病得很重，緊急救護技術員希望將她送醫，但她不想丟下兩個孩子自己去醫院。當時沒人願意進她的公寓幫忙照顧孩子，我就親自上陣。這是非得自己來、沒辦法要別人代勞的事。」

歐多提在那段「恐怖期」遭遇了許多事，各有各的可怕之處。不過現在回頭來看，她說當時對COVID照護社區網而言，其實還算相對不那麼忙的時期——很危險、壓力很大，但不算太忙。到了四月初，歐多提的電話就開始響個不停了。她說：「我把這段時間稱為『崩潰期』。封城了好一陣子後，經濟崩潰了。疫情開始最初幾週大家都還有足夠的食物，可以躲在家熬過這段時間，不過外面的餐廳因為這樣都關門了，街上攤販的生意也都做不下去。除此之外，打電話叫計程車的人少之又少，而且也沒有什麼做清潔、保姆的打工機會。當地多數的移民家庭都靠現領工資的工作來養家，而工作機會卻都消失了。整個社會的經濟狀況是一片死水，大家都慌了，只會想：『該怎麼辦才好？』」

歐多提向我描述：「那時我們就在我家車庫開了公益物資倉庫。有食物、尿布、配方奶粉、各式各樣的基本生活物資。還有米、油、豆子、義大利麵、罐頭食物等。我們也準備了給不同族裔居民的物資包——白人、西班牙語裔、印度裔，大家需要的生活物資都略有不同。我們會為每個家庭送一次緊急物資包，之後就試著為他們聯繫市民服務的相關單位，好讓他們能活下去。」需要幫助的人似乎無窮無盡。「有時候車庫裡堆了太多尿布，箱滿為患，根本走不進去。」每到週二及週五，就會有大約十五位志工到歐多提家準備物資包供居民領取，但整個行動的規模發展到後來，她的屋子空間已經不夠用了。「COVID照護」成立了領導小組，小組成員要負責接電話、媒合各項案件與志工、募款、申請政府補助等工作。為求溝通順暢，他們創了Facebook社團及WhatsApp帳號，並使用Google行動服務掌握來電，也安排班底成員固定的工作班表，另外再為比起「需要食物物資包」還嚴重的問題建立一套應對系統。他們的志工陣容一直在擴大。剛開始，參與的幾乎都是女性，但隨著疫情時間愈拉愈長，就有更多男性也來擔任志工。歐多提這時提高了音量：「外面根本沒有工作機會！他們無事可做。」我認識的一個家庭就是如此，他們每週一次開車幫忙送食物給大家，家裡的小孩就坐在後座。另外有一家的爸爸本來在餐廳上班，因為疫情的關係沒工作做，所以他們每週一都會做一百個三明治提供給沒零工可打的勞工。

食物是傑克森高地的文化核心，在餐廳因為病毒發威而一間間關閉後，各個鄰里都開始出現公益食物倉庫。教堂、社區中心、餐廳——似乎每週都有新組織加入幫助人的行列。歐多提的車庫空間已經不夠用了。因她有一些來擔任志工的朋友跟皇后區（Queensboro）這家當地餐廳的老闆很熟，他也想貢獻一己之力。因此，餐廳很快接手處理公益物資的任務，（至少暫時）為歐多提家減輕了負擔。尿布一箱接一箱送來，前來尋求協助的人潮也沒斷過，還有人專門來找這位在社區互助團隊裡人稱傑克森高地「市長」的女性。然而歐多提不接受這個稱號，她說：「我不是什麼市長，我是大家的橋樑。」

進入五月以後，新增病例及皇后區死亡人數的增加速度都開始趨緩。雖然當地的死亡率依然是紐約市平均死亡率的兩倍以上，但實際數字真的在往下掉，而且空氣也漸漸溫暖了起來。紐約人蠢蠢欲動，他們渴望回歸正常生活。這時的互助團隊也碰上新問題得處理。皇后區有許多家庭無法為三月至四月間得COVID-19病逝的親屬舉辦葬禮，「COVID照護」會協助安排這些事。此外，雖然紐約州發布了禁止驅離令，但在移民聚居地擁有不動產的房東發現了房客的恐懼與脆弱無力，所以他們開始追討房租或威脅房客。歐多提說：「現在大家怕的東西不一樣了。染疫死亡這件事已經不那麼可怕，被驅逐的可能性反而更令人人自危。」歐多提有多年擔任檢察官的閱歷，她也很清楚該怎麼保護自己的鄰居。「我告訴所有人：房東不像你們得排隊領取物資過日子，他們生活無虞，所以如果你手頭有錢，請把這些錢拿來照顧家人，你不會沒有棲身處的。」現在她也差不多是在提供免費法律諮詢服務了。

從三月開始，歐多提和她在「COVID照護」的夥伴就一直努力對抗各式各樣的危機：飢餓、房東驅離、壓力、孤立感、確保大家能活下去。如今已幾乎是夏天了，先前不絕於耳的鳴笛聲平息下來，餐廳也準備重新開門迎客，整個社區的居民都如歐多提所說：「已經等不及往外跑了。」歐多提自己也想做點能帶來正面能量的事，這時她心裡有了想法。

歐多提以及長期為交通議題奔走的吉姆・柏克多年來都在為三十四號大道（34th Avenue）的交通問題向市政府施壓。三十四號大道從傑克森高地的中心貫穿並一路延伸，沿路公寓大樓林立，還有九所學校位在這條路上。五十五歲的柏克外表很年輕，他留著一頭灰白短髮，有一副健壯的體格。他的職業是電商與社群媒體公司的顧問，也因此他很清楚該怎麼向外界傳達訊息、維持話題熱度。柏克就住在三十四號大道上，雖然小時候在紐約市街道上玩樂跑跳的回憶很美好，但如今在傑克森高地的街道上卻只看得到孩子努力閃躲車流。他說：「令人遺憾的是，現在路好像都被車子占據了。」[12] 三十四號大道真正令人煩惱的不只是一般的交通問題而已：那裡不只有空氣、噪音污染，諸如Google Maps和Waze等導航軟體還會因附近高速公路車多壅塞而將車流導來這裡，那就可能突然造成交通大亂，有時甚至會釀成車禍。歐多提說：「那些導航軟體會在學校正好放學的時候把車流導過來——剛好在九所學校同時放學的時候！這種時候交通就會大打結，動彈不得的汽車駕駛火冒三丈，甚至會下車當著學生的面大罵校長。」

歐多提繼續對我解釋：「某些國家的道路設置真的很不可思議，例如歐洲有許多城市會把分隔島拓寬，然後將過去車子行駛的地方改成一個個小型遊樂場。他們還有那種可以靠按鈕控制升降的小路樁，只要把路樁升起，道路就能很快搖身一變成為公園。」歐多提與柏克都希望市政府在傑克森高地推動類似的改變。二○一九年三月，一百四十五號喬瑟夫．普立茲重點初等中學❷（I.S. 145 Joseph Pulitzer Magnet School）一位十二歲學童放學時，在三十四號大道上遭一輛吉普車撞上後壓在車底，因而激起了民眾急切想改善周邊交通的態度。[13] 這位學童身受重傷必須住院治療，而媒體也蜂擁至三十四號大道爭相報導此事件。歐多提感嘆：「這確實是場不幸的意外，然而在某種意義上，卻又可以說因禍得福。這下大家開始關心這件事了，他們想知道：『我們可以做點什麼？』後來那名男孩幸運活下來了，在他出院以後，社區領導者立刻與紐約市交通局（Department of Transportation）、校方、家長團體開了一連串會議。歐多提想起當時的情形說道：「我向他們表示，居民希望周邊道路可以在這九所學校上學、放學時間暫時封閉。」紐約市因為在曼哈頓如百老匯等幾條主要道路實施禁止汽車通行的改革而廣受讚譽，歐多提說：「他們其實有幾百萬元預算可以用來推動這類計畫，但卻不是各方都願意。」

疫情雖然改變了一切，卻也創造出新的機會。二○二○年四月，過去習慣自由出入各種公共場所的居民因為疫情而感受到壓力與厭煩，大家受夠了關在家裡的生活。紐約市各地區的居民團體開始對當地領導者施壓，要求封閉街道、禁止汽車通行，並將人行道拓寬為行人徒步區。大家都希望能有更多空間從事休閒活動、讓孩子玩樂。人人渴望更優質的綠地、有更多在外用餐的空間選擇，總之就是希望藉此讓紐約市民的集體生活重新找回生機。四月二十七日，紐約市長白思豪和市議會宣布，預計於隔月開放紐約市內約六十四公里的街道給行人，最終目標是要開放一百六十一公里左右的街道。[14]歐多提與柏克都對市政府這項決策感到振奮，但他們也很清楚政治與權力之間有著密不可分的關係。住在布魯克林黃金地段的那些有錢上流人士都在要求開放街道給行人，翠貝卡（Tribeca）、格林威治村（Greenwich Village）、上西區（Upper West Side）那些富裕人家亦然，因此他們實在不認為紐約市會優先考慮皇后區、甚至是傑克森高地的街道需求。難道以前有過這種事？與其慢慢等市長宣布會從哪個區域開始投入資金給街道開放計畫，他們決定主動出擊。

隔天是四月二十八日，柏克與歐多提率領一群當地倡議人士到三十四號大道上示威抗議，他們還辦了一場由公民自己來的封街活動，但只持續了幾個小時。[15]負責籌辦的成員都穿著反光背心，他們把亮黃色膠帶與橘色交通錐帶去現場，再用寫著「僅限應急車輛通行」的告示立牌阻擋車流。示威者手上拿著「傻瓜，別忘了皇后區」的小型抗議標語。一開始抗議群眾並不多，大約只有三、四十人，但在他們設好路障並邀請大家加入占領街道的行列後，路過民眾也都來參與了。路上很快就擠滿一起示威抗議的群眾。歐多提穿著黑底白點的外套、黑色長褲，手中拿著寫了「開放街道」的標語，她把口罩拉下來用大聲公向周邊鄰居喊話。

「這裡誰家有後院可以活動？」

「沒有！」

「這裡誰家有庭院可以活動？」

「沒有！」

❷ 譯注：美國的Magnet School字面上的意思便是磁鐵學校，也就是指以數學、科學、表演藝術等各種特色課程為發展重點以吸引學生就讀的學校。此處按其辦學方式譯為重點學校。

「這裡有誰被困在狹小擁擠的公寓裡？」

「我！！」在場群眾發出吶喊。建築立面對著三十四號大道的磚造公寓裡住滿了人，居民也紛紛從窗戶探出頭來，敲著鍋碗瓢盆表示聲援。

「有誰渴望陽光？」

「我！」

「有誰渴望新鮮空氣？」

這次是坐在路上用粉筆畫畫的一群小孩出聲應和：「我！我！」

「有誰希望小孩能再度自由奔跑？」

「我！」

這下大家都開始有節奏地喊著：「開放街道！開放街道！開放街道！」

柏克與歐多提決定把握住氣勢更進一步行動。他們聯絡了附近各個社區組織，大家集結起來組成三十四號大道開放街道聯盟（34th Avenue Open Streets Coalition）。歐多提十幾歲的兒子設計了網站，讓聯盟看起來更正式也更有力。歐多提說：「接著我們的好運來了。有天我跟吉姆在活動總部，也就是我家地下室，當時我朋友雷斯莉．拉莫斯（Leslie Ramos）過來要捐贈東西給『COVID照護』，負責管理當地商業促進區（business improvement district，ＢＩＤ）的她碰巧接到了市長辦公室打來的電話，對方想請商業促進區負責主辦新的開放街道活動。但她推辭說：『沒辦法，我們已經忙不過來了。』那一刻我們都傻住了，我和吉姆趕緊問她：『接下來他們會打給誰？』拉莫斯回答：『區域委員會。』因此我們立刻打給負責區域委員會的莉莉安（Lillian），我們在電話上對她說：『拜託答應就對了！』吉姆和我都知道：我們的機會來了。」他們告知市政府諸多傑克森高地的困境：人口擁擠、校園周邊交通危險、因COVID受創嚴重、缺乏公園綠地。

他們也表示，當地有許多志工願意投入計畫幫忙執行，而地方上的領導者也會大力支持。歐多提回想當時的情境說：「對方就問：『那你們打算怎麼做？』於是我們回答：『只要給我們路障就好，剩下的我們自己來。』」

當晚柏克就在推特上大力宣傳這件事。歐多提說：「真的沒在開玩笑，他推了這件事一把又一把。」他們打給在地的政治領袖，他們起先有些猶豫，最後終於鬆口答應支持。後來有件意料之外的事發生了，「我們接到了市政府的電話，」歐多提按自己的記憶描述，「他們答應了！」

這次的開放街道活動不會只維持幾小時就結束。市政府在三十四號大道上開放了兩公里左右的路段，從早上八點至晚間八點為開放街道的時間，不過必須嚴格遵守以下條件：聯盟必須負責放置與撤離路障、設置正確的標誌、維持道路環境整潔；政府不會給太多資源，所以聯盟得獨立籌措資金。歐多提說：「基本上什麼事都要靠自己。」想要辦好這件事，要有更明確的組織才行。「我們每天早晚各需要十名志工，他們得在精確的時間點放好四十個路障。老實說，我覺得市政府希望我們搞砸。」

不過實際情況正好相反，活動非常成功。那是一個晴朗的春日早晨，我到現場與歐多提碰面，開放街道上有形形色色的人事物與活動。有人散步，有人跑步，有人騎腳踏車，還有街頭藝人在表演——各年齡層與不同族群的人齊聚在這裡。路人閒步，舞者跳舞，還有家長陪孩子走進學校，也有家長坐在折疊椅上喝咖啡看蹣跚學步的孩子遊戲。歐多提戴著紅色棒球帽，身著淺紫夾克，腳上是一雙飽經風霜的鞋子，她陪我在開放的街道上漫步，每走過幾個路口就停下來帶我欣賞她在分隔島上栽種的植物，或向我介紹他們的志工以及用募款資金聘請的員工。歐多提難掩這個開放道路計畫帶給她的驕傲感，她滔滔不絕向我介紹這裡晚上會舉辦的足球友誼賽、騷莎舞課、各種藝術與手工藝教學、小朋友的比賽；有人會排骨牌，也有人下棋。她指向某幾個街區，告訴我那裡有聯盟設置的公益食物倉庫，還告訴我過去在曼哈頓中城開餐車的老闆也是住在這條街上的移民。疫情讓曼哈頓中城的辦公室都關閉轉為遠距工作模式，餐車沒了生意，於是他們找了住處附近的地點開店，就這樣重新再出發。老實說，就算她不逐一介紹我也看得出來，這條開放街道散發出蓬勃生機。

實施開放街道的這幾個月，三十四號大道成為了紐約市彰顯新生與韌性的一大指標。白思豪市長也到場拍照。起初拒絕支持這項計畫的政府官員紛紛宣稱這是他們的主意。三十四號大道的開放街道也吸引了毗鄰的其他區域的居民造訪，他們都在想該怎麼在自己住的地區也創造類似的空間。一如《紐約時報》的描述，這段開放街道成了「最佳表率，能讓大家理解：永續、平等、降低車輛污染且給予行人更多空間的現代城市街道應是什麼模樣。」[16]

可想而知，這樣的改變多少也會遇上反對聲浪。通勤者對附近區域惱人的交通抱怨不斷，住在三十四號大道上的一些居民則對街上的樂聲、垃圾及各種改變感到不滿。不過多數居民都對這個變革持正面態度。歐多提介紹我認識一位當地的媽媽，她說：「這改變了我們的生活。」還有另一位居民稱三十四號大道的改變為「小小奇蹟」。[17]

我忍不住尋思，像這樣的奇蹟到底得花多少力氣才能實現。

後來，歐多提在六月的初選落敗了。她翻了翻白眼，似乎對自己有多一敗塗地感到不可置信：「我真的被打敗了，當初根本不該參選的。」清楚當地政治運作情形的居民告訴我：「白人女性想在這個滿是移民的區域選贏拉美裔女性？而且以前在地方檢察署擔任過檢察官，現在卻以進步派立場參選？假如你認識努拉本人，你會知道這一切都說得通，但她的背景真的很難讓當地選民買帳，她在這裡想要選贏確實很難。」

歐多提雖然落選了，但這也表示她可以將更多時間花在「COVID照護」與三十四號大道的計畫上。健康危機雖然消退了些，但疾病大流行依然帶來了各種新挑戰。他們會舉辦推廣教育活動，向擔心疫苗接種風險的民眾倡導疫苗的益處。他們也積極協助兒童與青少年為秋季回歸校園做準備。除此之外，因為有些人仍面臨糧食不足的困境，歐多提便與基督教福音派營運的拉諾哈達（La Jornada）公益食物倉庫攜手合作，在法拉盛與伍塞德（Woodside）推動一個名為手心向下（Manos Que Dan）的公益活動，每週末會捐出幾千份生活物資給有需要的居民，有時更多。COVID照護社區網的Facebook社團有超過一千一百位成員，一些成員和有需求的當地居民會在社團裡不時溝通交流、互相幫助。二〇二一年秋季，傑克森高地有一些因為疫情失去工作的婦女，她們組成了合作性質的紐約市環保清潔組織（NYC Green Clean），會以注重環保的方式提供居家打掃服務，希望能夠爭取更多工作機會。除此之外，大家也在附近舉辦的電影節活動上募捐舊筆電給當地小孩在學校使用，或是徵求舊手機給需要「打電話或傳簡訊給家人」的長輩。

二〇二一年十月十九日，紐約市交通局宣布要將三十四號大道設為對行人永久開放的街道計畫：沿路有數個街區將變成無車廣場，還會有九處「共享街道」；不僅拓寬行人徒步區，也開放空間讓汽車在非交通尖峰時間通行；此外還會在二十六個十字路口設置「分流設施」來取代路障，避免車流像過去一樣直直駛過三十四號大道。[18]這些安排都需要一定的妥協。有部分抗議人士要求恢復原來的交通規畫，但有愈來愈多居民希望將整條路全面改成帶狀公園，以容納更多綠地、減少車流通過的空間。三十四號大道帶狀公園推廣計畫網站（34avelinearpark.com）創建者在網頁上寫：「綜觀紐約市各區域，傑克森高地居民擁有的公共綠地空間最少，三十四號大道是我們絕無僅有的機會。」在他們看來，假如計畫真的達成，未來這座帶狀公園會變得像曼哈頓西城（West Side of Manhattan）的觀光地標——紐約空中鐵道公園（High Line）一樣廣受大眾喜愛，而到時享有這片園地的，將是原先少有機會享受最好的城市寧適性的勞工階級、移民社群。歐多提對我說：「未來的事誰也說不準。但我能肯定，一切都在往好的方向發展。」不僅三十四號大道持續對行人開放，它也推了其他人口稠密區的領導者一把，促使他們投入心力請求市府多為行人開放幾條街道。

在這之後，我再次和歐多提並肩走在三十四號大道上。我很好奇如果到時候這些她努力的目標與抗爭都告一段落，而疫情也結束了，接下來她打算做什麼。她笑著對我說：「我也不知道接下來要做什麼，不過我很確定，只要一有危機我們就會挺身而出。不管是失業危機、積欠租金、有人餓肚子、火災、淹水，禍事不可能再也不發生，這些都是生活的一部分。」

注釋

1 Sara Krevoy, "MTA Shares Details of Queens Bus Network Redesign," *Queens Ledger*, December 30, 2019

2 Ibid.

3 Jim Burke, "Op-Ed: MTA's Queens Bus Redesign Is Not Good for Jackson Heights," *StreetsBlog NYC*, January 7, 2020.

4 Michael Kimmelman, "Jackson Heights, Global Town Square," *New York Times*, August 27, 2020.

5 *Which Neighborhoods Have More Nearby Park Space Per Capita?*, New York City Independent Budget Office, July 15, 2020, accessed September 2, 2022.

6 *Overcrowding in New York City Community Districts*, New York: Institute for Children, Poverty & Homelessness, 2016.

7 Brigid Bergin, "Two COVID-19 Deaths at NYC Board of Elections, and More Than a Dozen Sickened," *Gothamist*, April 3, 2020.

8 Annie Correal and Andrew Jacobs, " 'A Tragedy Is Unfolding': Inside New York's Virus Epicenter," *New York Times*, April 9, 2020.

9 Ibid.

10 Michael Rothfeld et al., "13 Deaths in a Day: An 'Apocalyptic' Coronavirus Surge at an N.Y.C. Hospital," *New York Times*, March 25, 2020.

11 Together We Can Community Resource Center Inc., COVID Care Neighbor Network, https://www.togetherwecanrc.org/covid-care-neighbor-network, accessed September 2, 2022.

12 Winnie Hu, "The Pandemic Gave New York City 'Open Streets.' Will They Survive?," New York Times, August 9, 2021.

13 Andrew Siff, "12-Year-Old Boy Pinned by Jeep in Front of Queens School: Police, Witnesses," NBC New York, March 28, 2019.

14 Gersh Kuntzman, "UPDATED: De Blasio Commits to 100 Miles of 'Open Streets,' " *StreetsBlog NYC*, April 27, 2020.

15 Gersh Kuntzman and Clarence Eckerson Jr., "WE FIRST! After Mayoral Announcement, Neighborhoods Demand Open Streets," *StreetsBlog NYC*, April 28, 2020.

16 Hu, "The Pandemic Gave New York City 'Open Streets.' Will They Survive?"

17 Ibid.

18 Gersh Kuntzman, "ANALYSIS: DOT Plan for 'Gold Standard' 34th Ave. Open Street Is a Step Forward, but Definitely Not a 'Linear Park,' " *StreetsBlog NYC*, October 19, 2021.

第十章
近鄰

其實沒有誰真的住在紐約市。倘若以官方人口普查結果來看，紐約市確實有八百萬人口，不過要是你再更進一步追問，得到的答案可能就不同了：各個鄰里——哈林區（Harlem）、格林威治村、托滕維爾（Tottenville）、亨茨角（Hunts Point）、阿斯托利亞，或是任一個人們聚居、長期逗留之處——這些地方才是家。一想到紐約，你我腦中浮現的大概是高樓天際線、城市全景、鳥瞰視野等與日常生活脫節的畫面。要是想起街坊鄰里，你眼前會浮現當地人在自己生活的環境中的樣子：公寓建築、轉角的披薩店、遊樂場、雜貨熟食店，而許多勤勤懇懇的居民努力在他們的鄰里安身立命，打造出屬於自己生活區域的樣態。

不管身在何方，在疫情大流行中人們死去的故事都十分相似。數字不會騙人，紐約市二〇二〇年的COVID死亡人數——至少兩萬人——確實比世界上任一個其他城市都還要多。疫情下全世界處處水深火熱，然而高譚市❶（Gotham）有那些不絕於耳的救護車鳴笛聲、爆滿的醫療院所、用來存放大量病逝者的冷凍車隊，在在讓這個地方呈現絕無僅有的人間煉獄景象。然而，再更仔細端詳，就會發現另一幅畫面浮現了。在疫情最黑暗的時刻，哪怕其他地方都面臨很高的傳染率、死亡率，且家家戶戶幾乎都有人感染，但紐約市某些區域的居民與社會卻格外健康、有韌性。這種差異明顯與各區組成人口的階級息息相關，也凸顯了這座城市裡各族裔與種族間的斷層線。將二〇二〇年的COVID死亡人數轉換為以地圖形式呈現，我們就能發現圍繞著中央公園及公園以南的曼哈頓各區與紐約市外圍區域的死亡人數是天壤之別。[1]死亡人數的分布就跟地圖上的區域劃分一樣顯而易見：種族與階級是其中關鍵。二〇二〇年五月，《紐約時報》報導指出，「死亡率最高的十個地區就有八個地區的人口主要由黑人或西班牙語裔族群組成，」死亡率最低的則「都是家庭收入中位數達六位數」的區域。[2]

二〇二〇年紐約市各郵遞區號代表區域的年度Covid-19死亡率

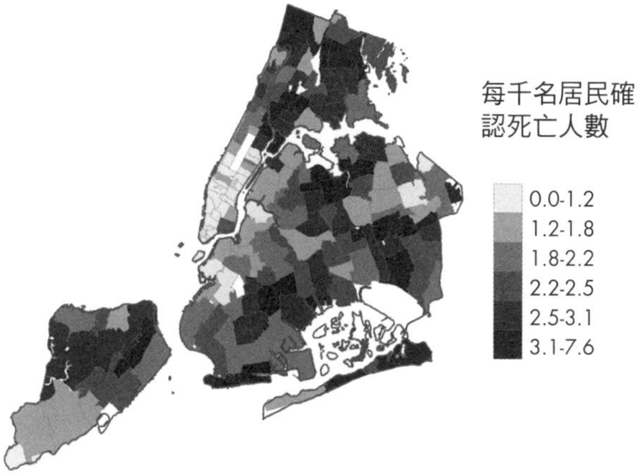

資料來源：紐約市衛生局（New York City Health Department）、紐約大學福曼中心（NYU Furman Center）

但不管是一個區域還是一個國家，命運都不會只取決於當地居民的特質。例如在紐約市，某些地區的黑人與拉丁裔居民人口高度集中，COVID疫情中死亡率特別高，但也有些區域人口組成相似，情況卻沒那麼嚴重。同樣的，聚集了許多移民的社區在疫情下的情況不盡相同，而有錢有勢者居住的區域之間也各有差異。

無庸置疑，種族、階級、年齡都是影響紐約市哪些區域會受到疫情最嚴重衝擊的關鍵，而放眼整個美國也是如此。不過，人口的分布狀況只是造成差異的部分因素。美國經過了疫情第一年後，意識形態已導致COVID-19在各個區域的嚴重程度出現斷層。哈佛大學公共衛生流行病學家南希・克

❶ 譯注：紐約市的別稱。

里格（Nancy Krieger）研究了二〇二一年四月至二〇二二年三月期間的政治與COVID死亡率，她發現，在某個國會選區內，「就算把該區的社會特徵、選民政治傾向、疫苗接種率都納入考量，依然是保守主義愈盛行之處，COVID-19年齡標準化死亡率愈高。」[3]紐約市雖然在政治意識形態上的差異較小，但各鄰里之間的實質差異及居民賴以保護彼此的社會網絡，仍會成為決定誰生誰死的關鍵。除此之外，不同地區的居民職業類別也是重要的決定因素。

想了解這些情形發生的原因，又是由什麼所促成，我們就得關注社區居民聚集之處、公寓和房屋等建築環境，還有人們工作、飲食、消費、遊樂、禱告的地方。對一個社會學家而言，這並不代表我們要忽略人口統計數字，而是先去深入了解形塑居民生活的地方環境以後，再來解讀這些數字。換言之，我們得暫且將目光從電腦螢幕與試算表移開，開始觀察人行道和街頭這樣的地方。

皇后區的科羅納在很早期階段就受到疫情衝擊，確診及死亡案例數量之多，可說是紐約市的疫情風暴核心，而且讓人搖頭的是，那裡的地名還恰好與此次疫情中的致命病毒相同。❷我以這裡為第一個研究地點，藉此探究鄰里樣態如何形塑居民在疫情下的處境，這種選擇並非巧合。科羅納就位在皇后區的中心，與周遭幾個住宅區如艾姆赫斯特、傑克森高地都有緊密的連結。這裡具備皇后區最廣為人知的幾個社會特徵：勞工階級、種族多元、大量移民家庭出身的人口、豐富的社交生活。

要是你和多數人一樣是搭大眾運輸工具前往科羅納，可能就會在繁忙的商業街羅斯福大道（Roosevelt Avenue）上的一零三街／科羅納廣場站（103rd Street/Corona Plaza Station）下車。二〇一二年，皇后區博物館（Queens Museum）率領幾個社區組織組成聯盟，他們募到來自公家與民間的資金，藉此打造出他們所謂「屬於移民的莊嚴公共空間」[4]，科羅納廣場因此成了當地鄰里社交生活與經濟活動的心臟地帶。那裡聚集了許多露天攤販，在一萬三千平方英尺（約一千兩百零八平方公尺）的空間，從手機殼到農產品、從T恤到墨西哥玉米粉蒸肉（tamale）等各種商品都有人在賣。除此之外，沿街還有很多零售商店林立，如大型藥局、武術教室、手機店、駕訓班、烘焙坊、球鞋店、珠寶店、匯兌服務處，以及各式各樣的速食餐廳，不一而足。街邊不只有長凳，還擺了許多折疊椅，閒逛的民眾可以逗留一下。另外，還有個梯形座位的露天舞台能舉辦藝文活動及演出。這裡人聲鼎沸、多采多姿，每到週末及夏日傍晚時分，熙熙攘攘的氣氛熱鬧得像要沸騰了一樣。

這種氛圍在科羅納的住宅區更是普遍，那裡混雜了獨立式房屋（裡面住著包含好幾代人、手足、表親、友人的大家庭），以及大型多樓層公寓建築，這些公寓裡會有許多大家庭擠在空間相對較小的屋子裡。疫情爆發時，科羅納約有十萬零九千位居民，其中百分之六十是移民人口——百分之七十五是拉丁裔（包含來自厄瓜多、哥倫比亞、玻利維亞、委內瑞拉、瓜地馬拉、多明尼加、墨西哥的居民）；百分之十二為亞裔；百分之七為黑人；百分之四是白人。[5]這裡的人口年齡中位數為三十四歲，與紐約市其他地方相比是人口較年輕的區域，而且八十歲以上高齡人口的比例僅為大都會地區的一半。

有鑑於當地人口年齡結構很年輕，對老年人來說致命得多的新冠疫情在科羅納造成的死亡率本應比其他地區低才對。然而，是年齡以外的其他因素導致科羅納居民在疫情中遭殃。當地的貧窮率為百分之十八，是紐約市貧窮率頗高的地區，但真正讓居民容易感染病毒的原因，是科羅納每家戶居住人口密集的情形，而非單純是當地聚集了大量人口所致。紐約大學福曼中心的住房研究學者表示，科羅納及附近的傑克森高地住宅「嚴重擁擠」（也就是一個房間有超過一．五人共用）的比例相較於紐約市其他任何區域都更高。[6]一般情況

❷ 譯注：科羅納（Corona）與冠狀病毒（Coronavirus）名稱相同。

下，光是這麼擁擠的居住條件就會加劇包括焦慮、壓力、失眠、關係緊張等一連串問題了；到了疫情爆發的時候，事實證明空間擁擠不堪的居住環境會帶來更嚴重的後果。原本為了健康安全躲在家不出門的防疫做法反而會變得危機四伏。

若住在擁擠住宅裡的居民能確保所有家庭成員都好好待在家、遠離身上可能帶有病毒的人，那可能還好，但當地的情況卻不是如此。許多科羅納居民在疫情期間別無選擇，還是得前往公共場所，在可能受到其他人傳染的環境中工作、通勤。而在那段期間，科羅納不僅是紐約市數一數二擁擠的區域，當地居民被紐約州指定為重點工作者的比例更是最高的。[7] 廚師、店員、清潔人員、門房、工友、照護工作者、駕駛員、洗碗工、物流士——這些都是科羅納居民最常見的職業類別。這也就表示，雖然紐約市政府宣布整座城市將「暫停運作」，並指示大部分居民待在家不要外出，但科羅納的多數居民卻得如常工作，再把從工作場所或通勤所搭大眾運輸工具上沾到的東西帶回家。我們的城市需要這些人服務，卻沒有給予他們對等的回報。

疫情最初於科羅納肆虐的那年，琳達．杜譚（Linda Dutan）三十歲，當時在曼哈頓一間照相館工作。她和全家人一起住在她從小長大的屋子裡。她說：「還記得恐慌襲捲紐約那個當下，我人正好在上班路上，一面讀著關於西班牙有許多人生病的報導。當時我想到我們店裡常會有觀光客上門，於是我立刻感覺到恐慌。我開始會用消毒濕巾擦店裡的所有物品，而且身邊只要一有人就十分不安。那時候我就對同事說：大事不妙了。」三月十四日，她一早醒來就感覺自己的眼睛好像感染了什麼，會是COVID的症狀嗎？於是她打電話到店裡請了一天假，後來總算鬆一口氣。「接著換我同事打來告訴我：『如果沒有進一步通知，接下來就先不用來上班了，我們要暫停營業。』我忍不住心想：好，這下事情真的嚴重了。」

一開始，待在家感覺上確實比通勤到曼哈頓工作更安全，但過沒多久，因為家裡實在有太多人，局面開始變複雜了。琳達的一大家子這幾十年來都住在一起，她祖父在一九七〇年代從厄瓜多來到紐約，並在一九八〇年代和長子合力在科羅納買下這間房子。琳達告訴我：「我們是個大家庭，一家子大概超過三十人，全住在同個房子裡，包括我的祖父母、叔伯一家人，還有許多堂兄弟姊妹。一九八〇年代那段時間，家裡真的住了好多人，我爸爸得跟五位堂兄弟姊妹共用一間房間。」琳達和爸媽及她的兩位手足原本一起住在家中地下室，但後來隔壁鄰居剛好要賣房子，她家人果斷把握良機把隔壁也買下來。她說：「所以後來就是我們一家五口住其中一層樓，我的三位堂兄弟姊妹則和他們父母住在另一層樓。不過，我們總是會騰出一些空間來讓厄瓜多的親戚借住，或是對外出租，直到這些住客在紐約也能自立自強為止。」

琳達的家人大多都在餐飲業工作，她爸爸是曼哈頓一家義大利餐廳的廚師，媽媽則在食品工廠負責包裝，有個姑姑在皇后區開了家餐廳。她還記得當時的情況：「紐約市在三月開始關閉餐廳、酒吧，我爸爸的工作就沒了。但我媽媽的工作量卻變得空前大，因為疫情的關係，網路訂單如雪片般飛來。我爸會負責載媽媽上班，此外他也開始幫姑姑的忙——剛開始是送外賣，後來則是為大夥準備餐食，包括我祖母、祖父，以及也住附近的姑婆。接著我身邊所有人都一一生病了，我姑姑得了COVID，後來姑丈和兩個女兒也是。我爸是個貼心的人，所以他在姑姑一家生病期間幫忙送食物給他們，結果後來他也感染了。然後是我媽媽、我姊妹——她確診期間都待在自己房裡避免與我們接觸，但把沒喝完的湯放在冰箱裡，我不知道那是她剩的，就全給喝了，結果我也確診了。」

突然間，病毒無所不在。琳達說：「我們家剛好在一條沒有通向其他路的街道底端，當時大概每小時都會聽到有救護車開進來，一台接一台，然後又一台。整條街停著滿滿的救護車，裡面的車子想開出去都沒辦法。」不幸中的大幸，琳達家庭裡沒有人是重症患者。艾姆赫斯特醫院就在琳達家的幾條街以外，每天都能看到電視上播放的醫院慘況。科羅納、艾姆赫斯特、傑克森高地天天有幾百例新增病例，比附近其他鄰里都還要多，而那些社會「安全網」醫院則人滿為患。醫院周圍排著等待接受篩檢與住院的長長人龍，但有許多人等了數小時後，因為篩檢工具不足最後只能作罷回家。[8]在某個二十四小時的時間段之內，就有高達十三人感染COVID死亡，醫院的停屍間因為患者死得太多又太快而爆滿。當時那些遺體多到需要存放到冷凍貨車中。一位住院醫師就說了：「簡直是世界末日景象。」[9]與此同時，曼哈頓那些服務菁華地段居民的高檔醫院大多都還能保持原來的醫療服務水準。《紐約時報》報導指出，三月底正值一波疫情達到高峰的時候，距離皇后區二十分鐘路程外的紐約還有三千五百個空床位。[10]艾姆赫斯特醫院則是擠滿了患者，醫生與護理師的人數、醫療設備與空間都大大不足。對於當地居民來說，當時最可怕的事情莫過於被救護車載走，然後孤零零死在擠滿患者的醫院裡了。

但在科羅納，發生這種慘劇的機率比起紐約市幾乎其他所有地區都還要高，也比國內除了紐約以外的其他所有地區都高上許多。三月二十八日那個週末，科羅納一個星期以來的死亡率就高達每十萬居民有三十二人死亡，而全紐約市的死亡率是每十萬居民有九人死亡。隔週，科羅納的死亡率上升到每十萬居民有八十五人死亡，為紐約市死亡率兩倍以上。四月十一日為止當週的死亡人數最為慘重，科羅納每十萬居民當中有一百一十五人死亡，整個紐約市死亡率則是每十萬人中有六十一人死亡。（相較之下，加州、德州、佛羅里達州四月的COVID-19死亡率都在每十萬人中十人以下死亡的數值；除了紐奧良以外，美國其他城市的COVID感染率都與紐約市相差甚遠。[11]）一直到夏季來臨、第一波疫情平靜下來之前，科羅納的死亡人數都居高不下。

值得慶幸琳達的家庭中無人經歷重症。她對我說：「我很擔心祖父母的病況，我祖父有帕金森氏症，祖母則是有糖尿病。」但他們都沒有感染COVID。所有家庭成員終於都康復後，有志成為攝影師的琳達開始帶著相機走訪科羅納的各街坊鄰里。她在科羅納廣場拍了照片，捕捉到藥局及提供支票兌現服務的店家大排長龍的畫面，還有飢餓的男人乞討的照片，以及街邊攤販漫天喊價在兜售衛生紙和消毒劑的照片。為了了解當地鄰里的處境，琳達去了大家交換八卦消息的地方：雜貨熟食店。琳達向我說明：「那裡永遠都有人在聊天。我家街上那間雜貨熟食店是一個多明尼加家庭經營的，他們一家人總是待在店裡聽西班牙語音樂、看電視轉播運動賽事。店裡通常隨時都有五到十個人聚集，有些人會在熟食櫃台邊小聊一陣，打聽最近發生了哪些事，有些人會坐在店門外呼大麻或等人。總之大家都會在那裡聊天，我們不見得認識彼此，但都認得那些熟面孔。」三月至四月那段疫情最慘烈的日子，大家會在店裡聊到誰進了醫院、誰病倒在家、誰染疫走了。後來琳達的兄弟告訴她那裡有人得了COVID，「所以我就不再去了，」琳達說，「而且老實說我本來就不必去那裡買熟食，我爸爸都會從餐廳帶食物回家。」不過琳達身邊許多的居民生活沒有這種餘裕，要把日子過下去，他們還是得去社區中的店家購買生活物資。

科羅納空間嚴重擁擠的地方不只有私人住宅與公立醫院而已。雜貨熟食店、烘焙坊、超市、提供支票兌現服務的店家等營業場所雖然空間不大，卻有很多人來來去去。顧客上門不僅僅為了消費而已，在這種當地居民聚集的場所，大家都能享受到家庭以外的社交生活。到了二〇二〇年夏天，大家也發現，擁擠的居住空間和重點工作者的職場環境導致科羅納居民在疫情下成為特別容易感染的族群，而缺乏醫療保險及高品質醫療照護也是拉高死亡風險的因子。流行病學家不久後也會證明上述事實。[12]放眼全美國，其他城市同樣的低收入黑人與棕色人種聚集區也在疫情下經歷與科羅納類似的處境，這些區域的COVID死亡人數都特別多。史丹佛大學的尤雷．萊斯柯維茨（Jure Leskovec）率領由社會學家與大數據分析師組成的團隊進行研究，他們想要探究貧困社區的確診與死亡人數特別高，背後是否還有其他因素。他們提出的問題是，這些區域的民眾必須花更多時間在地方上商業中心買生活物資，是否有可能不僅牽涉到不便利性，而也是導致當地居民感染或傳播疾病的一大途徑？

為了找出解答，萊斯柯維茨找來社會學家大衛・格魯斯基（David Grusky）以及貝絲・雷博德（Beth Redbird），還有來自西北大學（Northwestern University）、史丹佛大學、微軟研究院（Microsoft Research）的多位科學家，他們透過一個不同尋常的資料集進行研究。SafeGraph這家民間公司會蒐集匿名手機用戶的定位資訊，能提供美國前十大都會區在二〇二〇年三月一日至同年五月二日之間約九千八百萬人口移動位置的細部資訊。有了這份資料，研究人員便可以觀察通常會有六百至三千人聚集的普查統計區塊群❸（census block groups，CBGs）的人口移動軌跡，並且計算出這些人在住處以外的興趣點（points of interest，POIs）——如超市、餐廳、教堂等可能讓人群有社交互動的地方——逗留的時間。除此之外，他們也詳加記錄這些地點的各項特徵，如占地面積、同一小時內有多少人在同一地點、每個造訪人次逗留時長的中位數。[13]以這份精確度驚人的定位資料為基礎，研究人員會再搭配《紐約時報》公布的COVID確診人數進行研究。這些數字雖然低估了各都會區可能的COVID確診病例，但依然是所能取得的最精確計量資料。

《自然》期刊刊載了這份研究，而他們的分析結果就跟研究使用的資料一樣驚人。不出所料，研究中囊括的十個都會區二〇二〇年三月至四月間的人口移動頻率驟減，例如芝加哥在第一波疫情大爆發前的三月第一週以及新增病例大量出現的四月第一週之間，興趣點的總造訪人次減少了百分之五十五。不過移動頻率減少的分布情形並不平均，高收入普查統計區塊群的居民有較高比例待在家、遠離人群以免遭受傳染，而低收入區域人口的流動則與平時差異不大。更有趣的是，把追蹤病毒傳播方式的模擬模型搭配上興趣點造訪的資料，會發現「多數的預測感染人數其實來自少數幾個興趣點」。例如芝加哥的模擬模型就顯示，約百分之八十五的預測感染人數是來自所有興趣點中僅百分之十的地點。因此這項研究呈現出來的推論結果很清楚：某些地方的人際互動特別容易造成超級傳播鏈，另外有些地點的感染風險則小得多。那麼研究人員自然也想進一步了解哪些地點特別危險，背後的原因又是什麼。

該研究的結果帶來了啟示。因此萊斯柯維茨的團隊仔細審視資料後發現，低收入鄰里的居民在疫情期間造訪的興趣點和其他族群大不相同，他們在這些地方逗留的時間長度也很不一樣。想想看超市，儘管現在有外送服務，多數人還是很難不去超市購買必需品。研究團隊發現：「在本研究裡十個都會區的其中八個區域，來自低收入普查統計區塊群的居民造訪超市的預測感染率，會比高收入區域的預測感染率還高。」這樣的差異可不小，貧窮區域居民外出購買食物所冒的感染風險比高收入區域高了兩倍，這是什麼原因造成的？透過蒐集自智慧型手機的移動數據可發現，「在低收入普查統計區塊群的超市，每小時每平方英尺的平均造訪人次比平均值高出百分之五十九，而這些人造訪超市的時間也比平均值多了百分之十七。」[14] 換言之，貧窮區與富裕區的居民相比，前者購物的環境通常要比後者擁擠得多，而且也會比後者待在商店裡更久。會在店裡逗留較長時間可能是因為人多擁擠，因此需要花更多時間排隊結帳。不過也有些人就和科羅納的居民一樣，會在住家附近的雜貨熟食店長時間逗留，但我們都知道，那是因為雜貨熟食店除了有單純的買賣交易，還是個讓消費者與他人社交的地方。在一般情況下，像這樣在店裡與他人互動對居民來說是有益的，然而碰上疫情，這種行為模式則令他們付出慘痛代價。

皇后區還有另一個移民人口占多數的區域——法拉盛。從科羅納廣場出發，沿著羅斯福大道走上兩英里（約為三．二公里），沿途經過美國網球中心（National Tennis Center）及花旗球場（Citi Field），再穿越法拉盛草原科羅納公園（Flushing Meadows Corona Park）就能抵達。一到法拉盛，很難不注意到那裡與科羅納的差異，其中最明顯的就是當地人口的族裔組成。法拉盛有八萬一千位居民，其中百分之七十二為亞裔

❸ 譯注：美國人口普查地理階層的其中一個層級。

（主要是中國人與韓國人）；百分之十六為拉丁裔；百分之八為白人；還有百分之二是黑人。[15]法拉盛的人口年齡中位數為四十四歲，比紐約市多數地區（包括科羅納）人口年齡中位數還高，而當地貧窮率（達百分之二十二）、移民人口占比（百分之七十）也都是如此。[16]除此之外，法拉盛的環境也十分特別，有濃濃的亞洲城市氛圍（有人甚至把法拉盛稱為中華曼哈頓〔Chinese Manhattan〕）。當地的中國城人潮洶湧、商店林立，還有各式各樣五顏六色的標誌。巨大的商場裡有高級餐廳與跨國連鎖品牌進駐，路上則矗立著少數幾棟高樓層公寓建築。有幾間護理機構與老人安養中心設在附近，此外這裡也和皇后區中心的其他鄰里一樣，住宅都集中在狹小的街道上，低樓層公寓與獨立式房屋蓋得很緊密。

法拉盛感覺起來熙來攘往又擁擠，不過這裡的住宅卻遠遠不像科羅納居民的住處那樣總是塞滿人。[17]這裡每間獨立式房屋裡通常只會住一個核心家庭，那種公寓裡住了好幾位新移民、大家輪流睡一張床、每個房間由好幾個人共用的情況相對稀少。儘管平均而言，法拉盛的家庭成員年齡比科羅納高，當地居民相較之下更貧窮，但法拉盛地區仕紳化的速度比較快。此處有愈來愈多新建築，一些房屋雖然直接與窮人聚集的街道比鄰，但在市場上標榜為「豪宅」定位。當地也出現了大量迎合年輕專業人士口味的店家與餐廳，而新興的富裕人口則為這些建築企業風格的設計感到驚豔。[18]這些變化大家都有目共睹，然而是另一種改變——對外界來說很隱微，但被當地亞裔族群清清楚楚看在眼裡——成為法拉盛應對新型冠狀病毒危機最決定性的關鍵：早在附近的科羅納居民意識到疫情來襲前好幾週，法拉盛的居民早已開始流傳關於這種致命新疾病的消息。

楊貞（Yang Zhen，音譯）其實不住在法拉盛，但有十五年的時間都任職於皇后區公共圖書館（Queens Public Library）系統。她從二〇一七年起擔任法拉盛分館的館長，而這間分館正是紐約市最大、使用率也最高的社區圖書館。在法拉盛這樣的地方，圖書館館長的工作是要盡可能掌握圖書館常客、當地社區的大小事，還要了解與地方日常生活息息相關的各種文化與政治議題，絕對沒有看看書、為讀者推薦書籍這麼簡單。到職第一年，楊貞好像人類學家在調查這個社區一樣，要努力分辨、解讀居民之間的關係與社交模式，她才好隨之調整圖書館的工作方式以配合居民需求。二〇二〇年一到來，楊貞就感覺到不太對勁。

楊貞說：「我記得那年的農曆新年初一是二〇二〇年一月二十五日，那是我第一次感覺到異樣。每年農曆新年都是我們最忙的日子，一月或二月正是天氣最冷的時候，不過外面都會舉辦遊行慶祝活動，所以大家會進來圖書館取暖或上廁所。圖書館每天都會記錄進館人次，二〇一九年農曆新年期間我們總共有六千人的進館人次，比平常來得多。」楊貞和其他圖書館工作人員於是按照慣例為迎接二〇二〇年農曆新年做準備，但就在外面舉行遊行慶祝活動的時候，進圖書館的人卻比預期少了許多，氣氛也冷清不少。她說：「我不記得確切數字，不過大約是三千人左右，比前一年少了很多。（後來她去查了資料：農曆新年的進館人次與二〇一九年相比減少了百分之四十四。）圖書館總館長當天也在，他正好是遊行活動的領隊嘉賓。我們都忍不住在猜今年人怎麼這麼少，但我和他都搞不清楚原因。」

楊貞在中國還有一些親友，她很清楚中國人有多擔心新型冠狀病毒疫情爆發這件事。在美國的她卻是觀察到新年遊行慶祝活動和往年的不同，才意識到法拉盛的華裔美國人對這種新疾病也有擔憂。她說：「我們都知道武漢的情形，整個封城了，但我們還不知道這種病毒傳播的速度有多快。」到了二月，圖書館的進館人次一天比一天少（根據楊貞提供的數據，當月的進館人次從二〇二〇年開始一路減少了百分之十六），民眾也紛紛來電請館方取消或延後活動。「我們每年都會在初十五與華裔家長會（Chinese American Parents Association）合辦活動，但這次他們希望能延後舉辦，因為有些家長不敢來圖書館。」在這整個月裡，接二連三有人提出類似的要求，甚至有些已簽約付費的團體也決定取消之前預訂好場地的活動。楊貞回憶那時情景：「總之大家不敢進圖書館了，後來我在法拉盛街頭開始看到有人戴起口罩。當時紐約市其他社區都還沒人戴，只有亞裔社區這麼做。」

到了三月下旬，紐約市人人都會做這件預防措施。楊貞表示，法拉盛令人訝異的地方在於，當地居民收到了中國與韓國的親友警告，因此早在一、二月就開始盡可能待在家並戴上口罩。社會學家吉爾．艾雅爾認為，亞裔族群的這些反應並非全然出自他們接收到的COVID相關訊息，之所以這麼做，也和紐約市華裔及韓裔美國人把二〇〇三年SARS危機重創亞洲國家的教訓放在心上有關。與其他紐約民眾不同的是，他們知道新型冠狀病毒會透過氣溶膠傳染，而不光是飛沫污染物體表面而造成病毒傳播，所以戴口罩、避免待在擁擠的室內空間可以有效減少疾病傳播。[19]也因為這樣，亞裔族群不僅避免進圖書館，許多家長也不讓孩子去學校及托兒所。小商家也紛紛暫停營業了。到了三月，甚至有人在Reddit上發起「紐約市中國超市暫停營業清單」的討論串，讓大家查詢還能去哪些店家購買食物。[20]

崔知恩（Ann Choi，韓文名최주연，音譯）是《紐約城》（*The City*）這份日報的記者，主要負責報導紐約市當地的議題。疫情剛開始在亞洲出現時，她和丈夫住在距離法拉盛幾英里的傑克森高地。她說：「我父母都住在韓國，從一月就開始非常擔心COVID疫情了。他們打來告訴我疫情可能快要蔓延開來了，警告我一定要小心，而我也真的聽進去了。於是我開始訂購口罩，雖然家裡本來就備有布口罩，但我們還是上亞馬遜訂了N95口罩。當時才一月，根本還沒有人開始為疫情做準備，因此口罩很好買而且很便宜，我們用平常的價格就買到了。我還記得自己一、二月戴口罩去上班時，還被大家嘲笑，在他們看來我這樣實在太奇怪了。」

傑克森高地是紐約市疫情數一數二嚴重的區域，崔知恩也確實感受到當地已經陷入大災難了。她向我解釋：「我是數據報導工作者，平常工作打交道的就是多數人生活中都仰賴的數字——數據無所不在，也是我們了解事情的工具。然而在三、四月那段時間，住在傑克森高地的我不是靠數字來察覺疫情的嚴重性，而是嗚笛聲。救護車沒日沒夜一台又一台開過來，每隔幾分鐘就會傳來嗚笛聲。當時我剛好懷孕了，大多都待在家不出門，但那些嗚笛聲老是揮之不去。坦白說真的很可怕，坐在家聽著一陣陣嗚笛聲呼嘯而過，我心中充滿恐懼，因為我知道每次聲音響起，就代表社區裡又有一個人命在旦夕了。」

用不了多久，她就從數據確認了當時聽到的嗚笛聲、感受到的恐懼確實其來有自：三、四月之間，崔知恩居住的那個區域是全世界死亡率最高的地方。不過，在自己開始報導當地的疫情時，她發現法拉盛的情況相對穩定，而她忍不住思索，會不會是因為當地居民與商家都收到亞洲親友的警告，所以採取了相應的積極措施，藉此確實保護了自身的健康安全。五月三日，崔知恩針對皇后區各地COVID確診病例數量的巨大差異寫了篇報導，她在文中提到科羅納是「紐約市疫情爆發初期的感染核心區域，而且病例新增的速度一直沒有趨緩跡象。」後來，事實證明崔知恩的說法還低估了當地的疫情嚴重性。從二〇二〇年三月二十一日那週至二〇二〇年五月三十日那週這段期間，科羅納總共有四百八十起COVID死亡病例，死亡率是每十萬人中有四百二十八人死亡，這樣的數字居全紐約市之冠。崔知恩也說明：「與此同時，法拉盛居民篩檢出的確診病例數量始終是五個行政區中最低的。」[21]

這兩個比鄰的地方命運卻截然不同，崔知恩寫得沒錯：科羅納在疫情中是紐約市死亡人數最高的其中一區；反觀法拉盛，儘管當地人口更老也更貧窮，但面對疫情，那裡的狀況好得引人注意。不過，當地亞裔居民雖然從親友那裡得知重要疫情資訊，也還是不足以保護所有人的性命安全。法拉盛的照護機構受到嚴重打擊，理由就和美國各地的照護機構一樣：環境擁擠不堪，居民空間不足；員工時常在不同機構之間流動，而且他們也都住在空間同樣擁擠的低收入移民社區裡。

種種條件帶來了極糟糕的後果。根據紐約市衛生局的資料，自二〇二〇年三月二十一日那週起至二〇二〇年五月三十日那週，法拉盛共有一百八十九位居民因感染COVID身亡，當地的COVID整體死亡率為每十

二〇二〇年三月八日至二〇二〇年五月三十日每十萬人中的COVID死亡率

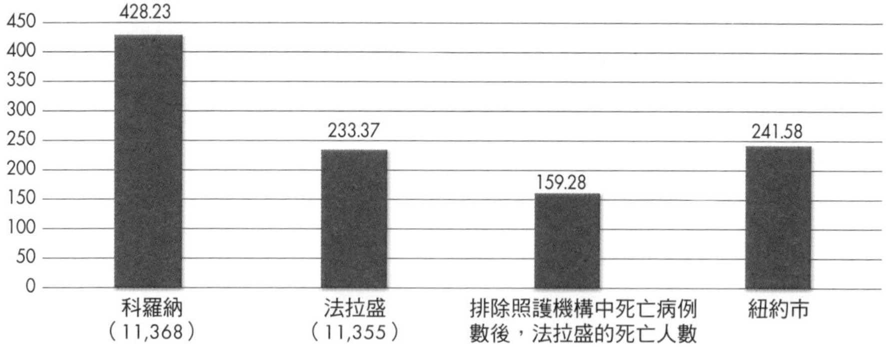

萬居民中有兩百三十三人死亡。這些死亡人口中至少有六十人（或說相當於死亡人數約三分之一）是在法拉盛的照護機構中染疫身亡。新富蘭克林復健與照護中心（New Franklin Center for Rehabilitation and Nursing）到四月中已經有四十四個COVID死亡病例。[22]若把照護機構中的死亡案例從整個社區的死亡人數排除不看，當地死亡率會下降至每十萬居民中有一百五十九人死亡，這個數字就和居民年齡較輕、經濟狀況更富裕的地區差不多了。法拉盛的社會網絡以及從那片距離遙遠、文化相近的大陸傳來的資訊，正是決定這場疫情下居民生死存亡的關鍵。

全美國和全球無數社區鄰里都有同樣的情形，能夠與全世界保持連結的當地社會網絡在疫情刺激下變得活躍，法拉盛也不例外。二〇二〇年以前幾乎互不相識的街坊鄰居，開始願意每週付出幾小時的時間幫助他人，要讓鄰人遠離飢餓、疏離、疾病的威脅。有些人只是舉手之勞幫助他人，例如打電話確認附近長者的狀況、為疫情中失去收入的家庭購買食物與生活用品、給有需要的朋友一點經濟援助。不過，也有數千位美國人投入更大的助人行動。就像努拉·歐多提那樣，一些人建立、加入或定期參與服務鄰里的互助團體，互相合作追求共好。團體中有人提供物資和服務，付出者和接受者都能獲益。透過這樣的方式，就能喚醒一種人類社會裡大家極少承認存在的古老體制：在危難、動盪發生時，政府無法滿足人民生存的基本需求，這種體制會成為大家求助的管道。[23]

媒體並未在美國如何因應COVID疫情的相關報導裡，多著墨這種社會互助的趨勢。二〇二〇年夏天，美國人對於該如何應對新型病毒威脅，各方有很多歧見——戴不戴口罩、該遠距教學或回歸校園、社交聚會應該限制或「開放」，不一而足。因此，有愈來愈多人擔憂公民社會可能出現危機，或也有人認為公民社會很可能即將毀滅。各界權威也站出來表示，這場疫情讓我們的國家顯露出最糟糕那一面：衝突不斷而非團結合作；立場愈發兩極化，而沒有共同的目標。我們很難否認這些權威人士的斷言。民主黨與共和黨領導者互相指責敵對陣營破壞了最神聖的美國價值：民主、自由、追求健康與繁榮。老百姓則針對在飛機上該不該戴口罩、在超市要不要保持社交距離爭執不休。但從地方上的情況來看，有另外一種光景——至少我們從中發現了美國社會難得一見的另一面，其中也可見到人民互助合作的可能性。

三十七歲的愛麗絲才剛成為母親，疫情時她和丈夫、才十個月大的女兒住在傑克森高地。她偶爾會加入鄰里的志工行列、幫助朋友投入地方政府的競選活動、支持社區組織等等，但她不會做需要付出大量時間與心力的事，畢竟她有全職工作和剛出生的寶寶需要兼顧。就和許多成家的職業婦女一樣，愛麗絲也在幾個專屬於家長的網路論壇上十分活躍，其中包含傑克森高地家長（Jackson Heights Parents）、阿斯托利亞媽咪陣線（MOMally Astoria）這兩個Facebook社團，以及傑克森高地家庭（JHFamilies）Google社團。愛麗絲告訴我：「傑克森高地還有『不用花錢買』（Buy Nothing）社團，那個社團很棒，大家在平台上互相分享各種東西，從美金兩塊錢的燈泡到家用印表機或腳踏車，應有盡有。大家會把買了卻用不到的東西拿出來分享。」愛麗絲並不著迷社群網站，但她很喜歡這種能和其他處境相似的家長產生連結的感覺。有人老是批評網路讓人人只顧著盯螢幕，因此會冷落身邊的朋友、與鄰居關係疏離，愛麗絲當然也知道有這些問題，但她的實際經驗與此恰好相反。在傑克森高地，社群網站能幫助她與人產生連結。

二〇二〇年三月，愛麗絲的螢幕使用時間創下新高，因為轉為遠距工作，州長也強力要求所有紐約人待在家不要出門，她的公寓變成同時具有辦公室、托兒所、居家空間的三種功能。那段時間愛麗絲感受到壓力與不安，她就跟其他傑克森高地的居民一樣，天天聽著每幾個小時就會響起的救護車鳴笛聲。夜裡，刺眼的紅、白色燈光一次次照亮她所在的街區。為了對抗焦慮，愛麗絲開始整理拖了好幾個月沒去清的櫥櫃。她回憶那時候的情形：「我發現櫃子裡有很多嬰兒配方奶粉的試喝品，美贊臣（Enfamil）、雀巢三花（Carnation）這些大廠牌當初寄了一盒又一盒試喝品來。雖然我本來就計畫要餵母乳，不過我有個已經當媽的朋友告訴我，假如半夜寶寶餓了，親餵又不太順利，配方奶粉這時就可以派上用場。因為這樣我才把奶粉留著。看到櫃子裡有整整五大罐配方奶粉，我有點嚇到，我徹底忘了這些奶粉的存在！」愛麗絲立刻想到，也許附近鄰居會有人需要奶粉，她就把相關資訊貼上幾個社群。「等到我下一次點開，看到有十七則想要接收配方奶粉的訊息，太驚人了！」

把配方奶粉分送出去不僅能幫愛麗絲清出更多櫥櫃空間，愛麗絲也在這些媽媽上門拿奶粉時，感受到一股能量流竄全身。那是一種自疫情爆發、紐約市全面封城以來就被她遺忘的感受。這時她腦海裡冒出一個念頭：要是能擴大資源分享的規模幫助他人，而不只是縮在家裡躲避疫情，是不是對她自己、對所有人都大有益處？

「後來有位表親知道我在做這件事。我也不知道她是跟誰合作，不過她拿到了各種物資——嬰兒用品、食物，各式各樣你想得到的東西都有。」愛麗絲的這位親戚住在郊區的中產階級社區，當地多數居民的基本生活需求都不虞匱乏，所以在地的互助網絡也沒那麼活躍。「她說：『妳住的那裡應該有人需要這些東西吧？我可以帶過去給妳嗎？』」沒過幾天，對方就帶著「一袋又一袋、大包小包的配方奶粉、尿布、罐頭食物」出現了。巧的是，成立了COVID照護社區網的努拉・歐多提正好是愛麗絲的鄰居。她設了一個投放物資集中站，並設法建立能妥善分配物資的系統，而且很早就發現配方奶粉、尿布、嬰兒濕紙巾其實占了社區需求物資的最大宗。就在愛麗絲把親戚貢獻的物資都送出去以後，她和互助網絡的其他推動者碰上一個問題：他們得找到穩定的物資來源，不然那些需要餵飽孩子、幫寶寶換尿布的家長下一週就沒有著落了。

「我想，因為我還算新手媽媽，所以才有機會成為互助網絡的一員。我在線上加入了幾個供準爸媽交流、討論嬰兒睡眠安全問題的社團，裡面所有願意和他人交流並給建議的爸爸、媽媽、照護者集合起來，就像形成一個村莊一般，那就是個小社群。所以我在家長群組裡發起群組通話，我說：各位，不管你們是住皇后區或紐約市隨便哪個地方，我都可以親自到府收取物資。我會開我那部速霸陸（Subaru）去，只要讓我知道你手上有哪些東西要捐贈就好。」愛麗絲不是要大家額外去購買物資，而是希望家長花點時間清一清家中櫥櫃，像她一樣找出用不到的東西來捐。「像那樣的配方奶粉，一罐在藥局大概賣三十美元。我對大家說，我自己就是當媽的人，所以我知道大家應該和我一樣，家裡某些地方都塞了幾罐喝不到的配方奶粉。」很快她就發現，紐約市中產階級家庭的新手爸媽確實都在櫥櫃裡擺滿沒開過的配方奶粉，以及對寶寶來說尺寸太小的尿布。「有些人會傳訊息來問我：『我只找到兩罐，這樣你真的願意來收嗎？』真的，我可以開我的速霸陸去，我會去！」

到了四月，愛麗絲一家人有了新的家庭儀式。「說起來我女兒也是有點可憐，她那時候才十、十一個月大，每週五晚上都要被放上安全座椅跟我們一起去收取物資的地點。通常是我先生負責開車，我用Google地圖導航。我們先去中村（Middle Village），然後再到艾姆赫斯特，在阿斯托利亞大概會停四個地點，然後再回傑克森高地。每次到捐贈者家收物資，我都會戴口罩、手套以策安全，好幾週下來都是這樣。在新生兒家長的交流社團裡，甚至有新手媽媽遠從猶他州（Utah）寄包裹來給我。接著是我的朋友——有些是高中、大學的朋友，也有一些鄰居好友——發現我在做這件事，他們也開始購買物資送來我家，於是家裡就被大量包裹占據了。」在五月到六月之間，愛麗絲盡己所能兼顧每一件事，但有時還是覺得分身乏術，畢竟她有全職工作，而且還得顧及女兒、先生和自己在疫情中的個人安全。愛麗絲的父親在六月二十七日突發心臟病，很意外就走了。那時她離開紐約回去老家陪家人。在離開前她打點的第一件事，就是聯絡所有曾寄嬰兒用品來給當地媽媽的人，「我請他們接下來直接把物資寄給『COVID照護』。」

黛比（Debi）是個經營小生意的媽媽，也有個私人助理職的兼差（因為疫情的關係這個工作就沒了）。她住在愛麗絲家附近，也會為努拉剛成立的「COVID照護」提供協助。疫情剛爆發的時候，黛比會在鄰居家門上貼便利貼，詢問是否需要幫助，她得到的回應毫無疑問都是「需要」。黛比說：「幾週時間下來，很多人的情況都開始告急。然而真正令我意外的，並不是大家需要的協助有多少，而是想伸出援手的人數量之多。疫情剛開始的時候，其實很多人無所適從，他們滿心恐懼待在家，但還是希望有機會貢獻一點什麼。他們想要幫助鄰居，甚至願意對陌生人伸出援手！」因為有互助網絡，像愛麗絲這樣的人才更容易投入團體合作計畫。他們可能是想付出、獲得資源，也可能像多數人一樣，兩者多少都需要。

難以溫飽是疫情中一個大問題。皇后區的移民最常見的是靠工作現領薪水過生活，他們沒有存款，有些人甚至連銀行帳戶也沒有。結果這數千位移民勞工——可能是餐飲業工作者、家事服務工作者、計程車司機、美髮師等等——突然間就丟了工作，因此收入中斷，下一頓飯也沒了著落。根據《紐約時報》分析的就業狀況數字，從二〇二〇年二月至二〇二〇年六月，皇后區中心地區的失業率從百分之二至五（不同區域的失業率各有不同）上升至每個區域失業率都超過百分之十七。傑克森高地、科羅納、艾姆赫斯特這幾個區域的失業率更達百分之二十五左右。[24]對皇后區的所有互助網絡來說，確保居民有足夠食物、也領得到食物是最急迫的任務，於是黛比與夥伴便努力與當地食品供應商培養緊密的合作關係。他們找到幾家願意捐贈奶、蛋、蔬果、米糧等基本民生物資的批發商，另外也招募在疫情中失去工作的餐飲業工作者擔任志工，盡可能每天烹煮菜餚給當地有需要的居民。他們也與想要打造公益食物倉庫的清真寺或教會合作。

拉諾哈達這個公益食物倉庫獲得許多當地團體的幫助，「COVID照護」只是其中之一，而拉諾哈達也因為這樣才達到疫情前難以想像的營運規模。他們從原本每週大約多供應幾十人份的餐點，擴大到如今每週要服務數百甚至數千位領取食物的居民。在他們提供服務的傑克森高地、科羅納、艾姆赫斯特等地區，領取餐點的人潮大排長龍。到了年底，疫情為當地低薪勞動者帶來的失業危機仍揮之不去，因此拉諾哈達便與皇后區多個社區組織合作，定期為超過一萬個家庭提供食物，盡可能維持居民溫飽。二〇二〇年隨著疫情肆虐，公益食物倉庫在皇后區和紐約市多數其他地區都遍地開花。

黛比對我說：「大家為鄰里的付出令人不敢置信。」但是竟然要這麼多志工自願伸出援手，才有辦法為紐約市居民提供最基本的生活需求，這一點很讓人氣憤。「我覺得很不可思議，我們竟然得這樣孤軍奮戰——疫情這麼嚴重，政府為什麼不發放食物兌換券？為什麼紐約市當局沒有這麼做？為什麼我們沒有多替未記錄在案的移民做點什麼？我的意思是，我們為居民提供食物、尿布，那時至今日政府幹什麼去了？」

沒有任何政府單位——不管是市政府、州政府還是聯邦政府——負起責任照顧紐約市最弱勢的族群。隨著疫情持續的時間不斷拉長，各地的互助網絡也只能一而再、再而三擴大援助計畫。黛比說：「分發食物從來就只是治標不治本，我們很希望能提供大家更深一層的協助。」一開始為居民供應食物與清潔用品的互助網絡發展出新的服務，例如心理健康照護；提供租金積欠與驅離令相關的法律建議；協助民眾確定自己是否符合申請公共福利等援助計畫的資格；引導居民施打疫苗；為面臨破產或嘗試要恢復營運的小商家提供諮詢服務；獸醫照護服務。[25]黛比和朋友發現，到了十二月時，要是沒有社區組織的幫忙，許多當地家庭就沒有能力負擔過節的開銷。「我們開始想辦法募集聖誕樹和送給孩子的玩具，謝天謝地我們決定這麼做——除了我們以外，還有誰會管這件事？」

注釋

1 "State of the City," New York University, Furman Center report, https://furmancenter.org/stateofthecity/view/state-of-new-yorkers-and-neighborhoods.

2 Michael Schwirtz and Lindsey Rogers Cook, "These N.Y.C. Neighborhoods Have the Highest Rates of Virus Deaths," *New York Times*, May 18, 2020.

3 Nancy Krieger et al., "Relationship of Political Ideology of US Federal and State Elected Officials and Key COVID Pandemic Outcomes Following Vaccine Rollout to Adults: April 2021–March 2022," *The Lancet Regional Health-Americas* 16 (2022): 100384. 克里格與其研究同仁透過三項指標來衡量各國會選區選民受保守主義影響的程度：當地國會代表的政治意識形態、對於COVID-19紓困法案的支持程度、當地政務官為共和黨人的比例。

4 Valeria Mogilevich et al., "Corona Plaza Es Para Todos! Making a Dignified Public Space for Immigrants," Queens Museum, 2016.

5 不同單位與研究人員所界定的鄰里範圍與得出的統計數字也通常不一樣，科羅納這個區域當然不例外。我在這裡使用的數據是以郵遞區號11368作為劃分，而這也是界定區域的常見方式；不過也有部分研究人員（包含我在紐約大學福曼中心的研究同仁）會把科羅納與艾姆赫斯特合在一起視為一個更大的社區來做計算。我在文中指出科羅納人口擁擠現象的段落則引述自結合了這兩個區域的數據資料。

6 "Neighborhood Profiles: Elmhurst-Corona," New York University, Furman Center report, https://furmancenter.org/neighborhoods/view/elmhurst-corona.

7 先前有許多研究觀察了各種職業類別與產業來大概估算重點工作者的社會地位或各職業在家工作的可能性。紐約大學社會學博士生喬瑟琳・德蘭蒙（Jocelyn Drummond）協助我在皇后區進行研究，製作出綜合了紐約州重點工作者（來自州政府第202.6號行政命令）以及最不可能在家工作這兩項條件的職業名單。接著我們再按郵遞區號劃分這份資料，列出紐約市的幾個區域無法在家工作的重點工作者人口占比排序，其中科羅納（郵遞區號11368）名列首位。請見Jonathan Dingel and Brett Neiman, "How Many Jobs Can Be Done at Home?," National Bureau of Economic Research, Working Paper no. 26948 (2020).

8 Rivka Galchin, "A New Doctor Faces the Coronavirus in Queens," *The New Yorker*, April 20, 2020.

9 Michael Rothfeld et al., "13 Deaths in a Day: An 'Apocalyptic' Coronavirus Surge at an N.Y.C. Hospital," *New York Times*, March 25, 2020.

10 "Coronavirus, New York Hospitals," *New York Times*, May 14, 2020.

11 Bradley Jones, "The Changing Political Geography of COVID-19 Deaths over the Last Two Years," Pew Research Center, March 3, 2022.

12 Daniel Carrión et al., "Neighborhood-Level Disparities and Subway Utilization During the COVID-19 Pandemic in New York City," *Nature Communications* 12, no. 1 (2021): 1–10.

13 Serina Chang et al., "Mobility Network Models of COVID-19 Explain Inequities and Inform Reopening," Nature 589, no. 7840 (2021): 82–87.

14 Ibid.

15 此處有關科羅納的資料一樣是以郵遞區號11368劃分資料蒐集的範圍。

16 此處我也比照了處理科羅納地區相關數據的方式，以郵遞區號11355劃分出法拉盛區域；附近另一個郵遞區號為11354的區域也時常在估算各種數據時被納入法拉盛的範圍，不過為了與科羅納的數據做比較，此處我只擷取郵遞區號為11355的區域數據。除此之外值得各位讀者特別注意的是，郵遞區號為11354的區域在疫情頭兩個月的COVID死亡率極高，一部分是因為此處護理機構、老人安養中心、高齡居民的數量都超乎尋常地多；從實際數據上來看，該區域八十歲以上的居民人口數為都會區的近兩倍。也正因為這點，郵遞區號11355的區域人口年齡雖然也相對較高，卻不像郵遞區號為11354的區域那樣高得不尋常，於是更適合用來與科羅納的情形比較。

17 人口普查資料顯示法拉盛每家戶有二．九位居民，科羅納則是每家戶有三．八位居民。https://censusreporter.org/profiles/86000US11355- 11355/; https://censusreporter.org/profiles/86000US11368- 11368/.

18 Vera Haller, "Downtown Flushing: Where Asian Cultures Thrive," *New York Times*, October 5, 2014.

19 Gil Eyal, *The Crisis of Expertise* (Cambridge, UK: Polity Press, 2019).

20 NYC Chinese Supermarket Closure March/April 2020, https://docs.google.com/spreadsheets/d/1zcMeOqeNeX0aeY807KESo2Ytq3sIaeCiKWfWOXRfbDQ/edit#gid=0.

21 Ann Choi and Josefa Velasquez, "Early Precautions Draw a Life- and- Death Divide Between Flushing and Corona," *The City*, May 3, 2020.

22 David Brand, "COVID-19 Has Killed More Than 200 People in 10 Queens Nursing Homes," *Queens Daily Eagle*, April 17, 2020.

23 彼得・科羅普特金（Peter Kropotkin）於一九〇二年的論文集《互助論：進化的一個要素》（*Mutual Aid: A Factor of Evolution*）中提到了「互助會」（mutual aid society）一詞。科羅普特金不只是自然主義者，也是支持無政府主義的哲學家，他在各式各樣的人類社會裡探尋動物志願合作行為的根源，而科羅普特金認為放眼人類歷史，人類傾向於以集體主義和以相互支持為驅力，和傾向於以競爭、衝突為動力的程度相當。他在論文中寫道：「社會性（sociability）與互相爭鬥一樣都是自然的法則……無論在任何情況下，社會性都是面對人生苦難的最佳助力；那些出於自願或非自願拋棄社會性的物種則注定衰亡。」Peter Kropotkin, Mutual Aid: A Factor of Evolution (Montreal: Black Rose Books, 1902; 2021), Chapter 1. 關於互助團體的簡要歷史以及如何引導有志者建立互助團體，請見Dean Spade, Mutual Aid: Building Solidarity During This Crisis (and the Next) (New York: Verso, 2020).

24 Quoctrung Bui and Emily Badger, "In These Neighborhoods, the Jobless Rate May Top 30 Percent," *New York Times*, August 5, 2020.

25 Kimiko de Freytas-Timura, "How Neighborhood Groups Are Stepping In Where the Government Didn't," *New York Times*, March 3, 2021.

第十一章

疫情不是我最擔心的事

布蘭登・英格里許（BRANDON ENGLISH）

二〇一九年九月，以亞特蘭大（Atlanta）為據點的攝影師布蘭登・英格里許接到住在布魯克林區日落公園（Sunset Park）的朋友來電，對方表示他們公寓即將有空房出租，想知道布蘭登有沒有興趣入住。房子的地點很好，租金也不是太貴（至少以紐約市的標準而言），但有一個缺點：樓下就是一家殯儀館。

英格里許當時三十歲，並不在意住家樓下有殯儀館，事實上對他來說這樣的居住環境似乎很合理，甚至是命運的安排。他告訴我：「那段時間我身邊有好幾位親友過世，失去那些人後，亞特蘭大對我來說於實際上、個人情感上似乎形同一具空殼，我的人生該繼續前進了。」住在殯儀館樓上也許並非最合適，但英格里許認為這會令搬到紐約這件事變得更有趣。「我知道一定有些人無法接受這種環境，他們不會想住在這種地方，但說實在的，這世界上每天都有生命逝去，差別只是有沒有在你眼前發生而已。」歷經了失去好幾位親友的傷痛後，他說：「我覺得某種層面上這是冥冥中注定的。」

英格里許搬到紐約是為了要過上更緊湊的生活、想要冒險、做一些在其他城市做不到的事；不過對他來說，這些條件的標準可高了。過去近十年來，他長期從事攝影記者的工作，一直到二〇一六年美國人選出口無遮攔又死不認錯的本土主義者（nativist）兼偏執狂唐諾・川普擔任總統以後，英格里許對這份工作的感覺就變了。這種轉變從他為工作拍攝的照片來看尤其明顯。他在極右翼組織發起的政治示威活動上拍攝照片，這些團體也包含三K黨（Ku Klux Klan）在內。身為身高六呎七寸（約為一百九十六公分）的黑人男性，他在這些示威活動場合現身總是會激起在場示威者的激動情緒。對他來說，他一直想傳達、想讓讀者看見的那個美國，在如今的新聞工作領域已經沒有容身之處。他對我解釋：「我覺得自己幻滅了，感覺這條路自然而然走到了盡頭。」於是他決定展開自己另一種身分：他要成為視覺藝術家，而紐約正是能夠引領他達到這個目標的所在。

剛開始英格里許只要賺夠錢付房租就好，他在雀兒喜（Chelsea）一家畫廊的收發室任職，也負責處理藝術品，他想接近創作的世界。「我還在思考屬於我的藝術，我才剛在一個新的地方落腳，還沒有找到屬於自己的聲音，也不知道自己想要傳達什麼，」他向我說明，「剛到紐約那幾個月我都在努力了解這座城市。」他會散步走很遠的距離、在深夜騎腳踏車，也努力融入當地倡議種族平等的團體。某天，一位朋友傳訊息通知他，有人指控紐約市警察局在地鐵上對一些小孩施暴，他們打算對紐約市警察局發起示威抗議。英格里許說：「她就傳了『明天，聯合廣場（Union Square）』這幾個字和活動時間給我，隔天我就去了。」那天的場面跟他在亞特蘭大參加抗議警察暴力的示威活動差不多；在很多方面，紐約跟喬治亞州（Georgia）大不相同，但有些事情在這兩個地方看起來又很類似。

沒過多久，紐約市就發生了翻天覆地的變化。英格里許回憶當時的狀況：「剛封城那時候我才到紐約沒多久。」三月時，媒體上開始報導新型冠狀病毒確診案例暴增的事。起初確診病例增加的速度似乎不快，郊區出現了一個病例——新洛歇爾？那是哪裡？另一位確診者是剛從伊朗返國的女性。但從那時起，疫情就變得無所不在，大家談的話題也都是COVID，因此藝廊無可避免只好暫停營業。所有吸引英格里許從亞特蘭大搬來這座城市的藝文機構，如音樂廳、劇院、俱樂部等地方都拉下了大門。突然間，英格里許有大把時間能拍照、創作，但感覺上整個世界都關閉了，他在其中很難不感到疏離。他回憶那時情景：「我已經習慣每天一起床就聽見樓下殯儀館工作的聲音，而疫情爆發的第一天，我睜開眼睛卻只聽到一片寂靜。我住的那個區域和樓下的殯儀館從來沒有這麼安靜過，我起了滿身的雞皮疙瘩，真的。我那時心想：『有什麼事不一樣了，絕對有異樣。』」

英格里許花了整整二十四小時才搞清楚發生什麼事。隔天早上他一抬眼看向窗外，簡直不敢相信自己的雙眼。「大量遺體被運進來，每個小時都有好多、好多的遺體被運來。街上停滿了靈車，大概有四、五台吧，把整條街都堵死，也把所有停車位都占滿了。這時我聽見殯儀館工作人員的聲音，他們努力要應付湧進來的人群，有時候會對彼此破口大罵，滿嘴都是我聽都沒聽過的髒話。」英格里許說，他當時可以清楚感受到空氣中瀰漫的壓力，而這種氛圍持續了比他原先預期還要長的時間。「那種令人不安的死寂只有一天，接下來大概……我都數不清幾天了，他們都在忙著處理遺體，感覺之後一整年時間都是如此。」

不久，英格里許就聽說有人準備逃離紐約市。他告訴我：「確實很多高級地段的居民都離開紐約了，但在我住的那一區沒多少人這麼做。當地有許多非登記在案的移民，比如亞裔美國人、拉丁裔族群。這些人都得繼續工作維持生計，他們走不了，所以只好留下。」英格里許其實也有其他選擇，他不是非留在紐約不可，英格里許從小住在亞特蘭大郊外，如今還住在那裡的媽媽很擔心他。三月初，英格里許的媽媽寄了防毒面具和漂白水給他，當時紐約已經很難買到那些東西了。後來開始有許人染疫身亡，他媽媽表示願意幫他出交通費，要他趕快回家。他向我坦言：「當時我陷入天人交戰的情緒，我很擔心我媽，也不希望在這種時刻丟下她孤身一人，但同時我也很了解自己，我不是在這種危急時刻會選擇逃跑的人。當初我因為租金便宜搬到這個社區，看見狀況不妙後，又怎麼能拍拍屁股走人——到時候沒事了，再跑回來擺出一副：『嘿，對，我是藝術家！』的樣子。」我那時想：「如果我要真正成為這個社區的一員，就得和這裡所有人同進退，無論情況是好是壞，我都要留在這裡。」

每天早上起床，英格里許都會聽見樓下靈車進進出出運送遺體的聲音，還有殯儀館員工在抱怨、吼叫、爭執下一具遺體該放在哪裡的咒罵聲。某天他出門的時候不小心被殯儀館出入口附近一堆棺材絆了一下。英格里許說：「我沒拍多少殯儀館的照片，因為感覺起來不尊重亡者，但我絕對有拍下那些棺材，我不想忘記那些畫面。」英格里許說那時的光景太過超現實——親眼看著真實世界有那麼多人失去性命，也有滿滿的實際物件佐證，同時間電視、社群網站上那些懷疑論者（包含總統在內）卻在發表病毒沒那麼危險、病毒很快就會消失的言論。從他的角度來看，這些似乎都是不祥的預兆。對那些已經逃離紐約市、住在疫情不嚴重地區的人來說，這場疫病可能看不見又摸不著，但從他所在之處卻能目睹現實世界上演的事。

疫情爆發的最初幾週，大家是如何看待此事？發生了什麼事？有誰置身其中？事情在哪裡發生？雖然住處周圍每天都有載運遺體的隊伍來來去去，英格里許真正捕捉下來的影像並不多，即便如此，這些畫面卻已深深烙印進他的腦海，而他也忍不住一次次從記憶中召喚出來看。他想知道自己是不是遺漏了什麼？英格里許對我說：「我開始追查更多資訊，我本來就很愛出門探索、拍照，但當時整個世界好像都封閉、停擺了，我要怎麼探索、檢視？夜裡，我會在城市各處騎腳踏車、拍照，但我真正想了解的卻不只是這些，我想知道更多。」英格里許這時頓了一下，彷彿在思索自己要向我透露多少細節，接著他繼續說道：「我覺得跟你講這些應該沒關係，希望我不會因此惹上麻煩吧，總之我找到可以觀看全世界各國閉路電視（CCTV）畫面的方法。」他對病毒擴散的時間點早於紐約市的那些國家特別感興趣，於是他想辦法找到了自己想看的畫面。

「我開始運用閉路電視的鏡頭進行一種全新的攝影方式。我會把閉路電視的畫面錄下來，到後來這對我來說變得像某種神諭。我的意思是，有些文章指出，義大利的疫情發展大概比紐約快了兩個星期左右，所以我特別去找義大利好幾個城市的畫面來看，我會關注醫院、殯儀館、超市等地點。後來我看到義大利的超市開始湧現排隊人潮，我就想：『我今天得去趟超市，買些東西備著。』當時超市人還不多，我對自己說：『我得把今天的日期記下來，兩週後再來看看情況如何。』兩週後，超市真的排滿了想要入店採買生活物資的隊伍。我就想：『哇，這好像某種讓人毛骨悚然的預測未來方式。』」

英格里許一邊關注全球各國情勢，一邊密切注意紐約市的狀況。他開始對一具具運到樓下殯儀館的遺體感到好奇，他想知道這些人的故事。他們是誰？他們從哪裡來？除了病毒本身以外，是什麼造成了這場致命危機？

他看得出來布魯克林區這一帶（也就是他居住的區域）狀況真的不好。到處都是救護車，嗚笛聲大響，向大家宣告又有一位鄰居病得很重了。英格里許說：「我看得出來整個社區正在崩潰。我不想引用統計數字，但有段時間我們是紐約市疫情衝擊最大的其中一個社區，經濟上受到的打擊也最大。這些事情不是平白無故發生在這裡，整件事有它的脈絡，有因必有果。」

英格里許向我表示，不只是經濟能力好壞的問題而已，種族也是關鍵，而這在美國一直以來都如此。光是騎腳踏車在布魯克林區穿梭，他就能看見種族問題的影響。媒體上報導紐約與全美確診及死亡病例數量時，他同樣也看見種族問題在其中的作用。到了四月，黑人染疫死亡的人數多過白人，這件事已顯而易見。電視上開始有許多醫學專家提到「預先存在的症狀」可能帶來風險，例如高血壓、心臟病、糖尿病、肥胖等問題。英格里許知道這些健康狀況能在黑人族群身上見到，而且常見得不成比例。生活在充滿種族歧視的環境會讓黑人族群更容易生病、更有心理壓力。除此之外，他們太少得到優質的醫療照護。英格里許也知道，黑人族群在疫情下依然得外出工作的比例比其他族群高，為了維持生計就不得不暴露在病毒感染的風險中。說實在的，黑人族群長久以來為了建立起這個國家付出辛苦的勞力，獲得的報酬卻如此匱乏，他們還能有什麼選擇？

英格里許說：「我不意外，同時感到失望，你懂嗎？但其實這國家對種族問題或種族不平等議題的回應也老是令我失望。」

不過倒還是有事情讓英格里許意外。他跟自己認識的身邊所有人一樣感覺勃然大怒。三月下旬開始，紐約市警方開始取締違反社交距離規定的民眾，有時甚至是直接逮捕。紐約市民怨聲載道，他們認為那不僅不公平，用意也十分可疑。有些人質疑警方或許是刻意針對某些種族的市民。警方是不是利用口罩及社交距離的規定來打壓黑人及拉丁美洲裔族群，但卻對違規的白人放水？英格里許說：「我們聽說某些警察處罰了不戴口罩的黑人，可是同樣違反規定的白人沒有受到處罰。例如在中城，警察會詢問沒戴口罩的居民需不需要口罩，但在布朗克斯區、布朗斯維爾（Brownsville）或布魯克林的黑人區，警察是直接攔下沒戴口罩的民眾，他們會被逮捕、處以罰鍰、開罰單。」感覺好像警方突然發現了一種新的犯罪活動一樣，罪名是：在疫情中某人是個黑人。

英格里許表示一開始這些都只是傳言，可能是從朋友那裡聽來、在社群網站讀到的消息。誰知道警方是不是真的有這些種族歧視的行為？不過就在二〇二〇年五月，開始有記者去挖掘真實的數字，結果實際情況比英格里許懷疑的還要糟糕。根據《紐約時報》報導，布魯克林警方在三月十七日至五月四日之間以違反社交距離規定為由逮捕了四十人，「在所有遭逮捕的人當中，有三十五個黑人、四個西班牙語裔人士、一個白人。」而且警方的執法似乎鎖定了黑人居住的社區，《紐約時報》發現，其中「有超過三分之一的人是在布朗斯維爾這個黑人占人口多數的社區遭到逮捕。在布魯克林區以白人人口為主的公園坡（Park Slope），沒有人遭到逮捕。」[1]

警察歧視性的行動模式不僅限於布魯克林區。根據《紐約時報》報導，放眼整個紐約市，「警方在三月十六日至五月五日之間以違反社交距離規定為由，至少累積了一百二十次的逮捕行動，並傳喚超過五百人。全紐約市遭指控違反社交距離規定而被逮捕的人當中，有百分之六十八是黑人，百分之二十四為西班牙語裔。」[2]白人遭到逮捕的比例遠低於前兩個族群，僅僅百分之七。

英格里許記不清自己是在哪裡看到這些數字，但他記得二〇二〇年五月自己和朋友將形塑這個國家疫情經驗的種族不平等模式看得愈來愈清楚，他記得心中感受到的那種煩悶不快。人滿為患的醫院、殯儀館、等待領取食物救濟的隊伍、逮捕紀錄、疫情嚴重的監獄——都是一大堆的黑人與棕色人種遭殃。針對美國的情況，英格里許說：「這病毒看似在全球無差別影響人類生活、奪人性命，但到了我們這裡，就跟種族脫不了干係。」

不公平的問題日漸浮上檯面，英格里許開始感受到想做點什麼的衝動。剛開始他投入的是地方性的活動：加入互助網絡，幫忙送餐給不敢出門採買的長者；張貼不同語種（西班牙語、廣東話、中文）的公共衛生標語，以及關於如何求助的指示；去專為低收入家庭種植蔬菜的社區農園擔任志工；製作橫幅紀念確診死亡的當地居民。自從雀兒喜的藝廊暫停營業已經過了好幾個月，他很高興能為這些事出一些力，也覺得自己是在做有意義的事。也因此，他建立了各種新的人際關係，甚至找到自己有歸屬感的社群。英格里許說：「有很多跟我年齡差不多、三十歲前後的人主動伸出援手。長輩因為COVID無法做到的事就由我們代勞。」

互助網絡的成員起初是因為對疫情有共同的恐懼而聚在一起。英格里許說：「我們在農園裡想著要怎麼為接下來的日子做準備。說真的，有一陣子我們都有種面對世界末日的心態，我們想知道，事情還會怎麼發展下去？」後來天氣變暖，疫情隨之穩定下來，他們會談比較多的政治話題。那時喬・拜登已獲民主黨提名。來自弗蒙特州的社會主義者伯尼・桑德斯競選宗旨一直標榜激烈的改革，但他中止選舉活動了。這個結果令進步派的年輕人大失所望，然而對英格里許在布魯克林區的街坊鄰居來說，他們更擔心川普會勝選，贏得第二次任期。這位美國總統很快就會在全國各地發起讓美國再次偉大的造勢活動，藉此吸引那些想製造分裂的基督教白人民族主義者，以及反移民團體。這些人可能再次掌握大權的威脅近在眼前。英格里許回想起以前報導極右翼示威活動時親眼見過的暴力行為，他為此感到焦慮。

五月二十五日是國定假日陣亡將士紀念日（Memorial Day），不過因為疫情而一切停擺的當下，國定假日也沒什麼特別了。辦公室關閉了。集會場所大多不對外開放。外出造訪親友的人也少。遊行慶祝活動取消了。餐廳、酒吧仍暫停營業，還要等好幾週以後才會開放戶外用餐。然而這一天似乎還是有點不一樣，天氣舒適宜人，公園裡的人不少。康尼島（Coney Island）上有許多人保持社交距離在排隊買冰淇淋。空氣中感覺得到夏天將至的氣息，隨之而來的，還有往後日子可能好轉的希望。

然而美國的情況正是在陣亡將士紀念日這天急轉直下。當晚剛過八點不久，明尼亞波利斯（Minneapolis）警方接到一通報警電話，Cup Foods商店的店員向警方表示有位顧客用美金二十元的假鈔買香菸。四名員警湯瑪斯・藍恩（Thomas Lane）、陶杜（Tou Thao，音譯）、J.亞歷山大・庫恩（J. Alexander Kueng）、德里克・蕭文（Derek Chauvin）駕駛警車前往現場，他們抵達時，四十六歲的黑人嫌疑犯喬治・佛洛伊德（George Floyd）坐在車子的駕駛座上。警員藍恩用手電筒敲敲車窗，要求佛洛伊德舉起雙手。藍恩重複了幾次要佛洛伊德舉起手的要求，最後佛洛伊德開了車門出聲道歉。過了六秒，藍恩拔槍指著佛洛伊德，他一邊吼道：「你他媽給我把手舉起來！」一邊就把佛洛伊德從駕駛座拖出來，沒有說明理由。[3]

警員藍恩與庫恩將佛洛伊德上銬後帶向警車。就在他們準備將佛洛伊德塞進後座時，他一面做出反抗，一面說自己有幽閉恐懼症，所以不願被關在警車後座。被塞進警車後座的佛洛伊德沒有坐著就範，而是從另一側車門逃下車。他說自己會躺在地上。這時蕭文、庫恩、藍恩三位員警立刻衝上前壓制，將他面朝下緊緊按在地上。藍恩負責固定佛洛伊德的雙腳，庫恩用膝蓋抵著他的大腿並抓住手腕，蕭文則以跪姿直接壓著頸部，他一直維持著這個姿勢。

佛洛伊德大口喘氣，他對員警一次又一次說：「我沒辦法呼吸了。」但蕭文依然動也不動，繼續死死按著佛洛伊德的頸部。不管佛洛伊德怎麼哀求，蕭文都不為所動繼續保持那個姿勢長達八分鐘。

佛洛伊德向員警哀求道：「給我點水，什麼都好，拜託，拜託。」

「他們要殺了我，救命。」他喊道。

「媽媽！」佛洛伊德再次哭喊出聲。

「我不行了。」

另外三位員警絲毫沒有阻止蕭文的打算，藍恩與庫恩一直固定著佛洛伊德的四肢。在他們壓制了佛洛伊德六分鐘之後，一度有旁觀的人發出呼喊要為佛洛伊德求救。庫恩測了測佛洛伊德的脈搏，他對搭檔說已經感覺不到脈搏，但這幾位員警又多壓制住佛洛伊德兩分鐘，直到醫護人員趕來為止。到場的醫護人員將佛洛伊德搬上救護車，送往附近的醫院。

當晚，警方宣布佛洛伊德死亡的消息。警方最初登於insideMPD.com網站的新聞稿寫道：「男子與警方互動時，因突發醫療事故死亡。」[4]

警方表示佛洛伊德當時「顯然是酒醉狀態」，又說「該男子出手抵抗員警」，以及「員警將嫌疑犯上銬時，注意到該男子身體不適」。另外還說：「警方呼叫救護車至現場急救」、「在事件中嫌疑犯與警方雙方皆無人使用任何類型的武器」、「事件未造成員警受傷」。[5]

又過了幾小時，五月二十六日凌晨一點四十六分，一位叫達內拉．弗拉澤（Darnella Frazier）的十七歲少女把自己在事發時用手機拍下的影片上傳到Facebook，並加上說明：「他們在三十八街南側與芝加哥大道交叉口的cup foods門口殺了他！！極度殘忍<3 <3 #警察施暴。」弗拉澤得知明尼亞波利斯警方怎麼定調佛洛伊德之死後，便在凌晨三點十分繼續更新貼文：「醫療事故？？？大家看清楚了，顯然是警方殺了他，證據就在這！！」[6]

當天下午，感覺好像全美國的人都透過電視、社群網站看過或耳聞這個錄下警察殺害佛洛伊德的影片。同一天明尼亞波利斯警局開除了涉及此案的四位員警。沒有長期評估、沒有留職停薪處分，直接開除。警方發言人的說法是：「解除聘雇。」[7]明尼亞波利斯市長也表示贊同。美國明尼蘇達州（Minnesota）參議員艾米．克羅布徹（Amy Klobuchar）在推特發文表示：「為了這名男子和他的家屬、為了我們的社區、為了這個國家，正義必須得到伸張。」[8]美國聯邦調查局也宣布將展開調查。

這些人的表態不管是對明尼亞波利斯當地的黑人居民，又或者對任一種族的任何人都像空話。大家都為美國黑人族群慣常遭警方施以暴行的問題感到憤怒。五月二十六日晚上，數百位民眾前往佛洛伊德遇害的地點集結抗議，有些人舉起「我沒辦法呼吸」的標語。現場有許多民眾戴著口罩，當時疫情仍在延燒，前往公共場所集會有其風險。另外有一批抗議群眾聚集在四位當事警員任職的第三分局門外，眾人喊出口號要求警方有所改變。民眾被激怒了。有人砸爛了警局建築立門的玻璃窗，還有人以塗鴉破壞警車。[9]警方試圖安撫並驅散在場群眾，但實際上，抗爭才剛開始。

英格里許說：「目睹佛洛伊德的痛苦會讓我受不了，所以我沒看那個影片。但身為非裔美國人，類似影像我早就見多了。從小成長在那種環境，我很清楚影片呈現的是怎樣的事實。沒必要再多看一次動私刑的畫面，就能知道後面會發生的事。」

英格里許告訴我，明尼亞波利斯警方殺了手無寸鐵的黑人男性這件事並不讓他吃驚。可以預期。是意料中的事。自英格里許滿二十歲以來，他一次又一次見證美國各地發生警方殺害黑人的事件。二〇一四年七月十七日，艾瑞克・加納（Eric Garner）向紐約市警方說了十一次「我沒辦法呼吸」後，仍然遭現場員警勒斃。二〇一四年八月九日，麥可・布朗（Michael Brown）於密蘇里州（Missouri）佛格森（Ferguson）街頭遭警方以手槍擊斃。二〇一四年十月二十日，十七歲的拉奎恩・麥克唐納（Laquan McDonald）只是想走路離開現場，卻遭芝加哥警方連開十六槍擊斃。二〇一四年十一月二十二日，時年十二歲的塔米爾・萊斯（Tamir Rice）因手持一把玩具槍而遭克里夫蘭警方殺害。二〇一五年四月十九日，巴爾的摩（Baltimore）警方將佛萊迪・格雷（Freddie Gray）上銬後，安排他坐在運送犯人的麵包車後座，結果穿過市區的載送過程顛簸不堪，他因脊椎損傷死亡。二〇一八年三月十八日，史提馮・克拉克（Stephon Clark）只是在祖母家後院拿著手機，就遭沙加緬度警方多次槍擊而身亡。就在美國因疫情封城之前的二〇二〇年三月十三日，布倫娜・泰勒（Breonna Taylor）遭未表明身分便突襲其公寓的路易斯維（Louisville）警方開了八槍而死亡。[10]上面這幾個案件還只是有登上新聞頭條的少數，追溯更久遠以前能找到更多這類事件，而未來也一定會繼續發生。只是時間早晚、發生在哪裡的問題而已。

再怎麼習以為常，英格里許還是對這件事憤怒無比。他向我說：「我心中那股怒氣跟以往沒什麼不同。」然而疫情讓事情的背景有了變化。從他有記憶以來，警察暴力不僅是黑人直接會面對的威脅，那更象徵了他們在美國政治體制裡的地位。佛洛伊德遭警方殺害的時間點，正好是美國黑人族群經歷各種與疫情有關的不平等、不滿情緒正在上升的時刻。是在這種不平等的社會體制下，警察才能針對黑人做出那些暴行，甚至還獲得合理化。與此同時，這個體制也造成了黑人族群的COVID高死亡率。光開除四位殺害佛洛伊德的員警對美國社會體制的長年問題發揮不了作用，黑人族群依舊要面對美國危險的社會環境。正因如此，後來才有這麼多人走上街頭。

從某些角度看，此時正是抗議示威的最佳時機。同時有如此多人擁有彈性時間，這可是千載難逢的機會。還保有飯碗的人多數都已轉為遠距辦公，不像以前上班那樣要遵守既定行程，也不會直接受到辦公室裡其他人的監督。有數百萬人因為公司縮減規模或停業而失業。工作占去的心力少了，大家能分給公共議題（例如COVID、川普，而現在有喬治．佛洛伊德慘案，以及警察暴力的問題）的注意力就變多了。

「生命史可及性」（Biographical availability）是社會學家會用到的一種概念，可解釋個人的人生狀態怎麼影響其參與社會運動或示威活動的可能性。比方說，在一般情況下，有全職工作的媽媽不太可能有時間定期參加抗爭；學生則比每天打卡上班的上班族更能自由掌握時間，所以他們也更容易參加各種抗議活動；服務生、調酒師、藝術家的工作性質通常能自由調配白天的時間；教師每到夏天就有暑假可放。疫情中的封城措施破壞了這套規則——事實上，我們很難想像還有什麼比二〇二〇年五月更適合上街頭抗爭的時機。當時唯一的阻礙是參加者擔憂可能被抗議活動中其他人傳染致命疾病，但群眾都願意冒這個險。

英格里許也毫不猶豫就加入了。他在知道紐約市會有第一場抗議活動的那一刻，就明白自己一定會到場。難道他不擔心感染COVID嗎？他回答：「但我更擔心自己有一天也會被警察殺害，這就是我的想法。COVID-19確實是全世界都面臨的威脅，對許多人來說很嚇人；要知道，這種看不見的威脅隱隱逼近，我們卻不清楚什麼時候會發生，也不曉得自己何時會遭到攻擊——對我這樣生長在美國的黑人來說，這輩子天天都是這種經歷。所以病毒並沒有改變我的生活，疫情時，我去超市採買生活用品感受到的恐懼，其實就跟小時候走在鄉間道路心裡感覺害怕意思一樣。我擔心會不會有一整皮卡貨車的白人男性開過來停在我旁邊，然後就發生艾哈邁德·阿伯里（Ahmaud Arbery）那種事，對方可能會掏出獵槍殺了我之類的。所以我在街頭抗爭時對自己這麼說：COVID只是另一個長期的隱形威脅，只是另一個潛伏等著要傷害我身體的攻擊者，至少還可以戴口罩預防感染。種族歧視可不是戴上口罩就不會找上門的問題，至少這個國家情況就是如此。所以老實說，疫情並不是……並不是我最擔心的事。」

不過英格里許還是會小心預防感染。他每次參加抗議示威都會戴上口罩——可不是普通口罩，英格里許說：「我戴的是那種雙罐式防毒面具，就像木工或鐵工會戴的那種。每次我戴去示威會場就會有人跑來對我說：『哇！你就是那個戴防毒面具的傢伙！』」英格里許告訴我，其他參與抗議的民眾各自是為不同理由走上街頭。「這次人民心中的怒火和以往大不相同。有白人加入！我在現場會看到白人明顯對事件忿忿不平而願意對抗警方、願意用自己的身體擋在黑人與棕色人種前，不讓他們遭警方逮捕或攻擊。」英格里許參加過無數種族歧視相關的抗爭活動，從南到北他都去過，但他從沒見過喬治·佛洛伊德遇害後的這些場面。「那股能量不容忽視，那種大失所望、那種憤怒。第一天我們一路走到華爾街，在曼哈頓到處繞。我知道這次的運動與以往不同，這股力量會持續下去。」

能和大批群眾一起為社會正義走上街頭很激勵人心。英格里許表示，這次的抗爭已經達到另一種層次。也許因為長達數月的封城帶來焦慮與疏離感，而抗爭成為大家的情緒出口。參加活動的人共享著鮮明活躍的體驗，即法國社會學家艾彌爾·涂爾幹所謂的「集體亢奮」（collective effervescence），另外也會受到熱忱與道德感的催化。[11]也許是當時大家感受到迫切性；也或許在二〇二〇年，有一種什麼事都可能發生的氛圍。經濟、政府、社會秩序、刑事司法體系——再也沒有什麼是像過去以為的堅若磐石。想追求基進改變通常只是癡人說夢，但眼前似乎有了新的可能性。看看美國，看看美國之外的全世界，都已經天翻地覆了，又怎麼可能一切如舊？

英格里許全心投入社會運動。他帶那些本來就常上街頭的朋友、藝術界的朋友、互助團體、社區農園的夥伴一起共襄盛舉。他對我說：「我沒辦法在家裡待著。就算誰打斷我的腿，我用爬的都要爬出去，那就是我該去的地方。」各式各樣的抗議示威活動——圍繞著「黑人的命也是命！」這個主題——已然蔓延開來。布魯克林區、皇后區、布朗克斯區、史泰登島（**還有史泰登島！**）都能見到。這還僅是紐約市而已。[12]西徹斯特近郊、紐澤西、賓州（Pennsylvania）、康乃狄克州（Connecticut）都有抗議活動，全國每一個州（包含支持共和黨的州）以及全世界都有人上街頭。

雖然多數活動都是和平示威，不過有些人仍被時局激怒而造成風波不斷，包括紐約市在內一些地方的示威演變成暴力行動：有些人集結起來躲在遊行群眾後方，沿途打劫商店。[13]歷史上也有人發起其他的抗爭活動，其中就包括馬丁．路德．金恩（Martin Luther King Jr.）遭到暗殺後的一連串騷動，當時暴民襲擊了黑人社區的商家與公共機構，導致已在族隔離與仇恨中苦苦掙扎的社區陷入更艱困的處境。但在二〇二〇年，暴民的目標改變了。例如五月三十一日在曼哈頓下城（lower Manhattan）就有滋事者脫離抗議群眾去洗劫沿路商家，他們肆無忌憚搶了精品店、高級時尚品牌的店家、消費門檻高的百貨公司和連鎖藥局，如香奈兒、CVS藥局、布魯明戴爾百貨公司（Bloomingdale's）、美國富國銀行（Wells Fargo）等。《紐約時報》表示，這些滋事者似乎是「大範圍隨機」搞破壞。[14]對其他人來說，這些破壞行動形同一種表態，是衝著那些經濟不平等、失控的全球資本主義象徵來的。

對英格里許等支持黑人的命也是命抗議行動的抗爭者來說，這些滋事者並不是他們的盟友，而是逮到機會作亂的罪犯、破壞者。當然，確實有些人在抗議活動上譴責警察暴行，後來演變成使用暴力，但有一些詭異的極端右翼分子也跑來了。他們到訴求社會正義的示威活動現場搞破壞，打算弄臭活動的名聲。更普遍的則是與抗議活動無關的人跑到現場搶劫或找麻煩。[15]例如一段在明尼亞波利斯拍到的影片裡有個「雨傘人」❶

（Umbrella Man），他讓人驚呆了：影片中這位身材高大的男子身穿黑衣、戴著黑色防毒面具、手拿一把黑傘，一旁群眾在呼籲社會改革，他卻手持大槌打碎商店窗戶。最終，警方公布了宣誓陳述書，可知此事與一名白人優越主義者有關，他屬於地獄天使幫（Hells Angels）以及明尼蘇達州、肯塔基州（Kentucky）一個叫雅利安牛仔（Aryan Cowboys）的監獄幫派。[16]此外，五月二十八日在底特律因毀壞他人財產或攻擊警察遭逮捕的四十人當中，至少三十人並不住在當地。[17]他們會開車來抗議活動現場必定事出有因，但若說是要支持黑人的命也是命，很難取信於人。

要弄清是哪些人在紐約市街頭做打劫的勾當並不容易。每一晚都有新的破壞窗戶行為與搶案發生，街上的商家只好在店門口釘上木板。每一場新的示威活動感覺上都比之前來得更劍拔弩張。警方出現時全身是鎮暴裝備，他們沿路設置路障並攜帶致命武器。英格里許說：「警察其實也很害怕，我看到他們眼中的恐懼。」警察不知道聚集起來的群眾會做出什麼事，也不知道事情會怎麼發展。他們感覺到群眾的怒火，也清楚這樣的情緒很大一部分是衝著他們而來。

除了警察的鎮暴裝備外，令抗議人士擔心的還有其他風險。多數出現在抗議現場的警察都公然違反市政府與州政府的規定拒戴口罩，即便周遭有幾千名採取預防措施要抑制疾病傳染的民眾，他們依然故我。白思豪市長堅稱：「我們的政策規定警察在公共場所必須戴口罩，就是這樣。」安德魯．庫莫州長也認同：「警方必須佩戴口罩。」[18]對英格里許來說，警察拒戴口罩的行為就是一種挑釁。講好聽一點，是這些警員自己不顧危險，也無視警方本來應該保護的人民健康與福祉。講難聽的話，其實就是這些警察不把民眾放在眼裡。無論如何，在抗議人士眼中，紐約市警方的行為就是在對紐約市民（特別是關心社會正義的市民）說：

❶ 譯注：根據某些陰謀論，「雨傘人」與甘迺迪總統暗殺案有關，因為他是唯一在當天晴朗的天氣下帶雨傘且撐開傘的人，同時他也是甘迺迪被第一發子彈擊中時最靠近甘迺迪的人。

「去你們的。」這些警察只在法律對他們有利時才願意遵守，而且也不顧違反規定的後果會怎樣。在場的抗議人士正是看見這種情形，才挺身而出要求警方改變。

警方表現出的敵意對爭取種族平等的示威活動造成了實質問題，搶劫與破壞行為也是一樣。黑人的命也是命抗議活動的發起人擔心這些事會導致更多的警察暴行，甚至可能戒嚴。川普總統在六月一日就威脅道：「倘若有哪個城市、哪個州拒絕採取必要行動以保護居民的性命與財產安全，我會派美軍去幫他們迅速解決問題。」[19]同一天紐約市開始實施宵禁，居民在夜間八點後不得在外遊蕩，街上會有軍警負責巡邏。英格里許認為這樣一來，必定會有黑人遭到傷害。

六月四日這天發生的事證實了他的想法。英格里許告訴我：「布朗克斯區的莫特哈文（Mott Haven）有遊行活動。光是布朗克斯區在COVID-19期間發生的事，就夠你寫一整本書了，那裡真的很慘。」布朗克斯區是紐約市最窮困的行政區，當地黑人與棕色人種人口比例也最高，約百分之八十五的居民是非裔美國人或西班牙語裔。[20]布朗克斯區黑人社區與紐約市警方之間的關係平常就已經很緊張且充滿爭議了，自從喬治・佛洛伊德遭警察殺害的事件發生後，原本就緊繃的關係變得一觸即發，六月四日的抗議活動讓緊張氣氛進一步升高。當天的活動是由一些草根性運動團體結盟所推動，並由布朗克斯區黑人與拉丁裔女性組成的ＦＴＰ陣線（FTP Formation）帶領。ＦＴＰ這三個縮寫字母可以代表好幾個意思，例如解放人民（Free the People）或餵飽人民（Feed the People），不過對多數人來說，其實就是簡潔有力的「去你的警察」（Fuck the Police）。[21]

當天下午，英格里許和一些朋友遠從布魯克林區去到布朗克斯區。他回憶當天的天氣溫暖晴朗，現場氣氛也很正面，大約有三百人聚集於莫特哈文的一四九街（149th Street）與第三大道（3rd Avenue）交叉口，大家都稱那裡為「布朗克斯中心」（the Hub）。其中一位抗議者安登・蓋布里吉斯（Andom Ghebreghiorgis）

回想當時情形，示威的現場其實是正面樂觀的。在場群眾很和平地遊行，他們拍手、打鼓、歌唱，而遊行隊伍就在鄰里之間穿梭，並行經派特森公共住宅（Patterson Houses）。三、四月之間，這個公共住宅成了COVID-19感染熱區之一，許多人染疫身亡。即便是在沒有疫情的平時，此處居民生活的困苦、艱辛也充塞著整個社區。在遊行隊伍經過時，派特森公共住宅的居民把頭探出窗戶，一邊也敲打鍋碗瓢盆大聲支持抗議人士，有些人還跑出家門加入遊行隊伍。就這樣，所有人都受到熱烈支持而鼓足士氣，接著轉彎繼續走向下一個街區。

晚間八點的宵禁時間雖然一點一點接近，但示威隊伍應該還有時間繼續遊行，而就在他們抵達威利斯大道（Willis Avenue）時，卻有超過五十名員警擋住了整條街。於是遊行隊伍改變路線沿著一三六街（136th Street）走，時間是晚上七點五十分。人權觀察（Human Rights Watch，HRW）蒐集到現場拍下的影片以及八十一位目擊者的描述，他們在發表的報告中寫道，這時候「大批警力將在場抗議群眾團團包圍，也擋住去路——這是一種名為『包抄』的戰術。」被圍困在員警之間的抗議人士無處可逃。其中一人說起當時的情景：「我們全被擠在一起，就跟沙丁魚一樣。」在場有人反覆呼喊：「放我們走！」[22]

到了晚間八點的宵禁時間，人權觀察發現：「警方未先提出警告，無緣無故就開始對示威者採取行動。他們揮舞警棍把現場民眾從車頂上直接打下來、推擠到地上、對他們的臉噴辣椒水，然後逮捕了遭到包圍的兩百五十位以上抗議民眾。」該人權組織記錄道：「現場至少有六十一位抗議人士、合法性觀察員❷（legal observers）及旁觀者在警方鎮壓的過程中受傷，有人割傷、鼻子骨折、牙齒脫落、肩膀扭傷、手指骨折、被打出黑眼圈，還有人被束帶綁得太緊而可能有神經損傷。」[23]隔天的記者會上，紐約市警察局長德莫特・謝

❷譯注：合法性觀察員經過專業訓練，負責於示威抗議現場維護示威者的法律權益、提供基本的法律建議，並且以獨立身分觀察警方行為是否合法。

伊（Dermot Shea）出言維護警方的執法行動，他表示：「我們在布朗克斯區的執法近乎完美。」[24]

當晚至少有兩百六十三人遭到逮補，這個數字比紐約市在喬治・佛洛依德遭殺害後舉行的所有抗議活動都要多上許多。其中有些人當晚就獲釋，其他人是到隔天下午才重獲自由，還有一個人被拘留長達一週。布朗克斯區地方檢察署傳訊了所有遭逮捕者，或是發出輕罪傳票通知出庭日期。到了九月，地方檢察署又申請撤銷傳訊與傳票。當天的示威活動人士終於恢復自由。[25]

不過英格里許告訴我，事實不全然如此。他說：「這整件事都是計畫好要鎮壓布朗克斯區來著。警方就是要告訴布朗克斯區民眾，假如他們敢走上街頭，這就是下場。我們在遊行的時候，其實很多公共住宅的居民都探出頭來大聲表示支持，他們都準備好要來加入我們了。我認為紐約市警局就在這一刻決定了，必須鎮壓我們的行動，而他們確實成功了。（不過警察也為他們的行為付出代價。二〇二四年三月，紐約市同意向當天數百位被警察包抄、攻擊或毆打的抗議民眾賠償兩萬一千五百美元。[26]）從此以後就沒人想在布朗克斯區發起示威了。」

即便如此，抗議活動仍持續進行，而且持續時間之長、擴散範圍之廣都在所有人意料之外。專門研究公民權的歷史學家湯姆・蘇格魯（Tom Sugrue）在推特發文：「身為美國社會運動史學家，我認為過去從沒有像這樣長達兩週、從郊區到大城市數百個地方都見得到的大型抗議行動。#佛洛伊德示威行動規模之大、之廣都讓人詫異。我們過去曾看過某些大型的單日示威活動，例如一九六三年的「為工作和自由而上華盛頓街頭遊行」（March on Washington for Jobs and Freedom）、一九八二年的「紐約市反核大遊行」（antinuclear march in NYC）、二〇一七年「女性大遊行」（Women's March）。我們也見證過遍地開花、於多處同時進行的示威，例如一九六八年馬丁・路德・金恩遭暗殺後那些日子發生的示威抗議。然而，結合上述兩種特質的抗爭活動——真的相當少見。[27]」民意調查顯示，單單在佛洛伊德遭殺害之後的兩週內，就有大約一千五百萬至兩千六百萬美國民眾參加呼籲種族平等的示威抗議。《紐約時報》的報導指出：「從這些數字看來，近期的抗議活動是美國史上最大型的社會運動。」[28]

英格里許覺得自己有非參加不可的使命感，社會運動也成為他這個人生命的一部分。每次走上街頭，他都會帶著相機，以照片、影片留下紀錄。英格里許現在想盡可能投入每一場運動，而且他還要走出紐約市。他會遠赴明尼蘇達州參加抗爭。回到亞特蘭大探望母親時，他也會投身當地的抗議行動。

現在他不必像還在新聞界時那樣假裝超然、中立，也不再幻想創作出他疫情之初在雀兒喜的藝廊經手展出的那些典型藝術品。他向我解釋：「我覺得我像是在為自己身上發生的事情歸檔，藉此打造廣大的、屬於我個人的檔案庫。我在把過去發生過、當下發生的所有事都記錄下來。因為我無法了解每個當下發生的事，沒有人真的有辦法理解。創作媒介不一定是攝影，捕捉這些畫面不是為了刊在報紙上或上傳到Instagram，形式也不一定要是影片。生命的經驗就是我的媒介。」英格里許尚未決定要不要、或在什麼時機對外分享他的作品，那還得看接下來會發生什麼事。

注釋

1 Ashley Southall, “Scrutiny of Social- Distance Policing as 35 of 40 Arrested Are Black,” *New York Times*, May 7, 2020.

2 Ibid.

3 此處關於警方與喬治・佛洛伊德於事發當時的互動過程是根據《紐約時報》的報導所述，而該報導則是根據影片佐證，還原了事發經過。請見“How George Floyd Died, and What Happened Next,” New York Times, May 19, 2020.

4 這裡引述的內容，以及後面引述自警方報告的文字，皆出自封存了原發布在insideMPD.com上的警方說詞的網站：Minneapolis Police Department, *Investigative Update on Critical Incident*, John Elder, Report no. 20-140629, Minneapolis Police Department, 2020.

5 Ibid.

6 Elizabeth Alexander, "The Trayvon Generation," *The New Yorker*, June 15, 2020.

7 Ray Sanchez, Joe Sutton, and Artemis Moshtaghian, "4 Minneapolis Cops Fired After Video Shows One Kneeling on Neck of Black Man Who Later Died," CNN, May 26, 2020.

8 Ibid.

9 Ibid.; Derrick Bryson Taylor, "George Floyd Protests: A Timeline," *New York Times*, November 5, 2021.

10 "George Floyd: Timeline of Black Deaths and Protests," BBC, April 22, 2021.

11 Émile Durkheim, *The Elementary Forms of Religious Life*, translated by Karen E. Fields (New York: Free Press, 1912; 1995).

12 Tracey Porpora, "George Floyd Protests Continue Across U.S.; Another Planned for Sunday on Staten Island," *SILive*, May 31, 2020.

13 武裝衝突地點與事件資料計畫（Armed Conflict Location and Event Data project）與普林斯頓大學（Princeton University）的消除分歧計畫（Bridging Divides Initiative）合作研究了二〇二〇年五月二十四日至二〇二〇年八月二十二日遍布全美的超過一萬零六百起抗爭事件。該研究報告顯示：「其中有超過一萬零一百起——或說將近百分之九十五——的抗議活動為和平抗爭行動；而其中只有不到五百七十起——或說近百分之五——的抗議活動涉及暴力行為。」*Demonstrations and Political Violence in America: New Data for Summer 2020*, Armed Conflict Location & Event Data Project, 2020.

14 Ali Watkins, Derek M. Norman, and Nate Schweber, "Shattered Glass in SoHo as Looters Ransack Lower Manhattan," *New York Times*, June 1, 2020.

15 *Demonstrations and Political Violence in America: New Data for Summer 2020*, Armed Conflict Location & Event Data Project

16 Neil MacFarquhar, "Minneapolis Police Link 'Umbrella Man' to White Supremacy Group," *New York Times*, July 28, 2020.

17 Christine Ferretti, George Hunter, and Sarah Rahal, "Man Shot Dead, Dozens Arrested as Protest in Detroit Turns Violent," *Detroit News*, May 29, 2020.

18 Michael Wilson, "Why Are So Many N.Y.P.D. Officers Refusing to Wear Masks at Protests?," *New York Times*, June 11, 2020.

19 Taylor, "George Floyd Protests: A Timeline."

20 "Bronx Neighborhood Profile," New York University, Furman Center.

21 Human Rights Watch, "Kettling" *Protesters in the Bronx: Systemic Police Brutality and Its Costs in the United States* (New York: Human Rights Watch, 2020); 人權觀察（Human Rights Watch）網站上的影片自兩分二十五秒處開始為安登・蓋布里吉斯（Andom Ghebreghiorgis）的訪談內容。"US: New York Police Planned Assault on Bronx Protesters," September 30, 2020, video, 12:43. 以下段落內容多數參考人權觀察的報導。

22 Human Rights Watch, *"Kettling" Protesters in the Bronx*.

23 Human Rights Watch, "US: New York Police Planned Assault on Bronx Protesters.

24 Ibid.

25 Ibid.

26 Maria Cramer, "New York Will Pay Millions to Protesters Violently Corralled by Police," *New York Times*, March 1, 2023.

27 Thomas Sugrue (@TomSugrue), "As a historian of social movements in the U.S.," Twitter, June 6, 2020, 5:40 p.m.; Thomas Sugrue (@TomSugrue), "We have had some huge one- day demonstrations," Twitter, June 6, 2020, 5:45 p.m.; Thomas Sugrue (@TomSugrue), "But the two together— very unusual," Twitter, June 6, 2020, 5:46 p.m.

28 Larry Buchanan, Quoctrung Bui, and Jugal K. Patel, "Black Lives Matter May Be the Largest Movement in U.S. History," *New York Times*, July 3, 2020.

第十二章 種族

每次一有全球性的危機發生，總是會催生一種相同的幻想：人類因共同面對危難而突然理解彼此的脆弱，大家團結起來擋下了危及全世界的威脅。

氣候變遷、核災、即將撞上地球的小行星、瘟疫——在人類的幻想中，這些災禍會令對立的全球各國、各個社會經歷同樣的擔憂與恐懼；最終，政治領導者與百姓都會意識到迫在眉睫的大災難正是「偉大的平衡器」❶（the great equalizer），也會出現「你我皆置身其中」、「同舟共濟」的陳腔濫調。

疫情第一年，全世界都瀰漫著這樣的情緒。英國首相鮑里斯・強森就在確診後用推特發文：「團結一心，我們就能挺過危機。」[1]《今日美國》（*USA Today*）則在二〇二〇年四月宣布推出「攜手同心」（In This Together）系列文章，這些文章中反覆出現「撼動人心、有人情味的故事與好消息——每個人都該與家庭、親友、街坊鄰居在這場疫情中攜手共進」的主題。[2]聯合國新聞部（United Nations Department of Global Communications）於六月呼籲「我們風雨同舟」，於是此概念被推到了國際間。[3]

不過當時大家都心知肚明，就算有新型冠狀病毒的威脅，也不是所有人都「同舟共濟」。大家或許是在同一場風暴中，但用來乘風破浪的卻不盡然是同一艘船。每個人的遭遇會取決於形塑了他們日常生活樣態的那些事物。

階級有其影響力，一直以來都是如此。財富與教育程度能讓享有特權的人與他人保持距離、避免接觸病毒、獲得最高品質的醫療。政治也會發揮影響力。某些國家有強大的公共衛生系統，並制定出有效的傳染病防治政策，某些國家則不然。在疫情剛爆發不久時，另一個會大大影響人類社交生活的問題浮現了，即種族歧視——不僅無法讓人團結，反而會造成分化；不但會加劇不平等，還在全球各地引發暴力行為。這個問題包含了結構性的種族歧視，以及基本的日常中人際互動的不平等。

現代傳染病（如愛滋病、伊波拉病毒、SARS、猴痘〔Monkeypox〕）爆發時，種族偏見、歧視、暴力往往會隨之而來。各大媒體、政府官員、人道救援組織慣常會使用渲染性的語詞、意象來煽動大眾對健康威脅的情緒（或情感）。人類學家艾蒂雅·班頓（Adia Benton）認為，這會導致種族被特別強調為健康風險的主要關鍵。[4]針對這個問題，世界衛生組織在二〇一五年發布聲明表示，世界各國應採取「新型人類傳染病命名最佳實踐，以最大限度地減少給國家、經濟和人民帶來的不必要負面影響。」❷例如源自墨西哥養豬場的「豬流感」（swine flu）和「中東呼吸症候群」（Middle East respiratory syndrome，MERS）等名稱會讓特定區域或種族群體與新型疾病有所關聯，因此遭到污名化。世界衛生組織呼籲各國政府官員避免在命名新型疾病時涉及特定地理位置、人名、動物物種或食物、文化、人口、產業或職業類別，也應避免使用會引

❶ 譯注：美國教育改革者賀拉斯·曼（Horace Mann）認為教育是「偉大的平衡器」，意即倘若人人都能受同等教育，則每個人都有出頭的機會，因此教育能帶來平等。

❷ 譯注：譯文摘自世界衛生組織網站：https://www.who.int/zh/news/item/08-05-2015-who-issues-best-practices-for-naming-new-human-infectious-diseases。

發不必要恐慌的字眼。[5]

二〇一九年十二月，世界衛生組織首度得知有關來自中國的新型冠狀病毒的消息，他們預見了可能發生的問題。為了避免再度引發國際對特定國族與種族的敵視，世界衛生組織明確要求記者與官員在敘述新型病毒相關訊息時，不要直接連結到中國或中國人。世界衛生組織的緊急醫療計畫執行主任麥可．瑞恩表示：「對病毒來說，所謂國界與種族之分是不存在的，病毒也不在乎膚色、銀行裡存款有多少。此時我們應該團結起來，秉持科學事實攜手向前、打擊病毒。」[6]

這段話說起來是很好聽，但卻沒有實質效果。病毒或許無視國界或膚色，也不在意一個人有多少存款，但全人類都在乎這些事。有些人——甚至包括世界第一強國的國家領導人——絲毫不把世界衛生組織就新型疾病的名稱與視覺意象所提出的相關建議放在眼裡。他們就是想抨擊別人。

從唐諾．川普的言行我們能發現，他喜歡把新型冠狀病毒稱為「中國人的病毒」，或有時候也稱之為「中國病毒」。但每當有批評聲浪譴責他煽動種族對立與暴力時，他又堅稱：「這絕不是種族歧視。單純是因為病毒來自中國，只是這樣而已。」[7]川普政府的重要成員也使用類似的措辭，例如國務卿麥克．龐培歐就將新型冠狀病毒稱為「武漢病毒」，他辯解這種措辭是為了對抗有關新型疾病的「中國錯誤資訊」。[8]川普甚至叫它「功夫流感」（Kung Flu）。[9]

自從共和黨政府官員和右翼新聞媒體用了這些字眼以後，美國針對亞裔的仇恨犯罪就快速增加。這些仇恨犯罪不是只針對中國人而已，而是瞄準所有亞裔族群。[10]二〇二〇年三月初，全國公共廣播電台（National Public Radio）主要關注種族議題的節目《語碼轉換》（Code Switch）鼓勵聽眾與他們分享美國人對新型冠狀病毒愈來愈擔憂，這段時間大家曾碰過哪些和仇外情結有關的經驗。一位編輯寫道：「從我們收到的電子郵件、回應、推特發文數量來看，無論種族、所在地區或年齡，全美的亞裔美國人都面臨了嚴重的騷擾。」[11]

發生在公共場所（特別是大眾運輸工具上）的騷擾事件大多都關於同樣的事。一名來自布魯克林區的女性表示「自己去華盛頓特區（D.C.）時，在地鐵上看到一名男子對她擺出奇怪的表情，她在車廂內試圖遠離對方，但那個人纏住她。過了一陣子，那名男子跑過來當面對她說：『滾出去，滾回中國去。你們不要帶豬流感過來。』」相隔一週，這名女子在舊金山搭輕軌列車又遇到騷擾，「這次又有一名男性對她喊出類似的話：『滾回中國去』，甚至還威脅要射死她。」另一位來自波士頓的聽眾也有類似經歷，「她在公車上打了個噴嚏，雖然已經確實用袖子摀住口鼻了，同車一名男子喃喃道：『中國人就是有病。』於是她上前與該名男子對質，對方回她：『把你的鳥嘴摀起來。』」一名來自西雅圖的男性描述，「一位在Costco發放試吃品的員工要我的韓裔太太和我們混血的兒子從試吃區『滾開』，還質疑他們是不是來自中國。」[12]這些事件都沒有通報警方正式立案，因此我們很難得知像這樣的騷擾事件在二〇二〇年確切增加了多少。但社會學研究（其中也包括「停止歧視亞太族裔」〔Stop AAPI Hate〕組織所做的一系列研究）的結果告訴我們，二〇二〇年針對亞裔人士的公開騷擾行為相較過去變得普遍許多。[13]

針對亞洲人及亞裔美國人更嚴重的犯罪則有較確切的資料。根據聯邦調查局的調查，鎖定亞裔族群的仇恨犯罪從二〇一九年至二〇二〇年增加了百分之七十三，但同一時間段之內，仇恨犯罪整體卻僅些微上升百分之十三。[14]城市裡仇恨犯罪攻擊事件的增加速度更驚人。加州州立大學聖貝納迪諾分校（California State University, San Bernardino）仇恨與極端主義研究中心（Center for the Study of Hate and Extremism）的研究人員發現，在美國最大的都會區針對亞洲人的仇恨犯罪——包括恐嚇、一般傷害、毀損財產、重傷害——從二〇一九年至二〇二〇年有百分之一百四十五的增幅；仇恨犯罪事件第一波暴增的時間點，正好是在川普及其支持者就疫情發表各種仇外言論的時候。[15]這些仇恨犯罪大多發生於馬路、人行道上等公共場所，尤其常見於亞洲人及亞裔美國人很久以來都放心走動的區域。

疫情發生之前，針對亞洲人的仇恨犯罪在美國多數區域已經相當少見。然而從二〇二〇年三月起，亞裔美國人開始有心理準備自己可能會碰上仇恨犯罪。[16]根據皮尤研究中心在二〇二一年四月的調查，百分之八十一的亞裔美國人表示自己感受到暴力威脅增加（相較之下，美國成年人整體感受到暴力威脅的比例為百分之五十六）；百分之三十二的亞裔美國人表示擔心有人可能威脅或攻擊他們（高於其他所有種族表達擔憂的比例）；此外，百分之四十五的亞裔美國人表示自己從疫情爆發以來，至少遇過下列其中一種帶有攻擊性的事件——害怕自己遭受襲擊；目睹他人對自己的存在表現出不適；被開種族歧視的玩笑；被要求滾回自己的國家；被指責為疫情的元凶。[17]

右翼人士把中國、中國人與新型冠狀病毒扯在一起的言論，無疑加劇了美國二〇二〇年種族對立的氛圍，但我們無從得知當年有多少針對亞洲人的仇恨犯罪與暴力行為是和共和黨人的危言聳聽直接有關——部分原因在於把病毒與種族或國族相關言論扯在一起的政治組織，不是只有美國保守派（例如前文提到在華埠的雜誌店看到李美便出言抱怨「怎麼到處都是他們」的黑人女性，她就讓這位小學校長怒不可遏）；另一部分原因則是除了美國以外，世界上其他地方針對亞洲人的仇恨犯罪也在暴增。

二〇二〇年五月，由於對亞裔族群的種族歧視及攻擊事件實在太氾濫，人權觀察便針對「全球」蔓延的仇外情緒提出觀察報告，也呼籲各國政府「立刻採取行動，避免與COVID-19有關的種族主義、仇外情緒引致暴力與歧視行為。」他們也提出證據，說明確實有政府官員刻意挑撥國族與種族之間的對立，以此為其他更大的政治目標拉攏支持者。該組織提出的報告指出：「政府領導者與高層官員在一些場合所提出的反中言論，可能直接或間接鼓勵了仇恨犯罪、種族歧視或仇外情緒。美國、英國、義大利、西班牙、希臘、法國、德國等國家的許多政黨及政治團體也抓住COVID-19疫情危機的機會，大力煽動反移民主張、白人優越主義、極端民族主義、反猶太主義，以及提出妖魔化難民、外國人、知名人士與政治領袖的仇外陰謀論。」[18]

不過暴力事件主要都是針對亞洲人。從二〇二〇年初開始，由於全世界政治領導者、權威人士、一般民眾深陷種族仇恨以及對「黃禍」（Yellow Peril）（認為亞洲人對國家安全與公共衛生造成威脅的迷思）的恐懼中，當時就已經暴力事件頻傳。二〇二〇年二月，義大利維內托政區（Veneto region）的政治領導人提出聲明表示，義大利的新型冠狀病毒疫情一定會比中國輕微，因為「義大利文化非常重視衛生，有洗手、洗澡的好習慣，但是看看中國，大家都知道中國人會生吃老鼠。」義大利的公民社會團體盧納莉雅（Lunaria）提出報告：義大利從那個月起便出現大量「攻擊、言語騷擾、霸凌、歧視亞裔族群」的事件。[19]人權觀察也在歐洲記錄到類似趨勢，其中英國是暴力行為最嚴重的地區。一連串針對亞洲人的肢體攻擊事件清楚傳達了一個訊息：攻擊者認定亞洲人該為疫情負責。當時歐洲大陸幾乎每個國家都出現大量惡劣的毆打、公開騷擾事件——人類社會文明的外衣已蕩然無存。

這股仇恨的風氣也逐漸瀰漫到歐洲以外的地區，例如巴西教育部長在推特發文表示新型冠狀病毒是中國政府的武器，目的是要推動「稱霸全世界的計畫」。[20]隨之而來的是針對亞洲人的騷擾行為與閃避。澳洲人權委員會（Australia's Human Rights Commission）記錄下這一波針對亞洲人的仇恨犯罪趨勢，其中包含毀損他人財產與人身傷害等行為。在雪梨，有人去某個亞洲人家門口，用噴漆寫下「吃狗的人死光光」的字眼。墨爾本附近則有個亞裔澳洲人家庭遭到攻擊與毀損財產，其中一次是窗戶被石頭給打破，另外兩次則是房子被塗鴉寫上「COVID-19中國去死」及「滾去死一死」等種族歧視字眼——這些都發生在同一週內。在科威特（Kuwait）及巴林（Bahrain）工作的亞洲移工表示，他們無緣無故就遭到隔離，而管理者還會以骯髒或有病等說法羞辱他們。[21]除此之外，人權觀察也發現「非洲也發生了亞洲人遭控身上帶有新型冠狀病毒而受到歧視、攻擊的事件」，在肯亞、衣索比亞與南非都有多起廣為人知的案例。[22]社會學家朴允珍（Yoon Jung Park，音譯）表示，這種事態發展其實可以預期，即便是在疫情爆發以前，「非洲大陸各地不時都會出現類似排華的情緒。」她也補充：「有時候中國人是直接被當成代罪羔羊。人對於未知懷有巨大恐懼，而中國人的身體今天又與這種未知疾病連結在一起。」[23]

這段時間以來，亞洲人確實不成比例地遇上很多肉眼可見的種族歧視與人身暴力攻擊，但除此之外，還有其他隱伏潛藏的種族暴力存在——種族隔離、危險的生活條件、難以獲得良好的醫療照護，以及其他多種社會學家所謂的「結構性種族歧視」（structural racism）；而且事實證明，上述這些問題對黑人與棕色人種造成的威脅最嚴重，美國的情況尤其如此。[24]種族歧視問題對黑人與棕色人種族群的負面影響，就跟針對亞裔的仇恨犯罪暴增的趨勢一樣，發生模式皆在意料之中。

美國的種族不平等有各種形式，其中各種族之間的健康不平等及預期壽命差異尤其難以忽視。例如在疫情爆發前一年，美國白人的整體預期壽命為七十八・九歲，美國黑人則是七十五・三歲，而且黑人肥胖、罹患糖尿病與心臟病的比例也較高。[25]種族具體上是怎麼造成這種差異模式？此問題仍會引起很多不同的辯論。綜觀歷史，科學家與政府官員都認為黑人壽命較短與他們的生理、文化特質有關，但是到了二十世紀，開始有學者駁斥這些觀點。公共衛生史學者梅林・周觀雲（Merlin Chowkwanyun）認為，種族如今已經更像一種「社會迷思」而非「生物學事實」了。他表示，群體遺傳學家理查・路文頓（Richard Lewontin）於一九七二年發現，有百分之八十五的遺傳變異發生在所謂相同人種的群體內，不同人種的遺傳變異則沒那麼多。據此周觀雲表示：「從這點來看，健康不平等……無法用種族不同這件事來解釋。」[26]

即便如此，對種族之間的健康不平等與預期壽命差異，美國人依然堅守生物學方面的解釋，而這種理論不管是在流行文化界或政治領域，也都沒有消失的跡象。同樣的，「一個人得為自己的行為負」責這種論述也在美國屹立不搖。美國人奉行的個人主義長久以來為「人人都得為個人行為所招致的命運負責」提供支持，而在談到黑人健康相關議題時，媒體也不斷鼓吹此種觀點。在一個針對美國新聞媒體報導的研究中，安妮斯．金（Annice Kim）率領的公共衛生學者團隊發現，若是黑人出現健康問題，媒體常直接歸咎為個人行為缺失所引發的症狀，而不像白人生病時，通常只被視為單純的健康問題就事論事。[27]但就算發現這種落差也無濟於事。在公共衛生與公共政策上，黑人族群的行為依然被用放大鏡檢視，而且在陷入通常是社會結構所造成的困境時，他們還會受到指責。

近幾十年來，學者發現空間的不平等（例如種族隔離）、種族歧視帶來的壓力、與獲得良好教育與醫療照護機會有關的公共政策，這些事與健康不平等現象有所關聯。研究人員對於無法單靠階級差異來解釋的種族不平等案例格外感興趣——例如收入與教育程度相似的黑人與白人社區卻有不一樣的健康程度；或是黑人與白人罹患了相同的疾病，死亡率卻不一樣。以低出生體重的嬰兒為例，這種問題很可能導致嬰兒的死亡率提高，也可能帶來很多成長發育方面的問題；哈佛流行病學家河內一郎（Ichiro Kawachi）率領的研究團隊發現：「在黑人與白人之間，低出生體重嬰兒常見的程度之差異，會隨著教育程度上升而變得比較高。」我們很難相信是生物學因素導致教育程度較高的黑人女性容易生出低體重嬰兒，因此各種社會因素——如種族歧視帶來的壓力、醫療保健方面的不平等——才更有可能是真正的關鍵。這個道理在癌症死亡率上也說得通。黑人與白人罹患癌症的機率差異並不大，事實上凱澤家族基金會（Kaiser Family Foundation）指出：「截至二〇一九年，黑人的癌症整體發病率以及多數幾種主要癌症類型的發病率，數字都與白人相近，或甚至比白人更低。」[28]即便如此，黑人還是比白人更容易罹癌死亡，其中幾種可能原因如下：黑人較難獲得醫療保健服務，因此可能延誤診斷；通常只有具高度聲望的私立醫院有最先進的醫療方式，但這些醫療院所通常位在離黑人社區較遠的地方，因此黑人族群不易接受先進的醫療救治；醫療體系提供的長期照護支持較少；黑人通常有更多「共生病症」（comorbidity），也就是所謂的「預先存在的症狀」。

二〇二〇年，暴露在危險的環境中以及「預先存在的症狀」成了美國原住民、黑人、拉丁裔族群罹患COVID和染疫死亡率比白人、亞洲人都還高的關鍵因素。[29]這些族群之所以暴露在危險中是我們的社會環境造成的。這幾個族群中有相當高比例的人口從事「重點工作」和危險低薪的工作，而且他們的居住環境擁擠不堪，還被隔離在其他族群的居住區之外。預先存在的症狀也是一大問題。種族弱勢族群特別容易有潛在健康問題，對此議題最有力的論述是公共衛生學者俄琳・傑若尼姆斯（Arline Geronimus）提出的風化假說（weathering hypothesis）。她認為，黑人與拉丁裔族群在社會上經歷了軀體上的「風化」──「反覆遭遇社會或經濟上的逆境，外加政治上的邊緣化──許多長期累積下來的影響讓這些族群的健康狀況從較早期就開始惡化。」[30]根據風化假說，美國黑人相對較短的預期壽命及罹病後果格外嚴重並非他們的基因問題或行為缺失所致，而且這兩項因素也都未經系統性驗證。事實上，社會中固定存在那些偏見、歧視、隔離的老問題，且又以不成比例多的黑人最容易受到這些事傷害，因此這個族群才有這樣的健康狀況。一個人會受到「風化」的影響不一定是種族的關係，正如社會學家馬修・戴斯蒙（Matthew Desmond）所述，貧窮也會讓你我的身體付出代價，舉例來說，貧窮的白人也可能罹患慢性病等各種疾病。[31]不過在美國，種族確實造成某些族群身體狀況的風險大大增加，所以疫情第一年黑人感染COVID-19且死亡機率極高的現象，確實能用結構性的種族歧視來解釋。

但在疫情爆發初期，這種解釋並未受到美國政府官員及科學界領袖的廣泛接受，川普政府面對黑人及拉丁裔族群身陷的艱難公共衛生處境，顯然選擇了安靜不表態，而那些自由派人士也同樣不作聲。二〇二〇年三月下旬紐約州長安德魯・庫莫的弟弟克里斯（Chris）也得了COVID-19，州長當時以推特發文：「新型冠狀病毒是最大的平衡器。」但在那個時候，能否逃離疫情風暴中心、是否暴露在接觸病毒的風險中、獲得良好醫療照護的能力等條件的不平等，都已經在美國各地浮現。安德魯・庫莫的弟弟雖然確診，他卻能在漢普頓海濱的自家別墅地下室自我隔離，這就是不平等最好的證據。[32]

COVID-19確診率與死亡率所反映不同種族間的健康不平等問題，沒過多久就以引人側目的方式被大家看見了。例如救護車的鳴笛聲總是在紐約市黑人與棕色人種聚集的社區日夜響徹大街小巷，當地醫院也擠得水泄不通。讓人無望的一些消息指出，紐約市種族隔離情況最嚴重的區域（如布朗克斯區的某些地方和布魯克林區外圍）出現了災難性的群聚感染。疫情爆發的最初幾週，要取得當地COVID感染率的可靠數字並不容易。因為篩檢工具不足，就算是發高燒、呼吸困難的患者都不太有機會接受篩檢，無症狀但有傳染力的感染者或症狀輕微的患者也不得而知自己是否確診。但即便如此，明顯的模式還是浮現了。當時雖沒辦法精確計算出罹患COVID的死亡率，但趨勢已日益明顯。到了四月八日紐約市釋出資料，我們可以看到人口規模及年齡按比例調整後的統計結果：黑人與拉丁裔人口的死亡率是白人與亞裔美國人的兩倍。媒體開始刊登以各種顏色標示的地圖，圖中精確描繪了紐約市的疫情「熱區」以及相對安全的區域。作家莎娣．史密斯（Zadie Smith）的觀察是：「在那些用顏色深淺標出紐約市各地病毒傳染現象的地圖上，要是今天圖面所顯示的紅色深淺代表的不是染疫或死亡人數，而是收入高低和學校的評級，那麼這兩種地圖的顏色區塊應該會完美吻合。在美國，過早死亡大多不是隨機發生的事件，通常都有明確的樣態、發生於特定地點，也透露出重要的事實。」[33]

以布朗克斯區來說，那裡是紐約市最窮困、人口比例中有最多黑人的行政區。除此之外，二〇二〇年五月的《紐約時報》報導指出，布朗克斯區也是居民受到COVID「傷害最慘重」的區域，當地「新型冠狀病毒感染率、住院率、死亡率都是全紐約市最高，而最富裕的行政區曼哈頓正好相反，感染、住院、死亡的數字都是全市最低。」[34]不管是病毒學或遺傳學都無法解釋這種差異，但社會學可以。布朗克斯區的居民較可能做的是「重點工作」，所以無法像其他人一樣遠距辦公，而當時個人防護裝備仍有供應短缺的情形。布朗克斯區的居民大多住在擁擠的公寓裡，這樣一來居民不管是仍繼續工作或待在家隔離，一樣會有偏高的接觸病毒風險。當地的空氣污染嚴重，這也導致居民更容易有氣喘等呼吸道問題。[35]布朗克斯區也是犯罪與暴力相較下更猖獗的地方，居民也就更容易罹患壓力相關疾病。[36]跟鄰近的曼哈頓相比，布朗克斯區的人能獲得的基本醫療資源沒那麼多，當地居民的人均醫院病床數還不及曼哈頓的一半，硬體設備的品質也就難免更低了。[37]平時不同區域之間的差異就已經讓布朗克斯區的居民更容易生病、預期壽命更短，而遇上疫情，這些差異更是會造成不同的後果。[38]

高度種族隔離的社會導致紐約其他地區的黑人族群也面臨類似的危險，而他們的命運正好反映出社會根本性的不平等。COVID追蹤計畫（COVID Tracking Project）是一個《大西洋》所支持的志願者團隊，他們組成的目標是要蒐集、分享可靠的疫情相關資料。在疫情爆發的第一年，紐約的黑人罹患COVID-19的住院率為每十萬人中有八百四十八人住院，拉丁裔則有七百六十六人，亞太裔有五百零一人，白人有一百九十九人。換言之，黑人因COVID-19住院的人數是白人的四倍。感染COVID-19死亡的各族群人數比例也有類似的模式：紐約的黑人中每十萬人有三百五十二人染疫身亡，拉丁裔有兩百六十八人，亞太裔有一百八十四人，白人則有一百五十六人。[39]

不光紐約市有這樣的情況。根據《內科醫學年鑑》（*Annals of Internal Medicine*）刊載的一份研究，紐約市、芝加哥、費城（Philadelphia）的黑人與拉丁裔在疫情最開始六個月受新型冠狀病毒衝擊的程度相近，而這正是「空間不均」（spatial inequities）表現出的結果。該研究的作者指出，芝加哥的黑人人口約占總人口的百分之三十，但從二〇二〇年三月至十月初，黑人在COVID-19死亡人口中的占比高達百分之五十。在費城，「黑人及西班牙語裔族群特定年齡的疾病發生率、住院率、死亡率都是非西班牙語裔白人的二至三倍。」研究人員發現最驚人的是，種族隔離社區較高的社會脆弱度（social vulnerability）會與引人側目的更多COVID病例數及死亡人數互有關係。該研究下結論：「值得注意的是，芝加哥、費城、紐約都名列全美前十大種族隔離狀況最明顯的城市。費城西區與北區、芝加哥西區、紐約的布朗克斯區都是貧窮人口集中、經歷過極端種族隔離措施的地方。」[40]同時，研究也呼籲各界重視這些區域的窘境。在這幾個城市以及美國的其他地區，過去的歷史影響力經久不衰。已經有大量都市研究指出，二十世紀實施的種族隔離政策至今仍形塑著美國人的居住生活，而某些社區「坐困愁城」，當地的黑人在最嚴苛的環境中首當其衝。[41]

二〇二〇年全美都可見到COVID死亡率中的種族不平等現象。紐約大學的健康研究學者團隊檢視了全美十大城市的COVID死亡數字，他們發現黑人及拉丁裔不管是感染率或死亡率都比白人高出許多，即便居住於與白人階級地位相當的郡也是如此。他們的研究指出，「不管身處較貧窮還是不那麼貧窮的郡，把居民多為非白人或人口種族較多元的區域，與居民多為白人或人口種族不那麼多元化的區域相比（例如人口種族較多元且不那麼貧窮的區域），前者的COVID-19預期累積感染發生率更高……他們在死亡率方面也觀察到類似的趨勢。」[42]《內科醫學年鑑》有一篇文章回顧了超過五十個針對疫情頭六個月的種族與民族不平等現象的研究，結果發現黑人族群與拉丁裔受到感染、必須住院治療、染疫身亡的風險比白人高很多。該文章的作者指出：「美國疾病管制與預防中心的國家衛生統計中心（National Center for Health Statistics）分析數據後指出，非裔美國人／黑人人口約有百分之十五的超量死亡（其定義為某種族／民族群體的COVID-19死亡率與該種族／民族群體占總人口的比例，相比較後得出的數據）。APM研究實驗室（APM Research Lab）的資料也顯示非裔美國人／黑人人口的死亡風險是白人人口的三．二倍。」另外他們也提到，拉丁裔「約有百分之二十一的超量死亡……且死亡風險為非西班牙語裔白人人口的三．二倍。」[43]

這些差距從何而來？知名保守派人士以及一些醫學專家普遍傾向歸因為不同族群在文化和生物特徵上的差異。這類說法在疫情第一年無所不在：醫院裡的醫護人員試著要了解為何到院接受治療的COVID重症患者多為黑人或拉丁裔，但他們關注的焦點卻是這些族群在行為或生理層面上的表現，而非他們面臨的社會問題。媒體上（不光是保守派有線新聞頻道及廣播談話性節目）的各家記者、名嘴、政府官員也都抱持同樣的觀點。

例如在四月七日，全國公共廣播電台的熱門節目《晨間快報》（Morning Edition）邀請了兼有醫生資格的共和黨籍路易斯安納州（Louisiana）參議員比爾・卡西迪（Bill Cassidy）上節目。訪問當天，主持人大衛・格林（David Greene）問卡西迪：「從目前情況看來，黑人群體受到疫情衝擊顯然格外嚴重，我想請問路易斯安納州有拿出什麼對策幫助黑人度過這場危機嗎？」卡西迪先提到當地醫院已經引進「大量呼吸器」，但一說完他就話鋒一轉：「不過要是從根本上來看，非裔美國人罹患糖尿病的可能性比其他人口高了百分之六十，新型冠狀病毒特別喜歡攻擊ACE受體（ACE receptor），因此假如你有糖尿病、肥胖、高血壓問題，這些疾病讓人有更多的ACE受體，那麼罹病機率更高的非裔美國人就容易染疫。所以其實可以用生理學來解釋。身為醫生，我認為必須解決的是肥胖這種流行病，肥胖問題在非裔美國人之間尤其嚴重。若解決了肥胖問題，就能降低糖尿病、高血壓的發生率，對國人健康有好處。」[44]

格林不認同卡西迪的說詞，他引述了先前與路易斯安納州民主黨籍眾議員賽德里克・瑞奇蒙（Cedric Richmond）的訪談內容：「我的意思是，眾議員賽德里克・瑞奇蒙也曾對此議題表示看法，他認為這些問題其實源自於多年來的系統性種族歧視，難道除了生理學以外，沒有其他力量導致種族之間的差異嗎？」卡西迪立刻否決了這個想法，他說：「嗯，你也知道那就是被端出來的某種論調而已，也許真的是這樣。但身為醫生，我看重的是科學。」[45]

《內科醫學年鑑》那份研究COVID死亡率種族差異的論文作者根據蒐集到的資料提出幾個結論。總體而言，他們認為「是否暴露在接觸病毒的風險中」與「能否取得醫療照護」，對種族之間COVID-19感染率與死亡率有根本的影響。這也就表示，既有社會問題很可能比既有身體狀況（也就是他們所謂的「易感性」〔susceptibility〕或「共生病症」）更關鍵。[46]換言之，美國疫情下不平等問題的根源不僅是不同人種的體質而已，更是身體政治的問題。

令人驚訝的是，這種觀點對美國的COVID政策制定方向影響並不大。社會學家愛德華多・博尼拉－席爾瓦（Eduardo Bonilla-Silva）針對疫情下的「色盲種族主義」❸（color-blind racism）寫的文章指出，像安東尼・佛奇這樣的衛生官員不斷強調「他們的潛在健康問題——糖尿病、高血壓、肥胖、氣喘」的危險，卻未將這些問題與既有的種族不平等狀況互相連結。佛奇是醫生，他的專業包括向大眾解釋人的生理狀況會怎麼提高罹患重症或死亡的風險，但在博尼拉－席爾瓦眼裡，佛奇那套個人層級的醫療風險說法是讓「某些群體在行為或生理上有缺陷的說法變得更具體，相當於打開大門迎接『貧窮文化』（culture of poverty）這樣的種族歧視論述。」[47]這種歧視性的說法認為黑人與棕色人種特別容易受病毒感染、染疫身亡，就是他們的行為所致，因為他們沒有好好照顧自己。

研究種族與種族歧視的學者無法接受此觀點。「非裔美國人罹患如高血壓、心血管疾病、糖尿病、肺部疾病、肥胖、氣喘等慢性病的人口比例確實高得異常，而這也導致他們更難以在COVID-19的傷害下倖存，」知名歷史學家伊布拉姆・X.肯迪（Ibram X. Kendi）寫道，「但倘若（參議員比爾）卡西迪真的像他所說的那麼重視科學，他就該好好思考以下問題：**為何非裔美國人更容易罹患慢性病？為何和白人相比，非裔美國人、拉丁裔肥胖的比例比較高？**」[48]

---

❸ 譯注：美國有個流行的說法：「我不看膚色，所有人都是人。」（I don't see color, I only see people.），然而社會學家愛德華多・博尼拉－席爾瓦不同意此說法，他認為所謂「種族中立」（race-neutral）只是換了一個樣子的種族歧視，即「色盲種族主義」。

事實上，你我都知道這些問題的答案。[49]

到了二〇二〇年四月，雖然參議員卡西迪大力否認，但美國政治界已開始有進步派人士認為，種族歧視與COVID-19造成的傷害有所關聯。他們堅稱，疫情造成的傷害是種族不平等的產物及其所表現出的結果，因此要求當局做出回應。疫情中黑人與棕色人種面臨的死亡與疾病威脅確實比白人和亞裔美國人嚴重許多，但這還不是問題的全貌。封城的防疫措施對黑人族群的經濟衝擊也比其他族群受到的震盪更大。黑人——在結構性種族歧視的長期影響下——多半不如白人富裕，而且大多表示他們在經濟上受到了疫情重創。[50]除此之外，校園關閉這件事對黑人學生的傷害，也比白人學生受到的影響還顯著。

警察在戶外公共場所取締未戴口罩的民眾，他們的執法對黑人群體的影響格外巨大。黑人——不管是在疫情還是平時——都更容易遭警方指控犯罪，而白人要是有同樣的違法行為，遭到警方逮捕的風險卻比黑人低。事實上，包括賀錦麗與柯瑞．布克（Cory Booker）在內的六位美國參議員致美國司法部（Department of Justice）及聯邦調查局的信函中便提到，黑人男性無論做什麼都可能遭到司法部門的迫害。有時候他們因為沒戴口罩而遭到指控，有時候戴了口罩反而被當成犯罪分子（伊利諾伊州就有兩名男子因為在沃爾瑪賣場戴醫療口罩而遭警察持槍尾隨，還向他們表示禁止佩戴口罩）。[51]

這樣種情況簡直令人難以忍受。儘管美國黑人長久以來都面臨不成比例之高公共衛生方面的威脅，還會被警方刻意盯上，但是在疫情最初幾個月，這些問題變得格外急迫。此外，其他各種活動都變少了，工作、社交聚會、旅遊、上教堂、外出用餐的機會降低，也就表示多數人只能待在家看著疫情的各種新聞，而這場全球危機帶來的挫折與焦慮感就在心中逐漸發酵。在這種情況下，黑人社群常會談及種族問題——偏見、歧視、隔離、警察暴力，以及這些事怎麼形塑黑人面對的危機、他們碰上的危險。倒不是因為疫情大家才「揭開」了美國種族不平等的那一面，多數黑人早就意識到這些問題的存在，只是疫情確實使大家將注意力聚焦在種族正義上，種種不平等因而顯得更讓人忍無可忍、無法再忍視。隨著病毒在全國不斷蔓延，也有愈來愈多人的內心生出一股想反抗、做點什麼的衝動。但在疫情影響下，公領域暫時都關閉、大門深鎖，平時能用來發聲的途徑這時都行不通了。

這一切在二〇二〇年五月二十五日有所改變。明尼亞波利斯警方殺害喬治．佛洛伊德的事件發生後，案發現場的影片在幾小時內便在網路及國內外各大新聞媒體上瘋傳。從五月二十六日開始，明尼亞波利斯就有抗議人士不畏禁止公開集會的規定、不顧可能感染COVID-19的風險發起示威抗議。沒過多久，全球各城市開始有許多像布蘭登．英格里許及伊努瑪．曼奇蒂這樣的人走上街頭。[52]

說到底，當年夏天，美國並非唯一有人民因明目張膽的種族不平等而發起抗議的國家。例如英國國家統計局便分析了二〇二〇年三月二日至同年五月十五日第一波大量新增病例出現時，英格蘭及威爾斯地區在COVID-19死亡人數上所呈現的種族與民族不平等現象。英國國家統計局表示：「把人口的規模與年齡結構也納入考量後，我們發現，死因與COVID-19有關的人口當中，具有黑人族裔背景的男性死亡率為最高，每十萬人中有二五五．七人死亡，白人族裔背景男性的死亡率則最低，每十萬人中有八七．〇人死亡。」換言之，在疫情最初幾個月，黑人男性的死亡率約為白人男性的三倍。他們也發現，「女性人口也有相近的趨勢，死亡率最高的是黑人族裔背景的女性（每十萬人中有一一九．八人死亡），死亡率最低的是白人族裔女性（每十萬人中有五二．〇人死亡）。」驚人的是，英國統計學家認為社會經濟因素僅是此不平等現象的一小部分原因。控制階級與地理位置的變數後，他們發現黑人男性的COVID-19死亡率為白人男性的兩倍，黑人女性死亡率是白人女性的一．五倍。在英、美兩國，結構性的種族歧視及種族不平等都會帶給人不快。

加拿大也同樣有種族問題。不過加拿大國家政府和各省政府一開始皆未以種族或民族來分類追蹤

COVID死亡率，因此問題在一段時間後才確立。民間團體擔心，倘若未能蒐集以不同群體劃分的健康資料，某些重要的風險因子就可能被忽略，因此大力敦促改變做法。自從加拿大各省開始記錄相關數字以後，種族與民族在疫情爆發初期決定人的生死存亡的力量就變得難以忽視了。例如在安大略，政府所謂非白人的「種族化」（racialized）群體的感染率高達白人的七倍，其中拉丁裔、中東及南亞裔族群受到的影響最嚴重。[53]西安大略大學（University of Western Ontario）的社會學研究團隊進一步發揮創意，他們運用公開的紀錄資料來檢視黑人、移民、低收入戶比例較高的地區是否真的有較高的COVID-19發生率。結果他們發現：「加拿大的情況與美國、英國相似，黑人居民比例較高的城鎮地區受到COVID-19疫情衝擊的程度格外嚴重。這或許有助於解釋，為何像多倫多、蒙特婁這些加拿大黑人及黑人移民人數相對較多的地方會成為疫情集中地。」這些加拿大學者的看法也與英國學者相近，他們認為，「社會經濟上的不利因素」無法完全解釋黑人的COVID-19感染率為何會特別高。在加拿大，導致種族健康差異的因素也和英、美兩國一樣，不是只有階級而已。

該文作者寫道：「加拿大有不少人認為黑人承受的種族歧視問題沒那麼嚴重，也因此認為黑人在加拿大的處境不像在其他國家（如美國）那麼糟糕，現在的研究結果或許會令這些人大吃一驚。」他們也針對種族不平等議題提出結論：「我們或許都低估了問題的嚴重性。」[54]時至二〇二〇年底，加拿大國家級的統計單位——加拿大統計局（Statistics Canada）提出的COVID-19死亡率資料也證實了這種說法。在某些有百分之二十五以上居民為「可見少數族裔」（visible minority）（加拿大政府對非白人與非加拿大原住民人口的稱呼）的地區，與那些少數族裔居民僅占不到百分之一的地區相比，前者的死亡率是後者的兩倍以上。加拿大廣播公司則對此提出說明：「這份資料證實了加拿大人這幾個月以來口耳相傳的說法：黑人比其他群體更容易感染新型冠狀病毒。」[55]

扭曲的是，關於黑人有較高染疫風險的消息未如呼籲種族正義的人所想像的那樣，能為黑人處境帶來正面影響。喬治亞大學（University of Georgia）的心理學家調查了美國人對COVID的態度，結果發現，如果白人更加了解種族健康差異這件事，他們所回報對COVID-19的恐懼感就不會那麼高，對於減緩病毒傳播的公共衛生措施的支持度也會下降。也就是說，白人在得知COVID-19對黑人有特定危險的額外資訊後，他們對COVID-19患者的同理心也隨之減少。研究者下了結論：「這份研究發現，公開種族健康差異的問題可能導致惡性循環。也就是說，促進大家對種族健康差異的認識，可能導致大眾不那麼支持最能保障人民健康、消弭種族健康差異的政策。」[56]

北美洲及歐洲的黑人呼籲大眾關注新型冠狀病毒對他們這個群體的威脅，但同時間右派支持者表達了另一種擔憂。有些人宣稱，新型冠狀病毒是中國人或主要為猶太人（例如喬治・索羅斯〔George Soros〕或羅斯柴爾德家族〔Rothschild family〕）的「全球主義菁英」（globalist elites）所製造的生物武器，經他們部署後就能以此控制「白種人」。[57]另外也有人表示，是移民造成了病毒大肆傳播。有人發出貼文大力呼籲：「大家醒醒吧，掌控COVID的是猶太人，就像他們控制了整個好萊塢一樣。」[58]反移民媒體歐洲之聲（The Voice of Europe）則宣稱，有許多「『尋求庇護者』因為反對居家隔離措施引發了暴亂，他們還揚起伊斯蘭國旗幟。」[59]儘管COVID的死亡率確實存在種族差異的趨勢，但在Telegram、4Chan，以及各種受極端右翼歡迎的網路平台上，還是看得到許多關於COVID-19的謠言，聲稱COVID-19是專門設計來殘害白人的病毒，而黑人則對COVID免疫，所以這是要執行「白人種族滅絕」（white genocide）計畫的一環。[60]這些論調很快就傳開了，有些時候甚至還蓋過衛生官員提出的官方建議。

戰略對話研究所（Institute for Strategic Dialogue，ＩＳＤ）是個會廣泛研究疫情相關的不實資訊的組織，他們表示，歐洲和北美各國政府從三月起實施防止COVID-19疫情散播的各種禁令時，就是極右派在網路平台上活躍度最高的時候。在「陰謀論聯盟」（The Conspiracy Consortium）這份分析中，戰略對話研究所蒐集到二〇二〇年至二〇二一年初Telegram上兩百三十九個群組發布的近五十萬則訊息，「在討論有關COVID-19的話題時，Telegram上的白人優越主義者和陰謀論社群持續出現有關聯性、相互重複的主題。」[61]在明確主張白人優越主義與陰謀論的Telegram群組所發布的COVID-19相關文章中，發文者最常引用的資料來源是知名陰謀論者艾力克斯．瓊斯（Alex Jones）創建的infowars.com網站，其次則是推特，而美國情報機構曾指控大肆宣傳俄羅斯主張和思想的保守派金融／政治網站Zero Hedge則位居第三。[62]

疫情導致經濟局勢不穩，人與人無法實體接觸而彼此疏離，再加上大眾之間普遍瀰漫的焦慮氛圍，這些情況讓大家感到無力，因此會開始尋求新的意義與秩序。包含新納粹（neo-Nazis）及新興白人民族主義團體在內的右翼極端分子趁機利用了這種恐懼感來吸收支持者。他們在各種COVID-19的陰謀論文章裡加上連結，供民眾點選並加入或追蹤組織。戰略對話研究所說明：「許多白人優越主義群組因為張貼有關COVID-19陰謀論的內容而收穫大量追蹤者，而他們經常會將重點導回明確的白人優越主義及極端主義的內容。這種操作方式能讓起初只是對較輕鬆的陰謀論文章感興趣的觀眾直接接觸到更煽動性的內容，因此可能助長極端化的風氣、使愈來愈多人加入。」[63]戰略對話研究所的Telegram訊息分析報告的作者是希朗．奧康諾（Ciarán O'Connor），他表示右派分子認為疫情可以「提高極端化風氣。陰謀論者或極端主義者因此能用簡單的論述將人類劃分為你與我、善與惡之間的對立陣營。」[64]

驕傲男孩便是自稱秉持「西方沙文主義」的右翼男性團體，他們不僅認同暴力行為，也曾使用暴力。除了驕傲男孩以外，還有許多極端組織也煽動成員去相信：全球主義者使出疫情這個陰謀後，白人就是最大的受害者。二〇二〇年四月，驕傲男孩的成員在好幾個州召集群眾，他們要對限制社交與經濟活動的防疫公衛政策發起示威抗議。[65]恐怖主義、極端主義及反恐怖主義中心（Center on Terrorism, Extremism, and Counterterrorism，CTEC）在二〇二〇年春季的調查中發現，驕傲男孩的成員對外宣傳：造成疫情的主因是「新世界秩序」（New World Order）或「猶太復國主義者占領政府」（Zionist Occupied Government）等力量在作用，而當前全球的健康危機都是這場疫情陰謀的一部分。恐怖主義、極端主義及反恐怖主義中心提出結論：「他們把新型冠狀病毒當藉口，進一步煽動國家內亂及暴力行動，他們利用疫情加速推動針對自由派的新內戰，這也表示他們的意識形態已明顯抬升至另一個高度。」[66]

然而對極端主義團體來說，意識形態的升級還只是序曲而已。五月時，華盛頓州斯波坎（Spokane）為紀念感染COVID-19過世的每位市民而立起白色木製十字架，後來有人前去破壞，驕傲男孩的成員宣稱是他們所為。驕傲男孩的社群網站貼出一張照片，畫面中的斯波坎市政府門口堆著白色木製十字架，他們寫道：「反法西斯主義用墳塋宣揚恐懼，由我們動手清除。我們反對共產主義恐怖（Communist Fear）！」如果仔細觀察畫面便會發現，影片中一名男子比出了OK手勢，而這在右翼團體之間就象徵白人優越主義。[68]

二〇二〇年九月舉行了第一次總統大選辯論會，主持人向唐諾．川普提問是否會譴責白人優越主義者及武裝團體，時任總統的川普反問：「哪個團體？名字說來聽聽。」他的競爭對手喬．拜登此時插話點名：「驕傲男孩。」接著，川普用一種準備為即將發生的衝突訴諸武力的口吻說：「驕傲男孩，稍安勿躁，做好準備。」[68]

注釋

1 Boris Johnson (@BorisJohnson), "Over the last 24 hours I have developed mild symptoms and tested positive for coronavirus," Twitter, March 27, 2020, 7:15 a.m.

2 Kelley Benham French, "Coronavirus: We're in This Together," *USA Today*, April 9, 2020.

3 United Nations Department of Global Communications, *COVID-19 Photo Essay: We're All in This Together*, New York: Secretariat of the United Nations, 2020, https://www.un.org/en/coronavirus/COVID19-photo-essay-we%E2%80%99re-all-together, accessed August 19, 2022.

4 Adia Benton, "Risky Business: Race, Nonequivalence, and the Humanitarian Politics of Life," *Visual Anthropology* 29, no. 2 (2016): 187– 203.

5 *WHO Issues Best Practices for Naming New Human Infectious Diseases*, Geneva: World Health Organization, https://www.who.int/news room/detail/08052015whoissuesbestpracticesfor-naming-new-human-infectiousdiseases, accessed August 19, 2022.

6 Morgan Gstalter, "WHO Official Warns Against Calling It 'Chinese Virus,' Says 'There Is No Blame in This,' " *The Hill*, March 19, 2020.

7 Katie Rogers, Lara Jakes, and Ana Swanson, "Trump Defends Using 'Chinese Virus' Label, Ignoring Growing Criticism," *New York Times*, March 18, 2020.

8 Associated Press, "Pompeo, G- 7 Foreign Ministers Spar over 'Wuhan Virus,' " *Politico*, March 25, 2020.

9 Rogers, Jakes, and Swanson, "Trump Defends Using 'Chinese Virus' Label, Ignoring Growing Criticism"; and "President Trump Calls Coronavirus 'Kung Flu,' " BBC, June 24, 2020.

10 Jingqui Ren and Joe Feagin, "Face Mask Symbolism in Anti-Asian Hate Crimes," *Ethnic & Racial Studies* 44, no. 5 (2021): 746– 58.

11 Natalie Escobar, "When Xenophobia Spreads Like a Virus," *Code Switch*, NPR, March 4, 2020, podcast, 25:12.

12 Ibid.

13 "Stop AAPI Hate Report: 3.19.20– 5.13.20," San Francisco: Stop AAPI Hate, April 2021.

14 *Crime Data Explorer*, United States Federal Bureau of Investigation, https://crime- data- explorer.fr.cloud.gov/pages/explorer/crime/hate-crime, accessed August 19, 2022.

15 "Fact Sheet: Anti-Asian Prejudice March 2021," Center for the Study of Hate & Extremism, California State University, San Bernardino, March 2021.

16 Amanuel Elias et al., "Racism and Nationalism During and Beyond the COVID-19 Pandemic," *Ethnic and Racial Studies* 44, no. 5 (2021): 783– 93.

17 Neil G. Ruiz, Khadijah Edwards, and Mark Hugo Lopez, "One-Third of Asian Americans Fear Threats, Physical Attacks and Most Say Violence Against Them Is Rising," Washington, DC: Pew Research Center, April 2021.

18 Human Rights Watch, *COVID-19 Fueling Anti- Asian Racism and Xenophobia Worldwide: National Action Plans Needed to Counter Intolerance*, New York: Human Rights Watch, May 2020.

19 Ibid.

20 Ibid.

21 "The COVID-19 Crisis Is Fueling More Racist Discourse Towards Migrant Workers in the Gulf," Migrant-Rights.org, April 5, 2020.

22 Human Rights Watch, *COVID-19 Fueling Anti-Asian Racism and Xenophobia Worldwide*.

23 Salem Solomon, "Coronavirus Brings 'Sinophobia' to Africa," *VOA News*, March 4, 2020.

24 Zinzi D. Bailey et al., "Structural Racism and Health Inequities in the USA: Evidence and Interventions," *The Lancet* 389, no. 10077 (2017): 1453– 63.

25 "Life Expectancy in the U.S. Increased Between 2000– 2019, but Widespread Gaps Between Racial and Ethnic Groups Exist," U.S. National Institutes of Health, June 22, 2022.

26 Merlin Chowkwanyun, "What Is a 'Racial Health Disparity'? Five Analytic Traditions," *Journal of Health Politics*, Policy and *Law* 47, no. 2 (2022): 131– 58.

27 Annice Kim et al., "Coverage and Framing of Racial and Ethnic Health Disparities in US Newspapers, 1996– 2005," *American Journal of Public Health* 100, no. S1 (2010): S224– 31.

28 Latoya Hill, Samantha Artiga, and Sweta Haldar, "Key Facts on Health and Health Care by Race and Ethnicity," Kaiser Family

Foundation, March 15, 2023.

29 Latoya Hill and Samantha Artiga, "COVID-19 Cases and Deaths by Race/ Ethnicity: Current Data and Changes over Time," Kaiser Family Fund, February 22, 2022.

30 Arline Geronimus et al., " 'Weathering' and Age Patterns of Allostatic Load Scores Among Blacks and Whites in the United States," *American Journal of Public Health* 96, no. 5 (2006): 826– 33; Arline Geronimus, "The Weathering Hypothesis and the Health of African-American Women and Infants: Evidence and Speculations," Ethnicity & Disease (2006): 207– 21.

31 Matthew Desmond, *Poverty, By America* (New York: Crown, 2023).

32 Andrew Cuomo (@NYGovCuomo), "This virus is the great equalizer," Twitter, March 31, 2020, 12:13 p.m.

33 Zadie Smith, *Intimations* (New York: Penguin, 2020), p. 15.

34 Kimiko de Freytas-Tamura, Winnie Hu, and Lindsey Rogers Cook, " 'It's the Death Towers': How the Bronx Became New York's Virus Hot Spot," *New York Times*, May 26, 2020.

35 Juliana Maantay, "Asthma and Air Pollution in the Bronx: Methodological and Data Considerations in Using GIS for Environmental Justice and Health Research," *Health & Place* 13, no. 1 (2007): 32– 56.

36 Sue A. Kaplan et al., "The Perception of Stress and Its Impact on Health in Poor Communities," *Journal of Community Health* 38, no. 1 (2013): 142– 49.

37 Amanda Dunker and Elisabeth Ryden Benjamin, "How Structural Inequalities in New York's Health Care System Exacerbate Health Disparities During the COVID-19 Pandemic: A Call for Equitable Reform," Community Service Society of New York, June 4, 2020.

38 *Recent Trends and Impact of COVID-19 in the Bronx*, New York: Office of the Comptroller, June 2021.

39 The COVID Tracking Project at *The Atlantic* (online), *New York: All Race & Ethnicity Data*, https://covidtracking.com/data/state/new-york/race-ethnicity, accessed August 19, 2022.

40 Usama Bilal et al., "Spatial Inequities in COVID-19 Testing, Positivity, Confirmed Cases, and Mortality in 3 US Cities: An Ecological Study," *Annals of Internal Medicine* 174, no. 7 (2021): 936– 44.

41 請見Douglas Massey and Nancy Denton, *American Apartheid: Segregation and the Making of the Underclass* (Cambridge: Harvard University Press, 1998); Patrick Sharkey, *Stuck in Place: Urban Neighborhoods and the End of Progress Toward Racial Equity* (Chicago: University of Chicago Press, 2013); and Richard Rothstein, *The Color of Law: A Forgotten History of*

How Our Government Segregated America (New York: W. W. Norton, 2017).

42 Samrachana Adhikari et al., "Assessment of Community-Level Disparities in Coronavirus Disease 2019 (COVID-19) Infections and Deaths in Large US Metropolitan Areas," *JAMA Network Open* 3, no. 7 (2020): e2016938.

43 Katherine Mackey et al., "Racial and Ethnic Disparities in COVID-19–Related Infections, Hospitalizations, and Deaths: A Systematic Review," *Annals of Internal Medicine* 174, no. 3 (2021): 362– 73.

44 David Greene, "Sen. Bill Cassidy on His State's Racial Disparities in Coronavirus Deaths," *NPR Morning Edition*, April 7, 2020, podcast, 07:26.

45 Ibid.

46 Mackey et al., "Racial and Ethnic Disparities in COVID-19– Related Infections, Hospitalizations, and Deaths."

47 Eduardo Bonilla-Silva, "Color-Blind Racism in Pandemic Times," *Sociology of Race and Ethnicity* 8, no. 3 (2022): 343– 54.

48 Ibram X. Kendi, "Stop Blaming Black People for Dying of the Coronavirus," *The Atlantic*, April 14, 2020.

49 Zinzi D. Bailey et al., "Structural Racism and Health Inequities in the USA: Evidence and Interventions," *The Lancet* 389, no. 10077 (2017): 1453– 63.

50 Dalton Conley, *Being Black, Living in the Red: Race, Wealth, and Social Policy in America* (Berkeley: University of California Press, 2010); Jamila Michener, "George Floyd's Killing Was Just the Spark. Here's What Really Made the Protests Explode," *Washington Post*, June 11, 2020.

51 Fabiola Cineas, "Senators Are Demanding a Solution to Police Stopping Black Men for Wearing— and Not Wearing— Masks," *Vox*, April 22, 2020.

52 Larry Buchanan, Quoctrung Bui, and Jugal K. Patel, "Black Lives Matter May Be the Largest Movement in U.S. History," *New York Times, July* 3, 2020.

53 *Tracking COVID-19 Through Race-Based Data*, Canada: Ontario Health, Government of Ontario, August 2021.

54 Kate H. Choi et al., "Studying the Social Determinants of COVID-19 in a Data Vacuum," *Canadian Review of Sociology/Revue Canadienne de Sociologie* 58, no. 2, 2021: 146– 64.

55 John Paul Tasker, "More Racially Diverse Areas Reported Much Higher Numbers of COVID-19 Deaths: StatsCan," CBC News Canada, March 10, 2021.

56 Allison L. Skinner-Dorkenoo et al., “Highlighting COVID-19 Racial Disparities Can Reduce Support for Safety Precautions Among White US Residents,” *Social Science & Medicine* 301 (2022): 114951.

57 *COVID-19 Disinformation Briefing No.1*, London: Institute for Strategic Dialogue, March 27, 2020.

58 David Klepper and Lori Hinnant, “Far-Right Using COVID-19 Theories to Grow Reach, Study Shows,” Associated Press/PBS News, December 17, 2021.

59 *COVID-19 Disinformation Briefing No.1*, Institute for Strategic Dialogue.

60 Janell Ross, “Coronavirus Outbreak Revives Dangerous Race Myths and Pseudoscience,” NBC News, March 19, 2020.

61 Ciarán O’Connor, *The Conspiracy Consortium Examining Discussions of COVID-19 Among Right-Wing Extremist Telegram Channels*, London: Institute for Strategic Dialogue, 2021.

62 Nomaan Merchant, “U.S. Accuses Zero Hedge of Spreading Russian Propaganda,” Associated Press/Bloomberg, February 15, 2022.

63 O’Connor, *The Conspiracy Consortium Examining Discussions of COVID-19 Among Right-Wing Extremist Telegram Channels*.

64 Klepper and Hinnant, “Far-Right Using COVID-19 Theories to Grow Reach, Study Shows.”

65 Jason Wilson, “The Rightwing Groups Behind Wave of Protests Against COVID-19 Restrictions,” The Guardian, April 17, 2020.

66 Alex Newhouse, Adel Arletta, and Leela McClintock, *Proud Boys Amplify Anti- Vax and Coronavirus Disinformation Following Support for Anti-Quarantine Protests*, Middlebury College Center on Terrorism, Extremism, and Counterterrorism.

67 Rebecca White, “Group Claims Responsibility for Taking Down COVID-19 Crosses at City Hall,” (Spokane) *Spokesman-Review*, May 18, 2020.

68 Associated Press, “Trump T ells Proud Boys: ‘Stand Back and Stand By,’ ” YouTube video, 01:29, September 30, 2020.

第十三章

〈留駐〉

坦卡臣・穆瑟艾（THANKACHAN MATHAI）

二〇二二年三月，馬修斯・坦卡臣（Mathews Thankachan）的父親坦卡臣・穆瑟艾已經因COVID逝世近兩年了。當時他告訴我：「我們其實很幸運。」我對他這種感恩的態度充滿敬意，也不禁為此自慚形穢，因為乍聽他們一家人的故事，「幸運」可不是我第一個會想到的字眼。

穆瑟艾一九六三年在印度喀拉拉邦（Kerala）一座橡膠農園出生。他勤奮好學，對數學、物理尤其感興趣，但因為家庭環境不允許，所以他大多時間只能在農園裡幫忙，無法用更多時間學習。馬修斯告訴我：「他年輕的時候生活很忙碌。喀拉拉邦當地的農園不像美國有那麼多機器可以代替人工，要蒐集橡膠就得先割開橡膠樹皮，讓橡膠一點一點慢慢流出來。園內的每一棵樹都得靠手工割開樹皮，而我們家的農園裡大約有兩百、甚至可能四百棵橡膠樹。我爸爸有兩個弟弟可以幫忙農務，每天早上他們得先蒐集橡膠汁後，再走一小時的路去上學。」青少年時期的穆瑟艾找了份工廠的工作，下課後他就去上班貼補家用，這份工作他從中學一路做到大學。只要是醒著的時間，他都在為家中的農活、工廠的工作、學數學和物理馬不停蹄地忙碌。馬修斯向我說明：「他見到父母的時間不多，也幾乎沒有娛樂或運動的時間。」馬修斯又補充說，雖然父親工作勤勉，但他做的這些工作在喀拉拉邦沒有什麼好出路。穆瑟艾那些移民至美國的家人向他保證，只要到了美國一切都會好起來，而他也真的動身去美國了。

身為移民的穆瑟艾自然而然便落腳在皇后區。他發現自己過去在喀拉拉邦拿到的物理學位在紐約市求職派不上用場，但也因為不再像過去那樣得兼顧農園及工廠的工作而分身乏術，他就有更多時間與親友團聚。約會這件事就不好說了。但就在某次回印度探親的旅程中，他認識了一個學護理的學生席芭（Sheeba），兩人一拍即合。後來他們結了婚，但席芭沒有美國簽證，因此夫妻倆只能在節慶假日見面。一九九七年，席芭懷孕後生下了馬修斯。隔年，她帶著兒子搬到了紐約市，也在那裡找到一份護理師的工作。一九九九年，席芭誕下了次子西瑞爾（Cyril）。「大約就在那時候，我父親在大都會運輸管理局找到工作，」馬修斯告訴我，「他是地鐵站的清潔維護人員，大多數時間都值夜班。這份工作雖然辛苦，但很穩定。他們有工會、有很好的醫療保險可以看牙科、眼科，父親就是做這份工作養大我們兄弟的。他喜歡這份工作，也喜歡和他共事的那些人。」

穆瑟艾在馬修斯童年的多數時間都值夜班。他會被分配到某個地鐵站負責清潔工作，在同一個地鐵站工作幾年後，又再換到另一個站。每一次到新的站點工作，他就會認識新的車站管理人員、收費員、駕駛員、保全人員。雖然人員流動率高，但多數員工整個職業生涯都沒離開大都會運輸管理局的體系，大家在地下鐵車站裡朝夕相處，便形成了緊密的人際網絡——有些人是點頭之交，有些人則建立起親近且有意義的關係。但穆瑟艾偶爾還是會抱怨。有人會把地鐵站搞得一團糟——就是你所能想像最誇張的那種混亂。有時候，他會遇到粗魯、惹人厭或動粗的乘客，甚至同事也會有脫序行為。不過，多數時候他以自己的工作為傲、以身邊這些讓工作更有價值的同事為傲。紐約市是個仰賴大眾運輸的城市，而無論是城市本身還是大眾運輸系統，只要沒有他們這些公務員就無法運作。有著數學家魂的穆瑟艾很清楚這個道理。

「我父親真心熱愛地下鐵，」馬修斯回憶父親並說道，「他總是試著教我們搞懂紐約的地下鐵系統。他會要我們停下腳步看一看地圖，弄清楚地鐵路線。要是我們到了哪個正在翻新的車站，他也都會向我們解釋現在進行的是什麼工程，有哪些地方會更新。我記得自己以前並不喜歡這些事，但等我長大遇到了不少來自紐約市、卻不曾四處探索這座城市的人，我就改觀了。小時候我們遊遍了紐約市，我還記得自己和弟弟去了帝國大廈大概有十次吧！」穆瑟艾也喜歡帶家人出城走走，而他的工作正好讓他有時間到處去。穆瑟艾的母親和兩個弟弟都搬到美國了，而他最親的一個表親住在費城郊區。馬修斯告訴我：「我們每隔幾週就會出城旅遊，那是我最喜歡的地方，所以每次出門我都很興奮。我們坐上車、過橋，能夠離開紐約市去別的地方總是令我無比開心。我們是移民家庭，手頭不寬裕，爸媽會省吃儉用存錢，才能每隔幾年帶我們回印度探親。所以開車去拜訪在美國的親戚對我父親來說真的很重要，是我們家最美好的回憶。」

他們本來住在皇后區，後來在長島找到負擔得起的住處，就搬到了那裡。下午席芭在醫院上班的時候，穆瑟艾會陪伴馬修斯與西瑞爾。馬修斯對我說：「他喜歡用自己在印度學的那一套方式教我們數學，印度教乘法運算的方式和美國不一樣，這一點最棒了。我記得自己三年級下課一回家就告訴他我們正在學交叉相乘，他開心極了，彷彿他支持的球隊贏了超級盃冠軍一樣！他對這件事很感興趣也很興奮，於是決定用一種印度的古老運算方式教我乘法表。他知道這對學數學很有幫助，所以我們會一起練習。」對馬修斯來說，這種運算法就像某種他沒什麼機會施展的祕密超能力。「不過後來老師開始教我們乘法表的時候，我才發現自己早就會了，我早已融會貫通，但班上的其他人還搞不清楚狀況，感覺真的很不可思議。」後來升上五年級，數學老師出了一道難題，給全班一整學年的時間解出正確答案。「父親解釋了原理給我聽，然後再加上一點練習，結果我馬上就解開了！我一次就解了那道題目。」穆瑟艾對兒子成功解題感到很欣慰。馬修斯說：「那些是我的美好回憶，非常美好的回憶。」

在那之後，馬修斯完成了高中學業，錄取了紐約州立大學石溪分校（State University of New York at Stony Brook），那是一所有聲譽的好學校，而且離家夠近所以可以通勤上課。穆瑟艾滿心為兒子的成就感到驕傲。二〇二〇年一月紐約市爆發疫情時，馬修斯還是大學生。他回憶起當時情景：「我父親很緊張。大家一開始都很困惑，關於疫情的資訊不多，我們對這種疾病也還不了解。但我的父母分別在地鐵站和醫院工作，他們都在疫情風險的最前線，得暴露在人群中。當時大都會運輸管理局沒有為員工提供口罩，因此感染新型冠狀病毒對他們來說似乎在所難免。我父親最擔心的是自己可能把病傳染給家人。」

話雖如此，但他也不可能待在家不出門工作。全家都還得仰賴穆瑟艾的薪水過日子，紐約市的大眾運輸系統也少不了他的勞動，清潔維護人員並不是能轉為遠距模式的職業。馬修斯說：「我父親對他的工作非常有責任感。他確實對未知的事有點害怕，但同時他也有頗強健的免疫系統，在我印象裡他從來不感冒，從小到大他每次請病假都是為了照顧我們，而不是真正生病。」

他們一家人在當時便面臨了大大小小的未知，而其中他們最困惑的，就是穆瑟艾與席芭究竟需不需要戴口罩。醫院的行政人員當時盡其所能為員工弄來高品質口罩，並建議護理師隨時佩戴。大都會運輸管理局對員工的要求卻截然不同。二〇二〇年三月六日，大都會運輸管理局發了一份標題為「回覆：關於COVID-19的常見問題」的備忘錄給所有員工，其中一段內容如下：「工作時是否需要佩戴口罩？不需要，目前政府相關醫療衛生單位並未建議佩戴口罩。」接下來的段落又更加強調此論點：「我知道當局並未建議佩戴口罩，但我是否能依自己的意願，選擇在工作時佩戴口罩？根據現行相關醫療指引，口罩無法保護健康的未受感染者——口罩設計的目的是要避免已感染者散播病毒……目前根據相關單位了解，病毒是透過飛沫而非空氣傳染，這也表示各位不會因為呼吸而吸入病毒。因此，路上見到一般民眾佩戴的醫療口罩對於防止傳染並無效果。」緊接著以上備忘錄的內容，大都會運輸管理局特別寫出禁止員工戴口罩的規定——口罩會被視為違反員工服儀規定。「由於戴口罩並非防止感染COVID-19的必要醫療手段，也並非本局制服的一部分，因此員工工作時不得佩戴口罩。」[1]訊息很明確了：穆瑟艾別無選擇。

沒過多久，大都會運輸管理局開始有員工染疫。三月二十日，在紐約大眾運輸系統服務了二十年的四十九歲列車長彼得・佩特拉西（Peter Petrassi）因為呼吸道問題而住院。到了三月二十六日，他成為大都會運輸管理局已知第一位感染COVID-19死亡的員工。[2]大都會運輸管理局員工染疫的消息開始廣為流傳。公車司機、技師、駕駛員、清潔維護人員……許多人都感染了COVID-19。運輸工作者工會大力要求他們應該要有更好的防護措施。大都會運輸管理局撤銷了禁止戴口罩的規定，但除此之外就沒有更多防疫辦法了。穆瑟艾和身邊同事的焦慮感節節升高，沒有人知道該怎麼避免染疫。

「三月三十一日那天，我父親病了，」馬修斯對我說，「他感覺疲憊不堪、呼吸短促，於是打電話叫救護車。當晚院方就讓他用了呼吸器。父親入院的第一天我們都還抱著希望，醫生說他的狀態非常好。但是到了第二天，醫生又說他的情況看起來不妙。我弟弟是我們家裡最小的孩子，也和我父親最親，他對醫生說：『求求你，請你盡一切所能救他，讓他回到我們身邊。』醫生承諾他：『我們一定會盡力。但我們現在對這種病知道得太少，有時候我們了解的並不比家屬多到哪裡去。』」

穆瑟艾並沒有好起來。就在他孤零零在醫院裡為下一口呼吸苦苦掙扎的同時，席芭、西瑞爾、馬修斯也得了COVID。雖然他們的症狀都不嚴重，但也都無法到醫院看穆瑟艾。因為穆瑟艾被裝上了呼吸器，他無法與家人對話。這種雙方都受疫情所困的情況令人痛苦至極——漫長的折磨是他們前所未見、也難以想像的經歷。家人的親密無間被可怕的病毒給奪走了。

四月四日早上，醫院來電通知家屬：穆瑟艾已不久於人世。他們安排了一段簡短的通話時間，讓每個人在遙遠的彼端向穆瑟艾道別。馬修斯告訴我：「幾個小時後醫院就打來告訴我們：他走了。那一刻太難熬了。一開始，五味雜陳的情緒來得又猛又急。時間彷彿靜止了。日子一天天過去，但一切好像凍結住了。和我們上同一個教堂的教友紛紛打來致哀。要是在一般情況下，他們應該會親自上門致意。因為我們都得了COVID，無法歡迎教友登門。我父親有幾個弟弟、表親，要不是因為疫情，那種時刻我們身邊一定會有親友環繞。光是有這些人在身邊，他們的存在就是一種力量。這些人會帶來食物，而即便你茶飯不思，還是會為了他們多少吃一點。然而當時我們身邊一個人也沒有，就只有我母親、弟弟和我。」

因為疫情的關係，幾乎所有宗教儀式都只能停擺。當時，大家最需要——卻也最難做到的——便是齊聚一堂好好哀悼。「大都會運輸管理局就是個大家庭，任何一個人過世，大家都會出席致意。」珊卓・布魯德沃斯（Sandra Bloodworth）對我說這些話的時候，我們兩個正一起坐在她家客廳。她就住在東河（East River）皇后區那一側岸邊高聳的公寓大樓裡，從這裡往下俯視可以看見列車、公車、船隻、渡輪在城市中穿梭。「無論是守靈、探視，還是在殯儀館舉行儀式，也不管死者的文化背景為何，總之我們一定陪在家屬身邊，關係就是如此緊密。這麼多年來，我大概已經參加了三十五次、四十次這類場合的聚會。雖然我們來自不同種族、不一樣的群體，可能來自遙遠的地方、說著相異的語言，但我們之間還是有更大的共通點。因此只要有人過世，沒錯，我們都會齊聚一堂給彼此大大的擁抱。」

從小在密西西比州（Mississippi）長大的布魯德沃斯還保有她的口音。她在一九八〇年搬到紐約市，希望日後能成為一位畫家。許多像她一樣來這裡追夢的藝術家都是靠當服務生或教畫的工作維生，但布魯德沃斯有不一樣的想法。一九八八年，她在大都會運輸管理局的藝術與設計部門（Arts & Design department）找到一份工作，要負責管理全紐約市的車站和公共空間的裝置藝術及現場表演活動。布魯德沃斯帶領團隊推動了許多藝術計畫。其中有些極受大眾矚目，例如在知名地點擺放享譽國際的藝術家的壯觀作品；也有些比較低調，那些藝術品是要讓曼哈頓及曼哈頓之外行政區的乘客搭大眾運輸工具時，每一天能看到一點美好事物。布魯德沃斯在一九九六年成為藝術與設計部門主任，二〇二〇年三月紐約市開始爆發新型冠狀病毒疫情時，她擔心大眾運輸系統在大家心中會罩上一層黑暗、恐怖的陰影，也怕陰魂不散的死亡與疾病會令所有馬賽克拼貼畫、雕塑品、畫作變得再也無關緊要。隨著確診人數暴增，她的部門也轉為遠距辦公了。布魯德沃斯知道，面對這種新型疾病得格外小心謹慎。但回到她高樓層的住家由上向下眺望城市時，她想到還有那麼多同仁依然在地面底下上班、在大家視線以外努力工作，而且處境危險。她不禁覺得，這座城市大大辜負也虧欠了這些勞動者。

「三、四月那一陣子，我和先生兩人天天都坐在家裡看電視新聞，」布魯德沃斯對我說，「大都會運輸管理局開始有員工過世了。其中一名記者講出一件事，那就是大家確實無法像過去一樣齊聚一堂、支持彼此。我知道那對我們這個社群有多重要，也知道我們失去了什麼。我記得自己當時就站在這裡向外望，心想：『天啊，真心希望可以為每位過世的員工畫幅畫。』我當然知道不可能，但我想，也許還有其他方式能辦到這件事。」

這不是布魯德沃斯第一次思考該如何紀念因公殉職的紐約市公務員。二〇〇一年九月十一日的事件過後，大都會運輸管理局策畫了紀念活動，她也為此投入很多心力構思、設計新的空間來紀念世界貿易中心的恐攻罹難者。例如紐約中央車站（Grand Central Terminal）成對的紀念壁畫，現場搭配了合適的音樂；還有位於世貿大樓遺址正下方的科特蘭街地鐵站（Cortlandt Street subway stop）內以馬賽克磚拼貼出的《獨立宣言》（Declaration of Independence）及《世界人權宣言》（United Nations Universal Declaration of Human Rights）。[3]布魯德沃斯告訴我，那些都是她嘔心瀝血、且完成後覺得無比充實的藝術計畫。這些作品不僅對紐約市來說很重要，對她個人而言也意義非凡。在面對COVID-19時，她受到的衝擊比過去的經歷還更加直接，畢竟她在大都會運輸管理局任職的同仁就像九一一事件裡的消防弟兄一樣，都得衝到最危險的第一線執行勤務，他們是可能付出最慘烈代價的一群人。大都會運輸管理局的所有人已經在討論向那些過世同仁致敬的事。問題是，該怎麼做？

在二〇二〇年四月這個時間點，要設立紀念物都還嫌太早。大都會運輸管理局就跟紐約市其他公家機關一樣，關注的重點仍是如何避免疫情進一步擴散。他們的努力不太成功。布魯德沃斯一直收到電子郵件說又有許多員工染疫了，而且還不時會在電視上看見某幾位過世同仁的面孔。到四月八日為止，已經有至少四十一位大都會運輸管理局的員工染疫身亡，約有一千五百位員工篩出陽性，並有超過五千六百位員工請病假或自我隔離。[4]就和《紐約時報》說的一樣：「死傷慘重。」[5]

當月，紐約州長安德魯．庫莫做出不尋常的決定：要求某天清晨關閉平時二十四小時營運的地下鐵系統。大都會運輸管理局要在這段時間派遣特別小組——包括全職員工及數千位承包工人（主要是拉丁美洲的移民）——負責清潔並消毒所有座椅、扶手、地面、月台，以及所有看得到、且衛生官員擔心會因表面受污染而導致疾病傳播的物品。[6]這個工作做起來很不容易。儘管地下鐵客流量大幅下降，但其他產業的重點工作者仍然得搭地鐵通勤，除此之外也有愈來愈多無家者靠地鐵移動。工作人員必須處理他們製造的廢棄物：食物、垃圾，甚至是排泄物，因此任務不僅困難還很危險，而他們也難免與那些拒絕離開或不肯遵守規定的乘客起衝突。我們通常看不見他們付出的服務與勞力，而這些人得到的報酬大概就是法定最低工資，也因此這工作格外令人卻步。然而，紐約市需要這些人提供必要服務，而勞工也需要工作才能糊口。

在疫情初期，篩檢工具太以難取得，所以沒人確切知道第一波疫情爆發期間，有多少大都會運輸管理局的員工與承包工人染疫。研究顯示，二〇二〇年三月至八月間，約有四分之一的大都會運輸管理局員工受到感染，死亡人數則至少有一百二十五人。[7]入秋後，死亡率終於趨緩，布魯德沃斯和她的團隊決定不能再拖下去，該是時候拿出行動向亡者致敬了。他們希望讓大家看見大眾運輸工作者為了讓城市如常運作付出了多少代價，也希望能給逝者家屬他們應得的溫暖擁抱。

九一一事件發生時的可怕情景可以用抽象藝術來紀念沒問題，不過若是要緬懷大都會運輸管理局病逝的員工，這種藝術形式就不那麼適合了。要讓大眾看見他們每一個人的樣子才對。布魯德沃斯知道，這種情況肖像畫才是最好的選擇。她解釋：「我翻遍各大報才找到了一些疫情初期病逝者的照片。」第一位便是四十九歲的彼得・佩特拉西——還很年輕的他因為疫情英年早逝，實在令人難以接受。「我用我先生的iPad處理照片，把影像複製下來以後放進設計軟體裡轉成黑白照片。我想將照片去背只留下人像，然後將背景填上顏色。在我的想像裡，這些照片應該看起來像彩色玻璃一樣，色彩會從影像透出來。」她做了幾張模擬圖給先生看以後，便把照片寄給副手。不過老實說，就算還沒得到他們的認同，「我立刻就知道這一定做得成。」

九月下旬，一群從七月就開始構思紀念活動的大都會運輸管理局代表及設計師聽了布魯德沃斯簡報後，現場的反應確實如她所想——大家表示贊成。布魯德沃斯說：「這時候，我們要準備讓家屬參與了。當然，我們必須先取得家屬同意，再請他們選出合適的照片與背景色。這是要向他們心愛的人致意，是為他們而做的事。」大都會運輸管理局組成特別團隊，負責聯繫每位逝者的家人，先向他們解釋紀念活動的概念，再協助家屬找出適合的照片，同時要確保他們不會對這個公開計畫感到不自在。布魯德沃斯告訴我：「結果事情變得有點複雜。有些家庭並不想參與，也有一些家庭找不到合適的照片。投入這整個工作過程，才會驚覺原來這麼多家庭失去了摯愛家人，但連一張逝者理想的照片都沒有。」她請大都會運輸管理局的平面設計師蓋瑞・詹金斯（Gary Jenkins）幫忙處理照片：提高解析度、去除畫面中其他人物與物品以凸顯主體。布魯德沃斯團隊以地下鐵系統使用的色調為靈感，選擇了一系列背景色之後就開始排列照片，一開始她試著單張排列，後來改為將三張人物照並排呈現。布魯德沃斯說明：「這樣呈現可以凸顯他們獨立的個體性，我們能看出誰是誰。」[8]

圖像都是數位檔案，因此可以在很多地方流通。大都會運輸管理局不像過去只選定某個核心站點設紀念裝置，他們這次決定在全市一百零七個車站（包括賓州車站〔Penn Station〕及網路上）以拼接的三個螢幕呈現影像。作品名稱是〈留駐〉（Travels Far），藝術與設計團隊製作了九分鐘的影片，配樂是作曲家克里斯多夫·湯普森（Christopher Thompson）所譜寫的原創音樂，以美國桂冠詩人崔西·K.史密斯（Tracy K. Smith）的詩作為引子。

〈留駐〉

你所給的——
一次簡單的致意，
一句悄聲的
耳語，
呼嘯而過的車窗裡
露出的一抹笑意。

經過一站站的旅程
悠遠的歲月，牽動，
陌生人的
心緒——
你送出的善意，

將永遠留駐。[1][9]

二〇二一年一月，紀念活動終於實際上線。對紐約市和全美國來說，那時都是令人緊張不安的時刻——COVID疫苗終於首度問世，在紐約市很不受歡迎的川普總統即將卸任，承諾要加強國家公共衛生體系的新政府準備走馬上任。但這些事的發展有些顛簸，甚至可說是火爆。一月六日，美國國會計算選舉人團票數，並宣布由喬・拜登當選下一屆美國總統，但川普及其支持者卻集結人群在國家廣場[2]（National Mall）示威，質疑選舉投票的合法性。計算完票數後，有數百位武裝分子衝進國會大廈干擾官方計票、洗劫國會辦公室，甚至揚言要殺害或活捉拒絕照著他們計畫走的副總統麥克・彭斯或眾議院議長（House Speaker）南希・裴洛西（Nancy Pelosi）。這場暴亂雖然以失敗告終，但不可否認的是，這起事件使全美蒙上了山雨欲來的不祥陰影。病毒在人民之間造成了普遍的不安全感，而疫情再次捲土重來時，紐約市的情況岌岌可危。

二〇二一年一月二十五日，大都會運輸管理局正式對外公開「留駐」紀念活動。首先，他們在各個車站設置好照片，接著在賓州車站的莫尼漢車站大廳（Moynihan Train Hall）舉辦一場遠距形式的小型記者會。布魯德沃斯原本想為家屬舉行紀念儀式，讓所有先前只能在孤獨與恐懼中哀悼的逝者家屬齊聚一堂，然而新一波疫情讓這件事不可能實現。這些已故員工的親友找到了屬於自己的方式與步調紀念摯愛。那些親臨賓州車站現場的人會看見站內在藝術裝置就位後搖身一變，強烈、大膽的色彩投射在如畫布一般空曠的車站大廳，形成了美麗的光譜。沈穩而莊嚴的配樂讓所有人都慢下腳步，在那一刻，車站彷彿不再是人來人往的交

❶ 譯注：摘自美國大都會運輸管理局為紀念染疫身亡的員工所製作的影片，請見：https://new.mta.info/covid-memorial。

❷ 譯注：美國首都華盛頓特區的一處開放型國家公園，由數片綠地組成，一路從林肯紀念堂延伸至國會大廈。

通樞紐，而是一座現代的大教堂。「很難想像走進那個空間裡的感覺，」布魯德沃斯說道，「一切都令人屏息。每一個人的影像都呈現得很清晰，還有那些色彩，我的天啊。」

一月二十六日，地方性及全國性的新聞媒體紛紛做了報導，他們以紐約市和全美公共服務工作者在疫情中的命運為題，報導中也提到了這個紀念活動。前總統歐巴馬在推特上發文：「這就是美國重點工作者在疫情中要面臨的巨大風險與重負。」文中也附上了圖片連結，按進去會看到三位因COVID病故的大都會運輸管理局員工在「留駐」活動中的影像。[10]電台節目《美國生活》（*This American Life*）特別為此紀念活動製作了延時專題介紹，其中「再見了，飛西先生」（Mr. Facey）這個段落是要獻給時年五十八歲的管理員克萊倫斯．飛西（Clarence Facey）。他病故時距離計畫退休的時間只剩八個月而已，這段節目內容是要紀念他的正直與奉獻精神。一位車站工作人員表示，「留駐」紀念活動和藝術裝置太重要了，應該要擺到大都會美術館（Metropolitan Museum of Art）裡去。「最重要的是，我們要藉此讓大家關注這些已故員工的家屬。我們也很在乎其他員工對此活動的反應，」布魯德沃斯對我說，「我後來收到了一些照片，是我們的員工站在地鐵站裡認真看著螢幕的樣子。」《美國生活》提到，其中有些人想一遍又一遍觀賞那段影片。[11]

「留駐」紀念活動蒐羅到一百一十一位因COVID辭世的大都會運輸管理局員工的人像照。布魯德沃斯說，這是集眾人之力所完成的。不過她也坦言，這些絕對不足以代表疫情對紐約市重點工作者的傷害，更遑論城市及整個國家受到的創傷了。光是在二〇二〇年間，就有超過三十五萬名美國人感染COVID而死，到了二〇二一年春天，死亡人數更累積超過一百萬人。尚在疫情初期的時候，每一件死亡病例都會撼動全國上下，但過了這麼多個月以後，美國人已經習慣了這種近似於屠殺的境況。病毒造成的大規模傷亡變成人人都能忍受的常態，那就好像全美人民已經麻木的身體一樣，對這些事無動於衷了。

布魯德沃斯拒絕讓這樣的事情發生，至少她不願自己所在的小世界對這一切感到麻木。她無法強求國家徹底清算傷亡人口，也無法紀念每一個在疫情中喪命的重點工作者，而正是他們犧牲了自己，我們其他人因此得以照常過日子。但布魯德沃斯可以讓世人了解，究竟是哪些人付出了什麼代價，才讓大家有正常運行的列車可搭。在每個已故大都會運輸管理局員工的家屬面對失去親人的悲劇時，她可以稍減他們的孤單，讓多一點人看見他們的存在、聽見他們的聲音。她可以促使這座城市看清楚這些人都經歷了些什麼。

她告訴我：「我們用這種方式來認清自己失去了什麼。對員工和家人而言，這都是緬懷失去之人的一種方式。我想，大部分的人可能不知道藝術有什麼用，但那是因為藝術早已滲入你我的生活中。而這場紀念活動正好能讓大家見識藝術的力量，剛開始你可能未多加留意這股力量，但它能創造湧泉般的巨大感動。這正是我們在這場疫情中最需要的能量，也是大家之所以受這些人像吸引的原因。藝術在發揮療癒的力量。」

馬修斯・穆瑟艾只在曼哈頓中央車站看過一次「留駐」紀念活動的裝置。他告訴我：「那次經驗對我來說很不容易。我看到父親的照片，同時也看到他在大都會運輸管理局的很多同事。我知道他們都和我、我母親、西瑞爾經歷過同樣的事。我也忍不住開始想：假如每個家庭都有像我們這樣的三個人為逝者傷痛，除了父親以外，還有一百位左右的同事也過世了，那不就表示至少有另外三百人跟我們有一樣的經歷？也許實際數字還要更多也說不定。假如其中某位逝者只有一位親屬，那他感受到的傷痛就會更強烈了，因為他得一個人面對這種事。」

馬修斯前往中央車站觀賞「留駐」的裝置時，剛好有位記者也在場。她記錄到馬修斯在那裡觀看的畫面，之後她上前訪問他來到現場的感受。馬修斯告訴她：「看了影片以後我終於知道自己不孤單。我父親一直都對這份工作心懷感恩，而這場活動彷彿是大都會運輸管理局在對他表達感謝。」[12]

這次經驗成為馬修斯與家人哀悼之路上的轉捩點。幾個月後，他們一家人在穆瑟艾逝世一週年的日子邀請親友參加禮拜。「我們是天主教徒，」他說，「我們家的神父和我父母是同鄉，他為我們進行儀式，也為父親吟誦了獻給亡者的傳統祈禱文。我們先在教堂舉行儀式，之後再前往墓地。那一天晴空萬里，我們家的所有至親好友都在，前一天我們到現場就布置了美麗的花朵。一切都很美、很好。」

注釋

1 The Organization of Staff Analysts Union, *MTA Memorandum: Frequently Asked Questions Regarding COVID-19*, New York City: Metropolitan Transit Authority, March 2020.

2 Gabrielle Fonrouge and David Meyer, "Subway Conductor First Known MTA Worker to Die from Coronavirus," *New York Post*, March 26, 2020.

3 Georgette Roberts, "Cortlandt Street Subway Station Reopens 17 Years After 9/11," *New York Post*, September 8, 2018.

4 Christina Goldbaum, "41 Transit Workers Dead: Crisis Takes Staggering Toll on Subways," *New York Times*, April 8, 2020.

5 Ibid.

6 Christina Goldbaum, "N.Y.C.'s Subway, a 24/7 Mainstay, Will Close for Overnight Disinfection," *New York Times*, April 30, 2020; Annie Correal, "What the 'Invisible' People Cleaning the Subway Want Riders to Know," *New York Times*, March 26, 2021.

7 Robyn Gershon, *Impact of COVID-19 Pandemic on NYC Transit Workers: Pilot Study Findings*, New York: New York University School of Global Public Health, October 2020; "Remembering the Colleagues We Lost to COVID-19," Metropolitan Transit Authority, January 2021.

8 珊卓・布魯德沃斯請我一定要替她感謝所有一起完成這項留駐計畫的大都會運輸管理局同仁，內容如下：「大都會運輸管理局向已逝同仁致意的紀念計畫乃由大都會運輸管理局董事長兼執行長派翠克・佛耶（Patrick Foye）以及紐約市公共運輸局（ＮＹＣＴ）代理局長莎拉・芬柏格（Sarah Feinberg）、大都會北方鐵路（ＭＮＲ）局長凱瑟琳・里納諾迪（Catherine Rinaldi）、長島鐵路局長（ＬＩＲＲ）菲利浦・吳（Phillip Eng，音譯）要求執行。負責執行該計畫的藝術家珊卓・布魯德沃斯透過創造力與領導能力促使留駐計畫順利進行；同時也要感謝大都會運輸管理局藝術與設計部門員工雪莉爾・海吉曼（Cheryl Hageman）以及薇多莉雅・斯塔臣科（Victoria Statsenko）的技術貢獻；感謝莫尼卡・莫瑞（Monica Murray）以及安德魯・威考克斯（Andrew Wilcox）齊力與紐約市大眾運輸工作者家屬聯絡組（NYC Transit Family Liaison Unit）合作聯繫逝者家屬加入此藝術計畫。感謝康尼・德帕爾馬（Connie dePalma）、金尼・里貝洛（Gene Ribeiro）、蓋瑞・詹金斯以及傑西・米斯拉夫斯基（Jessie Mislavsky）協助處理圖像數位設計，也感謝漢娜・柏契（Hannah Birch）為此紀念計畫設計的網站。感謝大都會運輸管理局各單位鼎力協助成就這項留駐計畫。」

9 "TRAVELS FAR" (2020) © Tracy K. Smith, commissioned by Metropolitan Transportation Agency for TRAVELS FAR, a Memorial Honoring our Colleagues Lost to COVID-19.

10 @BarackObama, "Here's an example of the incredible risks and burdens that our essential workers have been facing. And even as we move toward vaccinating our population, we all need to remain vigilant until we've beaten this pandemic," Twitter, January 26, 2021, 6:31 a.m

11 Chana Joffe-Walt, "Goodbye Mr. Facey," *This American Life*, Episode 738, May 28, 2021.

12 Emily Drooby, "MTA Memorial 'Travels Far' Honors NYC Transit Employees Lost to COVID-19," Net TV New York, February 2021.

第十四章
獨居

說到疫情爆發，並沒有所謂時機點的好壞。但在權威人士及負責制定政策的專家稱為「孤獨大流行」（epidemic of loneliness）的這個時代出現重大疫情，狀況就不妙了。對全球多數國家來說，保持社交距離的防疫建議出現的時間點，正是大家眼見社會連結弱化而焦慮感充斥的時候，與此同時社會原子化的問題尤其還受到社群媒體的催化。二〇二〇年三月，各國政府開始發布防疫指引，要求人民待在家中不要出門、避免與他人面對面接觸。許多人開始擔心孤獨與憂傷會加劇，出現記者艾茲拉・克萊恩（Ezra Klein）所謂的「社交衰退」（social recession）現象。[1]

儘管大家都面對居家隔離及保持社交距離的挑戰，但在政府推行這些緊急公共衛生措施時，卻有一個族群似乎處境更加艱難，那就是獨居者。一般情況下，這些「獨身人士」的社交生活其實意外豐富——比起與他人同居者，他們更頻繁拜訪鄰居、好友，通常也花更多時間在公共場所聚會，比如去酒吧、餐廳、藝文表演、健身房等。[2]然而在疫情影響下，許多過去維繫著社會集體生活的公共空間都被迫關閉，選擇一個人住的獨居者一夕之間就發現自己沒地方可去，四周也無人陪伴。

儘管獨居者的身心健康愈來愈受到廣泛關注，但我們如今尚不確定「獨居」狀態在COVID-19剛爆發時，對個人來說是好是壞。畢竟在疫情時，一個人住就不必擔心另一半、孩子、室友可能把病毒帶回家，或也不用憂心自己可能害他們染疫。又或許在疫情中，獨居能夠帶來某種心靈的平靜？不過就在疫情爆發幾週後，心理學家便開始呼籲大眾關注社交疏離感與COVID-19可能造成「雙重疫情」的現象。楊百翰大學（Brigham Young University）的教授朱莉安·霍爾特－倫斯塔德（Julianne Holt-Lunstad）便指出，大眾在居家隔離的第一個月整體孤獨感提升了百分之二十至三十，負面情緒更是成長為三倍。她認為這樣的趨勢指出，「社交疏離感及孤獨本來就是既有的公共衛生危機，而且可能變得比我們過去所估計的更加普遍。」[3]

雖然專家透過全球性的調查來追蹤人類在疫情第一年產生孤獨感與孤立感的高低程度，但仍無法確認趨勢是否真的如他們所料。調查結果並未如預期出現疏離感大幅加劇的現象，以整體合計資料來看，反而是呈現有高有低的走勢，甚至有某些區域的調查結果曲線持平。例如倫敦大學學院COVID-19社會研究團隊在英國二〇二〇年三月至五月實行七週「嚴格居家隔離」措施期間，每週對三萬八千兩百一十七位成年人進行調查。他們發現，在疫情前自陳孤獨感較高的人居家隔離期間感受到孤獨感「些微上升」，而平常孤獨感較低的人在居家隔離期間必須待在家中，感受到的孤獨感甚至比平常更低。最後是在疫情前孤獨感程度為中等的族群，他們表示居家隔離對他們感受到的孤獨感沒什麼影響。透過這一系列調查，我們可以看出頗令人訝異的現象——至少就英國而言，「在COVID-19爆發而實施嚴格居家隔離措施期間，大眾感受到的孤獨程度相對穩定。」[4]

美國研究者也觀察到類似現象。心理學家針對二〇二〇年一月底／二月初（疫情爆發之前）、三月底（當時聯邦政府首次發起號召「十五日減緩疫情傳播」的目標）、四月底（此時各州幾乎都已開始實施「居家隔離」政策）這三個時間段，以全國代表性樣本的一千五百四十五位美國民眾來進行調查；他們發現，在這三個調查期間，美國人的整體孤獨感並未出現顯著變化。出乎意料之外的是，他們發現「在後續追蹤期間，受訪者認為感受到來自他人的支持增加了。」這個研究的結論：至少在應對孤獨感這方面，美國展現出「COVID-19疫情下的堅強韌性。」[5]

美國的現象並非獨一無二。挪威有一組健康研究學者分別在疫情前、二〇二〇年六月調查了一萬零七百四十位成年人自陳的孤獨感，團隊以不同時期的調查結果相互比較。他們在《斯堪地納維亞公共衛生期刊》（*Scandinavian Journal of Public Health*）發表的論文中指出，單身人士與老年婦女在居家隔離期間「孤獨感些微增加」；然而他們發現，「疫情居家隔離期間，整體孤獨感是維持穩定或下降的。」他們也指出，事實上「在疫情前，獲得社會支持較低且心理壓力與孤獨感較高的個體，在疫情期間孤獨感下降了。」這種現象出人意料之外，而且科學家尚不清楚背後的原因。不過該論文作者推測，可能是挪威人在疫情衝擊下感受到彼此為命運共同體，這件事根植於共同的價值觀、相同的經驗中，於是「提升了同舟共濟的精神」。[6]研究人員也在德國觀察到類似情形。《國際心理學期刊》（*International Journal of Psychology*）刊載的研究指出，德國人在居家隔離期間感受到「情緒上的孤獨感」（emotional loneliness）（指缺乏與他人的情緒連結）以及「社交上的孤獨感」（social loneliness）（指缺乏與較廣泛的社會網絡的接觸）維持穩定；真正增加的是「身體上的孤獨感」（physical loneliness）——在全民居家隔離的情況下，大家突然都無法接近同居者以外的人。[7]

這些調查結果有助於我們看出，現實的趨勢與先前權威人士擔憂的情況及記者報導可能發生的「社交衰退」有很明顯的不同。不過就算有這些調查結果，我們仍無法得知日常生活裡社交互動被迫驟減的族群在這樣的轉變中真實體驗為何，我們也無法得知大多數人為什麼都抵抗得了孤立無援的感受。為了解開這些問題，我設計了一個研究。我找到年齡分布在二十至八十六歲，且新型冠狀病毒疫情初次爆發的二〇二〇年三月至七月期間，在紐約市為獨居狀態的五十五位不同種族、不同地區的成年人。研究是以訪談來進行（以下我會以化名區別每一位受訪者），由紐約大學社會學研究生珍妮佛・李（Jennifer Leigh）執行實際訪談，而後續是我與她一同評估每位受訪者的訪談內容。[8]

與受訪者對話後我們可以清楚發現，第一波COVID疫情爆發時，即便是在疫情風暴中心獨居也未導致受訪者經歷大家擔憂的情緒疏離感或社會孤立感。輿論很常把孤獨形容為腐蝕人心的負面力量，彷彿那是一種只帶來永恆痛苦的情緒。確實，對某些人來說孤獨感是種漫長的折磨，他們可能沒有能力建立心裡所渴望的人際關係，或是缺乏突破心理障礙的資源。但在多數情況下，人若感受到孤獨，其實也會去尋求與他人建立更理想的連結。多數時候，這麼做確實能建立起一些人際關係，孤獨感就減退了。在防疫措施最嚴格的時期，獨居族群的經歷證實了這件事，而且不僅在面臨危機時是如此，平時也一樣。

儘管多數受訪者都表示，自己疫情期間多少都曾感受到孤獨，但幾乎沒人將這種孤獨感視為個人的危機。畢竟孤獨感通常並非有害的情緒，一點點孤獨感出現時，是人體在表示需要更強烈、有意義的人際連結的訊號。正如已故心理學家約翰・卡喬波（John Cacioppo）所說的，孤獨感會促使多數人努力尋找前面說的那種連結。[9] COVID疫情最初於紐約市爆發時，獨居者會刻意花更多心力聯繫親友。我們的受訪者常常表示自己感覺與親友間的連結十分緊密，與對方心靈上的距離並不像身體上的距離那樣遙遠。儘管在疫情下保持身體距離（而非社交距離）非常重要，但長期性、涉及個人存在危機的孤獨感卻很少見。

儘管如此，長時間獨居未與人接觸仍令人感到混亂、沮喪。其中有些受訪者平時天天都在咖啡店、雜貨熟食店、大眾運輸工具、人行道上與鄰居或常遇到的陌生人互動，碰上疫情失去這些交流機會，他們也感到掙扎。不過他們表示，儘管獨居會為自己在社會上的處境與情緒造成某些挑戰，但「結構性孤立」（structural isolation）——也就是覺得自己被政府拋棄或被整個社會邊緣化的感受——對他們來說才是出乎意料巨大的情緒重擔，甚至比一個人關在家裡還要難受。

一個獨居的人在最近的居家環境裡缺乏另一個人可以提供支持。不過我們多數的受訪者都表示，隨著第一波疫情而來的居家隔離中，他們依然能靠手機、Zoom、FaceTime、社群媒體，輕易就聯繫上所愛的親友。甚至連過去不那麼喜歡用社群媒體或線上通訊平台（如Zoom）的人，都表示他們去辦了帳號，或也會嘗試使用從來沒碰過的科技產品，好強迫自己與他人保持聯繫。

在這樣的情況下，不僅多數人都能在虛擬世界與他們所愛的人互動，甚至幾乎所有人都比過去的一般時候更頻繁與遠方的親友聯繫。五十幾歲的女性珍妮佛就表示自己在疫情期間與他人的溝通頻率顯著增加，她說：「過去我可能連續一、兩個月都不會跟某些人說到話，但現在我們卻覺得要多多聯絡才對。」她不認為自己與對方聯繫的高頻率會永遠保持下去，但就和多數人一樣，她很想知道要是沒有疫情，自己與某些人的關係還會變得這麼緊密嗎？

另外也有些人發現，他們在疫情中找到一種疫情前沒有過的情致，而那能讓自己享受與親友對話的時光。四十幾歲的詹姆斯是住在皇后區的醫療照護工作者，他說講電話這件事令他回憶起童年時光：小時候他一下課就會打電話給同學連續聊好幾個小時。整座城市因為疫情而封閉，獨居在家的詹姆斯在這段失去框架的時間裡重拾「低速科技」的美好。他說明：「我覺得現代社會不太有機會讓人透過講電話來交流了。大家都很忙，會因為各式各樣的其他事情分心。」

不過遠距對話也不是永遠那麼美好。有時候，獨居者在與親友視訊對話以後，反而更深刻覺得自己與對方距離遙遠。五十幾歲的女性黛博拉便描述自己在疫情高峰時獨居所感受到的巨大困境。她說Zoom讓她感覺到與他人有所連結，同時也凸顯出她的孤獨，而這兩種感受時常一起出現。她說：「我知道視訊電話那一頭有人會給我支持。當時Zoom上每週大約都有一百零一通為了慶生、喝酒、上課而進行的視訊電話。」

然而網路上的互動也有其黑暗面。「我很早就發現Zoom真的非常、非常消耗能量。後來我覺得自己狀態很糟，所以就不想待在Zoom上面了。情況最嚴重的時候，我甚至不得不掛斷家人打來的電話，因為只要一看到人影出現在螢幕上，我就開始哭。」

使用社群媒體要把握「少即是多」的精神，太頻繁使用社群媒體會讓人渴望擁有更親密的關係，想追求更踏實、真切的東西。黛安說：「人在面對面交流時會有能量的碰撞，這跟視訊電話上見面無法相提並論。我認為視訊電話少了人與人之間的真實互動，你無法擁抱對方來表達問候，道別時也無法觸碰到螢幕另一端的人……我覺得這就是差別所在。」三十幾歲的戴倫也強調這樣的差異，他說：「我雖然會在網路上跟大家社交，但感覺並不真實，對方感覺起來也不像真人。那種感覺就好像我盯著螢幕、透過網路與朋友交談，但我們之間沒有連結感。」這些網路互動中不盡如人意的面向顯示出人們還是會有孤獨感，但受訪者在接受調查時，是以數字評量自己與社會的連結程度，而調查評分很難反映出這種孤獨感。其實是互動品質而非聯繫次數才真正影響你我與他人有所連結的感受，而從我們的整體訪談來看，透過螢幕對話帶來的滿足感並不如多數受訪者的期待。

平時，獨居人士是社交生活還算豐富的族群，但疫情成為他們一道巨大的阻礙。不光是常去的場所都關閉了，就連他們過去習慣的溝通交流慣例也轉變成獨居人士難以掌握的方式。接受我們訪談的紐約市獨居者表示，他們實在難以判定該在什麼時機、用什麼方法尋求幫助，尤其是在自己需要他人的支持時。三十幾歲的羅伯特表示，對他來說照顧陌生人比滿足自己的需求來得容易。他說：「我試著想像自己對外尋求幫助的樣子，例如對某個人說：『嘿，我狀態不太好。』但我真的很不想開口求助。」沒人想成為他人的負擔，不過幫助他人卻能成為與他人建立連結的好方法。對羅伯特來說，加入社區互助計畫成了他在疫情中重要的融入社會之道。這種互動有雙重好處，人可以在關懷他人的同時也照顧到自己。

事實證明，這種互相關懷的關係非常重要。保持社交距離的防疫規定延續的時間比多數人在疫情侵襲紐約初期所預料的長很多，各種社交往來也有長達數月的時間未恢復正常。後來，疫情初期的視訊電話熱潮消退了，大家都感到「視訊會議疲勞」（Zoom fatigue），某些獨居者也因而感覺到孤立。自從珊卓的室友在疫情剛爆發時搬離住處後，三十幾歲的她便獨自一人居住。這時，網路上的群組對話便成了她的救命索。她回憶當時的情形：「我其實覺得大家都累了，所以我們把固定視訊這件事暫停了。但之後我開始對他們不滿，我心想，你們有些人跟四個室友一起住或跟伴侶同居，只有我是孑然一身。」她不覺得自己得不顧一切立刻改變獨居狀態，但她在感到孤獨時，也決定主動提醒那些與他人同住的朋友：我就一個人，所以需要大家更多的關注。「當時那種情況真的讓我覺得像被他們拋棄了一樣……所以即便只是某個人傳訊息來問：『嘿，過得如何，一切都還好嗎？』我都會很感謝。我自己一個人住，不像他們總是會有同個屋簷下的其他人來確定誰的狀態好不好，所以我很容易覺得自己像被全世界遺忘了。」要主動撥出求助電話，不僅要有自知之明，也需要夠好的社交技巧才行。但可想而知，並非所有人都做得到，因此對這些族群來說，疫情的確對情緒造成了傷害。

獨居者時常感受到的情緒折磨並非來自典型的與社會脫節的感受，而是長時間無法參與集體生活，獨自一人的孤獨感所致。疫情發生之前，他們從未準備好要面對這種狀況，而疫情發生後，他們也無法靠遠距離的方式彌補過去那些親密、實際的面對面互動。

我們的受訪者都很仔細區分獨居的生活狀態與感覺到孤獨這兩件事的差異。兩者或許互有因果關係，但也可能無關。其中一位受訪者是二十幾歲的狄恩，我們問他在疫情期間是否感到孤獨，他回答：「會，但其實孤獨、孤立感……我的意思是，我們其實不必把這些字眼與一個人自厭的情緒連結在一起。某人很可能每個週末都參加派對，卻依然感到非常、非常孤獨。」沒錯，有些人提及自己的某些朋友與家人、室友、配偶同住，雖然不像他們那樣獨自生活、無法與他人有肢體接觸，但感受到的孤獨感卻與他們不相上下，甚至還更深。不過這種身體上的孤獨感對獨居者來說確實是更大的難題。四十歲左右的亞裔美籍醫師彼得談及個人的孤獨經驗時，他提起當初為保護妻小不受疫情影響而從家裡搬出去的事，他說：「我覺得這很難說，畢竟每個人對何謂孤獨都有自己的定義。孤獨是很強烈的字眼，好像就是在說你情緒上、身體上都只有自己一個人、孑然一身。但說實在的，以我自己來說，我覺得自己身體的實際情況確實是一個人沒錯，但要是我感到孤獨，還是可以打電話給親朋好友……這樣日子就過得去了。」

山姆是六十幾歲的男性，與他共同生活超過三十年的伴侶在疫情初期就得COVID過世了，但他也堅信感到孤單與獨自一人是兩種不同狀態。他說：「大家都問我會不會孤單，但我其實並不孤單，我只是覺得只剩自己一個人而已。」山姆認為，日常生活裡做那些最瑣碎的小事（例如吃晚餐或看電視）就是他最深刻感受到只剩自己一人的時刻。他說：「例如我在看電視節目的時候，已經沒有人會聽我評論：『這也太爛了』或是『這很讚』，我也沒有對象可以問：『你剛剛有看到嗎？』到後來，我有時候甚至會對我的狗說：『你剛剛有看到嗎？』但我沒有其他人類可以對話，所以我覺得自己是獨身一人，而非孤獨。」包括山姆在內，許多人也都表示，大家推薦那些用來排解隔離中負面情緒的方法——烹飪、烘焙、整理居家環境，甚至是調酒——對獨居者來說其實沒那麼有用。三十幾歲的伊蓮娜試了在社群媒體上看到的各種方法來度過隔離時光，但卻只換來挫折感。她說：「如果只有我一個人，我根本不會費心做什麼豪華大餐，我就不是這種人。就算我真的做了，除了我自己還有誰會欣賞，有誰吃得到？所以如果只有我自己一個人要吃，做個起司通心麵就夠了。老實說大家推薦的那些方法——那些幫許多人度過隔離時光的建議對我來說沒什麼用。」五十幾歲的薇琪表示，雖然社群媒體是她隔離期間與他人維持聯繫的重要管道，但在網路上看到許多人跟重要的家人、朋友一起下廚做料理，那反而加深了她的沮喪。她笑著說：「如果家裡只有自己一個人——是要做給鬼吃嗎？」獨居多年的薇琪很以獨立自主為傲，不過因為疫情彷彿看不到盡頭，她開始希望能與他人同住。她感嘆：「我愈來愈沮喪，心裡會想，啊，要是我有家人在，要是有另外一個人在，至少我可以……」一個人獨居的沮喪最終促使她與談感情的另一半展開同居生活，而他們也計畫當年夏天結婚。

自己煮、自己吃與疫情下一個人獨居這件事所產生的另一大問題有關聯。獨居者會特別點出獨居狀態下他們的另一種特殊困境：在所有集會場所都關閉的時候，獨居者大大少了與他人的肢體接觸。即便是在一般情況下自認為沒那麼熱情的族群，也會表示自己渴望與他人有肢體接觸。二十幾歲的瑪莉雅說：「我不是那種很黏人、很愛與人肢體接觸的類型，但現在我真的很渴望這些東西，我很想要能黏著某個人、有肢體接觸的機會。」別無選擇的瑪莉雅發現泡澡能創造最接近「擁抱」的感受，但溫暖的泡澡水還是無法取代人與人之間實際的碰觸。五十幾歲的越南婦女黛普也面臨同樣的問題，她很訝異自己竟然「卯足了勁、不顧一切想找個伴，就為了想要有人可以互動。」她也特別強調，這種反應真的很不像她的個性會做的事。

另外一些人則是靠心理學方法盡可能降低孤獨帶來的痛苦。其中某些人會在感到孤單時提醒自己：一時的情緒終究會過去，目前這種極端狀況總有一天會隨著疫情結束，這樣就能撐過孤單的感覺。四十幾歲的凱蒂描述：「我的治療師問我：『寂寞的時候你都怎麼辦？』我回答：『難過的時候我就哭，然後就沒事了！』大概就是這樣。我有時會難過，因為獨自一人而難過。我覺得那也沒關係，不一定非要把自己從那種情境抽離不可，有時候可以容許自己難過、容許自己感到孤獨。」凱蒂在疫情剛爆發時就感染了COVID-19，室友搬出他們的住處讓她覺得自己又病、又恐懼，而且無依無靠。但在她克服疾病又戰勝與自己處境相關的焦慮感之後，凱蒂對自己有了新的看法，這些困境令她相信自己有足夠的韌性。有些獨居者應對危機的方式是結婚、替自己找個永遠的伴，但凱蒂正好相反。凱蒂說，要是能力許可，她情願一直獨居下去。

到了夏天，第一波病例激增的疫情高峰終於緩和下來，紐約也放鬆了社交距離的防疫規定。獨居好一陣子的紐約市民都迫不及待再次與親友見面。不少人明顯樂不可支，紐約街頭也出現即興的熱舞派對——無論老少，大家都在人群中表現出純粹的快樂與輕鬆感。不過接受我們訪談的獨居者之中，多數人都對回歸日常社交生活多少有些焦慮。原本只是日常生活中再普通不過的面對面互動突然變成有風險的危險行為，但在現實生活與他人親身互動的機會很寶貴，這一點無庸置疑。對所有獨居者來說，與他人實際有肢體接觸會令精神振奮，同時也有益於他們的心理健康。三十幾歲的泰莉從疫情爆發後就一直未與好友見面，她向我們描述自己決定跟朋友一起去野餐後心中的掙扎。雖然明知道野餐是正確的選擇，但她還是很有罪惡感。「更早之前我一直覺得：『天啊，我們這樣做是不是很糟糕？』」泰莉說，「但後來我下了決定，我自己的心理健康很需要這次的聚會，於是衡量過所有可能的風險之後，就決定這麼辦了。」對泰莉及我們所有的受訪者來說，大家都清楚最終該怎麼抉擇。

儘管在疫情中面臨孤身一人的處境，但許多疫情前選擇獨居的人依然說自己希望繼續獨居下去，這很令人驚訝。他們解釋，大家確實都對社交生活與公共聚會的各種新規定感到困擾，而且自己一個人住也的確有某些特定問題，但是有配偶、孩子、室友的那些人並不是一點負擔也沒有。與親友聊過後他們就知道，其實獨居就代表不必擔心同居者把傳染病帶回家，一個人獨居也代表無須忙著看顧幼兒或為家裡的青少年安排遠距教學，更不會有其他人都不願分擔的堆積如山家務。人都習慣與他人比較，藉以評估自身狀況，而這對一個人的情緒狀態好壞有很大的影響。與他人同居者常會想像獨居者一定非常孤單、孤立無援，但他們或許也沒意識到，跟同居家人困在同一個屋簷下的自己可能反而更辛苦。

無論在疫情中擁有自己的空間這件事情有多可貴，多數人還是難以接受不再有辦法選擇是否要獨自一人生活。無法拜訪親友還只是一部分的問題，另一種損失是不能像過去一樣在日常生活中隨興與街坊鄰居、街上的陌生人互動。這種都市生活中常見的人際交流對獨居生活的族群來說特別有益。四十幾歲的傑克表示，一般人要是感到孤單，只要到公共場所便能與他人閒聊、點頭微笑、進行一些基本的人際互動，大概就沒事了。他也解釋，一般情況下，「至少你可以出門散散步，或是與坐在你家門廊外的某個人隨口講幾句。那種感覺就像，縱使無法跟特定的人互動，至少還能與某個人有點交流。現在因為疫情的關係，這類事發生的機會大大降低了。」這種與某些不知名人士的社交互動——可能是對鄰居揮揮手、與每天早上都搭同一班車通勤的乘客點個頭、跟咖啡師隨口聊天氣——在在是你我每日社交生活的基本組成，不僅限於城市才有。但因為COVID，人與人之間產生了距離，我們便失去了這些互動機會。

疫情到來前，許多人沒有意識到這種互動對自己的生活有多重要。對五十幾歲的里昂來說，這些「小互動」曾是他不知不覺間司空見慣的日常。他回想起自己因為疫情失去這一切的感受，他說：「我的生命中是有可以表達親密、傳達愛意的重要對象，但我還是少了跟某人碰碰拳頭、與陌生人拿日常瑣事開玩笑的機會。這些不經意的小互動有時會催生出新的友誼，有時候船過水無痕，但總是為生活增添了不少色彩。現在這些全都消失了。」里昂在疫情期間依然固定去找女友見面，但兩人的關係無法填補那些隨機與陌生人小小互動帶來的感受。里昂說：「你會發現，其實正是這些從沒放在心上的小事——這些事構成了你我的日常風景。」

另外也有些受訪者表示，即便這種行為在疫情中不被鼓勵，但他們還是會尋求在公共場所與他人自然產生互動。例如有人會在大樓公共空間洗衣、在家門口的台階或走廊上徘徊，或閒坐公園長椅上——同時期待有人在旁邊坐下。他們知道，這些偶然的交會很能鼓舞精神。五十幾歲的齊拉在當地社區已經住了很久，她說：「我很清楚，這種社交互動對我來說是很大的支持力量。我需要與人交流、自然而然地對話。我只要踏出家門就能有這樣的人際互動。」對齊拉來說，這些互動不必來自親密好友，和熟悉的陌生人互動就能令她感到與人有所連結，而且很自在。她說：「那些都是我認識了長達二十年的人。大多都不知道我的名字，我們都是刻意這樣不去打聽彼此叫什麼，但那些人都是我每天說嗨、說再見的對象。那其實就算真正的對話了。」五十幾歲的護理師瑪麗表示：「我有時會在休假的日子跑去超市，但我只是想跟其他人聊聊天。有些人無法理解為什麼要刻意跑去Stop N' Shop超市，不買東西，只為了跟人說話。」

並非每個地方都有相同的公共空間可供居民促進這些重要的社交互動。紐約各個街坊鄰里的社會性基礎設施（social infrastructure）覆蓋比例差異極大。有些地區（如布魯克林的公園坡、曼哈頓上東區）規畫了大量開放給民眾使用的公園綠地，會有大片綠意與供居民散步或騎腳踏車的步道、車道。另外也有像皇后區的傑克森高地或布朗克斯區的東特雷蒙特（East Tremont）這樣的地方，到處都是瀝青或混凝土地。正是這些差異形塑了紐約市各區域居民的社交生活品質，而在疫情下，這些不同環境的影響更是深遠。

我們的受訪者都非常喜愛自己居住地的社會性基礎設施，特別是公園或社區花園這類他們可以和鄰居在戶外共度美好時光的空間。然而卻不是每座城市都容許這樣的活動。例如芝加哥市長羅利・萊特富特（Lori Lightfoot）就做了極具爭議的決定：她關閉了芝加哥最受歡迎的公園及湖邊總是熙來攘往的步道與自行車道，以免市民使用這些社會性基礎設施會進一步加劇公共衛生危機。[10]除了芝加哥以外，舊金山與西雅圖也實施了類似的暫時性措施。[11]紐約市則關閉了遊樂場、公立游泳池與海灘，但持續開放公園空間給大眾使用。[12]三十幾歲的珊卓很感激市政府這項決策，她說：「公園最棒的其中一個優點是，那是少數一直都開放的免費設施，對吧？這些可以免費進場的公園沒有關閉。即便很多人大力呼籲，但市長仍刻意不封閉公園。」在疫情期間，七十幾歲的盧每天都堅持在公園裡走好幾個小時的路，他堅稱這就是保持身心健康的關鍵。不過除了在公園走路，他也有其他自我保護的措施。因為看到太多人不遵守官方建議保持六呎（約一・

八公尺）身體距離的防疫措施，他做了一塊掛在窗簾桿上的告示牌：「如果你不確定的話，六呎就是這個長度。」他把這塊牌子隨身帶著走。儘管不是每個人都對他的做法有正面回應，看到各式各樣的反應，他還是興味盎然。他說：「真的很有趣，很多人豎起大拇指、對我微笑，同樣也有許多人對我的告示牌表示憤怒。我覺得很有趣。」盧對這兩種反應都報以友善態度，無論是正面或負面回應，這些都是能為他排解孤獨感的社交體驗。他也感激公園依然開放這件事，這樣子才有辦法輕易獲得這些體驗。

根據社會學家的定義，疏離感一般與個人的社會聯繫（social tie）與社會接觸（social contact）程度有關。一個人若是沒幾個知心好友可以聊聊，或者很少拜訪親友，那我們會形容這個人處於社交孤立（socially isolated）狀態。無論這些人是否感到孤單，社交孤立都可能帶來傷害。處於社交孤立狀態的某人無法在有需要時獲得支持，在壞事發生時可能會不知道能找誰幫忙，而在緊急情況下，孤立的狀態對個人來說尤其危險。要是碰上熱浪或颶風侵襲，缺乏社會聯繫的族群更可能遭遇危險或被拋下，他們的復原力也較不理想。傳染病疫情爆發的時候，孤立狀態帶來的問題就有些複雜了：一方面，個人得擁有強韌的社會聯繫才有辦法在需要時獲得食物、藥物、身心健康的援助；另一方面，某人的孤立狀態代表他較不會暴露在病毒的感染風險中，所以這種不利於人體的狀態卻暫時有助於生存。

然而從我們與獨居者的訪談中會發現，對他們來說特別艱難的其實不是社交孤立，而是結構性孤立，也就是那種遭到整個社會邊緣化或遺忘的感受。在我們問及怎樣的協助最能幫他們度過疫情中的獨居困境時，多數人提到的都是物質上的幫助——補助因疫情損失的收入、減免租金、提供個人防護裝備與醫療照護——而不是社交或情緒上的援助。二十幾歲的瑪塔在疫情初期就失業了，她表示：「目前我並不覺得自己在哪一方面需要額外支持。我有親人、朋友……但就是沒有工作！」四十幾歲的泰倫斯在疫情爆發前失業，他認為沒工作是最大的問題，他說：「其實不一定是情緒上的問題，目前對我來說最顯而易見且最大的困境就是找不到工作。說真的，現在工作機會顯然愈來愈少了，尤其又有COVID疫情，市場上的供需曲線都變得更加極端。」

獨居者通常會覺得自己的經濟狀況比起與他人同居的族群更不穩定，因為一人飽、全家飽的他們要是突然失業，就會失去僅有的收入來源。在疫情最開始幾個月，許多失業的美國人都不知道政府什麼時候會提供補助、若提供又會持續多久，他們不清楚自己可獲得多少支援。大家不曉得要是付不出房租或房貸，接下來會發生什麼事；每個人都不確定自己與流落街頭的命運是否不遠了。三十幾歲的演員兼調酒師麥可說：「事實上，到現在他們都還是拖到最後一刻，才讓我們知道下個月還拿不拿得到補助，感覺真的很糟糕。」因為疫情，他原本的兩份工作都丟了，所以麥可正在考慮找個室友一起住，藉此減輕經濟負擔。對他來說，政府官員的決策會左右他的命運，但他覺得自己好像被無視或遺忘了一樣。像他這樣的美國人面臨生活變得危機四伏的處境，但有多少人注意到這件事，卻沒人清楚。

有些人則把握這個不會引起注意的機會告別都市，轉而以大家後來所謂「車旅生活」（van life）的方式過日子。這是一種圍繞著冒險與各種新奇事物的游牧生活型態，與現在的遠距工作形式正好相輔相成。在世界各國首度取消疫情旅遊禁令以後，許多年輕人和富裕的專業工作者便一窩蜂離開國內，跑到里斯本、墨西哥城等地租一間公寓棲身，工作有需要時，再登入網路上的虛擬辦公室。至於他們的人身在何處從此成為祕密，或者也不讓公司過問。經濟無虞的年輕一輩成年人可能是獨居或沒有孩子，他們默默享受疫情帶來的好處。這些人移居到新住處或是搬遷至異地，過著舒適生活的同時也省下支出，串流影片與電視節目一部接一部看，這就是他們的靜好日常。

然而多數人卻無法享有這種餘裕。許多獨居者表示，自己的社會經濟狀況與物質需求會左右他們在疫情下所經歷的失落感。七十多歲的泰國婦女潘蜜拉表示，自己很感謝紐約市的COVID-19緊急派送食物計畫（COVID-19 Emergency Home Food Delivery）及當地社區中心提供的Zoom遠距課程。從某種角度而言，這些特別的公共服務在疫情下為她的生活帶來比平時還穩定的感受。潘蜜拉描述：「我對他們說，自己比過去更開心了，食物會直接送上門，所以我不用動手下廚，而且我還可以運動，可以做各式各樣的事！」不過潘蜜拉周遭的其他長者心路歷程就不一樣。潘蜜拉在老人社區中心的課堂上有其他環境較好的同學，儘管經濟狀況比潘蜜拉穩定，但他們卻覺得自己在疫情中損失很多。潘蜜拉表示：「我猜那是因為他們有大筆的退休金，所以一被疫情困在家無法自由外出用餐、見朋友、進劇場看戲，就會覺得自己失去的比我更多。」

正因如此，人們在心中所做的比較——往上比，就是跟那些在病毒危機、社交規定下依然活得很滋潤的人較勁；往下比，則是跟那些生活看似快要崩潰的人對照——無不形塑著他們的體驗。四十幾歲的黑人男性史提夫表示，他那些比較富裕的白人朋友似乎比他的黑人朋友更常向外求助，「他們可能比較不習慣面對極端惡劣的狀況，而我們這些弱勢族群則是……要怎說才好？我們很習慣——也不是習慣，應該說能夠調整、適應——我們可以調整自己的狀態，靜靜度過難關。」史提夫並不認為他那些環境好的朋友真的因為疫情而變窮、變辛苦，但他們卻一副好像比別人喪失更多東西的樣子。

沒有人能夠輕易改變結構性孤立的問題。但我們能做的，就是再次投入心力關注這些議題，試著讓事情變好。受訪的獨居者當中就有好幾位在疫情期間實際這麼做了；他們在互助網絡中擔任志工、協助公益食物倉庫的運作、投身提倡種族平等的示威活動。參與各種公民行動是為改善結構性孤立出一份力、同時也對抗自己實際上形單影隻的孤獨的一大解方。這樣做能為你我帶來能動性與革命情感，也能引領大家走出一個人獨自在家的孤寂處境，重新回到我們被一再告誡要盡力避開的人群之中。三十幾歲的朱利斯表示，自己參與黑人的命也是命抗議活動的部分原因是「我很希望能與其他人有實體的接觸互動。」喬治・佛洛伊德遭警方謀殺的事件，以及在那之前經年累月的各種種族暴力都讓他憤怒，但義憤填膺並不是他在二〇二〇年夏天走上街頭的唯一動機。他解釋：「撇開我來到這裡的原因不談，身邊圍繞著這麼多人讓我像終於又活過來一樣。」社會運動有助他找回自我，也成為他的情緒出口。

對其他人來說，投身某些基礎社區服務也有同樣的效果。三十幾歲的白人男性傑夫因為疫情而開始更關心經濟不平等的問題，他全心投入互助團體的社區服務。儘管他過去從未覺得自己與鄰居之間有什麼連結，疫情卻讓他找到自己對其他社區居民的同理心，以及與整個社群是命運共同體的感受。從安排派送生活物資的計畫，到社區花園植栽及街道清理，這些團體合作計畫都令他與過去從未費心注意過的人更加親近，也為以往鄰里間遙遠的人際關係建立起連結，還打開了互相支援的管道。他也呼籲：「大家可以多向外界釋出：『嘿，我想盡自己一份力幫需要的人一點忙』的意念，有這樣的轉變，就會讓求助變得更容易，也會使我們的社區更安全。」對他來說，這種念頭就為他的生活創造了很大的不同。

四十幾歲的泰瑞莎也有類似經驗。她住在皇后區受COVID衝擊最嚴重的其中一個區域，當地飢餓缺糧的危機甚至不亞於疾病本身。她解釋：「看到這麼多人如此迫切需要幫助，真是讓人難受。在我住的區域，每個街口都有長長的人龍在排隊領食物、尿布、嬰兒用品，都是一些寶寶最需要的物資。那裡的居民真是吃足苦頭了。」泰瑞莎對這樣的情況憂心忡忡，儘管當時最安全的選擇是一個人好好待在家、不出門，但這麼做感覺既無濟於事也不應該。「真的，為那些有困難的家庭購買生活物資感覺很棒。能把物資送到他們家門口，或在超市碰面為他們購買生活用品，感覺真的很好。對我來說，那大概是我人生中最滿足的時候了。」

泰瑞莎的話也提醒了我們，一個苦於孤立感或沮喪情緒的人若能有機會改變自身現狀，那就有可能將這些負面感受轉化為深深的滿足感。我們也應該明白，假如只把孤獨感當成個人的心理問題，而非應透過集體行動改善的議題，那就很容易忽略下面這件事實：共同的社會經驗以及超越孤獨的自我、成為某種更偉大事物的一部分——有這樣的感受，就能紓解強烈的孤獨感。而且就算在最極端、最孤立的情況下，我們也有機會獲得這樣的經驗。這也是我們的案例研究最具啟發性的一點：我們挖掘到受疫情衝擊最嚴重的紐約市，也看到承受最高「孤獨」風險的族群。

我們藉著訪談探討人們在疫情中感覺到的社交與情緒上的痛苦，其實這已經不太算是學術研究了。在全面封城、保持安全距離、遠距上班上課的情況下，我們將孤獨感、孤立感視為最值得擔憂的頭號癥結，這樣容易導出一套相應的解決方法：打給親朋好友、減少看社群媒體的時間、盡可能找人陪伴。呼籲大家藉由人際關係與社交來療癒自我並沒有錯，但倘若真如證據所顯示的，疫情下大家感受到的孤獨感並未明顯上升，而確實感受到顯著孤獨感的族群也找到了適合的方式最小化其困擾，那麼前面這些解決方案可能無法對社會有太多助益。

更令人擔憂的是，大眾若是特別關注個人議題，以及各種與政治相對無關的問題（如孤獨感、孤立感），就可能無法將焦點置於更大的結構性問題上。社會與經濟不穩定帶來的壓力。對病毒或各種實質威脅的擔憂。關於人類創造的這個世界和未來可能發生大災難的生死存亡議題。二〇二〇年的疫情危機下，心頭未被這些恐懼縈繞的人並不多，而恐懼的源頭不全然是心理問題。社會的大環境——我們在哪裡工作、在哪裡生活、在哪裡學習、在哪裡玩樂、在哪裡獲得照顧與支持，以及主宰你我命運、大權在握的體制又是如何對待我們，在在都是獨居者最大的壓力源頭，其實也是我們每個人所憂慮擔心的。面臨這些問題時，走進心理治療師的諮商室接受治療或許有幫助，然而最佳的解決方式是集體行動，我們應該努力改變這個令許多人感到被遺棄、甚至感到孤獨的社會體系。

注釋

1 Ezra Klein, "Coronavirus Will Also Cause a Loneliness Epidemic," *Vox*, March 12, 2020.

2 Eric Klinenberg, *Going Solo* (New York: Penguin, 2012).

3 Julianne Holt- Lunstad, "The Double Pandemic of Social Isolation and COVID-19: Cross- Sector Policy Must Address Both," *Health Affairs*, June 22, 2020.

4 Feifei Bu, Andrew Steptoe, and Daisy Fancourt, "Loneliness During a Strict Lockdown: Trajectories and Predictors During the COVID-19 Pandemic in 38,217 United Kingdom Adults," *Social Science & Medicine* 265 (2020): 113521.

5 Martina Luchetti et al., "The Trajectory of Loneliness in Response to COVID-19," *American Psychologist* 75, no. 7 (2020): 897– 908.

6 Thomas Hansen et al., "Locked and Lonely? A Longitudinal Assessment of Loneliness Before and During the COVID-19 Pandemic in Norway," *Scandinavian Journal of Public Health* 49, no. 7 (2021): 766– 73.

7 Helen Landmann and Anette Rohmann, "When Loneliness Dimen- sions Drift Apart: Emotional, Social and Physical Loneliness During the COVID-19 Lockdown and Its Associations with Age, Personality, Stress and Well-being," *International Journal of Psychology* 57, no. 1 (2022): 63– 72.

8 我們的受訪者年齡分布為二十至八十六歲；其中二十至四十四歲的受訪者有二十八位；四十五至六十四歲有十七位；六十五歲以上的則有十位；受訪者中女性占比略低於三分之二（三十四位）。所有受訪者中有二十二位為白人，十一位為黑人，有六位為西班牙語裔／拉丁族裔，六位為南亞或東南亞族裔，四位為東亞族裔，另有六位為多族裔族群。受訪者中有七位因COVID而失業，三位在訪談期間遭強制休假，六位為重點工作者。大多數受訪者在疫情前就已在紐約市獨居，也因此於疫情期間依然維持一個人住，不過其中也有幾位受訪者是在一位以上的室友因為疫情而離開紐約市後，才開始獨居。另外也有幾位受訪者是在疫情前因同居伴侶或家人過世後，才變成一個人住，還有一位受訪者是在COVID-19爆發的幾週內就失去了伴侶。

研究進行期間，礙於防疫限制而無法面對面招募受訪者，或進行訪談，因此我們主要透過社區組織的電子郵件名單及鄰里組成的Facebook社團來招募研究受訪者，所幸紐約市多數社區都有這種組織。我們在每個行政區挑選五至八個社區平台張貼研究的相關資訊，行政區人口愈多，我們就會挑選愈多個社群張貼研究資訊。除此之外，我們也會特別挑選人口組成較多元的社區組織來張貼研究相關資訊，以確保研究樣本的種族與經濟狀態更多樣化。雖然這些組織的成員就定義上來說本就是有意願尋求某種程度社會連結的族群，因此透過Facebook社團來招募受訪者並非最理想的方式。但由於在第一波疫情下實在難以當面招募受訪者，因而以保護研究團隊與受訪者雙方的前提而言，透過社群媒體招募受訪者是最安全的方式。

9 John Cacioppo and William Patrick, *Loneliness: Human Nature and the Need for Social Connection* (New York: W. W. Norton, 2008).

10 Gregory Pratt et al., "As Illinois Sees Largest Daily Increase in Coronavirus Cases, Chicago Mayor Lori Lightfoot Bans Contact Sports; Closes Popular City Parks, Beaches and Trails," *Chicago Tribune*, March 26, 2020.

11 Tom Stienstra, "Bay Area Parks During Coronavirus: What' s Open, Closed This Week," *San Francisco Chronicle*, April 8, 2020; Dyer Oxley, "Seattle Parks Will Close Under Order of Mayor Durkan," KUOW, April 9, 2020.

12 Corey Kilgannon, "Summer Is Coming. Don't Count on N.Y.C.'s Beaches for Relief," *New York Times*, May 16, 2006; Anna Sanders, "NYC Outdoor Pools Closed for Summer 2020 Due to Coronavirus Pandemic, Beaches Likely Shut Down Too," New York *Daily News*, April 16, 2020.

第十五章

長大

二〇二〇年一月，二十一歲的路易斯正準備迎接他在紐約市某公立大學的大三下學期。他剛把主修從生物學轉為政治學，並且更加積極參與為波多黎各人權益倡議的政治團體。路易斯在皇后區與家人同住，而這個家中每個人都得為生計出力。他爸爸已經退休，媽媽是領殘障保險給付支應開銷，和路易斯同住一個房間的姊姊是獸醫助理，路易斯在曼哈頓的一家律師事務所工作。他們四人同住在一間公寓裡，居家環境擁擠、吵雜，也難免會有情況混亂的時候，但紐約不就是這個樣子嗎？反正路易斯多數的時間都在外面跑——他的學校在哈林區，朋友大多在布魯克林區、皇后區、布朗克斯區，工作也沒有固定地點，因為路易斯主要負責遞送法律文件，所以常要走遍很多地方送東西。路易斯有地方去，只是方向還不明朗。

也是在同一個月，路易斯開始聽到某種可能致命的新病毒在亞洲擴散開來、可能即將散播至美國的風聲。一開始COVID-19似乎只是某種遠在天邊的威脅，大家談的都是可能發生的危機而已，對路易斯和家人來說，眼前有其他更迫切的生活壓力。到了三月，紐約市開始出現確診案例了，教授也要他們做好學校課程轉為遠距教學的準備。當時路易斯在家附近的商店購買生活用品，結果突然發現「什麼都買不到了。大家都在囤貨，貨架上一片空蕩蕩。」後來某天，路易斯的姊姊一回到家就告訴大家自己上班的獸醫院關門了，所以她沒工作了。沒多久，連路易斯也失業了。「接著我就得了COVID，」路易斯描述，「我以前從沒得過流行性感冒，所以不知道那是什麼感覺。當時我發燒、咳嗽、什麼味道也聞不到。」路易斯上網查了COVID的症狀，結果發現跟他的狀況非常類似。「當時他們只告訴我：『哦，你有症狀，不過我們不建議你篩檢，只要待在家別出門就好。』」於是路易斯照辦，他和父母、姊姊待在家裡，結果全家很快都被傳染了。情況很嚇人，他們那時已經知道皇后區是COVID-19疫情熱區，幾乎不分晝夜都聽得到救護車鳴笛聲在附近響起。當地醫院收治量能已經到極限，病逝者的遺體多到需要暫時存放冷凍車裡。不過路易斯家裡沒有人罹患重症，雖然他還是聞不到任何味道，除此之外大家還算安全。

對於醫學研究者來說，長新冠（Long COVID）指的是患者在一般病程過後好幾個月，仍持續有生理上的長期症狀。而說到路易斯及其他數百萬生活被新型冠狀病毒打亂的人，我們也可以用長新冠來形容這場危機對社會、經濟帶來的長期效應。他們可能是失去教育機會、長期失業、罹患心理疾病、友誼破碎，或陷入緊張的家庭關係。同時，長新冠也可以指政治價值及公民參與上的長遠變化。

到了二〇二〇年夏天，路易斯的嗅覺、味覺終於恢復正常，他說：「但我失去了一切。」他們家曾經能安穩度日，如今陷入赤貧困境，得依賴公益食物倉庫來度日。雖然有食物能基本滿足溫飽的需求，但情況稱不上理想。「每次拿到的食物都一樣，都是最陽春的那些東西，天天吃蘇打餅跟起司真的不行。」路易斯到處尋找各種門路，可能是租金補貼、食物振濟、工作機會、提升個人尊嚴之類的政府措施，但沒有什麼著落。「所以我只好去店裡順手牽羊。更小的時候因為沒有收入，我就做過這種事，可以說我又回去走老路了。」路易斯只能對父母撒謊，稱說那些偷回家的東西是用打零工的薪水或意外撿到禮物卡買來的。他說那段時光對他來說「真的很痛苦」，也有損他內心的驕傲與尊嚴，「但我沒被抓到過。」

漫長的一年漸漸過去，疫情加諸他身上太多的重擔，路易斯感覺自己深陷困境。他受困公寓中哪裡都不能去。食物、租金沒有著落之外，還有失業的問題。小商家則是紛紛關門大吉。急切、絕望的氛圍清楚可見，並且充塞於整個紐約市。焦慮感籠罩各處。這一切都是路易斯和他家人身上的重擔。但還是有希望之光。由於可靠的公共援助計畫付之闕如，紐約人開始建立互助網絡，鄰居之間以前所未有的方式互相支援、合作。路易斯找到一份接觸者追蹤員❶（contact tracer）的工作，不過因為這份工作的關係，他得跟確診過、對未來的事情感到擔憂的人打交道，也因此聽說了非常多悲慘的故事。在喬治・佛洛伊德遭警方殺害後，路易斯也加入成千上萬抗議者的行列，參與持續了整個夏季的示威活動。路易斯說：「這其實和疫情有關，這種程度的傷害會讓民怨沸騰。我會去參加抗議就是想讓大家明白：對，我們失業了，我們沒有錢，為了生存，有什麼就得做什麼。」

有些事情還是因為疫情而失去方向或暫時中止了。路易斯原本計畫在二〇二一年申請研究所，「但後來我想，何必急著回去上學？反正我讀博士第一年大概也都在用Zoom視訊上課吧，那又何必呢？」此時的他也仍然沒有任何社交生活。「和朋友碰面的社交生活大概是我最難割捨的東西了，」他說明，「我很擔心家人的安危，也不想害人生重病，所以一整年都沒有出去玩，可以說完全沒有社交生活了。」後來疫苗終於問世，路易斯滿心期待世界再度開放的那一天。他告訴我們：「我當時就想，我要把六大洲分別畫到骰子的六個面，然後擲骰子來決定接下來要去哪裡。」他頓了頓，才說出自己新的、野心不那麼大的渴望：「我想好好呼吸。」

疫情對路易斯及其他在發展關鍵期遭遇COVID危機的年輕人整體影響為何，得用好幾十年的時間才可

❶ 譯注：負責執行公共衛生工作，找出每位確診病患近期可能接觸過的每個人（也就是接觸者），並對這些人的後續情況持續追蹤。

能有效加以評斷。由此也才能知道他們是否會像社會學家葛蘭．艾爾德（Glen Elder Jr）的經典研究：「經濟大蕭條下的孩子」（children of the Great Depression）一樣，因為重大事件而出現社交與個人層面的改變。[1]隨著歷史性大傳染病在家庭、鄰里、學校、工作場所蔓延，二十幾歲的年輕族群早已開始擔憂人生中所有重要領域——教育、職涯、人際關係、健康——會在他們承受或逃過一劫的經歷下，發生哪些改變。現在也有學者專門研究感染COVID-19或受其影響會有哪些後續效應。儘管勞動市場在恢復上展現出驚人韌性，有些人擔憂，在疫情爆發時正要開始接受高等教育或展開全新職涯的年輕人會成為「失落的一代」。他們眼前的安穩遭到粉碎，經濟前景也黯淡無光。[2]另外則有些人提出，在疫情第一年，年輕人焦慮、憂鬱、產生自殺念頭的比例驟升，這也是個警訊：心理疾病的長遠影響就和急性的痛苦感受一樣需要重視。[3]

當然，年輕人這個族群不僅很大，人口組成也多元，除了年齡相近以外，其他各方面——社會階級、種族、民族、宗教、性別、地理位置、國籍等條件——都不一樣。也因為這樣，社會學家一般會懷疑「世代」這個概念是否有用。顯然那在行銷領域是可行的，但要用來分析的話，實際用處卻不大。我很想多了解年輕人在疫情第一年面臨了哪些挑戰，但也知道我得把焦點放在特定的問題及年輕人中特定的族群上。於是我設計了以訪談為基礎的研究，對象是十八至二十八歲的大學在校生或剛畢業的大學生。伊莎貝爾．卡拉露琪（Isabelle Caraluzzi）是我在紐約大學的學生，也是本書研究工作主要的研究助理，她和我訪談了三十三位分別來自紐約大都會地區三所不同教育機構的受訪者：一所是以種族與民族多元性與學校可及性（accessibility）高而著稱的公立大學；一所是學費平價的耶穌會（Jesuit）學院，其中有大約三分之二的學生是拉丁裔或黑人；還有一所則是入學門檻高、學費昂貴的私立學校，而該校學生的人口組成約有百分之二十為白人，百分之二十為亞太裔族群，百分之十五是拉丁族裔，百分之十是黑人，另有百分之二十五的國際學生比例，還有百分之十的學生歸類為「其他族群」。[4]

我不認為我們的研究樣本可以代表美國所有年輕成年人口，當然更無法代表全球這一整個世代的樣貌。但這個研究卻能讓我們了解，在世界發生劇烈變化時，接受大學教育的年輕族群都有怎樣的經驗。在我們訪問的對象中，有些人來自仰賴社會福利維持生計的貧困家庭，也有些人是家庭背景富裕、沒有任何財務困難的年輕人。受訪者囊括了有工作及失業中的族群；有移民、黑人、白人、拉丁裔、亞裔美國人；其中有些人住在城市，也有些人來自郊區。有一部分的年輕人必須供養上一代人，另外有些人則是接受父母提供支援，甚至有些人本身就已為人父母。

我們的訪談用意是要蒐集年輕人對疫情下自身經驗的看法，並檢視他們如何應對一連串因疫情而產生或變得更嚴重的危機：經濟不穩定、教育中斷、管理社交網絡、照顧他人或自己、面對不確定性、承受壓力與焦慮。每一次的訪談會以開放式的問題切入，我們會問他們有沒有什麼想與我們分享的重大事件，可能是有關他們本身、家庭、關係最緊密的朋友的事。接著我們會再問受訪者，在生活狀態、家庭、學校、工作、社交生活、感情生活、個人健康等方面是否面臨改變或壓力。我們會問受訪者，疫情是否扭轉了他們對職涯、教育、感情、政治的看法。我們也會問他們，為了保護自己、家庭成員、社交圈裡的親友免於感染COVID-19及遭遇相關風險，生活習慣與方式是否改變了，又是哪些部分不同。最後在訪談結束前，我們會再次向受訪者確認有無遺漏任何重要的事情。

在訪談中，我們發現COVID-19疫情打亂了教育程度高的年輕成年族群的某些人生重要發展階段，可能是因為疫情而延後研究所入學時間，或是無法獲得重要的工作經驗，也可能他們會被迫搬回家與父母同住。但我們同時也發現，疫情也促使某些年輕人長大成人的步調變快了。受訪的年輕成年人向我們表示，疫情期間為了保護年長親人的健康安全，他們會犧牲自己的社交生活、縮小社交網絡，而且有賺錢養家、分擔家計的壓力。有些人為自己相信的價值與信念挺身而出；有人是認識了自我，並意識到自己想成為怎樣的大人。

儘管我們現在還不清楚，在邁向傳統上「長大成人」里程碑（如成家、立業）的這條路上，這些年輕成年人是因為疫情這一年的變化而加快步伐、暫停腳步，又或者倒退而行，但接受訪談的年輕人都一再表示，他們在二〇二〇這一年確實長大、成熟了。事實上，在我們與這些年輕人的對話中，有個主題會重複出現——如同路易斯說的：「我覺得這場疫情大概讓我一下子長大了十歲。」大家什麼事也不能做、時間彷彿凝結般停滯不前的這段期間，卻發生了這麼多事情，年輕族群必然會覺得今非昔比。

有些人遭到解雇；有些人發現家長過去提供的堅實後盾驟然消失，只能立刻肩負責任、反過來供養父母。有些人在二〇二〇年一開始還沒有任何迫切的經濟壓力，之後卻發現自己要苦惱日後住處的租金與日常開銷有沒有著落。許多工作機會消失了。背負學貸的壓力也空前巨大。抗議活動有其必要而且刻不容緩。過去看起來可行的職涯如今已遙不可及。對我們訪問的多數年輕人而言，疫情引發的深深焦慮不僅是針對經濟局勢，也是針對他們個人而來的，而這與前一次經濟衰退下年輕人的經驗一致。[5]此外，這種情緒有充分的事實根據：皮尤研究中心的調查顯示，二〇二〇年初年齡介於十六至二十四歲的美國年輕人中，約有百分之十二的人認為自己與社會「脫節」，這些人不打算繼續升學，也還沒有就業——比例與前一年差不多。然而到了四月，數字驟升至百分之二十，到了六月更增加至百分之二十八，換算出來就是介於十六至二十四歲的美國年輕人中，約有逾一千萬人覺得自己與社會「脫節」。[6]無論是否與社會脫節，幾乎所有人都因為疫情而開始反思自己究竟想要什麼、需要什麼，並重新思考他們想擁有怎樣的未來。

安潔莉卡是二十一歲的拉丁裔女學生，疫情之前她有律師助理的工作，收入夠她平日添購衣飾及上餐廳、酒吧的開銷。但在二〇二〇年三月經濟開始衰退後不久，安潔莉卡便失去了工作；先前與公司談好畢業後進入律師事務所做全職工作的約定也泡湯了。這些事既折磨人又艱辛，失去工作幾週後不得不申請失業補助對她來說也同樣掙扎。她從沒想過自己會需要靠政府補助過日子，而這次經驗也讓安潔莉卡懂了經濟穩定對她的自我認同有多重要。安潔莉卡主修經濟學，過去卻一直沒有「經濟獨立」，對此她多少有些羞愧。夏天時，安潔莉卡順利找到了新工作，但她對我們說，她覺得沒有資格在出門跟朋友喝酒這類事情上花錢，這種開銷太「奢侈」了。疫情期間經濟狀況不穩的經驗對她來說是當頭棒喝，從此她開始投資自己的未來。安潔莉卡還清了以前刷爆的卡債和學生貸款，也會注意每一期按時繳納房租。她說：「租約上是我的名字，而且我還有其他帳單要付。」除此之外，她也很注意要提升自己的信貸評分，每次分數上升對她來說就是一次小小成就，這代表她漸漸重新站穩腳步了。她也提到：「真有趣，在我主修金融、經濟學的最後這一年，因為COVID-19疫情中的個人經驗才領會每一塊錢的價值。」她將這場疫情危機視為人生一次慘痛卻重要的教訓，從中學到的事情會帶她走向更好的未來。

不是所有人在經歷疫情後都能保有這種自信。凱莎是二十四歲的黑人女性，與母親、繼父、妹妹一起住在布魯克林區。疫情來襲前，她還在攻讀副學士學位（associate degree），同時也一邊在時尚運動服飾公司擔任全職銷售員。凱莎向我們表示：「我一直都很想就業。媽媽要我專心讀書就好，但我從十七歲起就想要靠自己工作賺錢。」當然有部分的原因是凱莎希望能為媽媽分擔家計，畢竟她當初也是邊上大學、邊做全職工作養家。凱莎回憶當時：「我那時候還年輕，所以其實也想趁這個機會買鞋買衣。」凱莎的工作是在知名鞋業品牌擔任銷售員，而工作附帶的好處、福利不少，她每個月都有新衣、新鞋可穿，還可以到企業總部參訪。除此之外，她也能吸收來自高級時尚產業的最新資訊，這是她和朋友夢寐以求的產業。她感覺一步步在實現夢想，也覺得自己是團隊中的一分子。過了幾年後，凱莎開始將更大比例的收入交給媽媽，也幫忙負擔房租及部分飲食開銷。她說：「感覺真的很不錯，真的，我的確很開心。當時我心想：『對，這就是我想要做的事，這就是我想要的未來。』」

二〇二〇年一月，實體店面當時就難敵網路電商而在苦苦掙扎，凱莎便於一波企業裁員潮中失業了。起初她確實聽說有裁員的風聲，但她沒想到會是自己丟飯碗。剛失業的時候凱莎還不太擔心，她對自己的工作經驗以及在勞動市場上的前景很有信心，何況她也已開始思考要轉換同產業裡的不同跑道了。她想過，如果不是繼續銷售鞋子，改當時尚線的記者如何？她有在好幾個網站擔任寫手的經驗，而且也打聽過附近大學的新聞課程。到了二月，凱莎便註冊了求職網站帳號，開始投履歷。

差不多在同一時間，新型冠狀病毒來到了美國。剛開始確診病例還在很遙遠的地方，後來就輪到紐約市了。政府官員起初還鼓勵大家正常過日子，紐約市長呼籲市民與觀光客繼續上館子用餐、到百老匯看戲、多多光顧當地酒吧。然而到了三月中，這種策略顯然引發了反效果，病毒以非比尋常的速度擴散開來。各地方領導人的政策急轉彎，他們關閉了學校以及所有非必要行業的營業據點。凱莎也在此時發現，紐約有數十萬零售服務業從業人員因為疫情同時失業；這些人都在想辦法找新工作，而她也是其中一員。經濟局勢如自由落體般跌入谷底，傾刻間，凱莎的生活也是如此。

不過，失業還不是凱莎唯一的煩惱。凱莎的祖父母離開了紐約，他們希望就近與住在南卡羅來納州的曾祖父母有個照應，但祖父母不知道自己感染了COVID-19，因此他們不僅沒有躲過病毒，還把危險帶到自己父母身邊。沒過多久，凱莎的曾祖母也染上COVID-19，幾天後病逝了。他們一家人陷入傷痛與罪惡感的愁雲慘霧中，而因為疫情的關係，他們無法舉辦葬禮、家族聚會，也沒辦法靠詩歌與禱文撫平內心傷痛。大家只能窩在家聽一輛又一輛的救護車急駛而過，猜想著這場死亡災難何時才會消停。凱莎的繼父是消防員，疫情期間仍照常工作，所以四月時凱莎的繼父也確診了。幸好，他僅有輕微的症狀。接著凱莎也被傳染了，她回憶當時的情景：「我大概病了三、四天吧。我的天，那幾天我根本動不了，感覺身體就是不對勁。然後我後面幾天都聞不到、也嚐不到任何味道。」等到凱莎終於康復，就換她媽媽了——她身體疲憊不堪，不僅發燒，還只能臥床起不了身。就跟疫情期間許多女性一樣，凱莎別無選擇，只能一肩扛起更多家務。[7]

我們是在二〇二一年初與凱莎訪談，當時她還沒找到全職工作，而運動鞋產業的銷售職缺仍舊稀少，媒體業的工作更是競爭激烈。至於她想就讀的大學新聞課程則未核准她所申請的獎學金項目。凱莎在時報廣場的鞋店做兼職工作，另外也在某個網站做同個產業的報導實習工作。她解釋：「感覺現在我好像得再次努力往上爬，而不是本來就已經站在一定的高度上。我的步調比過去慢了許多，那是很不一樣的節奏。」從某些角度看，失去曾擁有的東西令凱莎感到痛苦，但從另一種角度來看，凱莎也覺得那有助於勵精圖治。「失業後，我反而用更宏觀的眼光來看待未來。我想回學校讀書，也想找其他工作重新發展職涯。我要快點迎頭趕上。」但問題是，還有機會嗎？要等到什麼時候才有？

新型冠狀病毒散播到紐約市的時候，當地大學的冬季學期剛剛開始。到了三月，多數院校關閉了校園。實體課程都暫停了，校方轉為遠距教學。對大學生來說，這些突如其來的大轉變有很長遠的影響。有些人因此產生心理健康問題，有些人食物與住房的保障不那麼穩定，有些人則跟不上學業進度。[8]轉變剛發生時，學生的學習方式要有所調整：遠距、數位化、非面對面、獨自一人。不再有和教授約在研究室的談話時間。圖書館或宿舍裡的讀書會也沒有了。課後臨時組成的討論小組、在咖啡店或學生餐廳辯論的場景全都消失了。有些學生搬離市區回家與父母同住。有些人在轉換為遠距模式的過程中遇到困難，便不再「出席」或一直缺交作業，他們在本來能順利修畢的課程上被當掉。其他人失去了學習的興趣與動機。他們過去曾感興趣的事都在疫情爆發、社交生活分崩離析後變得不再重要，於是學生的課業表現一路下滑。到了學期結束的時候，他們內心又出現另一種對人生會有更深遠影響力的提問：讀大學真的值得嗎？是否該休學幫忙負擔家計？真的有必要讀研究所嗎？該不該改變修習的課程？是不是該做點什麼，增加自己未來賺錢的優勢？

疫情確實擾亂、扭轉甚至徹底終止了某些年輕學子追求更高教育程度的這條路，這是意料中的事。[9]

包含經濟衰退、天災、傳染病大爆發……各式各樣的危機通常會對年輕人與學子造成負面衝擊，而貧窮的人所受到的影響更是高得不成比例。「COVID-19疫情對整個教育體系的干擾是人類史上規模最大的一次，在超過兩百個國家，有將近十六億名學生受到影響。」蘇米特拉．普克瑞（Sumitra Pokhrel）及羅尚．切特里（Roshan Chhetri）於他們的研究中寫道。[10]美國高等教育體系裡的年輕人面臨了多重挑戰，包括高昂的學費、高額的學生貸款，同時他們也預期自己會在有力的社會安全網闕如的情況下，進入緊縮的勞動市場。[11]美國的普查結果顯示，大約有介於七百七十萬至一千萬名美國學子「去年秋天因為與疫情有關的經濟限制，取消了接受高等教育的計畫。」也有另一項調查顯示，高中畢業後立刻接續就讀大學的學生人數減少了百分之七。[12]

二十一歲安東尼奧讀的是昂貴私立大學的心理系。他和家人同住在COVID-19確診病例與死亡人數都很驚人的初期疫情熱區——皇后區的科羅納。安東尼奧表示，住在科羅納帶給他不少陰影。當時到處都是救護車，附近時時刻刻都有鳴笛聲響起，而每一次傳來尖銳的噪音都是提醒他們：又有一位鄰居命在旦夕。基於其他原因，安東尼奧很擔心父母。他解釋：「我媽媽的工作是居家清潔，但疫情時雇主怕被傳染，就解雇她了。」隨著她失業而來的經濟壓力是其中一件要擔憂的事，但他爸爸的工作也令他擔心。「我爸爸在肉鋪工作，所以就算疫情爆發他每天還是得去工作。我會這麼擔心是因為他免疫力不好、年紀也大了，所以我老在掛心，不知會不會發生什麼事。」

隨著確診人數節節升高，安東尼奧也覺得一切都失控了。他盡可能都待在家裡，只有遛狗才出門。他很慶幸自己仍保有在大學實驗室擔任研究助理的工作，但無法在時限內完成工作或做滿一定的工時卻令他有罪惡感，也很無力。他還是會遠距上課，但表現卻達不到自己設定的高標準。安東尼奧回憶當時：「我真的變得很沒動力。」疫情之前，他正在緊鑼密鼓準備申請研究所，內心充滿對學術職涯的熱情。他也告訴我們，到了二〇二〇年底，「我其實記不得自己上學期上過什麼課了，一切都變得很模糊。」他暫時沒有註冊下一學期的課程，因為如今一切都轉為遠距模式，他說：「我擔心自己無法盡全力，也怕我記不得課程內容。」

到現在，安東尼奧談起求學話題時依然非常緊張。在我們談到學校時，他的語速會變很快，幾乎接近慌亂，可以感覺得到他的焦慮以及對錯失機會的失望。安東尼奧過去曾打算出國留學，這也是讀私立大學的一個好處，然而COVID奪走了這個可能性。他原來也期待能跟實驗室的教授建立緊密的關係，這樣可能有助於申請研究所。現在機會都在消失當中。他目前還沒有得新型冠狀病毒，但安東尼奧知道自己心理健康出了問題。他坦言：「疫情真的把我搞得精疲力竭。我只想一直睡、一直睡下去。我一直覺得自己像做錯了什麼，好像我沒有盡力做好什麼一樣。」

身為主修心理學的學生，安東尼奧對自己的痛苦也有一套理論。「我沒有出口可以宣洩疫情這段時間受到的創傷，而是把一切都內化了，所以那些我本來應該要去感受的事情全被我壓在心底。感覺糟透了。」他雖然為自己做了診斷，卻始終想不出療癒的方法。過去他對求學有縝密的計畫，如今的他卻連下學期要做什麼都難以決定。他曾經很有自信，也勝任主導學生心理學社團的角色，但現在他卻擔心自己學識不足、無法讀研究所。以前的他渴望旅行，現在卻害怕自己要是離開家，可能就忘光在大學所學的東西。在我們與安東尼奧的訪談中，他也跟我們分享了自己的「焦慮螺旋」：「我想暫停一年的時間四處探索其他事！但我已經申請了獎學金，所以即便我想要有這個空檔年的機會，卻也擔心會少了經濟支援。我們是低收入家庭，所以失去獎學金我就沒辦法繼續上大學了。可能是因為我很焦慮才會這樣說吧，但焦慮一直都在。我得繼續上大學，至少要畢業，不然就會失去獎學金、沒有經濟援助，然後可能就拿不到學位。我真的不能讓這種事發生。所以雖然我想試試暫停一年，但沒辦法。」

恐懼、沒有方向、自我懷疑——這些議題在我們和年輕人談論他們對求學的期許時常常出現。珊妮斯是二十一歲的公立大學畢業生，她說她在疫情中失去了人生方向。她坦言：「我已經不知道自己想幹嘛了。職涯輔導員和我談話時問我對什麼有興趣，結果我腦子一片空白。我向我的心理治療師傾訴，她也問我對什麼事感興趣，我還是一樣什麼都想不到。疫情發生前，我敢說自己對這個問題有肯定的答案，但現在我沒有這種信心了。我真的不知道答案是什麼。現在一切都充滿不確定性，我們連這個世界到了明年，甚至之後幾個月會變什麼樣都不知道……我覺得自己就像無頭蒼蠅，找不到方向。」

克雷格是二十三歲的私立大學畢業生，他在疫情前對未來已經有詳盡的計畫和願景。他說：「我是那種在劇場圈打滾的人，我喜歡演戲也喜歡製作戲碼，但在可預見的未來之內，全世界任何地方從事這些工作的可能性都不在了。」於是他去「一家適合拍照上傳Instagram的概念博物館」找了份工作來維持溫飽。他不諱言：「我基本上已經放棄計畫未來了，反正也沒意義。懷抱企圖心這件事在今天的世界只讓人覺得危險。以後世界還會不會存在都不知道呢！」克雷格說自己現在只想放輕鬆好好享受，找部廂型車來開，到處遊歷、賣藝來賺生活費。「這就是我的夢想！」

不過在接受訪談的年輕人當中，也有些人在經歷疫情後產生完全相反的人生態度。他們不但沒有失去努力的方向，反而以更銳利的眼光看待未來、追求新的目標。二十二歲的黛安原本計畫從學校畢業後要好好享受一整年的空檔年。她一直都很想搬到大堡礁投入生態旅遊工作，也放縱自己沈浸在她最愛的海洋世界。但現在她下定決心一畢業就要盡快找工作、申請研究所。二十二歲的辛蒂也做了同樣的決定。她趁著疫情全面封城這段時間盡全力準備法學院入學考試（LSAT），也因此考出超乎預期的好成績。接受我們訪談的時候，辛蒂說自己拿到一筆豐厚的獎學金，而且即將搬去芝加哥讀法學院。辛蒂已經受夠了不穩定的感覺，她迫不及待想在這個社會打下穩固基礎，假如這代表她得比原先預期的更早為某件事先定下來，那就這樣吧。她覺得最重要的就是要照顧好自己。

也有很多年輕人開始參與政治。有些人對川普政府亂成一團的疫情應變方式感到憤怒。另外也有些人因為校園關閉、封城、人身自由受到威脅而忿忿不平。他們加入了類似努拉發起的那種互助團體，盡自己一份力幫助鄰居。他們也在像丹尼爾．普雷斯蒂的麥克酒吧那種地方小商家門口組織集會，要求政府取消封鎖政策、讓平民百姓重獲生活的自由。這些年輕人湧上街頭抗議警察暴力與種族不平等的問題，他們在工作場所、大學校園高聲譴責企業主、同事、師長——所有容忍並維護不公的歧視性體制的人。年輕人對領導者已失去信心，轉而尋找其他值得付出信念的事物和別的生活方式。

經歷這一切之後，他們學會了一些事——他們看出是什麼力量形塑出今天這個他們所承繼的世界，也認清國家如此運作的根本原因。二〇二〇年夏天首次參加種族平等示威活動的賈絲婷說：「實在有太多我們在學校學不到的事。過去這一年，我懂了許多過去所不知道的事。要不是因為疫情，我永遠不會知道這些社會運動的存在，所以我是感謝能有這個機會的。」參加了黑人的命也是命示威後，路易斯說他更意識到圍繞著都市中不平等現象、警察執法、刑事司法的「系統性問題」，而他在COVID疫情危機之前並不知道這些事。「不是我要自誇，但我真的覺得自己變聰明了。現在我會審視整體情況，認真了解問題背後的原因和源頭。」不過他也表示，真正的挑戰在於該如何推動改變。

社會學家在人格發展中所定義的「延長青少年期」（extended adolescence）這個階段，最顯著的特徵就是活躍、有活力且時而帶有實驗性或跨界的社交關係。在沒有疫情的一般時候，多數美國年輕人都享受開放、無拘無束、縱情恣意的文化環境，而這種環境也對年輕人建立社會聯繫持鼓勵、嘉許的態度。心理學家傑佛瑞．阿奈特（Jeffrey Arnett）特別強調年輕人在二十幾歲這個時期內心常懷抱樂觀，眼中會看見各種機會。[13]社會學家麥可．羅森菲爾德（Michael Rosenfeld）則認為，年輕人會運用此人生階段建立個人與職場上的人脈網，藉以打造人際支持系統與交友圈，就算他們推遲走入婚姻，也依然能獲得其他人際關係的養分。[14]

年輕人會在疫情下縮減社交生活，並非全是長輩或社會由上而下的施壓，而是經過衡量後以不同的方式自我約束、自我保護，且每個人付諸實行的強度、保守程度與顧慮也各不相同。也正是其中的差異導致年輕族群間的巨大壓力與衝突。年輕人一直都是在社交生活方面相對無拘無束的族群，但他們在疫情中很快轉向謹慎行事、習於評斷他人。有些人開始用批判的眼光歸類哪些朋友「沒有COVID風險」，哪些朋友則是太過輕率。他們會基於哪些朋友願意戴口罩、保持距離，哪些人依然出門參加派對等標準，來決定自己要跟誰往來、交心，又或是斷絕交往。不管是違反防疫指引、太過謹慎遵守規定或是毫不在意，種種行為都可能令持不同觀點的年輕人對朋友感到憤怒、失望。另外也有些人發現自己被認定為在COVID疫情中行為不負責任或不值得信賴，因此遭朋友排斥、懲罰或疏遠。

因為擔憂染上或傳染新型冠狀病毒的風險，我們訪問的年輕人斷絕了與某些朋友的關係，同時他們會加深與其他友人的聯繫，這是為了保護自己與家人而重整人際關係。我把這個過程稱為「修剪社交關係」（social pruning）。

接受訪談的年輕人表示，自從很多地方都關閉後，他們社交活動的主要據點很快就轉移到網路上。年輕族群因此更依賴手機與社群媒體平台，他們更在意網路上各種戲劇性的風暴——他說了什麼？她去了某個派對？只有我待在家嗎？——這些無疑都會刺激到他們。部分年輕人選擇搬到如佛羅里達州和德州等經濟與社交生活都較開放的州，而繼續留在紐約市的人則感覺世界的大門在眼前關上了，他們被限縮在狹小又令人窒息的公寓裡。以前年輕人之間的友誼是建立在一起做某些事的基礎上，而今他們是在共同的犧牲裡找到連結。都市中那種屬於年輕人的樂趣消失了。夏天時，封城的情形鬆綁，年輕人意識到他們會審視彼此參與的活動，一面也在尋找屬於自己的舒適圈。可能是Snapchat上貼出在後院烤肉的貼文，也可能是在Instagram

發布墨西哥旅遊（甚至只是過個橋到曼哈頓）的照片，又或者是邀請參加上面這些活動的訊息——這些東西突然成為可以證明某些事的驚人證據，但「某些事」究竟是什麼，卻不太清楚。每個人的一舉一動都被賦予了新的重要意涵：戴口罩、參加派對、從事危險的工作、在室內用餐，在在都成了政治立場與個人價值觀的象徵。人人都在扮演法官。

在二十五歲的演員傑米眼中，這些劃分很具體。他解釋：「現在確實和過去不一樣了，我開始將朋友分門別類。我的好朋友（行事）大多都和我一樣，我猜大概就是努力試著當個『好人』吧……當然我也有些朋友多數時間都做得很好，但偶爾行為令我難以苟同……以我的個性而言，只要發生過，我就很難忘記他們曾經有過這一面。另外也有些朋友的行為實在太糟糕，所以已經被我歸到未來不會再來往的類別。很多人都是這樣，但我就是漸行漸遠就對了。」

有些人更加珍惜既有的人際關係，比方與家人、伴侶的關係。另外，有些人說他們變得更謹慎挑選朋友，並放棄了某些對他們來說已不夠真誠或非必要的人際關係。但有更多人是難以理解自己與朋友、伴侶、家人為何生出巨大嫌隙。有些人把這種關係的斷裂歸咎於價值觀不合，例如應該將群體利益或個人生活視為最優先的考量。傑米認為，可以從一個人選擇「故意視而不見」的態度，看出其在「不僅限於COVID的許多層面」所抱持的價值觀。另外也有些人直接將他人的抉擇認定為自私、愚蠢。無論真相為何，這些差異都足以讓年輕人重新區分與定義人際關係。有些人表示，他們維持了最久、最親密的友誼產生了最大的變化，甚至分崩離析。

疫情到來後，辛娣的社交生活出現了巨大的變化。二十四歲的她在曼哈頓求學，另外也加入運動社團，還會到圖書館參加讀書小組。只要有空，她會找時間和朋友聚聚。辛娣說：「我非常適應在紐約的生活。和陌生人互動、搭地鐵、順手幫別人拉住門先讓對方進出這類隨機的小事。」到了二月，一切都變了。那時她得知中國境外也開始出現新型冠狀病毒的消息，當天她就搭乘客滿的班機從義大利返回紐約。一回來辛娣就病了，而且病得很重。新學期一開始，辛娣在床上躺了兩週，病中的發燒、咳嗽症狀嚴重到令她心驚。「大家都有那種小時候六歲左右生病的經驗，那時候會覺得自己快要病死一樣對吧？」她問道，「我差不多就那麼嚴重。」現在回頭看，她很確定自己得了COVID-19。不過當時還沒辦法篩檢，也沒人知道怎麼診斷這種新疾病。急診室醫師只叫辛娣多睡覺、服用泰諾。辛娣喘不過氣來，甚至無法下樓帶她的狗出門。她購買了生活必需品，讓人送到公寓門口，再花錢請人幫她遛狗。等到辛娣康復後，她才回到班上上課，結果沒過幾天學校就宣布接下來幾週都將轉為遠距教學。在這之後他們再也沒回學校上實體課。三月中，辛娣從紐約市的公寓搬回紐約上州的老家，住回小時候她那間臥房。她想念紐約市日常生活的能量，也想念同學、朋友的陪伴。她回憶當時的情形：「那是一種完全看不到盡頭的感覺，我覺得自己的人生都白白浪費了。我想著，好想見朋友，好想做各式各樣的事，好想工作！」

剛開始，辛娣很慶幸還有另外兩位和她住在同一條街上的老友也搬回家裡住。她們每天會一起散步，讓狗狗在以前讀的學校旁的草地上玩。因為她們三個人每天都待在家與家人朝夕相處，所以與她們碰面感覺很安全。但夏天以後，辛娣的朋友開始放鬆警戒，有比較多社交生活。她原先的安心感消失了。於是她開始不去每天的散步行程，也拒絕她們的晚餐邀約。看見她們上傳到社群網站的內容，她心裡一沈，「其中一個女生貼出一段和男友還有一大群家人開派對的影片。他們聚在一起跳舞、烤肉。當時才五月初，情況都還很嚇人。我心想，大家還在大排長龍搶購生活物資，結果妳在參加派對？」

最終辛娣選擇與朋友把事情說清楚。她說：「在我說出覺得她們太魯莽，所以希望以後不要碰面的話以後，我們的友誼絕對出現裂痕了。」其中一人整整一個月不跟她說話。雖然辛娣覺得自己沒做錯，但意會到與好友漸行漸遠代表什麼意思令她頗難受。辛娣這種心情在我們訪問的年輕族群之間十分普遍，他們擔心避開人群和社交聚會顯得自己很不酷、或在同儕之間特立獨行。「我不想賭上我爸的生命危險出去玩、參加泳池派對之類的，好像膽小鬼一樣。我確實覺得自己很怪，像是那種小心過頭、『不知在演哪齣』的怪人。」更令辛娣難過的是，她開始懷疑好友的為人——是不是根本不是她原本以為的那種人。她解釋：「我真的有突然一陣反感的感覺。看到她們不負責任的行為我就忍不住想：我們當了二十年朋友，你怎麼會做這種事？為什麼會這麼輕率？」最後辛娣與兩個老友還是免不了斷了聯繫。

不過某些社交關係在經過修剪後反而更加堅定了。良好的人際關係在危機發生時能為我們帶來難得的寬慰、理解、支持，也因此能夠保護我們。在訪談過程中，年輕人不斷向我們提起，疫情讓他們發現只要有少量但真正親近的朋友就好，所以只要跟那些會在身旁、不會走遠的人維繫關係即可。辛娣很慶幸自己還有另一位老友——莎拉，她也因為疫情搬回了老家。辛娣與莎拉對於疫情中應該盡力確保健康安全這件事比較有共識。自從辛娣不再與另外那兩位鄰居見面後，她和莎拉變得更親近了。在每一次戴著口罩、稍微保持距離的夜間散步中，她們的連結也日漸加深。辛娣坦言：「莎拉從我五歲左右就一直是我最好的朋友。要是她和我在疫情的事情上沒有默契，我可能會對她改觀。」事實上，她們因為疫情變得比以往都更為親密。「我們就是兩個拒絕所有社交活動的怪人。」

幾個月以後，那兩位女孩打給辛娣，為先前的傲慢姿態道歉，而她們也自承雙雙確診了COVID，還傳染給家人（不過症狀都不嚴重）。辛娣與莎拉以同情的態度回應她們。不過，她們私底下也覺得事實勝於雄辯。辛娣說：「我不會說『早說了吧』這種話，但到頭來，我的判斷真的沒錯。」

二〇二一年二月我們與辛娣訪談的時候，她不確定自己能否重新修復在疫情中失去的友誼，也不敢肯定是否找得回如過去一般完整的人際網絡。許多接受訪談的年輕人都提及疫情中自己在社交上那種深深的失落感，同時也衍生出一種焦慮：與朋友、社群之間的關係可能回不去了。「有些我以前非常親近的朋友，我不確定彼此的關係未來會變成什麼樣子，」二十五歲的演員傑米說，「我會忍不住想，這些人以後會來參加我的婚禮嗎？我真的不知道，這些事情的確讓我難過。」二十三歲的「劇場咖」克雷格過去很享受學校裡藝術圈子那種集體創作的能量，他和朋友會聚集在大學校園裡的交誼廳或附近的公園，大家集思廣益想出戲劇或電視試播集的新點子。但現在全都變成在推特上活動了，對此他表示：「我真的超討厭這樣！」克雷格無比懷念與朋友相聚的那種興奮感——那種不知道今天誰會出現、會想出什麼點子的感覺。每一次相聚的空間裡都擠滿了一肚子好點子、能量與生命力的年輕人，會發生什麼事難以預期。他說：「我並不覺得自己失去了全部的朋友，但以前我所擁有的那個社群已經不見了。這很令人難過，你懂嗎？」

辛娣也有類似的感嘆。她說自己當初會認識大學摯友，完全是因為那個朋友每天進教室第一件事就是向她借筆。沒多久，這件事成為她們之間的私房笑點。後來有一天，辛娣走進教室發現桌上擺著一整盒全新的筆，她們同時大爆笑，此後便成了親密好友。辛娣最想念的就是這種出乎意料之外的小互動，她也擔心自己在疫情結束後很難找回這樣的關係。

雅思米娜是二十一歲的耶穌會學院大學生，她說自己已經厭倦了速食友誼，現在只想花心思在和她有同樣的展望、興趣、目標的人身上。她說：「我開始可以看出誰能夠與我維持長久的友誼，誰只能當暫時的朋友……現在要維持那種流於表面的人際關係對我來說愈來愈困難了。」蕾蒂莎也是就讀耶穌會學院的二十一歲大學生，她說：「我在選擇朋友上變得更挑剔了。我只跟真的很親近的朋友出去玩，而且也盡量避免和我認為不會有長久情誼的那些人來往。」除此之外，雅思米娜和蕾蒂莎也都用更多時間與親密伴侶相處。雅思米娜認為，與伴侶一起挺過疫情讓他們的關係變得更堅定，她說雖然這是他們在一起以來最艱難的一年，但兩人真的一起撐過來了。對蕾蒂莎來說，雖然疫情前她就已開始跟男友約會，但兩人之間不是非常認真的關係。然而疫情那幾個月除了傳簡訊、打視訊電話以外什麼事也不能做，反而使他們建立了更緊密的連結。她說：「我很開心我們關係中那三個月左右的時間就是講話、講話、再講話。」後來他們終於能出門真正約會了（「但我們大多數的約會行程都是買外帶食物一起坐在他車上吃！」），但她仍慶幸在這之前兩人已經培養出信任與友誼。蕾蒂莎說：「我們陪伴著彼此，對我來說這就夠了。」

從許多案例我們可以發現，年輕人對親密感的需求在疫情下變得更加強烈，也加速了他們關係的發展。有些情侶在疫情爆發時做了大膽嘗試，不顧從未同居過的事實，決定一起共度隔離時光。其他人則是在疫情最嚴峻那幾個月進入了認真的交往關係。雖然網路交友在疫情封城期間依然興盛，但調查顯示，不帶承諾的隨意性行為與勾搭的比例確實下降了。[15]年輕人表示，他們反而與某些在疫情封城前雖約會過、卻沒有認真交往、未放太多心思的對象重新聯繫上，甚至有些人重燃過去以為熄滅的愛火。社群平台上與某個朋友的共同好友，又或者過去勾搭過的人突然傳來Facebook訊息或Instagram私訊，這些在疫情前可能會被忽略的事突然成了封城生活中的刺激來源，也可能因此發展出更深的關係。辛娣的男友便是在等了五年以後終於「找到機會」傳Instagram私訊給她。大一的時候他和辛娣住在同一棟宿舍，他嘗試約辛娣出去卻失敗了，辛娣在那之後也沒再想起過這個人。「他是因為疫情才走運，要不是疫情，我也不確定會不會像之前那樣心想：哦，好啊，我可以開兩小時的車回大學城跟你一起在客廳吃外賣食物。」

在疫情中約會也需要新的決策方式與額外的犧牲：年輕人約會時要尷尬報出自己最後一次COVID篩檢為陰性的日期、在這之前的上一次是和誰「出去」、與對方是否在室內相處、有沒有戴口罩。疫情之前，美國大多數年輕人對約會都抱持較輕鬆的態度，大家普遍接受甚至鼓勵年輕人多交友，不用太急著穩定下來。因此，你不會知道自己正在約會的人是否同時也在跟其他人約會。現在有了疫情，雙方若要約會就要先彼此坦誠、謹慎溝通。最起碼，大家對於可能成為伴侶的人會有這種期待，但別人實際上的行為是否真如其言，就沒人知道了。

我們訪談的年輕人面臨了極大的不確定性。如何保護自身安全；怎麼維持關係；課業、工作、家鄉的未來又會是什麼樣子，這些都是他們無法知道、也難以理解的生活基本問題，他們內心感到困惑混亂。雖然在有疫情之前，年輕族群感受到生活安定的比例就已經不高，但他們可以預期自己能追求哪些可行的職業生涯、可能獲得何種經濟援助、需要背負多少債務；當時的年輕人看得見自己人生發展的下一個階段、知道下一步可以怎麼走。而如今，他們在社會突如其來的巨大變化中掙扎：COVID死亡人數暴增、隔離與封城、經濟衰退、搬回老家。除此之外，他們也感受到美國在個人、政治、經濟各層面上長久以來的隱憂。過去真實存在且穩固的一切彷彿都隨風而逝了一樣。壓力、焦慮、憂鬱的問題充斥於整個社會。許多研究都指出，疫情期間年輕人心理健康問題的比例比其他所有族群都還要高。[16] 我們與年輕族群進行的訪談有助於理解這些問題帶來的感受，也能發掘他們是怎麼一邊艱難度日，一邊應對問題。

二十三歲的克雷格如今的夢想是走遍全美國街頭賣藝。疫情爆發時他就快畢業了，而就在畢業前幾週，大學的課程轉為遠距教學。他打包好行李飛回南加州的老家，也不確定之後還會不會回紐約、何時要回去。剛開始他的加州老家就像綠洲一樣，確診病例不多，天氣好、空間又大。但他沒想到的是，回到那裡代表他得要面對童年起便存在的家庭齟齬、揮之不去的怨懟、一觸即發的情緒。克雷格說：「整個家變得像個壓力鍋一樣。」克雷格的繼兄弟一直以來都有心理健康問題，整天關在家和焦慮的心情讓他的狀況變得失控。克雷格說：「事情突然爆發，就像惡夢一樣。」他的繼兄弟開始威脅要以暴力傷害自己與其他家人。克雷格覺得要趕緊保護好自己，於是搬出了老家另覓其他住處。他多數時間都待在屋子裡，盡量不與其他人接觸，也盡量避開自己內心的恐懼。「那感覺有點像……我把所有情緒都封閉起來了，一直到封閉到現在。」

但事實上，逃避自我比他想像的更困難。他發現自己整整三個月一直在想：「世界走到末路了嗎？我們還有沒有未來？真的還有人能達成自己的夢想嗎？是不是沒戲唱了？我不知道未來還會發生什麼事，而且我好像對一切都麻木了。」想喘口氣的克雷格趁著租屋市場重跌、大學同學邀請他去當室友的機會，便在夏天搬回紐約。回紐約的感覺很棒，但眼前美國各地發生的爭端與紛亂讓他很煩躁——從警方攻擊黑人的命也是命示威活動，再到抗議強制佩戴口罩規定的武裝行動，在在令他感到不安。克雷格說：「我的老天，這些事真的會動搖我對人類的信念。到處都有人在反對戴口罩，實在很惱人。」他也認為，事到如今，「穩定對我來說已經沒有什麼價值可言，我現在不期待、也不需要生活穩定，不需要一切會在預期中發生這類的事。」

至於蓋比艾拉則是厭倦了生活的動盪不定。疫情發生時她二十四歲，已懷有六個月的身孕。她在布魯克林區一所大型公立學院修了六門課，每週在藥局工作三十個小時。在COVID之前，蓋比艾拉可以清楚看到自己的未來。她和丈夫搬進布魯克林區的公寓，自己即將取得幼兒教育學位，也準備好面對母親這個新身分。「結果一切突然停擺了，而且社會亂成一團，這段時間留給我很大的陰影，很可怕，我當時就是不知所措。」藥局表示她算是重點工作者，卻無法提供口罩給她。蓋比艾拉的丈夫是警察，感染病毒的風險比她還大。蓋比艾拉每天從離開家門那一刻起，就擔心病毒可能對她和未出世的女兒造成傷害。就在蓋比艾拉孕期進入八個月的時候，她的老闆終於允許她在家休息待產。不過蓋比艾拉沒有這麼做，她開車前往紐約上州照顧確診的父母與祖母。蓋比艾拉與她十歲大的妹妹一開始還沒有症狀，她們在沒有手機訊號也沒有網路的狹小租屋裡自我隔離。幾天後，她們兩個也都病了。

值得慶幸的是，蓋比艾拉一家人都沒有重症，但即便如此，她依然陷入了焦慮中。「感覺自己的身體好像要停止運轉了，我不得不坐下來喘口氣。」寶寶的誕生對蓋比艾拉來說是個奇蹟，但孩子一出世，新的壓力與恐懼自然也隨之而來。在布魯克林的家裡，她不僅有個初生嬰兒得照顧，身上彷彿還扛了全世界的重擔。懷孕時她就有心理準備，她知道照顧新生兒可能會令她難以成眠，得不斷在換尿布、餵寶寶喝奶等瑣事之間分身乏術。但她沒想到自己還得面對隔離、保持身體距離、消毒環境這些事，也沒想過自己會開始害怕去那些她常去的地方，比如藥局、超市。對蓋比艾拉來說更糟糕的是，她甚至開始害怕自己的壓力與焦慮感，她擔心這些情緒對她自己與寶寶不好。她等不及看到女兒能跟其他孩子一起玩的那天；蓋比艾拉家附近就有很棒的遊樂場、公園、優質的學校，她真心希望世界能趕緊恢復安全，也希望社區裡的小朋友盡快恢復不用戴口罩的生活。

菩麗雅不管去哪都戴著口罩。她總是感覺到壓力在身上形成的負荷。菩麗雅的雙親都是計程車司機，她和雙親、兄弟、表親同住在長島與皇后區接壤的區域。在她的家裡，是以性別區分家務分工，不管是疫情前後，菩麗雅家就和多數美國家庭一樣，總是由女人肩負大多的家務。[17]和菩麗雅同住的家人工時都非常長。二〇二〇年三月，她再過幾週就會自公立大學畢業，她那時告訴我們自己從十一歲起就開始負責家裡多數煮飯、打掃的家務。「以我的年紀而言，我肩負了許多那個年齡的小孩不該扛的責任，但我別無選擇。」菩麗雅以她的工作態度和成就為傲——她是大學校報的編輯，也做實習工作，從各方面來說都很成功。「我把生活打理得很好，」菩麗雅說，「結果意外就來了。」

儘管繼續開計程車是父母的選擇，菩麗雅卻仍覺得自己得為他們的健康負責。感覺就好像她和父母立場對調，自己突然成了他們的家長一樣。「真的讓我焦慮不堪，感覺好像家裡若有人生病就一定是我的錯，」菩麗雅對我們說，「只要我做錯一件事，就有可能導致我爸媽生病、萬劫不復。」她不斷耳提面命拜託父母戴好口罩、認真洗手、有機會就篩一下。「有時候我得像照顧學步兒一樣看著他們才行。」而在學校，菩麗雅的課業不知為何也加重了。某一次在做關於青少年司法系統的研究報告時，她突然覺得天花板像要垮下來一樣。「我當時就坐在餐桌前寫報告，接著就大哭起來。那時候感覺自己真的好累、好累，我是家裡年紀最小的孩子，怎麼會是我在照顧每一個人。」但她別無選擇。

菩麗雅擔心自己永遠擺脫不了這種感覺，也害怕這樣的心理負擔可能對她造成永久性的傷害。「我的大腦已經開始封鎖某些記憶。有好幾次情況真的太令我絕望了，那種真實深切、毫無希望的感覺，我真心覺得這一切永遠不會結束，而且也不知道未來會怎樣。事情還會好起來嗎？」菩麗雅不由得覺得一切都太不公平了。她一路走來為將來做了那麼多準備，勤奮地鋪好自己人生的道路。如今那條路被堵住了，現在的她不知道自己是誰、不知道之後會發生什麼事。她說：「我是那種會事先做好規畫的人，看不到未來的方向真的讓我非常焦慮。只要想到自己畢業後不知道能做什麼，我就覺得害怕。」

過去如戰爭、經濟大蕭條、傳染病大流行等危機都對倖存者造成了極大的影響，其中又以年輕人與青少年族群受到的衝擊最劇烈。[18]現階段要預測COVID-19對於這一代年輕人的影響為何，還言之過早。我們目前尚不清楚這種疾病是否會繼續傳播、突變，還有多少人會因此得重病甚至死亡，另外也不知道各產業、城市、國家、社會又會怎麼樣恢復往日的運作。但無庸置疑的是，歷經這場災疫的年輕人確實承受了很大程度的壓力與焦慮，而這段人生經歷會對他們的發展造成長遠影響。

已經有學者著手研究，是什麼因素造成一部分的年輕人在疫情中苦不堪言，另外也有蛛絲馬跡指出，何以另一部分的年輕人相較下展現出更多韌性。一個歐洲心理學家所做的研究為此提供了豐富資訊。該研究團隊以年輕人為樣本進行了長達二十年的世代研究，他們從二〇〇四年至COVID疫情危機爆發第一年這段期間，每隔幾年就為研究樣本進行一次評估。[19]該研究的作者也發現：「COVID-19疫情下造成情緒壓力的最大因素，其實就是過往的情緒困擾。」在疫情前就感受過的種種社會壓力（如霸凌或排擠）會在疫情這項新的外在干擾因素下，讓年輕人更容易受到創傷。部分（並非全部）年輕人感受到的經濟壓力亦是其中一個壓力因子。該研究作者也表示：「低迷的經濟狀態改變了年輕人對未來的展望，其中就包括他們對將來能培養出工作專業及經濟能力的願景與希望。」移民在疫情中更可能與家人長期分隔兩地，因此他們更容易有情緒方面的困擾。至於女性則可能因童年時接觸到更多壓力源，也較容易有情緒困擾。從美國的角度來看，這項研究最大的侷限在於其研究對象得到COVID重症、或有家庭成員死於COVID的可能性比美國年輕人的狀況還要低。此差異背後的原因簡單明了：相較之下，美國疫情更加失控。

這場疫情讓年輕人走向成年的這條路上出現重重阻礙。疫情打亂、延遲甚至中止了他們接受正式教育的機會，也降低他們結婚生子的可能性。這一代年輕人的職業生涯陷入困境。令我們印象深刻的是，受訪的年輕人很常會表示疫情迫使他們迅速長大——此事要人付出的代價及其意義難以估量，但影響絕對非常深刻。「疫情剛開始的時候我還是個到處胡鬧的年輕人，」辛娣描述，「我總是在紐約市跑來跑去，想做什麼就做什麼。但現在我每天早上起床就是吃燕麥脆片、讀書，然後看一下今天有什麼新聞。我像老人一樣天天待在家裡浪費生命。」凱莎的感受也很類似，她說：「很多時間就這樣白白流逝了，疫情開始以前我是個無憂無慮的人，但現在總覺得自己好像老了——心智上變老了，變得更成熟了。」凱莎認為大疫年對她的身體造成了實質傷害，她說：「我才二十四歲，但後背像八十歲老人一樣不舒服。」娜塔麗整個疫情的大多時間都忙著照顧患有嚴重慢性病的手足，她的說法也與前面兩位受訪者相似；她說：「我一直都是成熟的人，但經過疫情我好像又更老了。我都開玩笑說雖然自己才二十二歲，但有四十歲的老靈魂。」還在上大學的賈絲婷則說：「爸媽一直告訴我：『夠了，妳已經不是青少年了！妳已經不是小孩了。』我現在得面對真實世界，真的該長大了。」

被迫迅速長大成人的過程裡，我們所訪談那些受過大學教育的年輕人分別經歷了不一樣的情緒衝擊。有些人念念不忘他們失去的事：無憂無慮參加派對的生活、隨性無負擔的關係、對體制的信念，還有下面這些被粉碎的信念——父母是堅實後盾、政治領袖會保護人民、遇到生死關頭社會上人人都能互助合作。克雷格說：「我現在對任何事都不抱信念了。真是惡夢一場。我感覺像虛無主義者，也不知道該相信什麼。」許多人則苦於失去自由與獨立。他們可能是搬回老家與家長同住，或是與社會脫節，感覺就好像他們從搬出家獨立生活以後，一直努力培養的自力更生能力和自我認知都倒退了一大步。要是沒有疫情，二十幾歲、三十幾歲的美國年輕大學生或大學畢業生一般都處於「自我關注時期」（age of self-focus），在這段「過渡期」，年輕人會嘗試在沒有家長、師長的引導下自行決策，同時他們也還沒有孩子或配偶等責任在身上。[20]疫情迫使他們對所有人負責，逼他們承擔起超齡的責任。

我們聽了一些不同版本的說法，其中的重點都是表達：「疫情的教訓就是生命的本質即充滿不確定性、沒有保障」。許多受訪的年輕人都表示自己在疫情第一年經歷了「自我認同危機」，他們評估了自己在疫情之前的抱負，接著突然意識到那些想法可能與疫後的世界格格不入。這場疫情——以及氣候變遷、民主受到威脅、長久以來被視為理所當然的公民權遭到侵害——令年輕人覺得自己未來的可能性愈來愈窄化，他們也認為日後的生活可能更動盪不安。有些年輕人內心的恐懼巨大到難以撼動，他們擔心就算疫情終於結束了，自己也永遠抵達不了曾經渴望的目的地。

幾乎所有接受我們訪談的大學（畢業）生都表示在疫情期間經歷了令人心碎的痛苦與困境：朋友、家人去世；失去工作；無法進行某些宗教儀式；人生重大事件被迫取消；某些關係的消逝；壓力、焦慮、憂鬱，甚至其他更糟的情緒。然而令人詫異的是，有許多年輕人表示他們覺得自己還是很「幸運」，對某些事抱著「幸好是這樣」的態度。克雷格雖然描述自己從正向樂觀慢慢轉為虛無主義心態，以及從過去充滿安全感變得總是擔心家人的身體和自己的心理健康，但在這之前我們先問他過得如何，他的回答是：「疫情期間我其實過得不錯。」

葛蘭・艾爾德以活在經濟大蕭條時代的孩子為對象進行研究後發現，一九三〇年代長大的美國人描述自我成長過程時，也會有類似的比較性判斷，他們會說：「我們家的情況不像其他家庭那麼糟。」或「其他家庭過得更慘。」或「大家都在同一條船上。」[21]這種情緒或許源自於自我保護的衝動，也就是社會學家史坦利・柯恩（Stanley Cohen）所謂的「否認狀態」（states of denial）。他認為，個人乃至於整個社會在遭遇巨大磨難時，可能會以否認狀態來應對。[22]然而，這些情緒也許源於某種更富人性與希望的信念：在這死亡與毀滅陰影籠罩下的歷史性時刻，我們依然能擁抱生命與韌性，相信無論今日面臨多少困難，明天都能走出更好的路。

注釋

1 Glen Elder Jr., *Children of the Great Depression: Social Change in Life Experience*; 25th Anniversary Edition (Chicago: University of Chicago Press, 1974).

2 請見Richard Setterstein et al., "Understanding the Effects of COVID-19 Through a Life Course Lens," *Advances in Life Course Research* 45 (2020); and Dennis Tamesberger and Johan Bacher, "COVID-19 Crisis: How to Avoid a 'Lost Generation,' " *Intereconomics* 55 (2020): 232– 38.

3 F. Glowacz and E. Schmits, "Psychological Distress During the COVID-19 Lockdown: The Young Adults Most at Risk," *Psychiatry Research* 293 (2020): 113486; Autumn Kujawa et al., "Exposure to COVID-19 Pandemic Stress: Associations with Depression and Anxiety in Emerging Adults in the United States," *Depression and Anxiety* 37, no. 12 (2020): 1280– 88; Anjel Vahratian et al., "Symptoms of Anxiety or Depressive Disorder and Use of Mental Health Care Among Adults During the COVID-19 Pandemic—United States," August 2020–February 2021, *MMWR Morbidity Mortality Weekly Report* 70 (2021): 490– 94.

4 為確保該研究受訪者的匿名性，以下我將以化名稱呼每一位受訪者。

5 Francesca Fiori et al., “Employment Insecurity and Mental Health During the Economic Recession: An Analysis of the Young Adult Labour Force in Italy,” *Social Science & Medicine* 153 (2016): 90– 98.

6 Richard Fry and Amanda Barosso, “Amid Coronavirus Outbreak Nearly Three-in-Ten Young People Are Neither Working nor in School,” Pew Research Center, July 29, 2020; J. Gao et al., “Mental Health Problems and Social Media Exposure During COVID-19 Outbreak,” *PLOS ONE* 15, no. 4 (2020).

7 Kate Power, “The COVID-19 Pandemic Has Increased the Care Burden of Women and Families,” Sustainability: Science, Practice and Policy 16, no. 1 (2020): 67– 73.

8 Changwon Son et al., “Effects of COVID-19 on College Students’ Mental Health in the United States: Interview Survey Study,” *Journal of Medical Internet Research* 22, no. 9 (2020): e21279; Alyssa Lederer et al., “More Than Inconvenienced: The Unique Needs of U.S. College Students During the COVID-19 Pandemic,” *Health Education & Behavior* 48, no. 1 (2020): 14– 19; Madeline St. Amour, “Survey: Pandemic Negativity Affected Grades This Fall,” *Inside Higher Ed*, January 5, 2021.

9 Lederer et al., “More Than Inconvenienced: The Unique Needs of U.S. College Students During the COVID-19 Pandemic.”

10 Sumitra Pokhrel and Roshan Chhetri, “A Literature Review on Impact of COVID-19 Pandemic on Teaching and Learning,” *Higher Education for the Future* 8, no. 1 (2021): 133– 41.

11 Caitlin Zaloom, *Indebted: How Families Make College Work at Any Cost* (Prince ton: Princeton University Press, 2019); Jacob Hacker, *The Great Risk Shift: The New Economic Insecurity and the Decline of the American Dream*; 2nd edition (New York: Oxford University Press, 2019).

12 Kelly Reilly, “Applying to College Was Never Easy for Most Students. The Pandemic Made It Nearly Impossible,” *Time*, March 31, 2021.

13 Jeffrey Arnett, “Emerging Adulthood: A Theory of Development from the Late Teens Through the Twenties,” *American Psychologist* 55, no. 5 (2000): 469– 80.

14 Michael Rosenfeld, *The Age of Independence: Interracial Unions, Same-Sex Unions, and the Changing American Family* (Cambridge: Harvard University Press, 2009).

15 Neil Gleason et al., “The Impact of the COVID-19 Pandemic on Sexual Behaviors: Findings from a National Survey in the

United States," *The Journal of Sexual Medicine* 18, no. 11 (2021): 1851– 62.

16 Mark Czeisler et al., "Mental Health, Substance Use, and Suicidal Ideation During the COVID-19 Pandemic — United States, June 24– 30, 2020," *Morbidity and Mortality Weekly Report* 69, no. 32 (2020): 1049; Christine Lee, Jennifer Cadigan, and Isaac Rhew, "Increases in Loneliness Among Young Adults During the COVID-19 Pandemic and Association with Increases in Mental Health Problems," *Journal of Adolescent Health* 67, no. 5 (2020): 714– 17; Cindy Liu et al., "Factors Associated with Depression, Anxiety, and PTSD Symptomatology During the COVID-19 Pandemic: Clinical Implications for US Young Adult Mental Health," *Psychiatry Research* 290 (2020): 113172; Vahratian et al., "Symptoms of Anxiety or Depressive Disorder and Use of Mental Health Care Among Adults During the COVID-19 Pandemic — United States," 490– 94.

17 Arlie Hochschild with Anne Machung, The Second Shift: Working Families and the Revolution at Home (New York: Viking Penguin, 1989); Kate Power, "The COVID-19 Pandemic Has Increased the Care Burden of Women and Families," Sustainability: Science, Practice and Policy 16, no. 1 (2020): 67– 73.

18 Elder, *Children of the Great Depression*; Suzanne Mettler, *Soldiers to Citizens: The G.I. Bill and the Making of the Greatest Generation* (New York: Oxford University Press, 2005); Mattias Lundberg and Alice Wuermli, *Children and Youth in Crisis: Protecting and Promoting Human Development in Times of Economic Shocks* (Washington, DC: World Bank Publications, 2012).

19 Lilly Shanahan et al., "Emotional Distress in Young Adults During the COVID-19 Pandemic: Evidence of Risk and Resilience from a Longitudinal Cohort Study," *Psychological Medicine* 52, no. 5 (2022): 824– 33.

20 Jeffrey Arnett, *Emerging Adulthood: The Winding Road from the Late Teens Through the Twenties* (New York: Oxford University Press, 2004).

21 Elder, *Children of the Great Depression.*

22 Stanley Cohen, *States of Denial* (Cambridge: Blackwell, 2001).

第十六章

失序美國

哈姆雷特．克魯茲－戈梅茲（Hamlet Cruz-Gomez）在二〇二〇年五月成了新手爸爸。這個時間點不太好，理想上他應該要陪著妻子安潔莉卡（Angelica）度過生產前的最後幾週，和妻子一起舒舒服服窩在家、見見摯友與家人，度過女兒出生前最後的兩人時光。兩人應該趁機將居家環境打理好，準備迎接女兒到來。二十五歲的克魯茲－戈梅茲在布朗克斯區的蒙特菲奧蕾醫院擔任放射師，在疫情期間他被歸類為重點工作者。紐約市碰上了病毒肆虐，克魯茲－戈梅茲只能繼續盡責地天天通勤到醫院上班，在死亡與疾病威脅的包圍下努力度過每一天。為了保護安潔莉卡與寶寶的安全，克魯茲－戈梅茲採取自我隔離措施，直到臨盆前一刻才及時趕回家見證女兒的出生。儘管遇上了疫情，對他來說那依然是充滿喜悅與希望的時光。[1]

六月三十日下午，克魯茲－戈梅茲開著他的本田休旅車到皇后區採買家用品。這趟行程安排在這個時候簡直大錯特錯。差不多在中午時，來自布朗克斯區的三十七歲男性拉蒙．佩納（Ramon Pena）趁著貨車司機正在送貨的空檔在牙買加區（Jamaica neighborhood）偷了一台廂式貨車。調查人員表示，佩納一上車就以時速五十五英里（約時速八十九公里）在市區忙碌壅塞的街頭飛馳。地方檢察署對外表示：「後來我們發現一輛與遭竊車輛描述相符的送貨卡車沿著皇后區與布魯克林區的漢伯特街（Humboldt Street）和大都會大道（Metropolitan avenue）行駛，一路撞上超過二十部靜止或行駛中的車輛，其中好幾部車裡都有駕駛或乘客，因此造成數人受傷。」連續闖了一堆紅燈以後，佩納還直接開上對向車道，一路瘋狂急駛過紐約市區。當時克魯茲－戈梅茲正開著本田休旅車從大都會商場（Metro Mall）的停車場離開，正好被佩納疾駛的貨車從駕駛座這一側攔腰撞上。車禍發生後佩納立刻跳下貨車，跑進最近的地鐵站，最後在站內遭警方逮捕。克魯茲－戈梅茲旋即被送至艾姆赫斯特醫院急救，最後是在院內心跳停止而死亡。[2]

兩天後，皇后區地方檢察署起訴佩納：二級謀殺罪、二級傷害致死罪、一級傷害罪、二級重傷害罪、三級重大竊盜罪、肇事逃逸致死、違反多項交通規則。若所有指控罪名皆成立，佩納會面臨長達二十五年的刑期。地方檢察官梅琳達．卡茨（Melinda Katz）表示：「皇后郡不接受也不能容忍這種愚蠢的暴行。」[3] 當地官員也承諾將嚴厲打擊犯罪。

二〇二〇年春末夏初時，整個紐約市及全美各地出現了愈來愈多愚蠢的暴行，地點包括街道與高速公路、公園和廣場，甚至連一般民眾住家的私領域也不例外。第一波COVID疫情導致美國動盪不安——人民普遍的焦慮、不斷延長的封城、關閉校園、禁止集會、對於佩戴口罩規定僵持不下的激烈爭論（在這紅、藍陣營都視對方為不共戴天死敵的國家，兩個政治集團的鬥爭早已愈演愈烈），這些事讓破壞行為變得更加頻繁。轉變不是立即發生的。整體而言，美國在二〇二〇年三月至七月之間犯罪率其實下降了，但在這之後情勢有了戲劇性的變化。疾病管制與預防中心表示，二〇二〇年凶殺案「增加數量創下新高」。在黑人的命也是命抗議活動中，全美有許多不法人士破壞高檔商業設施的店面玻璃櫥窗，造成街道呈現一片失序、破敗景象。家庭暴力的案例激增到令人心驚的地步。酒精與藥物濫用和藥物過量致死的問題節節升高。[4] 槍枝銷售數量飛漲。[5] 劫車與仇恨犯罪急劇增加。[6] 銷售基本醫療物資的商家涉嫌哄抬價格。[7] 網路犯罪暴增。[8] 美國到處出現魯莽駕駛行為，導致很多像克魯茲－戈梅茲這樣喪命的事故，而且多數常見案例中是行人不幸受害死亡。[9]

媒體時常將破壞行為激增歸咎於壓力、疏離、失序、孤立等問題，而且這些事讓美國人在混亂失序的社會裡迷失方向。《大西洋》雜誌的記者奧加．哈贊（Olga Khazan）寫道：「人類是社會性的動物，孤立感正在改變你我。疫情導致人與人之間的聯繫日益薄弱：孩子不去上學、家長不出門上班、信眾不上教會、聚會也沒了……我們整體上在過去兩年停止了社交活動，而從許多層面來看我們同時也沒了道德感。」[10]不過這種論述的問題在於，全世界近乎所有國家的社交生活都在二〇二〇年遇上與美國相似的轉變，而觀察歐洲與亞洲多數國家，我們甚至會發現：他們在封城及保持距離相關的強制規定上比美國嚴格許多。這些地方的人也同樣承受了極高的壓力與焦慮感，但沒有哪個歐洲或亞洲社會的破壞行為激增幅度像美國這麼高。事實上，這些國家的狀況正好與美國相反：多數歐洲與亞洲國家的暴力犯罪都顯著減少了。

以最極端的反社會暴力行為：凶殺案來說，美國長年的凶殺案發生率都遠遠高過澳洲、歐洲、亞洲國家——不是因為美國人犯的罪更多（其實並沒有），而是因為槍枝太容易取得。[11]這一點可以幫助我們了解每一年的犯罪趨勢，因為以美國的情況而言，要發生大量額外的謀殺案才足以改變整體比例，不像其他國家，只要凶殺案的數量稍稍增加，整體上升比例就很明顯。這樣說來，美國的變化趨勢更顯得驚人，二〇一九至二〇二〇年間，美國凶殺案激增了百分之三十，超過一世紀以來，這個數字為單年增幅最高的一年。[12]英格蘭與威爾斯的情況與美國相反，疫情第一年的凶殺案反而減少了百分之十二[13]；澳洲減少了百分之三；台灣減少百分之十五；香港減少百分之九。[14]加拿大的凶殺案大約上升了百分之七（部分原因是二十二人在一次大規模槍擊案中身亡）。[15]南韓的凶殺案數字維持穩定。[16]

我們很容易直接把美國二〇二〇年凶殺案激增歸咎於槍枝氾濫、槍枝銷售量增加。不可諱言，槍枝確實扮演了重要的角色，然而光是易於取得槍枝武器這一點，卻無法解釋為何另一種暴力犯罪——危險駕駛——

與其他國家相比也大幅增加了。儘管在疫情剛開始那幾個月，美國車禍死亡的人數驟減，但二〇二〇年整年累計下來，美國的交通死亡率卻上升了超過百分之七。背後的原因是經濟重新開放、駕駛人紛紛上路後，發生了許多駭人的車禍事故。[17]歐洲卻沒有這種現象，例如英國交通部的資料顯示，二〇一九至二〇二〇年間英國國內交通死亡率下降了百分之十七，與歐盟國家呈現減少的趨勢相同。[18]南韓在疫情期間交通事故導致死亡或重傷的比例下降了超過百分之十，是自南韓政府開始統計以來最大的下降幅度。[19]香港的交通死亡率也下降了百分之十。[20]加拿大的車輛死亡事故些微增加了百分之一，但重傷的比例下降了百分之十二。[21]澳洲也有些微下降的趨勢。[22]

由此可見，論及疫情第一年出現的暴力和反社會行為，美國的情況確實與他國格外不同。問題是，為什麼會這樣？

這個問題的答案一部分來自根深蒂固的問題，一部分則是會依情況而變動的權變因素（contingent factor）。有一派人認為，美國的國家文化是透過長年的暴力所形成、塑造出來，這正是美國研究學者理察・斯洛特金（Richard Slotkin）提出的核心概念。他在筆下的美國邊疆神話三部曲中提到，試圖統治、消滅原住民的殖民拓墾者對原住民的存在感到焦慮，那也成為美國透過暴行形塑規範與制度的道德合理化依據。[23]社會心理學家李查・尼茲比（Richard Nisbett）對奴隸制遺留的影響（尤其在美國南部與西部）也提出了類似的理論。尼茲比認為，白人因為奴隸制度的存在而必須對其他人種進行（在當時合法的）暴力鎮壓，而這也導致某些地區有了「暴力自然且必然存在」的文化形態。[24]提倡此論點的人理所當然會認為，美國在二〇二〇年因為面臨重大危機的威脅，才展現出文化中的暴力傾向。

除「暴力文化」的論點之外，美國還有另一種顯而易見的思維：有些人堅稱二〇二〇年美國社會失序的根源是這個國家的個人主義（甚至是超個人主義）價值觀。疫情期間人與人之間要保持社交距離，同時又有極端個人化現象，於是削弱了社會的團結力量，而且華頓商學院（Wharton）經濟學家馬歇爾・米爾（Marshall Meyer）於一篇探討死亡車禍的文章中提到「霍布斯主義❶高速公路」，二〇二〇年的社交距離與極端個人化讓美國用路人的日常生活成了「所有人對所有人的戰場。」[25]事實上，我們有充分證據可證明美國文化傾向個人主義的程度超乎尋常。加州大學柏克萊分校的社會學家克勞德・費雪（Claude Fischer）就寫道：「在美國文化中，行動、意義、責任最終的根源都來自個人而非群體。跨國調查顯示，比起其他西方人，美國人更傾向以獨立、自力更生、個體的角度來理解世界。」因此每個人都得為自己的命運負責。除此之外，費雪也援引世界價值觀調查（World Values Survey）。該調查詢問受訪者：「你認為你對自己的生命有多少選擇與掌控的自由？」費雪表示，「美國有百分之四十四的人將自己握有的自由及對命運的控制權評為九至十分，與另外十個西方民主工業大國相較，比例高上許多。」[26]不管是在物質或甚至道德層面，美國人認為大家是生存只能靠自己的獨立個體。

不過這並非美國文化的全貌。例如亞歷克西・德・托克維爾（Alexis de Tocqueville）及羅伯特・貝拉（Robert Bellah）等社會觀察家便發現，美國個人主義長久以來都與另一種強大的國家文化——志願主義（Voluntarism）[27]——相互拉扯。比起歐洲人，美國人更可能加入公民組織或投身宗教團體，也更可能結婚生子。對於自己所屬的社會團體，美國人會表達認同與強烈的支持。[28]

費雪將這種現象稱為「矛盾的美國個人主義」（paradoxes of American individualism），從中我們難以確切預測美國在任何一種壓力或危機下會如何反應。即便美國人真的更直接了當擁護個人主義，要把根本的文化傾向（可能是使用暴力，也可能是萬事靠自己）與疫情期間某些行為連結在一起，這樣的結論仍不讓人

❶ 譯注：在英文語境中有時會以霍布斯主義（Hobbesian）來形容無限制、自私、野蠻的競爭情況，或用來指「強權即為公理」的觀點。這些思維並非霍布斯理論的初衷。

滿意。文化確實會對人的某些行為產生影響，但真正的困難在於要找出特定行為在某些時刻、地點出現的原因。以美國的例子而言，美國人根本的暴力傾向就無法解釋為何疫情前幾十年的凶殺案數量會大幅減少；而假如美國人真的對個人主義這麼執著，這個國家偶爾湧現的集體主義與團結精神也無從解釋。想了解疫情中暴增的暴力、反社會行為，我們就要辨識出疫情危機爆發初期形塑美國人的感受與信念的直接力量，這些正是導致COVID疫情之後造成大規模社會動盪，使美國陷入失序狀態的肇因。

就算沒有疫情，二〇二〇年對美國來說依然注定是充滿混亂的一年。二〇二〇年十一月，美國即將舉行這個國家史上最重要也最具爭議性的一次選舉。美國社會的政治傾向漸漸朝兩極化分裂；民主黨支持者當中有愈來愈多人認為共和黨支持者正在侵害民主規範、破壞民主體制，並認定他們不顧公民為此須付出的代價，不斷利用政治體制放大自己政黨的權力。共和黨則有與日俱增的支持者認為民主黨支持者在打壓自由、資本主義，甚至於打壓美國。皮尤研究中心二〇一九年九月做的調查顯示，百分之七十五的民主黨支持者表示，他們認為共和黨支持者都「心胸狹隘」，共和黨支持者當中也約有百分之七十的人認為民主黨支持者「不愛國」、「心胸狹隘」。[29]同年十二月，美國眾議院投票彈劾川普總統，雙方相互蔑視的情況因而愈演愈烈。美國參議院於二〇二〇年一月開始了第一次彈劾案的審判，而因為共和黨人占多數，川普總統很快就獲判無罪。也因此，美國人得在十一月的大選投票選擇是否讓川普連任。而在這之後的漫長大選年裡，對立黨派的雙方人馬都堅信共和政體已陷入危機。

美國右派由川普的強人政治領導[30]，他們主張有權採取任何必要手段來維護國家。在川普的世界觀裡，只要一有需要，縱使沒有受到具體的威脅，使用暴力也是正當合理的。從川普二〇一五年開始投入二〇一六年總統大選競選活動，一直延續到整個疫情期間，記者就記錄到川普總統本人多次鼓勵仇恨團體，以及支持使用政治暴力的手段來達到目的。

川普鼓勵暴力的言論一開始主要針對在他競選活動中鬧事的運動人士。二〇一五年，川普的保鑣在他演講時拖走一位高聲大喊「黑人的命也是命」的黑人男性，而川普說：「也許他該見識一下被痛揍的滋味，因為他做的事令人噁心至極。」二〇一六年在愛荷華舉辦的一場活動上，川普向群眾表示他聽說有抗議人士打算丟番茄到台上，而他說：「如果看到有人打算丟番茄，你們就開扁吧，好嗎？我說真的，把他們打爆就對了。」接著他又說：「我保證我會負責所有訴訟費用，我保證。花費其實也不會太多，因為法院會站在我們這邊。」除此之外，川普也曾在拉斯維加斯要大家注意一位示威者：「真想揍扁他的臉。」接著他回憶起暴力較為人所接受的往日時光：「現在我們都不能動手揍回去了。啊，過去的時光多美好啊。你們知道以前在這種場合我們會怎麼對付這傢伙嗎？我們會讓他被人用擔架抬出去啊，各位。」[31]大選前一個月，鏡頭中的川普被人捕捉到他大言不慚說起自己性騷擾他人的事。當時電視主持人比利・布希（Billy Bush）問他遇到迷人的女性該怎麼反應，川普建議：「總之你就一把抓住她們的下體，想幹嘛就幹嘛。」[32]

這些威脅、具煽動性的言論不僅會帶動支持者在競選活動上的情緒，還導致暴力行為顯著增加。流行病學家發現，與平時相比，川普舉辦競選活動的城市在活動當天，攻擊事件發生頻率平均會增加二・三次。這份刊載於《流行病學期刊》（*Epidemiology*）的研究分析了川普與希拉蕊・柯林頓團隊舉辦的競選活動，探討兩者分別對犯罪趨勢有何影響；該研究的作者發現，柯林頓的競選活動對當地犯罪率無明顯影響，但川普的競選活動一再造成流血事件。[33]

川普入主白宮後，他對仇恨團體與暴力行為的支持與煽動也拓展到新的領域。他多次表示主流媒體記者都在「散播假新聞」，還指控他們是「人民的敵人」。他呼籲警察對嫌疑犯不用客氣，川普大放厥詞：「在某些城鎮你會看到犯人直接被塞進警車後座，警察會用力把他們丟進去，所以我說，拜託不要對他們那麼好。

有時候我還看到警察用手護著那些傢伙的頭，拜託，他們可能剛殺了人，你們還要把手護在他們頭上怕他們撞到。我的意思是，不用撞他們的頭，但手也不必放在那裡吧。」川普要人以更殘忍的手段對付非法移民，還制定強行將移民兒童與父母分開的政策，這是公然違反人權的行為。後來在一次維吉尼亞州夏綠蒂鎮當地舉辦的白人優越主義者的活動上，有位參加者開車衝撞前來抗議該活動的群眾，導致三十二歲的當地女性海瑟．海爾（Heather Heyer）身亡，另外也造成數人受傷。然而即便如此，川普也拒絕明確譴責這場集會活動，他堅稱遊行群眾中也有許多「好人」。[34]

美國民間長久以來都有小型民兵組織的存在，他們持有武器與武裝的權利受到憲法保護。與美國現代歷史上的其他總統相比，川普對這些極端主義立場的民兵團體表現出更多讚揚與欣賞之意，也不管美國聯邦調查局、美國國土安全部、美國司法部、美國政府問責署（Government Accountability Office）等多個聯邦單位提出警告：白人優越極端主義和極右翼團體——正如聯邦調查局與國土安全部提出的聯合情報公報所顯示的——「持續帶來可能致命的暴力威脅」。[35]南方反貧窮法律中心（Southern Poverty Law Center reports）表示，川普總統任期內活躍的仇恨組織數量創下新高，而這些組織的數量在二〇一八年飆升至超過一千個，過了二〇二〇一整年則依舊維持在「歷史高點」。[36]

雖然幾家主流新聞媒體報導都對此趨勢表示譴責，但還是有不少保守派媒體——包括福斯新聞及許多電台、podcast節目、網站——頌揚川普的強人政治。他們表現出對於美國失去偉大地位的義憤填膺。他們怨懟「軟弱」政治領袖制定的政策讓美國變得虛弱無力，背景再搭配上從進步派抗議活動捕捉到的暴力行為畫面。他們表達要重奪權力、重掌控制權的保證與諾言。名嘴與政治人物模仿川普的人格特質與風格，不時表現出陽剛、虛張聲勢的模樣。社群媒體上，右翼團體的頁面充斥著要對所有威脅他們的人（包含移民、少數族群、環保人士、民主社會主義者，甚至只是自由派的一般大眾）發動反擊的言論。左翼團體也有所回應，儘管人數較少，但反法西斯主義團體（安提法）也組織起來，要對抗走上美國街頭的白人民族主義者、法西斯主義者、獨裁支持者。

在這個需要社會凝聚團結力量、付諸集體行動的危急關頭，美國人卻變得分化、激進。例如史泰登島的丹尼爾·普雷斯蒂——政府要求他為公共衛生安全犧牲生計、關閉他經營的酒吧，然而主政者不但沒有提供經費、援助，反而讓普雷斯蒂自生自滅，甚至還威脅他若違反規定就要受處罰。在這樣的情況下，普雷斯蒂感覺被紐約州和整個社會拋棄了：他在自己的國家土地上，卻覺得像遭放逐的人，甚至是個異鄉客。他感到孤立無援，好像其他所有人都受到重視，唯有他和家人不然。對他來說，社會契約就在這時失效了。於是他用愈多時間看右翼有線電視頻道的節目、接觸大力煽動憤怒情緒的網路社群，他就愈加堅信自己非反擊不可。普雷斯蒂周圍許多抱有相同價值觀的人、示威運動人士和國家政治領導人（甚至包含總統本人）都支持對州長發起抗議，有時甚至還上升到公然的暴力行為。

疫情不但創造出新戰場，也增添了新的對立議題。可想而知，川普最開始是把怪罪、怒氣對準中國。他運用各種仇恨語言激起仇視亞洲人的情緒，而這種行為也正如人權團體所提出的警告那樣，助長了一波種族暴力。接著，白宮又對聯邦機構中醫學與公共衛生領導者提出的科學評估表示質疑——不僅懷疑新型冠狀病毒沒有這些專家宣稱的那麼危險，還建議民眾以療效未經證實的替代性藥物治療這種新疾病。疫情第一年，川普政府及其支持者都倡議並標榜一種獨特思維：美國人基本上可以想幹嘛就幹嘛，不必配合社會協調好的集體行動。

四月三日美國疾病管制與預防中心發布佩戴口罩的防疫指引後，川普總統當下的反應與評論正是其自由放任政策演變過程中最關鍵的一件事。川普宣布了美國疾病管制與預防中心的建議、表示人民在公共場所務須佩戴口罩，接著立刻表明立場：「我會選擇不這麼做。」川普總統是在鼓勵每個人自由決定要做什麼或不做什麼。[37]而這種自由決定的原則也擴及疫情中幾乎所有政策：是否保持距離、使用哪些藥物、是否篩檢或追蹤接觸者；最後是或許會發揮最大影響的關鍵——是否接種疫苗。

在州長背景為民主黨的州，通常會實施較嚴格的防疫規定，保守派因此發動了激烈的抗議活動反對封城與規定戴口罩的防疫措施。放眼全國，各地都有右翼團體在州政府、市政府舉行示威活動，其中有些抗議群眾明目張膽攜帶槍枝，因此有時會擦槍走火上演暴力事件。四月中，部分由教育部長貝琪・戴佛斯出資支持的保守派團體：密西根自由基金會（Michigan Freedom Fund）推動了美國第一場大型反封城抗議活動。後來密西根州立法大會在四月三十日投票通過延長密西根州的警急狀態，該團體又再次發起抗議行動。《紐約客》（*The New Yorker*）報導寫道：「數十名攜帶突擊步槍的男子湧進圓形大廳，步步接近州立法機構深鎖的大門，他們對眼前一排員警大吼：『讓我們進去！』」[38]

世界上其他民主社會的政治領袖則採取了不同做法。澳洲的保守派首相史考特・莫里森堅稱，「疫情下沒有藍、紅陣營之分……也沒有勞方與資方對立。此時此刻我們都是澳洲人，這才是最重要的事。」[39]莫里森在二〇二〇年四月初實施新的社交與經濟防疫限制，他在國會上演說，呼籲全國上下一心為公共衛生和社會共同利益而努力，並鼓勵全民凝聚團結力量一起對抗共同的威脅，而不應一味強調個人隨心所欲的權利。

> 我們的社會不強迫人民，而是透過國會與全國各地機構與人民達成一致協議；我們支持全國的共同利益。這些事並不會被放棄……澳洲人享有的生活品質可以證明澳洲的主權，我們有世界級的醫療衛生、教育、身心障礙與高齡照護體系，也有能保障所有澳洲人生存所需的社會安全網。這些事不會被放棄。最重要的是，主權是靠我們身為澳洲人的信念、重視與珍惜的一切、我們的原則，以及我們的所作所為來維繫。這一切絕對不能放棄。所以我想再次呼籲，此時此刻已無關乎意識形

態。我想請各位先把意識形態擺到一邊去。現在最重要的是必須捍衛、保障澳洲，保護我們的國家。我們會從這場躲不了的戰鬥中勝出，而且勢必要付出代價，也會有所犧牲。無論面臨何種形式的威脅，要捍衛主權通常就得付出巨大代價，我們如今面臨的情況也沒有什麼不同。今天，我們在此同意付出捍衛國家所須承擔的代價，也就是現在即將立法通過的各項重要措施。不過，今天我想代表澳洲政府、以總理的身分向全國人民保證，只要我們攜手克服這些威脅，澳洲終將重建、恢復你我在這場戰鬥中失去的一切。[40]

多數西方國家領導者在疫情第一年都提出類似的論調來提升國家凝聚力，並提醒疫情中人民共同的責任與目標。加拿大總理賈斯汀．杜魯道在三月底的演說中強調各種社交限制是保護弱勢族群與重點工作者的必要手段：「若你選擇與他人集會或前往人潮擁擠的場所，不僅可能危害自己的健康，同時也會置他人於險境。受害的可能是你某位住在老人安養中心的長輩、身上有預先存在的症狀的朋友，當然還有我們身處醫療第一線的護理師與醫師，以及在超市上架民生必需品的工作者。我想請各位做出正確的決定，社會需要每個人盡自己一份心力。」[41]即便是一開始提倡個人主義傾向防疫措施的鮑里斯．強森，也在英國出現大量確診案例後轉而採取呼籲民眾為共同利益而戰的說法：「這是一場全體英國人民都受到徵召的戰鬥。每位英國人民如今都有義務齊心阻擋疾病蔓延，這是為了保護我們的國民健保，為了保護成千上萬的人命。正如我們以前就面對過歷史上的一次次難關，英國人這次一樣會勇於迎接挑戰。我們會以前所未有的堅強度過這一切，全英國人會齊心協力擊潰新型冠狀病毒。為此，我懇請全體人民在國家陷入緊急狀態的此刻，好好待在家不要出門，保護國民健保，拯救人命。」[42]

當然，民主社會的政治領導者無法強制人民在危機當前時應該怎麼做。然而若是把美國社會所有暴力問題都算在走強人政治路線的總統頭上，那會跟把澳洲、加拿大人的合作全歸功於總理呼籲團結、理解彼此一樣，兩者均有失公允。但正如大量社會科學研究顯示，在社會不穩定的時刻，政府官員對大眾的意見及行動都有很大的影響力。他們會為媒體和公民定調整個社會面臨的處境，而且扮演的角色不容小覷。針對政策制定的目標及公開討論的論調，他們握有左右風向的力量，其他人難望項背。[43]最重要的是，川普在談論COVID時使用的語言削弱了美國人找到共識、團結合作的可能性。如果假想另一種合理且與現狀截然不同的世界——像川普這樣的政治強人或許會試著用保守派政治領導人（如莫里森與強森）拿手的軍事比喻，把病毒比擬為國家、社會共同的敵人，而打擊疫情就是全民都要投入的偉大戰鬥。然而事實並非如此。川普選擇把責任丟給各州、丟給每一位美國公民。政府會在經濟紓困或資助疫苗生產等方面付出必要投資，但在控制病毒傳染這方面，美國人就得自立自強了。

事到如今，削弱美國社會聯繫的各種因素在加乘作用下已經益發明顯。根本性的個人主義文化與必須自力更生的信念，再加上暴力傾向，在在助長了不信任與分裂的政治氣氛。我們的總統在疫情緊急狀態中發揮了他不同凡響的權力與影響力，強烈鼓動人民質疑科學專家、默許大眾無視他們不喜歡的公共衛生指引。[44]在媒體界及其他政府單位，川普的支持者都響應了他的態度。除此之外，他們還縱容——某些時候甚至是煽動——針對強制戴口罩規定、關閉非必要服務商家、封城等防疫措施表達抗議的暴力示威。這些人把這類規定說成違反人權的「專制暴行」。在這樣的情況下，人與人之間的敵意滋長，人民對「公民社會」的概念失去信心。要活下去只能靠自己。

但因為有努拉．歐多提這樣的人，以及COVID照護社區網這樣的互助團體，我們才能藉他們的故事提醒自己：美國社會並沒有在二〇二〇年徹底土崩瓦解。放眼全美的小鎮、郊區、都市的鄰里，很多社區組織都挺身而出幫助有需要的街坊鄰居。然而，美國人確實更容易與抱有相同世界觀、政治傾向、身分認同的人建立關係，而要跨越意見分歧的族群之間的鴻溝則比較有難度。美國總統大選的日子一天一天接近，美國人民之間的共通點就剩對敵對陣營人士的不屑了。

恐懼、仇恨、怨懟、憤慨、怒意——這些普遍存在的情緒在美國人心中的怒火上又添了一把柴薪，也加速社會出現失序暴力的發展趨勢。[45]在疫情發生的前幾年，川普總統帶有威嚇性質的發怒及揚言報復對手的威脅，已經改變了國內瀰漫的整體情緒。媒體迎合大眾口味，紛紛以憤怒口吻譴責據稱有不良意圖的各種行動，助長了敵意。在美國歷史上的其他時刻，國人往往會盡力避免與政治有關的各種爭議或對立，然而在二〇二〇年，大家卻忙著找機會表態。[46]一些美國人會以軍事用語裝飾自己的汽車或卡車車身；我們在路上愈來愈常看到某些車子的保險桿上貼著響尾蛇貼紙，上面寫：「別得罪我」；有些貼紙則在大砲或AR-15步槍圖案下印著：「有本事就來」的字眼。至於那些批評總統的人，他們的車上常可見到「不是我的總統」、「叛國賊45❷」（TRE45ON）、「抵抗到底」等標語。看著這些汽車，也就不難想像為何許多駕駛在路上開車會變得更魯莽、危險。

大學校園裡，支持保守派及溫和自由派的學生則無奈表示，「取消文化」在校園裡創造出一股恐懼的氛圍，因此大家不敢公開表達意見，更別說是投入有建設性的討論了。其中一位政治傾向為支持進步主義的年輕人就向我們表示，即便他都已經參加黑人的命也是命的示威遊行，他那些「覺醒」的同儕還是會對他施以嚇阻、噤聲。「我看到有些人在分享克里斯多福・多爾納（Christopher Dorner）的迷因，甚至把他當成偶像來崇拜。這個人是洛杉磯前員警，結果大開殺戒射殺了洛杉磯警察局的員警及其家人，以求洗刷自己的名聲。我認識的不少人都把多爾納當成英雄看待。但這件事從某些角度來看很詭異，我來自警察家族，我祖父

❷ 譯注：此標語利用 treason 的字型，將 AS 兩個字母改成 45，意指第四十五任美國總統川普是叛國賊。

是美國邊境巡邏隊的員警，而我在這個世界獲得的保障與保護其實來自於他的工作。那這樣看來，在我的同儕眼中，我這個人也就跟警方一樣是坨屎般的存在吧。而且我覺得最不合理的是，難道因為我祖父是警察，我就成了他們合理的攻擊目標？」

日常生活裡無法實現和平，會影響到幾乎所有立場分歧的民眾會共處一地的各種場所。購物中心裡，我們會看到保守派支持者公然嘲笑戴口罩的民眾只會乖乖聽話，自由派支持者則對著沒戴口罩的人大吼大叫，指控他們的魯莽會危害周遭所有人。這些爭執不時會上升至暴力衝突的程度，有時甚至會演變為謀殺攻擊事件。在校園裡，經濟無虞且可以改為遠距辦工的家長有能力幫孩子切換至線上教學的上課模式，而勞工階級的家長很需要學校重新開放校園，這樣孩子才有地方去，家長也才能出門維持生計。然而在疫情中，前者卻沒想過後者的需求。飛機上，「不守規矩的乘客」成了空服員與其他乘客眼中的大麻煩，其中最常見的爭端大概就是為強制戴口罩的規定而吵了，因為會有一部分有話直說的乘客堅持起飛後就要脫下口罩。其他問題則包括某些乘客可能已經確診都還要照常搭機，再將病毒傳染給附近的乘客，這種現象讓搭飛機變成一件充滿壓力、擾亂社會的旅行體驗。如今，美國人愈是接近與自己分屬不同群體的人，就愈想與之保持距離。

注釋

1 Brittany Kriegstein and Larry McShane, "'He Did Not Deserve to Die': Heartbroken Family of New Dad Killed by Stolen Truck Driver Left to Weep and Wonder Why," New York *Daily News*, July 1, 2020.

2 "Bronx Resident Charged in Hit-and-Run Box Truck Crash That Killed Man and Damaged Numerous Vehicles," Press Release from District Attorney Melinda Katz, New York: Queens District Attorney, 2020.

3 Kriegstein and McShane, " 'He Did Not Deserve to Die.'"

4 Brad Boserup, Mark McKenney, and Adel Elkbuli, "Alarming Trends in US Domestic Violence During the COVID-19 Pandemic," *The American Journal of Emergency Medicine* 38, no. 12 (2020): 2753– 55; Kenneth A. Dodge et al., "Impact of the COVID-19 Pandemic on Substance Use Among Adults Without Children, Parents, and Adolescents," *Addictive Behaviors Reports* 14 (2021).

5 Martin Savidge and Maria Cartaya, "Americans Bought Guns in Record Numbers in 2020 During a Year of Unrest— and the Surge Is Continuing," CNN, March 14, 2021.

6 Peter Nickeas and Priya Krishnakuma, " 'It's a Disturbing T rend.' Cities See Large Increases in Carjackings During Pandemic," CNN, January 23, 2022; FBI National Press Office, *Hate Crime Statistics*, 2020, Washington, DC: Federal Bureau of Investigation, 2021.

7 "Attorney General Schmitt Warns of Medical Supply Chain Price Gouging," Missouri: Office of the Attorney General, March 16, 2020.

8 Tonya Riley, "The Cybersecurity 202: Cybercrime Skyrocketed as Workplaces Went Virtual in 2020, New Report Finds," *Washington Post*, February 22, 2021.

9 Simon Romero, "Pedestrian Deaths Spike in U.S. as Reckless Driving Surges," *New York Times*, February 14, 2022.

10 Olga Khazan, "Why People Are Acting So Weird," *The Atlantic*, March 30, 2022.

11 Franklin Zimring and Gordon Hawkins, *Crime Is Not the Problem: Lethal Violence in America* (New York: Oxford University Press, 1999).

12 John Gramlich, "What We Know About the Increase in U.S. Murders in 2020," Pew Research Center, October 27, 2021.

13 United Kingdom Office for National Statistics, *Homicide in England and Wales: Year Ending March 2021*, Wales: Office for National Statistics, February 2022.

14 "Australia Murder/Homicide Rate 1990–2022," *Macrotrends*, https://www.macrotrends.net/countries/AUS/australia/murder- homicide-rate; "Number of Homicide Cases in Taiwan from 2010 to 2020," *Statista*, 2021, https://www.statista.com/statistics/937681/taiwan-number-of-homicide-cases/; "Hong Kong Murder/Homicide Rate 1990-2022," Macrotrends, https://www.macrotrends.net/countries/HKG/hong-kong/murder-homicide-rate.

15 Wallis Snowdon, "Homicide Rate in Canada Surges—Driven by Gun Violence in Alberta and N.S. Mass Shooting," CBC

News Canada, November 25, 2021.
16 "Rate of Homicide in South Korea from 2010 to 2020," *Statista*, January 2022, https://www.statista.com/statistics/1232149/south-korea-homicide- rate/.
17 David Leonhardt, "Vehicle Crashes, Surging," *New York Times*, February 15, 2022.
18 *The Impact of Lockdown on Reported Road Casualties Great Britain, Final Results: 2020*, United Kingdom Office for National Statistics, September 2021.
19 Lee Hyo-jin, "Korea Sees Largest Decrease Rate in Traffic Accident Casualties Due to COVID-19," *Korea Times*, July 9, 2022.
20 *Traffic Report 2020*, Hong Kong: Hong Kong Police Force, Traffic Branch Headquarters, 2020.
21 *Canadian Motor Vehicle Traffic Collision Statistics*: 2020, Ottawa: Transport Canada, 2020.
22 Australian Associated Press, "Australia's Road Toll Falls Only Slightly Despite Coronavirus Lockdowns," *The Guardian*, December 31, 2020.
23 Richard Slotkin, *Regeneration Through Violence: The Mythology of the American Frontier, 1600–1860* (Norman: University of Oklahoma Press, 2000).
24 Richard Nisbett, "Violence and U.S. Regional Culture," *American Psychologist* 48, no. 4 (1993): 441– 49.
25 Marshall Meyer, "COVID Lockdowns, Social Distancing, and Fatal Car Crashes: More Deaths on Hobbesian Highways?," *Cambridge Journal of Evidence-Based Policing* 4, no. 3 (2020): 238– 59.
26 Claude S. Fischer, "Paradoxes of American Individualism," *Sociological Forum* 23, no. 2 (2008): 363– 72.
27 Alexis de Tocqueville, *Democracy in America: And Two Essays on America* (London: Penguin, 1838; 2003); Robert Bellah et al, *Habits of the Heart: Individualism and Commitment in American Life* (Berkeley: University of California Press, 1985).
28 Fischer, "Paradoxes of American Individualism."
29 Philip Bump, "Most Republicans See Democrats Not as Political Opponents but as Enemies," *Washington Post*, February 10, 2021.
30 Ruth Ben-Ghiat, Strongmen: *Mussolini to the Present* (New York: W. W. Norton, 2020).
31 *Vox*整理了一份很長的清單，其中列出川普鼓吹向對手使用暴力，以及他支持白人至上主義與其他極端團體的事件。請見 Fabiola Cineas, "Donald Trump Is the Accelerant," *Vox*, January 9, 2021.
32 David Graham, "Trump Brags About Groping Women," *The Atlantic*, October 7, 2016.

33 Christopher Morrison et al., “Assaults on Days of Campaign Rallies During the 2016 US Presidential Election,” *Epidemiology* 29, no. 4 (2018): 490–93.

34 Cineas, “Donald Trump Is the Accelerant.”

35 United States Congress, Senate, *Domestic Terrorism Prevention Act of 2019*, S.894, 116th Congress, 1st Session. Introduced in Senate March 27, 2019.

36 *The Year in Hate and Extremism 2020*, Alabama: Southern Poverty Law Center, 2021, p. 2.

37 “Donald T rump Coronavirus Briefing Transcript April 3: New CDC Face Mask Recommendations,” *Rev*, April 3, 2020.

38 Luke Mogelson, “The Militias Against Masks,” *The New Yorker*, August 17, 2020.

39 Government of Australia, Prime Minister of Australia, *Press Conference—Australian Parliament House*, *Act*, April 2, 2020.

40 Parliament of Australia, House of Representatives, *Ministerial Statements—COVID-19*, August 4, 2020.

41 Kathleen Harris, “Go Home and Stay Home, Trudeau Tells Canadians as Government Warns of COVID-19 Enforcement Measures,” CBC News Canada, March 23, 2020.

42 Government of the United Kingdom, Office of the Prime Minister, *Prime Minister's Statement on Coronavirus (COVID-19): 23 March 2020*.

43 Harvey Molotch and Marilyn Lester, “News as Purposive Behavior: On the Strategic Use of Routine Events, Accidents, and Scandals,” American Sociological Review 39, no. 1 (1974): 101–12; Shanto Iyengar and Donald Kinder, *News That Matters: Agenda-Setting and Priming in a Television Age* (Chicago: University of Chicago Press, 1987); Shanto Iyengar and Adam Simon, “News Coverage of the Gulf Crisis and Public Opinion: A Study of Agenda-Setting, Priming, and Framing,” *Communication Research* 20, no. 3 (1993): 365–83.

44 Paul Rutledge, “Trump, COVID-19, and the War on Expertise,” *The American Review of Public Administration* 50, no. 6–7 (2020): 505–11.

45 請見Steven Webster, *American Rage: How Anger Shapes Our Politics* (New York: Cambridge University Press, 2020).

46 Nina Eliasoph, *Avoiding Politics: How Americans Produce Apathy in Everyday Life* (New York: Cambridge University Press, 1998).

後記

從美國人對自己說的那套故事來看，美國是個偉大的民主社會。自美國在二戰中扮演對抗納粹與法西斯主義的關鍵角色以來，美國人就習於將自己的國家譽為「自由世界的領袖。」[1]

然而現實永遠更為複雜。幾個世紀以來，美國公民中僅有部分精挑細選出的群體有投票權。女性一直要到國會於一九二〇年正式簽署美國憲法第十九修正案（Nineteenth Amendment）以後才獲得投票權；而在一九六五年簽署《選舉權法》（Voting Rights Act）以前，黑人如果嘗試要投票，時常會面臨人頭稅、讀寫能力測驗、官僚找麻煩、暴力鎮壓等各種刁難手段。即便是《選舉權法》通過以後，想行使投票權的黑人也仍會在投票所碰上不合理的重重阻礙，例如投票的等待時間可能過久，還可能平白遭指控選民舞弊。[2]

至於美國擔當所謂自由世界的領袖這種說法也不是百分之百沒問題。雖然美國確實致力於在某些地方打擊專制主義（如德國、蘇聯），但卻縱容甚或支持其他地方的專制政府（如西班牙、阿根廷、巴拉圭）；從瓜地馬拉到智利等許多拉丁美洲國家內部，都能發現美國協助的對象其實是武裝叛亂者及反叛軍，他們靠武力顛覆民主程序選出的政府領導者。[3]只要符合美國利益，就算是獨裁政權也變得可接受；自由就和民主一樣，都是一種有條件的善。

而在二〇二〇年的最後幾個月，無數美國人親眼見證了自由與民主搖搖欲墜的危險。十一月，美國選民即將在唐諾・川普與喬・拜登兩位候選人之間選出下一任美國總統，這也是關乎未來將由共和黨或民主黨掌控國會的重大決定。對於兩黨領導者來說，這次大選牽涉的利害得失前所未見。拜登提醒所有選民：「民主就靠各位的選票了。」這位民主黨候選人在一次舉辦於賓州的選前造勢活動上向現場群眾表示，正是川普應對疫情的無能剝奪了美國人的基本自由。他說：「美國人之所以失去自由正是因為他的不作為。無法觀賞球賽、孩子不能去學校、子女沒辦法到醫院探望父母，你我甚至失去了在社區街道行走的自由。這一切正是因為他無能、又無法負起責任。」[4]

另一邊，川普也以類似言論警告選民。川普在接受他第一次彈劾案審判前說道：「民主黨那些人想奪走你的槍、拿走你的健保、偷走你的選票，他們也想搶走你的自由。他們想要盜走一切。」後來他陸續在二〇二〇整年的競選活動上多次提出換湯不換藥的類似言論。[5]

投票——所有程序包含登記、領取選票、勾選選票、交出選票、確保計票準確無誤——在美國大選中一直都充滿爭議。疫情不僅引發了新的問題，也使其他既有問題甚囂塵上。各州應該為想行使投票權、卻擔心可能在公共場所染疫的選民做出哪些調整？在指定地點投票的傳統模式之外的替代方案（如選票投遞箱或郵寄投票），政府又該推廣、投入資金到什麼程度？各州與地方政府官員又該如何確保收到的選票及計票系統真的安全、準確？

各州及地方選務人員面臨的挑戰可不只有防止傳染病散播而已。二〇二〇一整年，川普總統不斷利用總統職權對選舉程序的合法性提出質疑——重演了他在二〇一八年美國期中選舉期間及選後的作為。二〇二〇年七月，各州都在研擬擴大提前投票及設置選票投遞箱的相關計畫，而川普這時卻建議推遲美國大選並延長他留任美國總統的時間。川普在推特發文：「二〇二〇年總統大選將因為普遍開放郵寄投票（我指的不是不在籍選票，那倒是沒問題）成為美國史上最失真、最多弊端的一次選舉。美國臉面要丟大了。倒不如延後選舉，直到民眾可以好好地安全投票為止？？？」綜觀美國歷史，沒有哪一任總統曾提議暫停選舉，而川普總統這次的想法也未得到太多支持，甚至連過去一向會追隨他的共和黨人也不為所動。

儘管川普後來不再繼續鼓吹延遲大選一事，但他用了更大的力氣再三強調民主黨將盡其所能操弄競爭激烈的搖擺州（swing states）的選票，好摸走此次總統大選的勝利。他表示民主黨可能會利用駭客軟體、竄改電子計票系統、鼓勵民主黨支持者一人投多張選票、敦促並非公民的人投票等手段出老千。川普堅稱，敵對陣營不當利用了疫情的機會，他們違背美國人的民意要奪取控制美國的大權。然而八月的民意調查卻顯示他的支持度大幅落後拜登，這時川普則提出聲明：「只有選舉遭到操弄，我們才有可能輸掉這次大選。」[6]

另一邊的民主黨同樣對選舉可能遭到操弄而感到憂心。就和川普總統一樣，民主黨也擔心郵寄投票對大選造成的影響。以川普的角度而言，他認為美國郵政署（U.S. Postal Service，USPS）可能放任大量非法選票寄出，最後改變大選結果。至於民主黨人正好相反，他們是怕美國郵政署可能延遲郵遞，導致無法及時統計所有選票。民主黨之所以這樣擔心，主要是因為共和黨的一大金主：路易斯・德喬伊（Louis DeJoy）。即便他完全沒有在美國郵政署或任何其他公家單位任職的經驗，川普依然任命他為美國郵政署長。二〇二〇年夏末，為了壓低美國郵政署的經營成本，德喬伊實施了從頭到腳的巨大改革，而這導致了郵務嚴重遲誤。選在這個時間點實施改革計畫——正值疫情，且距離幾百萬美國人打算用郵政系統郵寄選票的大選僅剩幾週——引起許多臆測。《衛報》在頭條標題中提出了質疑：「川普新任的郵政署長是否企圖操弄選舉？」[7]

時至八月，德喬伊宣布暫緩推動美國郵政署的部分經營變革，但他的政治對手疑心未消。八月下旬，美國眾議院針對「保障信件、藥品、郵寄選票及時投遞」一案舉行了公開聽證會，在該場合上，民主黨人嚴詞質疑郵政署長再明顯也不過的政治動機，並且提出一項兩百五十億美元的法案，用意為將郵政投遞服務恢復至德喬伊任職前的水準。[8] 九月時，華盛頓一位聯邦法官宣判禁止德喬伊繼續變更郵政署的經營方式。美國地方法院法官史坦利・巴斯提安（Stanley Bastian）寫道：「以下結論並不難得出：近期郵政服務的改革是現任政府為干擾、挑戰即將舉行的地方、各州、聯邦選舉合法性而故意為之。」他也補充，這些手段似乎是為了「剝奪選民的選舉權。」[9]

二〇二〇年十一月三日，約有一億五千五百萬美國人投下了手中的選票，人數約占有投票權人口的三分之二，是二十一世紀以來最高的投票人數。[10]不過，最後看來，剝奪人民的投票權不是個問題，否認投票結果才是。選舉帶有儀式性，而美國總統大選中最神聖的瞬間就是結果大勢底定後，落選者致電恭賀贏家並承認敗選的那一刻。幾十年來，這種政權和平轉移的第一步彰顯了美國的民主價值，也是美國國民長久以來的驕傲。然而在二〇二〇年大選結果揭曉後，川普沒有撥出那通電話承認敗選。他的顧問聯繫了福斯新聞的高層及握有影響力的記者，要求他們撤回對美國大選結果的預測。傑洛德・庫許納（Jared Kushner）致電魯柏・梅鐸（Rupert Murdoch），卻無法說服對方鬆口幫忙。到了十一月四日的凌晨兩點半，川普公開聲明亞利桑那州的選舉結果為「騙局」，他要求選務人員停止計票，並表示應該由最高法院決定誰是大選最後贏家。[11]

十一月七日早上十一點二十四分，有線電視新聞網（CNN）是率先預測拜登即將贏得總統大選的大型新聞網，[12]其他新聞媒體（包含右翼的福斯新聞）旋即跟進。拜登在亞利桑那州、喬治亞州、密西根州、內華達州、賓州、威斯康辛州等關鍵州險勝川普。民眾選票方面，拜登比川普多贏得了近七百萬張選票，而選舉人團的得票方面，拜登贏了三百零六張選舉人團票，川普則獲得兩百三十二張。因此無論從什麼方面看，拜登的勝利很明確，但川普總統拒絕接受這樣的結果。幾個小時後，川普就透過社群媒體公開宣布自己才是總統大選的贏家，他在推特發文：「我贏了總統大選，壓倒性的勝利！」同時，他還表明這場選戰「離結束還遠著呢。」[13]川普向共和黨全國委員會（Republican National Committee）表示：「他們竊走了我的勝選結果，所以我不會離開。」[14]接下來幾週，川普和支持者向州法院和聯邦法院提出了六十二項法律訴訟，這是他為了在自己落選的各州推翻選舉結果做出的諸多努力的一部分。然而到了二〇二一年一月初，除了其中一項沒什麼影響力的案件以外，川普其餘所有法律訴訟都敗訴了。他對此依然不為所動。十二月時，這場大選僅剩由國會在二〇二一年一月六日正式計算選舉人團票數的最後一步，程序就要全部走完了。這時的川普依然故我，繼續在網路上發文：「這場虛假的選舉站不住腳了，動起來吧共和黨人們。」[15]

就在二〇二〇年末，全美的共和黨支持者真的照辦了。

二〇二〇年十二月三十日，超過三千八百位美國人民感染COVID身亡，這天成為疫情第一年內死亡人數最高的一天。同日，中國公布當天的死亡人數為零人，且七日平均COVID死亡人數亦為零人。[16]事實上，中國雖有超過十四億人口，但自二〇二〇年三月起，中國每週公布的全國COVID死亡人數就一直維持在零或一人。儘管是新型冠狀病毒爆發首當其衝的國家，中國卻宣稱他們二〇二〇年的COVID死亡總人數低於五千人。然而，中國境外的研究專家質疑這些數據的準確性，但由於難以取得可靠的中國醫療衛生數據，大家也無法知曉中國國內的真實狀況。舉例而言，《刺胳針》與《自然》期刊上都登載針對二〇二〇年及二〇二一年中國超量死亡人數的分析，兩者推斷的超量死亡人數相差高達四十萬人。[17]

對中國醫療衛生單位政府官員來說，由於政府採取COVID的嚴格清零政策，所以在二〇二〇年最後幾個月最重要的目標就是繼續保持感染人數掛零的數字。「當前防疫策略的目標是將嚴重急性呼吸道症候群冠狀病毒2型的本土傳播人數維持為零人或降至最低，直至中國人民透過接種安全有效的COVID-19疫苗獲得免疫力為止，屆時無論來自哪裡的COVID-19感染風險都將降至最小值。」中國疾病預防控制中心率領的學者團隊於二〇二〇年七月寫道：「中國對於遏止傳染病傳播的努力顯著降低了COVID-19的發病率與死亡率，同時也避免了社區傳染的情況發生。」[18]他們面臨的挑戰是須在未來無論碰上傳染力多高的變異株時，繼續阻擋下疾病的傳播。然而，許多人擔心在清零政策之下，不知人民得付出多巨大的代價。中國人還能繼續封鎖在家中、居家隔離並隔絕於各種社會與文化活動之外多久？即便本來就不是個民主國家，但中國人民的忍耐還是有極限的。

二〇二二年十一月，由於中國政府無限期堅持有害的COVID清零政策，開始有中國社運人士發起一連串備受關注的抗議活動。近三年來，中國居民歷經長時間的居家隔離，任何人進入公共場所必須先接受COVID核酸檢驗。如今，他們要透過聲勢浩大的社會運動對這些政策說「不」。在中國各大城市——烏魯木齊、上海、成都、武漢、北京（要在這些地方對政府表示異議代價可能高得驚人）——人民無懼寒冷在街上遊行長達數小時，他們口中喊著：「我們要自由！」藉此要求政府改變。[19]十二月七日，中國政府以快得令人意外的速度讓步了。主政者重新開放暫停實體課程許久的校園、取消強制實施病毒篩檢、回國旅客也不必長時間隔離。中國大眾表現得興高采烈，但好景不長——當地缺乏mRNA疫苗以及與COVID接觸而獲得的免疫力，中國人不僅容易感染COVID，也較可能是重症。短短幾週內，新增病例激增，醫院急診室人滿為患，而染病的死者遺體（從衛星影像可以直接看到這些遺體，但官方數據上見不到相應的死亡人數）則在醫療機構與殯儀館堆積如山。二〇二三年一月中旬，北京當局的報告表示，自取消清零政策以來五週內已有六萬人感染COVID死亡。然而據中國官方以外的觀察者估計，真正的死亡人數或許高出數倍之多，可能高達數十萬人甚或更多。[20]中國高層級衛生官員表示，自中國政府取消清零政策以來有超過十億人染疫，而在二〇二三年二月中旬，分別有四個不同的學術團隊估計，自疫情爆發以來約有一百萬至一百五十萬人死於COVID。[21]

農曆新年期間，中國人把握機會在國內旅遊、拜訪親友，新增病例數依然居高不下。一段時間後新增病例的情形終於趨緩，而我們很難不下這樣的結論：哪怕中國官員不願承認，但中國二〇二三年的公共衛生狀態的確與二〇二〇年的美國十分相似。中國最高領導人習近平雖然靠某些方式暫時遏止、控制了疾病的傳播，但那犧牲的是中國人民的自由與集體生活；而他對於躲過疫情危機的幻想還是被現實戳破了。政治強人終究無法靠編故事來保護國家。

澳洲二〇二〇年最後幾個月的政策措施同樣引起了不小的爭議：多虧強制實施的公衛措施（包含限制旅遊與社交集會），當年成為澳洲近代歷史上死亡人數最少的一年。澳洲健康與福利研究所報告表示，二〇二〇年澳洲的死亡人數與二〇一九年相比大約減少了八千人，而且男性和女性的預期壽命也達到空前最高的數字——與美國整體趨勢恰恰相反。[22]

雖然澳洲在全球疫病大規模流行期間努力保全人民性命，但不是所有人都對此感到滿意。愈來愈多澳洲人抱怨起防疫的封城措施，他們認為這些舉措得付出的社會與經濟代價事實上讓人難以負荷，而且某些州太頻繁實施這類措施了。維多利亞州的封城執行得既嚴格又漫長——當地政府自三月三十日至五月十一日實施了第一波封鎖，之後又在七月七日至十月二十六日啟動第二波封鎖——也因此某些最初抱支持態度的民眾轉而質疑當局的防疫措施是否比疫病帶來更大的傷害。時序入秋後，數百位民眾決定反抗禁止於公共場所集會的規定，他們走上街頭呼籲政府全面重新開放社會。其他如反對施打疫苗及各種 COVID 陰謀論的團體也加入向政府發聲的行列，產生了推波助瀾之效。在這樣的情況下，警方的應對方式是闖入其中一位知名運動人士的私宅，並逮捕其他在網路上大肆號召示威活動的民眾。[23]公民自由的倡議人士一向視澳洲為「全球數一數二自由的國家」，而今他們質疑起澳洲對基本人權的重視程度。[24]

二〇二〇年，英國開始湧現針對各項公共衛生禁令的批評聲浪，輿論同樣質疑起政府未積極保障公民自由。不過英國人在疫情期間互動與移動的自由與澳洲人相比仍大得多，也因此新型冠狀病毒散播的狀況就更嚴重，而這有部分也能解釋何以十二月初在印度出現的COVID Delta變異株當月就傳到了英國。Delta變異株與先前其他的COVID變異株相較，不僅傳染性超過兩倍，也更容易引發需要住院治療的重症。[25]有部分原因出於英格蘭不願多加限縮經濟及社交集會活動，所以該國在那年成為全球死亡率居高不下的最危險國家之一。英格蘭的超量死亡人數為八萬五千人，為全球超量死亡人數第三高的國家，前兩名分別是美國與義大利。至於英格蘭的人均超量死亡率則排名全球第九。[26]對於充滿犧牲、痛苦、政治動盪的一年，人心都已感到憤懣、疲倦；隨著聖誕節與新年假期的到來，數百萬人懷著期待要計畫外出旅遊、拜訪親友，但一切卻又突然岌岌可危。

十二月十九日的記者會上，首相鮑里斯·強森宣布Delta變異株引致的新增病例在倫敦部分地區、英格蘭東南部與東部大量湧現。他因此針對這些「第四級」疫情熱區提出新的防疫管控措施。「這些區域的居民在除了法律明定的例外狀況以外，務必待在家中不要外出。非必要服務的零售行業、室內健身空間與休閒設施、個人美容護理服務的店家，請務必暫停營業……請民眾不要任意進出第四級疫情熱區，也請第四級疫情熱區的居民不要在自家以外的地方過夜。」[27]

強森深知如此嚴格的管控措施勢必引起許多人民反彈。「我知道大家很多心思都期待著迎接這段時間，我也了解身為祖父母會有多想見到孫輩，而且這也是家庭團聚的時光，」強森說，「我們今年犧牲在聖誕節與所愛之人相見的機會是要保護他們的性命，未來我們才會有許許多多的佳節時光能齊聚一堂。」[28]強森為何有信心英格蘭很快就能「反抗」並「擊退」病毒？其實是英國在十二月八日成為西方世界率先開始施打經臨床實驗核准的COVID疫苗的國家。[29]短短十天內，就有超過三十五萬人施打了第一劑疫苗，而英國政府也計畫在接下來一個月推動大規模疫苗施打計畫。強森向英國人宣布：「現在我們終於有了希望——真正的希望——我們就快擺脫病毒了。英國人終於能奪回屬於自己的生活。」

與此同時，美國也終於出現擺脫病毒肆虐的一線希望。雖然美國疫情第一年的應變表現得七零八落，但在COVID疫情發生短短一年內就研發出安全、強效的新疫苗，這依然是一大里程碑，堪稱醫學史上最驚人的其中一件成就。就如多數成功的事物一樣，COVID疫苗的背後也有許多先行者催生出今天的成果，其中包括投入數十年研究mRNA技術的科學家、支持這些科學研究的藥廠，以及在政府與民間機構共同參與的公私合作夥伴計畫：曲速行動（Operation Warp Speed）投入了一百四十億美元的美國聯邦政府；該計畫的目的就是要加速研發COVID疫苗與醫療方法（不過計畫名稱顯然無法為本來就對新藥物有疑慮的民眾增加信心）。

川普不時會將美國迅速推出COVID疫苗的成就歸功於自己。他說：「你們也都知道，沒多少人相信這真的可能辦到。就連那些不見得是唐諾．川普粉絲的人都會說：『不管你喜不喜歡這個人，這確實是現代醫學史上最偉大的奇蹟，不管在其他任何醫學領域——對任何時代的醫學而言都是如此。』」[30]根據眾議院新型冠狀病毒危機特別小組委員會（House Select Subcommittee on the Coronavirus Crisis）的報告，川普政府曾對美國食品藥物管理局（Food and Drug Administration）施壓，要求他們在十一月總統大選前核准COVID疫苗的緊急使用授權，很顯然是為了博得選民的支持。[31]然而就在操作失敗、川普輸掉大選後，這位總統對疫苗也就興致缺缺了。

十二月十四，紐約長島猶太醫療中心（Long Island Jewish Medical Center）的護理師珊卓．林賽（Sandra Lindsay）成為美國首位在臨床實驗之外接種疫苗的人。有線電視網轉播了施打疫苗的現場畫面，州長安德魯．庫莫也在新聞記者會上同步直播。五個多小時後，在下午兩點二十四分，川普用推特發文：「首劑疫苗施打成功。恭喜美國！恭喜全世界！」不過川普總統當天的其餘發文大多都在講推翻大選結果的事。他在下午一點五十七分發文：「搖擺州為何在半夜停止計票？@MariaBartiromo因為他們得停下來算算要無中生有多少選票，才能成功操弄選舉結果。敵對陣營落後的票數實在太多，所以才需要這麼多時間，還假裝自來水總管破裂，以此掩蓋他們的行為！」下午兩點三十八分他再度發文：「搖擺州有大量**選舉舞弊**的狀況，這些票數**絕對不能計入合法選票**。」[32]除此之外，川普還用推特宣布任命傑夫．羅森（Jeff Rosen）為司法部副部長，以期羅森能支持自己推翻大選結果、繼續留任美國總統的行動。這個人選是要取代在同日稍早宣布辭職的比爾．巴爾（Bill Barr），之後會擔任司法部長。

施打全美首劑疫苗的前一夜，川普政府對此事發布了一項重要聲明，而聲明所釋出的訊息也預示了保守派在疫情接下來的時間會抱著怎樣的意識形態。起初，白宮宣布美國政府三個部門的所有官員都將於十二月十四日前後接種首劑疫苗。然而川普總統在最後一刻堅持改變主意。川普在推特發文：「除非特別有必要，否則白宮官員應在疫苗施打計畫的較晚階段再接種。在我的要求下，白宮官員的疫苗施打時程已經過調整。我目前不打算接種，會在未來合適的時機再施打疫苗。謝謝！」[33]

川普於二〇二〇年十月曾感染COVID而且病情嚴重，最終也順利康復了。或許這是他個人推遲施打疫苗的正當理由——他體內可能因為剛感染病毒所以還存有抗體，在兩個月後的這個時間點再次感染的機率相對較低。話雖如此，不施打疫苗是川普的個人決定，但那卻影響了所有在白宮工作的人（無論他們的病毒接觸史為何）。他的行為也被廣泛解讀為：總統對新疫苗仍持保留態度。畢竟過去一年來，川普及其政府的高階醫療衛生顧問多數時間都在醜化他們所謂的「深層政府❶（deep state）」內的科學家，並質疑他們就治療

❶ 譯注：為保護其既得利益在幕後實際控制國家的集團。

或避免感染COVID的方法所下的科學判斷。[34]此外，儘管白宮提供了資金支持曲速行動，但卻拒絕輝瑞公司提出請政府於十月收購一億劑疫苗的緊急要求。聯邦政府之後因為這項決策而缺乏足夠疫苗，結果無法供所有面臨立即風險的美國人民施打。他們不讓白宮的工作人員在大規模施打計畫的第一階段接種，也不訂購足量的疫苗給所有人施打，這背後有什麼理由嗎？當然有，知名保守派權威人士公開表示，因為川普政府認為疫苗不安全。

二〇二一整年的大多時間裡，右翼運動人士都蓄勢待發準備對抗美國強制施打疫苗的規定。有些人大肆宣傳不實資訊，例如聲稱疫苗會致死或使人失去生育力，或稱接種的人會把病毒傳播到未接種的人身上，又或者說疫苗裡有政府的晶片，目的是要用來追蹤所有傻傻接種的美國人民。最後這套陰謀論流傳得最廣：有五分之一的美國人認定政府要利用COVID-19疫苗為全體國民植入晶片的說法「絕對是真的」或「可能為真」。[35]另外也有人宣稱，衛生官員是出於意識形態的理由大肆推廣未經證實有效的疫苗，卻不支持研究像依維菌素（ivermectin）這樣的「神奇藥物」——就如皮耶爾・柯瑞（Pierre Kory）醫師向眾議院國土安全委員會（Senate' s Homeland Security Committee）所表示的，經證實「幾乎所有」服用這種藥物的人都能避免被病毒傳染，也不會罹患重症。[36]也有一派人站在自由意志主義的立場反對由國家出資的疫苗施打計畫，他們認為每個人都有權自由選擇是否接種。珍・奧利恩（Jane Orient）醫師擔任某個組織的執行董事，而該組織反對強制施打疫苗，而且還提倡以羥氯奎寧治療COVID，她說：「談到這個議題時，『我的身體我作主』的精神究竟上哪去了？」[37]在國會占多數的共和黨有力人士接受了這些主張。至於總是渴望出現在全國性電視節目上的川普則拒絕在鏡頭前接種。也因此，保守派之間流傳關於疫苗的各種陰謀論得以壯大。

不過在美國，人民擔心藉由新科技所研發出的疫苗存在風險，這件事確實不無道理。美國的政府、大學院校、醫療產業都有過在弱勢族群與少數民族身上做實驗的紀錄，所以某些懷疑論其來有自。不過如今針對

COVID疫苗的反對聲浪大多源自某些人的惡意誤導與造謠。社群媒體上，關於疫苗的不實資訊廣為流傳，而錯誤資訊則成了右翼有線電視頻道固定出現的節目內容。其中有些不實資訊來自俄羅斯的機器人網軍與酸民農場❷（troll farms），這些組織連同俄羅斯的國際新聞頻道RT都有煽動民眾反對疫苗的情緒以破壞民主社會穩定的不良紀錄。[38]不過美國人本身對這些現象的貢獻也十分驚人——而且還不僅僅可見於主要談政治的團體中。各種關於政府官員隱藏於檯面下的政治目的、國際大型製藥公司貪腐賺取暴利的謠傳，都已大量滲透到社群媒體上諸如流行文化、育兒、飲食、運動等主題的社團裡。甚至有些資訊還在網路上爆紅，引發熱烈討論，最著名的例子就屬茱蒂・米科維茨（Judy Mikovits）稱為《瘟疫大計畫》（*Plandemic*）的短片了。這部影片警告所有觀眾，假如政府強制施打疫苗，那麼「至少有五千萬美國人民可能因為施打第一劑疫苗而死亡。」[39]一如在二〇二〇年中，美國人因為意識形態差異而對某些藥物治療COVID有效與否出現意見分歧，到了二〇二〇年底，政黨傾向也已決定了人民會不會接種疫苗。結果出現了超乎尋常（且或許為美國特有）的現象：在這即將有救命疫苗可大規模供民眾接種的國家裡，卻有近半人口打算拒於千里之外。[40]

歷史上有多次地區性及全球性的疾病大流行為各個國家及社會帶來重大轉變。有時候，公共衛生、科學進展與社會福利因此取得巨大的進步，有時候人民只蒙受痛苦、折磨與失去。十五世紀時，許多地中海沿岸的政府都明令禁止人民與來自瘟疫盛行地區的商人交易買賣。根據醫學史專家馬克・哈里森（Mark Harrison）的研究，當時義大利半島的多國領導人都擺脫了過去視疾病為「神降災禍」的傳統觀點，也設立新的官方單位「以掌管隔離和檢疫站❸（lazarettos）相關事宜，他們相信瘟疫是可藉由阻擋病原傳播來避免

❷ 譯注：又稱巨魔農場，指受到意識形態驅動而在網路上發布大量資訊或貼文的組織，為的是製造紛爭或影響政治觀點等。

擴散的傳染性疾病。」[41]

十七世紀歐洲各國飽受瘟疫、霍亂、天花等致命傳染病的困擾，也因此建立了負責制定隔離檢疫等措施的公家單位。十八世紀初，美國有多個港口周遭的都市也跟上了歐洲國家的做法，希望藉此遏止全球性流行病發生。一七九三年，當時美國最大的都市費城流行起黃熱病（yellow fever），造成約十分之一的居民死亡，也導致近半人口逃離當地。這場危機令喬治・華盛頓（George Washington）、湯瑪斯・傑佛遜（Thomas Jefferson）、亞歷山大・漢彌爾頓（Alexander Hamilton）等開國元勳深信，要是再有更多疫情爆發，可能會削弱他們草創不久的新國家，導致這場民主實驗在開花結果之前便早早夭折。為了避免這種情況，時任美國總統的約翰・亞當斯（John Adams）為因應未來可能發生的流行病而提出嚴格的隔離檢疫計畫，國會也通過《病殘海員救助法》（Act for the Relief of Sick and Disabled Seamen），而之後那逐步發展出美國公共衛生局（Public Health Service）。[42]公共衛生基礎建設在這個尚處於幼鳥學飛階段的年輕國家一步步成形。

耶魯大學的公共衛生學者查爾斯－愛德華・溫斯洛（Charles-Edward Winslow）認為十九世紀是全世界「衛生大覺醒」（great sanitary awakening）的時期。[43]當時，醫學研究人員認為擁擠、污染、接觸廢棄物是導致罹患疾病的肇因。屬於美國國家科學院（National Academy of Sciences）下的醫學研究院❹（Institute of Medicine）提出的報告表示，「疾病逐漸被視為社會與環境中貧窮的指標」；這種全新觀點也引起公共政策制定方向的轉變。「保護大眾健康成為一種社會責任。疾病管控依然側重流行性疾病，然而管控方式則從個人的隔離檢疫轉為清理、提升整體環境。疾病管控也從間歇性應變流行病大爆發，轉為投入長期的預防措施。」城市開始淨化飲用水、清理街道上死去的動物屍體、更積極執行垃圾清運；「因為衛生觀念覺醒，公共衛生於是成了社會目標，保障健康也就成為一種公眾活動。」[44]除此之外，衛生觀念的覺醒也促成全新的外交形式——一八五一年在巴黎召開了世界上首次的國際衛生會議（International Sanitary Conference），也因此建立起國與國之間以遏止傳染性疾病為共同目標的合作框架，敵對國家之間也不例外。[45]

並不是每次全球流行病爆發都能讓人在不幸中看見一線希望。歷史學家艾弗瑞・克羅斯比（Alfred Crosby）認為，一九一八至一九一九年發生的大流感「是醫學在二十世紀最大的失敗，倘若以死亡人數為衡量標準的話，那就是醫學有史以來最大的挫敗。」[46]這場大流感奪走大約五千萬人的性命，其中有六十七萬五千人是美國居民，全球總共約有五分之一的人口受到感染。克羅斯比也寫道，在第一次世界大戰的陰影籠罩下，這場大流感「無論在一九一八年或是那之後，也無論在地球上的哪一片大陸（包含美國），都沒有人因而生出敬畏之心。」[47]這樣說來，全球性流行病爆發後，有什麼事情變了？世界各國政府開始建立公共衛生單位，也投入資源研究大流感。一九一九年，美國、英國、法國、義大利、日本這些國家的紅十字會領導人齊聚於坎城召開會議，同時在坎城的還有一個包含諾貝爾獎得主、科學界專家在內的團隊，他們在那裡成立了旨在監測、管控醫療危機的跨國衛生組織，也就是世界衛生組織的前身。[48]「但這些事與後來對抗小兒麻痺、心臟病、癌症所做的嘗試相比，可以說微不足道；各國投入的努力並未經過妥善協調，另外他們的資金不足也效果不彰。」克羅斯比認為這些努力遠遠未達足以改變國家與社會的程度，「並未引起政府、軍隊、企業、大學院校在架構和程序上的重大改變，此外對政治與軍事方面受到的挑戰也無甚影響。」[49]與其深入探究怎麼樣在未來做得更好，多數美國人選擇「翻過歷史上記錄大流感的那一頁。」[50]

二十世紀中葉以後，各種新的威脅——如核子武器與新型傳染病（伊波拉病毒、愛滋病、SARS）——紛紛出現，形塑了全新的政治想像，同時也促使人類學家史蒂芬・柯里爾（Stephen Collier）

❸ 譯注：一種為出海者設置的檢疫站，形式可能為永久停泊的船隻、一座孤島或路上的建築物。

❹ 譯注：即美國國家醫學院（National Academy of Medicine）的前身。

與安德魯・萊考夫所謂的「生存系統安全」（vital systems security）概念的問世。[51]各大城市、國家、非政府單位於是傾力投入資源執行各種計畫，要預測可能發生的全新危機，並模擬可行的應對方案。為了達成目標，關鍵就是要透過世界衛生組織這類機構來監控疾病，此外國際間也要藉著這種組織共享資料、攜手合作。世界各國都必須提升應對危機的「有備無患」程度，不僅要大量儲備藥物與個人防護裝備，也要有風險溝通策略。資訊科技、製藥技術的創新、關鍵基礎設施及物流也都扮演了重要的角色。這個概念名副其實是以「生存系統」為保障安全的最優先考量，因此需要政府在面對災難性的重大威脅時，依舊維持系統的正常運作。人類未來的健康狀態取決於其「韌性」（resiliency）的高低，這也是當今制定公共政策的核心目標，而另外也備受重視的，則是全球商品流通、保護經濟生活。

二〇二〇年這場新型冠狀病毒引發的全球疫情確實為人類生活帶來了某些重大突破。進步的科技有助於遠距工作和教學上課，大家不必踏出家門依然保持生產力。富裕國家的政府挹注了前所未見的大筆資金拯救經濟，在支持企業、打擊貧困等方面取得非凡的成功。政府投入經費至「曲速行動」的醫學研究，加速了藥物研發的腳步，因此過去僅在實驗中使用、未獲批准上市的mRNA疫苗便迅速突破藥物監管的障礙，廣泛提供民眾接種。

然而這些轉變並非絕對都是好的。遠距工作與線上教學的興起可以提振科技及物流業，但那對原本活絡的城市中心卻有毀滅性的影響，另外對於人類的健康與福祉造成的改變更是複雜。已有人母身分的職業婦女在一切轉變為遠距模式的時候格外難熬，她們通常得承擔大部分的額外家務，例如監督孩子連線上課的同時，一樣要照常辦公，這些事通常要她們一心多用。社會學家潔西卡・卡拉爾科（Jessica Calarco）就表示：「其他國家有社會安全網這回事，但在美國——萬事靠女人。」對於數百萬人來說，遠距工作就代表一個人必須吸收極大量高壓且通常為私領域的勞動。大批大批的女性離開了工作崗位，失去原本的收入。[52]

用來為企業與工作者紓困的公共支出同樣有好有壞。在某些國家（包含美國），與小公司及家庭相較之下，大型公司更容易申請到政府補助。這令社會大眾普遍感到不公，而像丹尼爾·普雷斯蒂這樣的人也覺得整個社會體制都受到他人操弄。疫苗推出後，不平等的現象更加顯而易見。北半球的富裕國家掌握了能獲得稀缺全新藥品——也就是疫苗——的資源與體制，全球南營的開發中國家則不然。只有每個社會的人民都有疫苗、也免疫了，病毒才有可能停止散播、變異、演化。但放眼全球，最強大的幾個國家政府都未採取實現此目標的行動，因此到了二〇二〇年底，病毒依然在全球四處傳播。

到了二〇二三年，疫情據報已在全球造成約七百萬人死亡，且造成兩千萬的超量死亡人數。[53]美國有超過一百萬人感染COVID死亡，超量死亡人數則超過一百七十萬人。凱澤家族基金會針對「過早死亡率」（premature mortality）所做的研究指出，疫情危機期間「與其他國家相比且人口規模經調整後，美國二〇二〇至二〇二一年的超量死亡率較諸規模、富裕程度相近的國家，數字是最高的……除此之外，美國較年輕族群的死亡率也更高，與其他可類比的國家相較下，人均過早死亡人數遂增加得較多。」[54]

雖然美國在疫情中反覆經歷死亡、確診的人數爆增，但社會未因此產生渴望讓國家變更好的情緒。在疫情的第一階段，「拯救人命最重要」的共同目標合理化了所有緊急防疫措施（如封城、關閉邊境、禁止各種集會）。全球面對疫情的最初應變方式正如迪迪耶·法尚提出的主張，是基於一種「價值觀與影響、義務與規範」，迫切地不惜一切代價來保護弱勢，由此發展出全新的道德經濟（moral economy）。但是到了二〇二〇年底，愈來愈多美國人認為——或更精準來說，是表現得有如——自己已犧牲夠多了。面對駭人的死亡率數字，美國人似乎已不為所動，但若換成其他任何時候，這些數字絕對會引發眾怒與焦慮。美國人非但沒有要求政府提出新的公共衛生措施，反而對大量的死亡人數麻木，同時也對街坊鄰居受的苦難及損失漠然接受。美國人的預期壽命下滑，人與人之間相互的責任感也隨之逐漸消失。與其說這是霍布斯主義下「所有人對所有人的戰爭」，其實還更接近一種造成集體消耗的冷戰，而且美國各地社區因此而瀰漫著顛覆性、宣傳口號式、敵意與威脅的氛圍。疫情中，每天出現在驗屍官解剖檯上一具具孤獨死去的屍體也說明了一切。

歷史學家亞當・圖澤（Adam Tooze）寫道：「二〇二〇年是新自由主義時代所面對最全面的危機……以一九七〇年代為開端的這段故事，如今已進入尾聲。」那個年頭，自由市場及超個人主義都是建構新世界秩序的原則。[55]劍橋大學民主未來研究中心（Centre for the Future of Democracy）的研究人員得出結論——他們表示，民粹主義者與民粹主義也將面臨危機；「我們可以看到許多民粹主義者領導人的支持度正在下滑；民粹主義者組成的政黨在選舉中也未占上風；而最顯而易見的，是大眾對民粹主義者提出的核心理念——例如對『人民意志』（will of the people）的信念，或把社會劃分為一般大眾對上『腐敗菁英階級』——所能產生的共鳴也已驟減。」[56]新型冠狀病毒疫情的第一年，新自由主義與民粹主義確實都在巨大危機中慘敗；無論是支持這兩種「主義」的何者，也無論是美國或英國的領導人，抱持這兩種理念的政黨推出的糟糕政策均造成更多人民死於COVID。由於疫情的關係，許多人質疑起川普領導國家的能力，他也因此輸了美國二〇二〇年的總統大選。兩年後，鮑里斯・強森也因為他在英國封城期間舉辦派對而被迫辭職下台。賈伊爾・波索納洛則在幾輪投票下來輸給了對手。但即便如此，新自由主義本身看似仍會挺過災難浩劫存續下去，民粹威權主義（populist authoritarianism）也似乎比劍橋大學學者的推斷來得更有韌性。

然而，社會團結的力量在疫情中撐著挺過了重擊。疫情前就已讓美國人分裂的政治傾向與意識形態並未造成舉國陷入民怨四起或兵戎相見的命運。史丹佛大學的社會科學家發現，疫情危機的最初幾個月，人民情感兩極化的現象——「指某黨派支持者對於對立黨派的負面感受比對自家黨派更高」——並未增加。也正如馬修・金茲科（Matthew Gentzkow）所說，「情感兩極化的現象在疫情之初其實曾經驟降」，也因此研究團隊在研究結果提到：「以謹慎的樂觀態度得出結論：新型冠狀病毒對全國造成的威脅或許能使不同黨派的支持者團結起來面對共同的敵人。」[57]深入美國各地，我們會發現當地居民攜手互助，一起度過最黑暗的時刻。互助網絡在美國遍地開花，無論是紅州還是藍州，同樣也能見到公益食物倉庫、社區共享冷藏櫃、小型免費圖書館紛紛出現。在那些致力於草根集體行動的民眾眼裡，用謹慎的樂觀態度看待我們的社會凝聚力，似乎有其道理。

但是到了夏末，卻沒有多少美國人繼續抱著國家能團結齊心的希望。疫情持續進展、惡化，支持不同政黨的美國人幾乎在所有最基本的議題上都相互對立——從口罩到藥物，關閉學校或開放人行道，要支持相互義務還是保護個人權利，全是可以爭吵不休的話題。然而，不是每個社會中有民意分歧現象的國家都有這麼嚴重的對立。比方說，一個二〇二〇年九月進行的調查指出，丹麥、瑞士、南韓、澳洲（這幾個國家的政治角力及選舉拉鋸都非常激烈）的多數受訪者表示，他們認為國家「比疫情爆發之前要來得團結。」而另一個分類層級的國家則包含法國、德國、日本、英國，其中約有百分之三十九至百分之四十七的受訪者也認為自己的國家比過去更有凝聚力。美國顯然是這份調查中的異數，而且也自成一個類別：僅有百分之十八的美國人認為他們的國家「比新型冠狀病毒疫情發生前更加團結」[58]——而背後的理由不難理解：過去的社會聯繫被破壞了。

回顧美國的過去，長久以來它都在全球最主張個人主義的社會之列。美國人相信他們得為自己的個人福祉負責，而不能靠國家、社會為他們承擔。在美國社會中，「控制」是缺德的事，而個人自由則有至高無上的價值。[59]但美國人依然樂於投入群體，他們渴望參與各種志願組織，也對自己選擇的團體有很高的忠誠度。然而，他們會以嚴格、批判的態度對待身分認同與自己相異、做出不同選擇的族群。疫情前幾年，美國人漸漸開始認為與自己政黨傾向對立的人就是「沒道德」的族群，也將對方視為「敵人」。到了二〇二〇年底，這樣的敵意變得無所不在。[60]各方權威人士與專家教授都出言警告，美國或許將迎來一場內戰。

民主社會得要有足夠健全的社會團結力量，才有辦法長治久安。要是失去這股力量，富者會帶著國家的財富出逃，任憑窮困者淪落至無家可歸、陷入赤貧；健康不平等在不同社會階級之間會更加明顯；種族隔離現象會加速；不信任感節節升高；社會秩序瞬間便會崩壞。在瘟疫、全球疫情中，團結更是有必要。[61]願意致力於全民共好而不只顧自身利益，我們才不會自私囤積藥品、感冒還去上班、孩子病了照樣送去學校。也正是這份心意，讓你我願意給一整船受困乘客在我們安全的港灣靠岸，也讓我們主動去敲敲年長鄰居的大門、付出關懷。

我們都知道，對國家、社會來說，危機也可能是轉機。無論一個國家的政治領導人有多不適任，也無論人民立場有多兩極化，如果能好好把握，這場疫情至少也是一次良機，可能使美國重新找回更好、更有凝聚力的社會。但事實並非如此。

至少以目前來說，美國看起來似乎要將二〇二〇年這場瘟疫視為二十世紀初「大流感」的同類事件——只是一樁雷聲大雨點小的事。儘管當年的大流感死傷規模、破壞力極大，它造成的迴響卻小到成了一場「被遺忘的全球疫病大流行」。[62]阿圖．葛文德（Atul Gawande）寫道：「在二〇二一年底，美國人平均比COVID-19疫情前少了三年餘命，預期壽命已從七十九歲降至七十六歲。」[63]到了二〇二三年，在二〇二〇年後因COVID死亡的人數已超越了疫情第一年的死亡人數，而且高達百分之九十四的美國人曾感染COVID。[64]政策研究學者丹．特雷里亞（Dan Treglia）所做的研究指出：「二十一萬六千六百一十七位兒童因為COVID-19失去了一位同住照顧者；七萬七千兩百八十三位兒童失去其中一位家長；而超過一萬七千位兒童失去了同住的唯一照顧者。」紐約市則有將近九千名兒童的其中一位家長死於COVID。[65]對這些孩子以及對其他無數美國人而言，忘卻這場疫情、繼續走下去並不是容易的事。

二〇二三年五月十一日，美國政府公告的COVID-19公共衛生緊急狀態隨時間過去失效了，這也表示疫情危機正式告一段落。新聞媒體上，許多醫療界領袖及政策研究專家都在呼籲國家開始為下一次大災難預作準備。然而卻少有政治領導人致力於重振美國的公共衛生體系。舉國上下都在為二〇二四年大選卯足了勁，而對於COVID-19消息或疫情重創美國背後社會問題的「不認知的意志」，已經成為美國政治界的主旋律。《紐約時報》二〇二三年二月一篇報導標題宣稱：「強制佩戴口罩於事無補」，但科學研究證實並非如此。羅恩・德桑蒂斯是最可能與川普競爭代表共和黨出選總統的政治領導者，也是批評整套COVID防疫措施（從戴口罩到封城，再到疫苗施打計畫）都誤導人民、造成危險的人士之一。他得意說道：「渴望權力的菁英階級試圖利用新型冠狀病毒使美國成為生物醫學維安國家，而佛羅里達州就是這場詭計裡最不可撼動的防線。」[66]民主黨人則擔心被和因應新型冠狀病毒的各項限制畫上等號，對相關話題避之唯恐不及。整個社會充斥著否認態度。下一場危機將至的威脅也無處不在，例如有愈來愈多流行病學家擔憂，可能又會有一場更致命的疫病大流行：H5N1病毒（或稱禽流感病毒）的變異株。

儘管時光過去了，二〇二〇年已經成為歷史，但屬於這一年的故事卻沒有結束，這些經驗引領我們走向全新方向的可能性也還未完全消失。阿蘭達蒂・羅伊（Arundhati Roy）認為疫情「是通往下一個世界的大門。」[67]時至今日，大家應該都有共識：不一樣的世界即將到來，而「美國的世紀」也已告終。全世界的民主社會都搖搖欲墜，極權勢力在一點一點累積力量。追求種族與社會平等的抗爭不斷加劇。隨著全球暖化，我們腳下的立足之地在漸漸消失。

此刻，我們最大的挑戰是要為人類未來的世界創造全新願景。我們從前人手上繼承了這個世界，並靠自己打造出它現在的模樣，如今我們要找出與之共存的最佳方式。二〇二〇年發生的事擦亮了我們的雙眼，讓人能看清現實，但最終人類命運仍繫於你我能否想像一種更理想的未來，並找出可行之道往前走。要把握寶貴的時間。

注釋

1 Dominic Tierney, "What Does It Mean That Trump Is 'Leader of the Free World' ?," *The Atlantic*, January 24, 2017.

2 相關事例請見：Stephen Pettigrew, "The Racial Gap in Wait Times: Why Minority Precincts Are Underserved by Local Election Officials," *Political Science Quarterly* 132, no. 3 (2017): 527–47; Keith Chen et al., "Racial Disparities in Voting Wait Times: Evidence from Smartphone Data," *The Review of Economics and Statistics* (2019): 1–27; and Stephen Ansolabehere and Nathaniel Persily, "Vote Fraud in the Eye of the Beholder: The Role of Public Opinion in the Challenge to Voter Identification Requirements," *Harvard Law Review* 121 (2007): 1737.

3 請見Greg Grandin, *Empire's Workshop: Latin America, the United States, and the Rise of the New Imperialism* (New York: Metropolitan Books, 2006).

4 Katie Gluck, "Biden, Facing Voters in a 2020 Rarity, Attacks Trump from a Battleground State," *New York Times*, September 17, 2020.

5 Jorge Fitz-Gibbon, "Trump Says Democrats 'Want to Take Away Your Freedom' in Twitter Video," *New York Post*, September 29, 2019.

6 Tal Axelrod, "A Timeline of Donald Trump's Election Denial Claims, Which Republican Politicians Increasingly Embrace," ABC News, September 8, 2022.

7 Jake Bittle, "Louis DeJoy: Is Trump's New Post Office Chief Trying to Rig the Election?," *The Guardian*, August 17, 2020.

8 United States House of Representatives, House Committee on Oversight and Reform, *Hearing: Protecting the Timely Delivery of Mail, Medicine, and Mail-in Ballots*, August 24, 2020.

9 Sam Levine and Alvin Chang, "Revealed: Evidence Shows Huge Mail Slowdowns After Trump Ally Took Over," *The Guardian*, September 21, 2020.

10 約有五十五萬人表示有意願投票，卻因擔心COVID而未實際投下手中選票。請見United States Census Bureau,

Presidential Election Voting and Registration Tables Now Available, April 29, 2021.

11 Annie Karni and Maggie Haberman, "Fox's Arizona Call for Biden Flipped the Mood at Trump Headquarters," *New York Times*, November 4, 2020.

12 Ted Johnson and Dominic Patten, "The Moment When Networks Called the Presidential Race for Joe Biden," *Deadline*, November 7, 2020.

13 Donald Trump (@realDonaldTrump), "I WON THIS ELECTION, BY A LOT!," Twitter, November 7, 2020, 10:36 p.m., Wikimedia Commons, https://upload.wikimedia.org/wikipedia/commons/6/6a/Trump_tweet _-_ I_won_this_election.png 以及 https://www.npr.org/sections/live -updates-2020 -election-results/2020/11/07/932062684/far-from-over-trump-refuses -to-concede -as-ap-others-call-election-for-biden, accessed November 11, 2022.

14 Maggie Haberman, *Confidence Man: The Making of Donald Trump and the Breaking of America* (New York: Penguin, 2022).

15 Tim Elfrink, "After Electoral College Backs Biden, Trump Continues Falsely Insisting He Won: 'This Fake Election Can No Longer Stand,' " *Washington Post*, December 15, 2020.

16 National Health Commission of the People's Republic of China, Chinese Center for Disease Control and Prevention, *Tracking the Epidemic (2020): National Health Commission Update on December 31, 2020.*

17 Haidong Wang et al., "Estimating Excess Mortality Due to the COVID-19 Pandemic: A Systematic Analysis of COVID-19-Related Mortality, 2020–21," The Lancet 399, no. 10334 (2022): 151336; David Adam, "The Pandemic's True Death Toll: Millions More Than Official Counts," *Nature*, January 18, 2022.

18 Zhongjie Li et al., "Active Case Finding with Case Management: The Key to Tackling the COVID-19 Pandemic," *The Lancet* 396, no. 10243 (2020): 63–70.

19 Keith Bradsher, Chang Che, and Amy Chang Chien, "China Eases 'Zero Covid' Restrictions in Victory for Protestors," *New York Times*, December 7, 2022; Vivian Wang, "A Protest? A Vigil? In Beijing, Anxious Crowds are Unsure How Far to Go," *New York Times*, November 28, 2022.

20 "China's True Death Toll Estimated to Be in Hundreds of Thousands," Bloomberg, January 16, 2023.

21 "China Says COVID Deaths Top 12,600 and More Than One Billion Infected," Bloomberg, January 22, 2023; James Glanz, Mara Hvistendahl, and Agnes Chang, "How Deadly Was China's Covid Wave?," *New York Times*, February 15, 2023.

22 Matt Woodley, "Australian Death Rate in 2020 Lowest on Record: AIHW," The Royal Australian College of General

Practitioners, News GP, June 9, 2022.
23 "Coronavirus: Arrests at Australia Anti-Lockdown Protests," BBC News, September 5, 2020.
24 Conor Friedersdorf, "Australia Traded Away Too Much Liberty," *The Atlantic*, September 2, 2021.
25 Kathy Katella, "5 Things to Know About the Delta Variant," *Yale Medicine*, March 1, 2022.
26 Nazrul Islam, Vladimir M. Shkolnikov, and Rolando J. Acostal, "Excess Deaths Associated with COVID-19 Pandemic in 2020: Age and Sex Disaggregated Time Series Analysis in 29 High Income Countries," *BMJ* 373, no. 1137 (2021).
27 *Prime Minister's Statement on Coronavirus (COVID-19): 19 December 2020, Prime Minister's Office, December 19, 2020.*
28 Ibid.
29 "COVID-19 Vaccine: First Person Receives Pfizer Jab in UK," BBC News, December 8, 2020.
30 Yasmeen Abutaleb, Laurie McGinley, and Carolyn Y. Johnson, "How the 'Deep State' Scientists Vilified by Trump Helped Him Deliver an Unprecedented Achievement," *Washington Post*, December 14, 2020.
31 Katherine Ellen Foley, "Trump White House Exerted Pressure on FDA for COVID-19 Emergency Use Authorizations, House Report Finds," *Politico*, August 24, 2022.
32 *Donald J. Trump, 45th President of the United States. Tweets of December 14, 2020*, University of California, Santa Barbara, American Presidency Project.
33 Annie Karni and Maggie Haberman, "Trump Delays a Plan to Fast Track Vaccines for White House Staff Members," *New York Times*, December 13, 2020.
34 Abutaleb, McGinley, and Johnson, "How the 'Deep State' Scientists Vilified by Trump Helped Him Deliver an Unprecedented Achievement."
35 Jenna Romaine, "Alarming Number of Americans Think Vaccines Contain Microchips to Control People," *The Hill,* July 19, 2021.
36 U.S. Senate Committee on Homeland Security & Governmental Affairs, T*estimony of Pierre Kory, MD Homeland Security Committee Meeting: Focus on Early Treatment of COVID-19*, December 8, 2020.
37 Sheryl Gay Stolberg, "Anti-Vaccine Doctor Has Been Invited to Testify Before Senate Committee," *New York Times*, December 6, 2020.
38 Steven Lloyd Wilson and Charles Wiysonge, "Social Media and Vaccine Hesitancy," *BMJ Global Health* 5, no. 10 (2020).
39 Reuters Staff, "Fact Check: Unfounded Claim That 50 Million Americans Would Die from COVID-19 Vaccine," Reuters, June

23, 2020.

40 根據皮尤研究中心調查顯示，十一月下旬有百分之十八的美國人表示他們「絕對」不會施打疫苗，百分之二十一的美國人則表示「可能」不會施打疫苗。請見Cary Funk and Alec Tyson, "Intent to Get a COVID-19 Vaccine Rises to 60% as Confidence in Research and Development Process Increases," Washington, DC: Pew Research Center, December 3, 2020; 以及 Warren Cornwall, "Just 50% of Americans Plan to Get a COVID-19 Vaccine. Here's How to Win Over the Rest," *Science*, June 30, 2020.

41 Mark Harrison, "Disease, Diplomacy and International Commerce: The Origins of International Sanitary Regulation in the Nineteenth Century," *Journal of Global History* 1 (2006): 197–217.

42 Jeanne Abrams, *Revolutionary Medicine: The Founding Fathers and Mothers in Sickness and in Health* (New York: New York University Press, 2013).

43 Charles-Edward Winslow, "The Evolution and Significance of the Modern Public Health Campaign," *Journal of Public Health Polic*y, South Burlington, VT, 1923.

44 Institute of Medicine, *The Future of Public Health* (Washington, DC: National Academies Press, 1988).

45 Harrison, "Disease, Diplomacy and International Commerce."

46 Alfred Crosby, *America's Forgotten Pandemic: The Influenza of 1918*, 2nd edition (Cambridge: Cambridge University Press, 1989; 2003), p. 10.

47 Ibid., p. 312.

48 Norman Howard-Jones, "International Public Health Between the Two World Wars—The Organizational Problems," *History of International Public Health* 3, Geneva: World Health Organization, 1978.

49 Crosby, *America's Forgotten Pandemic*, p. 323.

50 Ibid., p. 315.

51 Stephen Collier and Andrew Lakoff, *The Government of Emergency: Vital Systems, Expertise, and the Politics of Security* (Princeton: Princeton University Press, 2021).

52 Titan Alon et al., "This Time It's Different: The Role of Women's Employment in a Pandemic Recession," National Bureau of Economic Research, No. w27660, 2020.

53 "The Pandemic's True Death Toll," *The Economist*, May 21, 2023; Charlie Giattino et al., "Excess Mortality During the

Coronavirus Pandemic (COVID-19)," Our World in Data, May 2023; Jennifer Kates and Josh Michaud, "Ten Numbers to Mark Three Years of COVID-19," Kaiser Family Foundation, March 6, 2023.

54 Matt McGough et al., "Premature Mortality During COVID-19 in the U.S. and Peer Countries," Kaiser Family Foundation, April 24, 2023.

55 Adam Tooze, *Shocked: How Covid Shook the World's Economy* (New York: Viking, 2021), p. 22.

56 Centre for the Future of Democracy, *The Great Reset Public Opinion, Populism, and the Pandemic*, Cambridge: University of Cambridge, January 2022, p. 16.

57 Matthew Gentzkow, "Did COVID-19 Bring Americans Together?," *Tech Policy*, October 6, 2021; Levi Boxell et al., "Affective Polarization Did Not Increase During the Coronavirus Pandemic," National Bureau of Economic Research, Working Paper no. 28036 (2020).

58 "While Many Say Their Country's Coronavirus Response Has Been Good, Publics Are Divided over COVID-19's Impact on National Unity," Pew Research Center, September 10, 2020.

59 Claude S. Fischer, "Paradoxes of American Individualism," *Sociological Forum* 23, no. 2 (2008): 363–72.

60 Philip Bump, "Democrats Have Joined Republicans in Calling Their Opponents 'Enemies,' " *Washington Post*, August 1, 2022.

61 引述卡繆之言，"But what does it mean, the plague? It's life, after all." Albert Camus, *The Plague* (New York: Alfred A. Knopf, 1948).

62 Crosby, *America's Forgotten Pandemic*.

63 Atul Gawande, "The Aftermath of a Pandemic Requires as Much Focus as the Start," *New York Times*, March 16, 2023.

64 David Wallace-Wells, "Apparently the Pandemic Emergency Is Over," *New York Times*, May 6, 2023.

65 Dan Treglia et al., "Parental and Other Caregiver Loss Due to COVID-19 in the United States: Prevalence by Race, State, Relationship, and Child Age," *Journal of Community Health* 48, no. 3 (2022): 1–8; Liz Donovan and Fazil Khan, "The Pandemic Robbed Thousands of NYC Children of Parents. Many Aren't Getting the Help They Need," *The City*, January 26, 2023.

66 Bret Stephens, "The Mask Mandates Did Nothing. Will Any Lessons Be Learned," *New York Times*, February 21, 2023; Ron DeSantis, *The Courage to Be Free* (New York: HarperCollins, 2023).

67 Arundhati Roy, "The Pandemic Is a Portal," *Financial Times*, April 3, 2020.

附錄

研究紀要

一般人總是會以很貼近個人的角度體會各項公共議題，而我們也不該單獨抽出「社會」或「個人」，獨立來理解這兩者。如今我們身處技術官僚以知識治國的時代，隨著可供分析的大數據大量出現，各種「分析大師」、「數據專家」也呼籲大眾要對來自小規模人類經驗或事件的故事抱有一定的疑心。沒有錯，統計資料強大而有力，甚至在某些知識領域中也不可或缺。在本書中，我也運用統計資料來呈現二〇二〇這一整年下來大小事件所牽涉的人、事、地、物及其中的各種真相。話雖如此，但統計資料有時也會有誤導性。若有人把統計資料當成政治武器，在與政治對手爭辯時將其用來定義什麼為真，又或者試圖用統計資料來衡量難以計算、觀察的現象，那就特別可能得出誤導性的結果。做研究時，若取得的資料半真半假或根本就是謊言，那麼我們使用的數據分析技術再精密細緻也沒用，甚至可能會誤導人。

官方資料中要有經過核實、妥善記錄的新型冠狀病毒病例數量及死亡人數並非易事，這也表示多數國家政府可能低估了疾病盛行率。二〇二〇年的最初幾個月，少有國家有足夠的篩檢量能可確認感染人數為何。到後來，即便科學界已產出許多新型冠狀病毒相關的分析報告，卻依舊有無數人縱然感染了，但沒有症狀，便也沒想到要做篩檢。其他有症狀的患者則是可能選擇不做篩檢，打算讓病程過了就算了。相較之下，COVID死亡人數比較容易統計。COVID死亡病例被納入官方正式統計時，隨之會有特定的診斷與死因紀錄。至於「超量死亡人數」則是指在一段時間內，預期中一般情形下死亡人數與較高風險時期實際死亡人數之間的差距。但在許多地方，官方統計與超量死亡人數存在明顯落差。《刺胳針》刊載了一篇很有影響力的重要研究，文中指出在二〇二〇、二〇二一年期間，全球各國政府提出的COVID死亡人數共計為五百九十四萬人，然而超量死亡人數卻是一千八百二十萬人，多了官方統計數字三倍有餘。[1]

某些政府會主動操弄COVID相關數字，以低報實際病例數、提升國家的對外形象、推動計畫中的政治目標，也因此這些地方在二〇二〇年的COVID統計數字格外不可靠。中國從一開始就延遲提報新型冠狀病毒疫情爆發的消息，外部觀察人士肯定中國政府大大低報了疫情期間所有的COVID死亡數字。[2]華盛頓大學（University of Washington）的健康指標與評估研究所（Institute for Health Metrics and Evaluation）表示，巴西、印度、墨西哥、美國這幾個國家「官方統計死亡人數與實際情形可能有極大出入。」佛羅里達州的共和黨州長羅恩·德桑蒂斯及紐約的民主黨州長安德魯·庫莫都遭指控在當地的COVID死亡人數上「動手腳」，好讓他們控制疫情的成效看似比實際情形來得更好。[3]川普政府則直接把COVID患者的醫療資料從疾病管制與預防中心轉移到白宮，這樣子他們就能對重要資訊有全盤掌控，也能藉以合理化自己偏好的任何政策。[4]

二〇二〇年圍繞著生物政治❶（biopolitical）基本資料的種種爭議顯露了一件事的重要性，那就是我們應留心已故社會學家查爾斯·萊特·米爾斯（C. Wright Mills）的呼籲——他認為社會學研究必須細細檢視個人面臨的掙扎，以及更廣大的社會趨勢。米爾斯堅信：「凡是社會研究，就一定得回到個人生命史、歷史和兩者在社會交集的問題，否則無法完成知識的旅程。」❷[5]因此，本書不僅貼近個人的生命經驗，觀察人們試圖熬過苦難、保護周遭其他人所做的努力，同樣也仔細觀察那些能化為圖表呈現的大規模社會趨勢。於是，我們有了統計數字，也有各種故事。交叉參照這兩者，我們才能對這個世界有深刻的認識，而用其他方法是很難做到這種程度的。

一聽說新型冠狀病毒開始在全世界造成大規模傳染，我立刻就知道，除了醫學所涉及的範圍之外，社會力量會是決定這場疫病的影響與發展的關鍵。問題在於，我們該如何做研究。新型冠狀病毒出現後短短幾個月內，COVID-19就成了全球現象。我們不可能採行過去一般會用的方式來調查，藉以網羅到隨病毒所致緊急狀況而浮現的全部問題。另外，我們也不可能追蹤每一個疫情所到之處的社會生活樣態。[2]

因此我從兩個方向著手。首先，我設計了一系列社會學研究項目，藉此就疫情經驗中各種重要的不同之處，進行相對大規模的評估。其中包含一系列的比較分析：兩組民族國家——中國和台灣（中華民國），以及自由主義的盎格魯－撒克遜國家澳洲、美國及英國——是如何應對COVID-19疫情爆發，為何這些不同國家的公共衛生策略有這麼大的差異？而信任感——無論是對政府、科學家還是其他公民——又是如何影響國家與社會自保的能力？為何口罩在某些地方會變成引發文化、政治、肢體衝突的載體，而在其他地區卻未受到太多反對及爭議，反而廣為民眾所接受？是哪些因素讓保持社交距離這麼困難？為何美國暴力與反社會行為激增的同時，其餘多數國家反而出現犯罪減少的趨勢？又是什麼因素導致都市裡某些貧困社區與其他人口組成類似的社區相比，COVID死亡率較高？為何某些國家能在二〇二〇年建立起政府、科學界、人民之間的信任，然而卻有某些國家走上了截然不同的道路？種族是如何在疫情中成了關鍵的影響因素？年輕族群與

❶ 譯注：生物政治學，又稱生命政治學，廣義上涵蓋所有與生物學（包含生理學、醫學、生物化學、公共衛生學等）在政治領域中的應用的相關研究。

❷ 譯注：譯文摘自《社會學的想像：從「個人的煩惱」連結到「社會的公共議題」，歡迎來到社會學的世界！》（繁體中文版由商業周刊出版）。

獨居族群在社會環境經歷驟變時，會受到怎樣的衝擊？身處在同一社群中的人民，又該如何幫助彼此安然生存下去？

為了一一解開這些問題，我召集了一組研究團隊（包含社會學系的學生，以及一位受過溝通訓練的博士後研究員）。團隊做了一系列正式的量化及質性研究，也會策略性挑選研究對象，藉以了解疫情下身處不同境況的族群會有哪些經歷。我們做的研究大多透過深入訪談，而受到防疫規定的限制，多數訪談都是以電話或Zoom遠距進行。我們團隊共同執行了超過兩百三十次訪談，也按照這種規模的社會科學研究慣例，為研究的受訪者取假名。

我研究調查的第二個方向則不一樣。當時我正在為《紐約客》撰寫一位景觀設計師的人物介紹，我愈來愈欣賞米爾斯在社會學研究中認真看待歷史與個人生命史重要性的研究態度。於是我決定以幾位受訪者的生命故事為本書核心，針對在紐約市各行政區的幾位受訪者「深度抽樣」（intensity sample）。疫情爆發時我人就在紐約市，但除此之外，還有一些其他因素促使我以這個居住、工作了二十年的城市為研究焦點。二〇二〇年大多數的時間，紐約市都位於疫情的風暴中心，無論確診人數或死亡人數都比世界上任一座其他大都會還要多。另外也很重要的一點：紐約市也是世界上全球化程度最高的其中一座都市，有超過三百萬移民人口（紐約市總人口為八百五十萬人）。來自全球的人口與貨物都在這裡不斷流通。然而像紐約這種包羅萬象的大城市也會因為其中的多元性而讓城市居民不斷遷移、流動，又或者阻隔了置身都市中的每一個人，形成城市社會學者羅伯特·帕克（Robert Park）筆下的城市樣態：「一個又一個相鄰卻不相互滲透的小小世界，有如馬賽克拼貼一般。」從這幅馬賽克拼貼畫裡，我打算找出能呼應更大的社會趨勢的人物與地點，以了解背後存在哪些經驗。

可想而知，沒有哪一個人的故事可以百分之百代表他所在的社區鄰里，也沒有哪個地方能充分為整個行政區或整座都市代言。我決定側寫的這些人物顯然不是代表性樣本，而他們對二〇二〇年發生之事的描述不該從那種角度來解讀。之所以選擇將他們的故事納入本書，是因為我發現，他們體驗到形塑疫情中社會生活的某些重要、有力之事，這些經驗的強度能帶給我們獨特的洞見。本書中介紹的每一位受訪者都是自願參與這項計畫，他們與我有過多次長時間的對話，其中一些人甚至在一年中反覆與我談了好幾次。我會將取自訪談內容的字句及前後文都寄給受訪者或讀給他們聽，也尊重他們的意願調整用字遣詞，或再進一步澄清他們真正想表達的意思（處理本書開頭故事中班傑明・畢爾的案例也是如此）。經過他們的允許，我在書中呈現的是真實姓名。

我分析了各個行政區最適合從歷史與個人生命史切入探討的重要議題與當地形勢，再加上有幸找到願意分享個人生命經驗的故事主角，因此才選定了這幾位受訪者來側寫他們的故事。我在曼哈頓最初設定的目標是要找到因校園關閉而得竭力克服相關挑戰的受訪者。紐約市公立學校系統中共有一百一十萬名學童，受到學校關閉影響而須讓學童在家上課，必定會讓社會原有的秩序翻天覆地。李美是曼哈頓華埠的小學校長，工作上得應付的問題遠遠不只有將授課形式轉為遠距教學而已。疫情中，她還得保護自己的社群不受日益橫行的反亞裔暴力行為與歧視所害，同時間又要努力對抗另一種可能致命的疾病。

在黑人、拉丁族裔、低收入人口高度集中的布朗克斯區，我的目標是找出站在對抗疫情最前線的受訪者。我想找的人是深陷疫情漩渦之中、能讓我們從該人物的個人故事看見當下社會瘋狂樣貌的受訪者。索菲雅・扎亞斯是布朗克斯區的在地居民，二〇二〇年她正擔任州長在布朗克斯區的區域代表——彷彿就是為我心目中最合適的受訪者量身打造出來的人。從她的家庭、社區、工作，最終甚至還有她的身體——她整個人徹底體驗到這場疫情的衝擊，從中我們也會看出布朗克斯區在災疫中承受了多大的磨難。

史泰登島是紐約市目前人口組成中白人最多、政治傾向最偏保守派的行政區，當地人大多對紐約州的規定有所懷疑，也擔心政府過度干預，而居民心中想些什麼，通常也直言不諱。儘管史泰登島最為人所知的是龐大的警、消人員居民人口，不過當地也有不少小商家業者與在地企業，在全紐約市於疫情中封城時，他們日子都不好過。我想找出個人生活與工作都與這些事息息相關的受訪者，而當我在報紙上看到丹尼爾．普雷斯蒂為爭取麥克酒吧在封鎖政策下繼續開門營業所做的抗爭，我就知道他是最佳受訪人選。普雷斯蒂的故事看起來格外重要，因為他的經歷——感覺遭虧待、被拋棄、受到污名化、被政府懲罰——都是紐約政治傾向偏右派的區域，以及全美國支持共和黨的各個地區人民在疫情中常有的共通點。普雷斯蒂原本是相對不關心政治的地方小商家業者，後來卻變成立場極端的右翼運動人士，從這種轉變能見微知著看出整個社會更大的變化趨勢，因此需要我們以更個人、更貼近人性的角度來看待。光用傳統的那套政治說辭來描述是不夠的。全書中，普雷斯蒂是唯一在研究期間停止回覆我訊息的受訪者，不過他後來仍是公眾人物，會在保守派集會活動上發言，也運用社群媒體警告大眾公共衛生強制規定與其他限制的危險之處。我承諾過會忠實講述他的故事，讓各位讀者看見普雷斯蒂最真實的個人觀點、理解他為自己平反所做的行動。

在皇后區，我想找的是擁擠移民社區的居民，這些地方在疫情爆發初期曾經歷確診與死亡人數暴增的危急狀況。另外我也想找出義不辭難幫助街坊鄰居生存下來的受訪者。在探討皇后區這些地方居民是怎麼應對新型冠狀病毒傳染的研究初期，我在社群媒體上追蹤了好幾個互助網絡，也聯絡了各個社區組織的領袖。這個過程中，努拉．歐多提的名字一再出現。她是退休檢察官，也是競選當地民意代表的候選人。那時候，歐多提剛在自己居住的傑克森高地發起COVID照護社區網的互助行動。住在紐約市的每個人生活都忙碌不堪，歐多提也不例外，但她還是想辦法從滿檔的行程中擠出時間與我長談，提供了我了解當地的第一手資訊。

在布魯克林區，我想找的是個人命運牽繫於該行政區內種族與階級互動張力的受訪者。我找到了伊努瑪．曼奇蒂。這名黑人女性在當地特許學校任職，她丈夫是萊克斯島監獄的獄警，是名黑人男性。當初，曼奇蒂接受了布魯克林公共圖書館的訪問，我才注意到這個人。在我首次聯繫曼奇蒂初步簡單對談的時候，她告訴我家裡的小孩因為家長工作性質的關係，就從一間進步派家庭式日托中心被踢出來。日托中心主事者認為，她那位擔任獄警的丈夫（即重點工作者）很可能成為疾病傳染源。此外，她也向我敘述自己感染COVID時，是如何透過社交網絡找到人幫助她，才獲得高品質的醫療照護。她的故事既是獨特的個人生命經驗，也指出了疫情中普遍的社會趨勢。

在每個行政區都找到合適的受訪者以後，我研究了他們的生命故事可能涉及的主題，也開始思考還有哪些重要議題未被囊括其中。我發現，明顯還少了兩個主題：重要家庭成員染疫過世，但礙於限制社交集會的規定而無法好好哀悼的經驗；以及打破疫情封鎖規定，走上街頭參與黑人的命也是命抗議活動的經歷。大都會運輸管理局藝術與設計部門主任珊卓．布魯德沃斯與我分享她協助籌辦任職單位所推動的「留駐」紀念活動，其中有一張照片的主角就是坦卡臣．穆瑟艾。布魯德沃斯的同事把我介紹給穆瑟艾的兒子馬修斯。他毫不藏私向我訴說一家人在這一年深受打擊的大疫經歷。珊卓與馬修斯兩人素未謀面，但卻一起構築出這個關於工作、死亡、哀悼、記憶的重要故事。這個故事很難割捨，我不能不收進本書中。布蘭登．英格里許的故事也是如此。本計畫研究助理歐盧托茵．德穆仁（Olutoyin Demuren）負責與黑人的命也是命抗議活動參與者進行訪談，我一開始是從她那裡聽說英格里許的故事。英格里許就和多數紐約客一樣，親眼見證這座城市在二〇二〇年籠罩於一層令人惴惴不安的死亡與暴力陰影之下。在本書中加入英格里許的故事，是要讓讀者看見：這個人願意為某些無比重要的事物貢獻自己的力量，希望得到公平正義，也修復這個傷痕累累的世界。

注釋

1 Haidong Wang et al., "Estimating Excess Mortality Due to the COVID-19 Pandemic: A Systematic Analysis of COVID-19-Related Mortality, 2020–21," *The Lancet* 399, no. 10334 (2022): 1513– 36.

2 George Calhoun, "Part 1: Beijing Is Intentionally Underreporting China's Covid Death Rate," *Forbes*, January 2, 2022.

3 Richard Luscombe, "Florida Governor Under Fire over Claims State Is 'Cooking the Books' on COVID-19," *The Guardian*, June 26, 2020; J. David Goodman, Jesse McKinley, and Danny Hakim, "Cuomo Aides Spent Months Hiding Nursing Home Death Toll," *New York Times*, April 28, 2021. 4 Sheryl Gay Stolberg, "Trump Administration Strips C.D.C. of Control of Coronavirus Data," *New York Times*, July 14, 2020.

4 C. Wright Mills, *The Sociological Imagination* (New York: Oxford University Press, 1959), p. 226.

5 Robert Park, "The City: Suggestions for the Investigation of Human Behavior in the City Environment," *American Journal of Sociology* 20, no. 5 (1015):577– 612.

謝詞

本書能夠順利付梓，一定要感謝許多人的協助——其中最重要的，就是慷慨花費許多時間與我分享個人生命故事的每一位受訪者；謝謝李美、索菲雅．扎亞斯、丹尼爾．普雷斯蒂、努拉．歐多提、伊努瑪．曼奇蒂、布蘭登．英格里許、馬修斯．坦卡臣、珊卓拉．布魯德沃斯、班傑明．畢爾，你們每一位都是本書不可或缺的主角。也感謝其餘數百位參與本社會學研究計畫的匿名受訪者，各位的生命經驗正是本書最重要的基礎。

疫情初始之時，伊莎貝爾．卡拉露琪準備從紐約大學畢業並前往義大利迎接她的夢幻工作。然而新型冠狀病毒無視任何人的任何計畫侵襲全球，也迫使伊莎貝爾的人生轉了個彎。於是她決定在這個計畫上賭一把、搬回紐約，之後更迅雷不及掩耳成了我的王牌助理兼絕佳的合作夥伴和好朋友；如果沒有她，本書想來也無法順利誕生。此外，我也要特別感謝伊莎貝爾為本書〈長大〉章節所進行的訪談。伊莎貝爾如今繼續留在紐約大學攻讀社會學博士，對於她的下一步發展，我衷心期待。

除此之外，我也對其他參與本書研究計畫的學生及各位初於學術界嶄露頭角的學者懷抱衷心感謝；梅琳娜．薛爾曼以博士後研究員身分加入本計畫，為疫情下的數位生活進行了詳盡周延的研究；社會學博士生珍妮佛．李協助進行了多次訪談並分析了獨居者在疫情下的感受。本書部分內容摘自我和梅琳娜、珍妮佛攜手合作的研究。〈信任〉這一章的部分內容曾公開發表，請見Eric Klinenberg and Melina Sherman, "Face Mask Face-Offs: Culture and Conflict in the COVID-19 Pandemic," *Public Culture* 33, no. 3 (2021): 441– 66.。〈獨居〉這一章的部分內容亦曾公開發表，請見Eric Klinenberg and Jenny Leigh, "On Our Own," *Social Problems* (2023).。為此我要衷心感謝杜克大學出版社（Duke University Press）及牛津大學出版社（Oxford University Press）授權本書使用已出版的部分內容。

同時感謝紐約大學社會學系博士生蜜雪兒・瑟拉（Michelle Cera）、歐盧托茵・德穆仁、喬瑟琳・朴・德拉蒙（Jocelyn Pak Drummond）、嚴世珍（Sejin Um，音譯）在本計畫的諸多貢獻。蜜雪兒與世珍以口罩的意義為主題進行研究與訪談；歐盧托茵訪問了許多參與黑人的命也是命抗議活動的民眾；喬瑟琳則負責分析數據，讓我們能夠觀察出紐約市各個社區在疫情初期新增病例激增時的表現。除此之外，紐約大學的幾位大學生也幫了大忙。我要特別感謝茱莉雅・坎普頓（Julia Kempton）為照護機構及監獄以及國際公共衛生政策等研究主題所做的研究備忘錄，這些都是具有深刻洞見的研究資料。同時也感謝潔絲敏・郭（Jasmine Kwak）、蘇菲雅・桑塔涅羅（Sophia Santaniello）、曼寧・斯奈德（Manning Snyder）以及布朗大學的學生傑考柏・穆利肯（Jacob Mulliken）於本研究的出色貢獻。

本書的研究計畫能夠順利推動、實際執行，一定要衷心感謝以下兩方出資者的慷慨支持。感謝羅伯特・伍德・約翰森基金會（The Robert Wood Johnson Foundation）在二〇二〇年春季提供了打造本研究團隊及推動本研究計畫所需的大部分資金，並且在整個研究過程中提供我們許多實質回饋。同時感謝羅莉・梅莉察（Lori Melichar）以及雪倫・羅爾提（Sharon Roerty）主持這項贊助計畫。衷心感謝我有幸在疫情開始之前獲得奈特基金會（Knight Foundation）的公共空間獎助計畫（Public Spaces Fellowship），儘管我們因為疫情而無法按照原定計畫進行，莉莉・薇恩伯格（Lily Weinberg）和工作同仁仍然大方接受了我們更改計畫方向的決定，在此致上十二萬分的感謝。

二十多年以來，紐約大學都是我最穩定的支持力量。紐約大學社會學系和公共知識中心（Institute for Public Knowledge）對我來說是非常特別的存在，那裡的同事對我的所有研究、計畫都有切身的深刻影響。感謝紐約大學的琳賽·愛德華（Lindsey Edwards）、英格里·顧德·艾倫（Ingrid Gould Ellen）、傑考柏·法博（Jacob Faber）、傑夫·曼薩（Jeff Manza）、哈維·莫羅克（Harvey Molotch）達娜·波倫（Dana Polan）、伊亞·普雷斯（Eyal Press）、羅溫·里卡多·菲利普斯（Rowan Ricardo Phillips）、馬修·沃夫（Matthew Wolfe）為本書提出了許多深刻、切中要點的意見回饋。除了紐約大學的成員以外，我也要感謝艾瑞克·貝茨（Eric Bates）、大尉·葛贊（David Grazian）、艾瑞爾·卡米那（Ariel Kaminer）、大衛·卡派翠克（David Kirkpatrick）、安德魯·萊考夫、派翠克·勒蓋爾（Patrick LeGales）、狄倫·麥孔米克（Dylan McCormick）、派翠克·沙奇（Patrick Sharkey）、史黛芬尼·史托（Stephanie Staal）、羅娜·塔克特（Rona Talcott）用他們銳利的眼光為本書增色。

感謝一路忠實陪伴著我的編輯安德魯·米勒（Andrew Miller），有你的提點絕對為本書大大加分；在本書寫作過程中，米勒常常提出許多令我難以回答卻又切中要點的疑問，另外也為許多我或許過早就下定論的議題提供令人耳目一新的觀點。在這場比我們原先所預期更為漫長、艱困的疫情危機下，我很感激能擁有像安德魯這樣充滿智慧與活力的夥伴。在此我要向安德魯、提雅拉·夏瑪（Tiara Sharma）、里根·亞瑟（Reagan Arthur）、弗雷德·切斯（Fred Chase）、妮可·佩德森（Nicole Pedersen）以及克諾夫出版社（Alfred A. Knopf）的團隊全體致上我最深的感謝，謝謝有你們催生了本書。另外，我也感謝為我進行本書事實查核的妮可·帕蘇卡（Nicole Pasulka），妮可已盡其所能確認本書內容正確無誤，倘若尚有任何疏漏，則是我個人的失誤。

當初選擇與錢尼經紀公司（Cheney Agency）的艾莉絲．錢尼（Elyse Cheney）及其團隊合作，真是最棒的決定，感謝經紀公司團隊的班涅米諾．安布羅西（Beniamino Ambrosi）、葛雷絲．強森（Grace Johnson）以及伊莎貝．曼迪雅（Isabel Mendia）。艾莉絲從一開始就堅信這本書絕對值得我們努力不懈，即便這代表我們得不斷思考關於疫情中的一切，反覆咀嚼許多人都努力想忽略或忘卻的這一年。然而這次也一如以往，艾莉絲的決定一點也沒錯。

也因為這樣，過去幾年來我的思緒一直圍繞著關於二〇二〇年的一切打轉，為此我要感謝家人讓我的心思有其他去處。凱特、莉拉、賽勒斯：我們一家人誰也沒有預料到整個世界會因疫情而搖搖欲墜、瀕臨崩解，但我們也因此才能全家聚在一起度過這麼多時間；你們的愛和歡笑正是支持我走過所有風雨的力量，關於這一點，我絕對沒有誇大。我們一起歌唱、踢足球、帶著可可（Coco）散步、煮飯、吃飯、遠足踏青、玩遊戲，感謝你們成為我生命中的一切。這本書要獻給你們。